見証榮光

上海老新闻工作者协会庆祝建党百年征文选

朱大建 主编
上海老新闻工作者协会 编

上海人民出版社

主　　编　朱大建
副 主 编　吕网大　洪梅芬　何锦新

征文顾问　孙　刚　贾树枚　居欣如　张慈赟　吕冬发　孙洪康
　　　　　茅廉涛　任大文　盛重庆　张持坚　李文祺　李慧英

征文评委会　贾树枚　孙洪康　朱大建　茅廉涛　盛重庆
　　　　　　李尚智　严建平

征文组委会

主　任　朱大建　董　强
副主任　吕网大　陈静溪　钮卫平　潘志兴
成　员　苏宝艳　任卫国　俞亮鑫　洪梅芬　顾永福　窦　芒

编委会

主　任　朱大建
副主任　吕网大　潘志兴　洪梅芬　何锦新
成　员　苏宝艳　任卫国　俞亮鑫　陈　杲　葛乾巽
　　　　郑正恕　秦来来　潘新华

目　录

目　录

序一　走进历史，走向永恒

金炳华

今年是中国共产党成立100周年。百年风雨兼程，世纪沧桑巨变。中国共产党领导中国人民历经百年奋斗，为人民谋幸福，为民族谋复兴，创下不朽伟业。如今，中国已成为世界第二经济大国，综合国力，科技实力，国防实力，文化影响力，国际影响力显著提升；人民生活进入全面小康阶段，整体上摆脱了绝对贫困，成为世界上中等收入人口最多的国家，社会和谐稳定，欣欣向荣，人民安居乐业，活力迸发，充分彰显了党的领导和社会主义制度的优越性。

在党的百年庆典来临之际，我收到了厚厚一本《见证荣光——上海老新闻工作者协会庆祝建党百年征文选》书稿。翻开书稿，发现这本书中的作者，大都是我熟悉的新闻界老同志。我曾在上海宣传战线任职10年，是宣传战线的一名老兵，看到那么多熟悉的老同事老朋友写出新文章，我忍不住埋头阅读，先睹为快。

这本书由130位上海各媒体的退休老记者、老编辑、老领导每人一篇文章汇编而成。以每个人几十年新闻工作生涯中一段或一件难忘的经历为视角，讲述新闻背后的故事、新闻改革及媒体改革发展背后的故事，回顾和颂扬在中国共产党领导下，中华民族、上海城市、人民生活改天换地的历史征程和时代变迁，生动展现了中国共产党为国家和民族作出的伟大贡献。因为都是作者的亲身经历，读来就感到很亲切，很有感染力说服力，也有着鲜明的时代特征。

比如邱怀友《浮舟沧海　立高昆仑》一文，亲历了时任中央和上海市领导从现实中引发思考，高效筹划决策，高举“中华牌”之旗，多省市合力建设洋山深水港的过程。如今，洋山深水港已使上海港集装箱吞吐量成倍上升，提前跃升为世界第一大港。读这样的亲历文章，确实能让人激情满怀、热血沸腾。

再如尹学尧《把红色基因一代代传下去》一文中讲道："截至2020年10月，全国已经建成了389所红军小学。""在《新民晚报》和其他媒体持续报道下，仅用了一年多时间，上海就筹得了建造100所红军小学的善款。""已命名的389所红军小学的校名涵盖了新中国开国元勋以及不同时期的革命英雄，如井冈山毛泽东红军小学、邓小平红军小学、周恩来红军小学、彭德怀红军小学、杨靖宇红军小学、叶挺红军小学、狼牙山五壮士红军小学以及一批用英雄名字命名的红军小学。""在红军突破湘江战役中，时年29岁的红34师师长陈树湘，率领部队负责中央红军总后卫。他指挥部队连续战斗18天，最后弹尽粮绝，身负重伤后断肠英勇牺牲。在他的故乡湖南长沙福临镇建立的陈树湘红军小学，就是为了纪念这位身经百战建奇功的陈树湘烈士。"这篇文章回顾了红军小学建设10多年来，习近平总书记十分关心红军小学的建设和成长，他多次到红军小学视察，多次给红军小学学生复信。2018年5月30日，习近平总书记在给陕西照金北梁红军小学的学生们回信时勉励道："希望你们多了解中国革命、建设、改革的历史知识，多向英雄模范人物学习，热爱党、热爱祖国、热爱人民，用实际行动把红色基因一代代传下去。"

读这些文章，有助于我们了解党的历史，能够用党的奋斗历程和伟大成就鼓舞斗志、明确方向，用党的光荣传统和优良作风坚定信念、凝聚力量，用党的实践创造和历史经验启迪智慧、砥砺品格，帮助我们牢记党的初心使命，坚定理想信念。

这本书有5篇特稿，分别回顾了《解放日报》《文汇报》《新民晚报》以及上海人民广播电台、上海电视台创刊、复刊、开播、成立的历史大事。这是上海几家有着广泛影响力的主流媒体的源头。比如洪梅芬《与新上海一起诞生的市委机关报》一文，回顾了1949年4月下旬周恩来宣布：中共中央已指示，"上海党报决命名为解放日报，南京党报决命名为新华日报。毛主席已允写报头"，讲述了《解放日报》的诞生历史。其他4篇回顾报史台史的重头特稿，从内容到写作语言，都各有特色，值得一读。正如习近平总书记在2021年春节团拜会上的重要讲话中指出的："认真回顾走过的路，不能忘记来时的路，继续走好前行的路。"

这本书还有一个特点，就是已退休的副局级以上领导干部作者比较多，不少作者曾长期担任过总编辑、副总编辑，台长、副台长职务。这些作者既是领导干部，又是新闻采编业务、广播电视领域的行家里手、领军人才。比如滕俊杰的《倾情十年》一文，回顾了2000年至2010年这十年，他作为总导演带领团队，从中国获得世博会举办权，到成功举办“规模盛大、惊艳世界”的上海世博会开闭幕式，倾情投入十年，将一场“精彩、精准、精致”的上海世博会开闭幕式直播给全世界，将中国和平崛起的魅力传播给全世界。在筹备工作最艰难的时候，滕俊杰与他的团队把“祖国利益高于一切”这句座右铭贴在会议室的墙上。他与团队接连获得了“全国五一劳动奖”“五个一工程奖”“星光奖”“金鹰奖”等一系列重要奖项。这些荣誉，属于他与团队，也属于上海宣传文化事业。

重大新闻及其背后的故事，往往有着珍贵的史料价值。所以，所谓“速朽”的新闻，也能达到瞬间的永恒，像这本书中记载的很多新闻篇章，已然成了历史的一部分，成为一种永恒。这些文章，让广大读者进一步了解上海新闻战线在党的领导下走过的不凡之路。我们要牢记习近平总书记的嘱托：“走得再远、走到再光辉的未来，也不能忘记走过的过去，不能忘记为什么出发。”让我们不忘初心、牢记使命、继续奋斗！

是为序。

2021年5月

序二　在新时代伟大征途中勇往直前

龚心瀚

不论是伟业征程，还是时代变迁，广大的新闻工作者从来都是时代潮流的弄潮儿，从来不会缺席参与、见证与记录。近日读《见证荣光——上海老新闻工作者协会庆祝建党百年征文选》(以下简称《见证荣光》）书稿，感到十分亲切和振奋。

在建党百年大庆之际，上海老新闻工作者协会举办的这次征文活动，有意义，有高度，有质量，为会员、也为上海新闻界做了一件好事、实事。我生在上海，长在上海，读书在上海，曾长期在上海的新闻宣传工作岗位上任职，也是一名老新闻工作者，《见证荣光》一书记录的上海新闻界的许多重大改革发展举措、重磅新闻事件、重要采访活动，有关的重要新闻人物，我都耳熟能详、记忆犹新，感到十分亲切。

——这是一部上海新闻志书的故事版。南北通衢、承东启西的上海，是中国新闻业发源地之一，19 世纪 70 年代起，已成为中国报业中心。新中国成立后，上海一直是中国新闻业重镇。1978 年党的十一届三中全会召开，开启了中国改革开放新时代。此后 40 多年的历史进程，如同全国一样，上海新闻业驶入发展“快车道”，规模不断扩大，类别日益多样，结构渐趋完善，成为中国新闻事业发展的排头兵。上海是中国改革开放的窗口和前沿阵地，新闻工作者既是忠实记录者，又是重要见证者，更是直接参与者。上海新闻业 40 多年嬗变，拓改革之举，开风气之先，创业界之新，经验丰富、成果丰硕，世人瞩目，这是一笔极其宝贵的新闻、思想、文化、精神财富。记录好、反映好、总结好上海新闻事业这段历史，鉴古知今、面向未来，是历史赋予我们义不容辞的责任。2018 年 10 月、11 月，上海相继编纂出版《上海新闻志（1993—2002年）》《上海市志・新闻出版分志・报业卷》，由于志书编纂的特殊性，上海新闻业发展的全盛时期，许多重大事件和重要人物，不可能详细载入，难免留下遗憾。无疑，《见证荣光》一书，填补了志书编纂的这一空白，弥补了缺憾，从一定意义上说，可以当作上述志书的故事版。当然，收入书中征文所讲述的故事，不可能囊括上海新闻改革发展的全部，但从书中各位见证者讲述的亲历故事来看，已足够精彩。

——这是一部见证上海新闻改革发展的记录篇章。上海新闻工作者用纸和笔、光与电，话筒与摄影、摄像机，记录新中国成立以来及上海改革发展波澜壮阔的历史。收入《见证荣光》的130篇文章，以个人新闻生涯中一段难忘的经历为视角，回顾和颂扬在中国共产党领导下，中华民族、上海城市、人民生活改天换地的历史征程和时代变迁，紧紧围绕“见证荣光”，主题鲜明、内容真实、感情真挚、文字清新。有的以自己参与的新闻改革、媒体改革等为视角，讲述新闻改革发展背后的故事。例如风雨兼程，筚路蓝缕，回顾上海电视改革发展40年历程；记录和见证与新上海一起诞生的上海市委机关报《解放日报》的创刊；诞生于抗日烽火中的《文汇报》，从风雨中走来，在曲折中行进，勃兴于改革开放；上海人民广播电台在上海解放时播出的第一声；上海电视台1958年10月1日首次播出；《新民晚报》作为中国大陆省市级报纸中的第一家，通过卫星传版，在美国同步印刷发行；东方广播电台正式开播，崭新呼号飘荡在黄浦江上空；编纂出版“当代上海记者从书”，给历史留下这座伟大城市与时俱进的发展轨迹。有的以自己参与的重大新闻采访活动的策划、组织、服务等经历，讲述新闻背后的故事。如《解放日报》率先透露邓小平南方谈话重要新观点新论述；组织撰写和发表皇甫平系列评论文章，推动新一轮思想解放和改革开放，在当代新闻史上写下不可磨灭的一页；有的回忆采访邓小平7次在上海过农历新年的难忘经历，有的回顾自己率领团队“倾情十年”奋斗，就为上海世博会开闭幕式那一刻的惊艳等。

——这是一部凸显上海新闻工作者政治品格、职业精神、优良作风的光荣榜。记者通过文字、图片、音像、视频等，记录着已经发生和正在发生的艰难和美好。

从《见证荣光》130 篇文章中，让我们深切感受到了上海广大新闻工作者，在峥嵘岁月中所展现出来的政治品格、职业精神和优良作风。例如，坚持 8 年，为“党的诞生地”的发掘与保护建言献策；采访记录改革开放浦东第一幢宏伟建筑、如今上海的标志性建筑东方明珠的设计建造全过程；浮舟沧海，立高昆仑，采访洋山深水港高举“中华牌”跃居世界第一大港的艰难而辉煌历程；历尽艰辛，大草原上寻访“国家的孩子”；明知有风险，偏向风险行，记录参加中国首次南极科学考察队和中国首次北极科学考察队的故事；战胜冰天雪地、高山缺氧，穿越人迹罕至的大江源头，采访“青藏公路之父”慕生忠将军；策划并参与“312 国道行——中国东西部经济大扫描”重大采访活动；登上世界屋脊，见证上海长征医院在西藏为牧民施行首例活体供肾手术始末；在电台黄金档早新闻时段中，开设以直播形式反映听众呼声的舆论监督类节目《东方传呼》，等等。

回望过去，不负时代，我们引以为豪；展望未来，任重道远，我们永远在路上。《见证荣光》一书，不仅仅是记录、回顾，更是激励、弘扬。它将激励我们始终遵循习近平总书记新时代中国特色社会主义思想和关于党的新闻舆论工作重要讲话精神，继承和发扬新闻工作者的优良传统，不忘初心，牢记使命，击楫奋进，在新时代伟大征途中勇往直前，谱写党的新闻事业的璀璨篇章。

2021 年 5 月

唯改革者新，唯改革者强，唯改革者胜

——回顾上海电视改革发展 40 年历程

龚学平

新中国成立后，在党的领导下，一代代电视人风雨兼程，筚路蓝缕，上海电视事业从无到有，由弱到强，从小到大，为中国的“文化自信”和推进文化产业的发展作出了杰出贡献。抚今追昔，40 年来，电视台走的是一条改革开放之路。可以说，没有改革开放，就没有今天的上海电视事业。今后要继续发展，还得靠改革开放。

1979 年，改革开放的总设计师邓小平同志给我们题写了上海电视台的台名。1992 年，江泽民同志为东方电视台题写了台名。一个地方电视台，中央领导两次题写台名，这在中国电视史上是绝无仅有的，这充分说明中央领导对上海电视台工作的肯定，同时激励着我们进一步解放思想，坚持改革开放。

邓小平同志题字的时候，正是“实践是检验真理的唯一标准”大讨论结束不久，他希望我们电视人解放思想、改革开放，发展电视事业。江泽民同志 1992 年的题字，是因为他知道我们要成立一个独立的东方电视台，与上海电视台展开友好的竞争，他希望我们能够进一步解放思想、加大改革步伐，来探索一条具有中国特色的社会主义电视发展之路。实践证明，上海电视台的同志没有辜负两位中央领导的期望。他们用改革开放的辉煌成果，向两位中央领导交出了一份漂亮的答卷。

我是 1983 年担任上海电视台台长的，老一辈的电视人常说，20 世纪 80 年代是上海电视台激情洋溢的年代，更确切地说，20 世纪 80 年代是改革开放激情洋溢的年代。

在 20 世纪 80 年代以前，坦率地说，我们上海电视台在市民和领导的心目中远没有报纸那么重要。每当重大活动结束后，领导总是说，请新华社、报社的记者留下来。我们的记者只好无奈地抱着机器回来了。我总是劝慰大家：“不要紧，俗话说得好，有作为才有地位，现在我们的作为确实不如人家大。”当时，上海电视台的文艺节目少得可怜，新闻节目不讲究时效，屏幕上经常会出现“冬天春花烂漫，夏天大雪纷飞”的怪现象。虽然我们也想把节目搞好，但实在是囊中羞涩。当时国家财政每年给整个电视台就 190 万元。这是什么概念？当年电影厂要拍一部好的影片需要 200 多万元。也就是说，我们全台的职工工资加上制作节目的经费还抵不过一部电影的制作费，正是“巧妇难为无米之炊”。

就在我们纠结的时候，党的十一届三中全会召开，一股改革的春风吹到了电视台，激发了大家想干事、敢干事、肯干事，也想把事情干好的心情。乘着这股东风，上海电视台顺势而为，当时我们力推三大举措：

第一，转变观念，突破了广告经营的禁区。

过去，大家普遍认为电视台是事业单位，只能靠财政吃饭，根本没有考虑到可以经营。1979 年 1 月 28 日，我们在全国率先播出了第一条电视广告“参桂养荣酒”，之后又播出了全国第一条外商广告“瑞士雷达表”，轰动一时，取得了不错的经济效益。自此，大家豁然开朗，思想一下子就打开了。事实证明，电视台不仅是一个事业单位、宣传单位，也是非常有发展前途的文化产业单位。我清楚地记得，1984 年，我到南京参加全国广播电视大会并作了主题发言，提出在坚持正确舆论导向的基础上，我们要一手抓节目生产，一手抓广告经营，以节目促广告，以广告来保节目，多快好省地发展电视事业，在会场上引起了强烈反响。很多兄弟单位纷纷到上海学习我们从事广告经营的经验。

此后，我们除了搞广告业务以外，还搞了其他的多种经营，使电视台的创收逐年增加。到 1987 年，上海电视台每年的创收已经超过了 3000 万元，是财政拨款的十几倍。从那时开始，电视台就不再单纯依靠国家财政，而是走上了一条

“自主创收、自主积累、自主发展”的改革新路。

第二，敢于创新，突破了宣传节目制作的盲区。

我们认为，实践是检验真理的唯一标准。节目好不好，还是得让老百姓来评判。所以，我们首先在电视台新闻部实现了“采、编、录、播”一条龙，加快新闻片制作的速度，同时大胆地把录播改成直播。此前，无论是中央台还是地方台，惯常的做法是把新闻片录好以后，再用录像片对外播出，主要怕犯错误。所以，我们把录播变成直播，在全国新闻界、电视新闻界引起了很大的反响，同行们认为我们的胆子太大了。后来中央电视台专门派人到上海学习了一段时间，他们也进行了直播。从此以后，全国新闻就开始直播了。

这次的创新也激发了我们的创新思维，许多“全国第一”的节目在上海电视台纷纷上马。比如说，全国第一个新闻评论类节目《新闻透视》，全国第一个电视台与市民沟通的栏目《观众中来》，全国第一个真人秀节目《卡西欧家庭演唱大奖赛》，第一个竞技类游戏节目《60秒钟智力竞赛》，全国最早的综艺节目《大世界》《大舞台》，全国第一个综合性的体育杂志类节目《体育大看台》，第一个专门传播国际知识的新闻节目《国际瞭望》，第一个中外合办的影视节目《海外影视》，还有中国第一个英文节目等。当时，人们把这些称作为“上海制造”。

“上海制造”的这些节目以其耳目一新的节目内涵和表现形态，开风气之先，不仅上海老百姓喜欢看，长江三角洲一带的老百姓也喜欢看，收视率节节攀升。当时我们的收视群体不仅是上海的1000多万人口，而是长三角的1亿多人口。一时间，上海出品的节目像上海制造的轻工业产品，比如缝纫机、手表那样，受到全国的青睐。央视和兄弟省市的同行纷纷来上海“取经”，他们不是来看上海电视台的大楼，当时我们没有大楼，都是来看我们的节目。

第三，坚持自力更生的精神，突破了事业发展的“难区”。

当时，广播电视事业发展全靠政府拨款，而我们主动提出自筹资金、自我积累、自力更生发展广播电视事业。“八五”期间，共筹集8亿多元人民币，先后建成了468米高的东方明珠广播电视塔、国际广播电视新闻交流中心、广播大楼、国际会议中心、东方电视台大楼、影视乐园和有线电视网络，令全国同行十分敬佩和羡慕。

东方明珠广播电视塔是通过银团贷款筹措资金加快建设的典型例子。随着改革开放的深入，上海原先的电视塔不能满足人们日益增长的文化需求，为此，时任上海市市长汪道涵在政府工作报告中提出要建造新的电视塔。当时我们曾想利用境外资金进行建造，但由于种种原因都没有成功。我们只能走中国道路，看能否得到国内银行贷款。经过努力，我们和包括中国银行在内的十几家银行共四十几家银团签约，这些银团给我们 1000 多万美元和 1.5 亿元人民币贷款。全部由中国银行业参与的本外币银团联合贷款，这在中国是第一次。中国工商银行原行长姜建清说："东方明珠银团贷款的成功，对中国银团贷款的发展起到了重要的示范作用，将永远记载在中国银团贷款的历史中。"以后浦东开发、建造杨浦大桥、浦东国际机场、轨道交通、内环线等基础设施也采取了这个办法。所以说，解放思想、抢抓机遇，敢闯、敢试，问题就解决了。

1986 年，我们还在全国率先搞了上海电视节。当年办电视节是贯穿全年的，电视节集中举办的那五六天是节庆的高潮。举个例子：我统计了一个数据，第三届电视节从 1989 年 3 月开始到 10 月份，8 个月里面，我们要办 9 台文艺晚会和 58 档电视节目。老百姓把电视节看成是自己的节日，每到晚上，大家就围坐在电视机旁。上海电视节的成功举办，不仅丰富了市民的文化生活，更重要的是让上海了解了世界，开拓了眼界，增强了改革开放的意识，同时也让世界了解上海，塑造了上海城市的形象。

20 世纪 80 年代末，经过一段时间的运行，上海电视台和广播电台出现了资源浪费、重复建设、人员壅塞的现象，后勤服务和技术支持都跟不上，这是发展过程中不可回避的问题。台领导既要管广告，又要管节目，还要搞接待，抓基本建设，很难把宣传放到重要位置上。针对这种情况，我们成立了"五台三中心"，即上海人民广播电台新闻教育台、文艺台、经济台，上海电视台一台、上海电视台二台，上海电视剧制作中心、广播电视局技术中心、广播电视局服务中心，这样一来，就把资源整合了，产生了集聚效应。台领导可以一门心思搞宣传，技术和后勤经过整合可以为宣传提供更好的服务。这个体制的成功运作，为东方电视台的建立打下了良好的基础。

东方电视台是跟浦东开发开放同步进行的。东方电视台之所以成立，是在邓小平同志的南方谈话激励下，促使我们搞成的。当时体制还是不活，需要新成立一个独立法人的电视台，在当时很难，通不过，有编制问题。就在这时候，邓小平南方谈话的精神传遍了全国，邓小平同志要我们进一步解放思想，胆子更大一点，步子更快一点，大胆试大胆闯，所以我们把成立具有独立法人资格的东方电视台、东方广播电台的想法跟当时的市委、市政府领导汇报了，他们非常同意："你们是应该胆子大一点，思想再解放一点，我们支持你们。"

就在这种情况下，东方电视台成立了。成立之初我曾经给他们提过七个字——一是希望他们突出一个"改"字，就是要坚持改革、坚持开放，思想上坚持改革开放不动摇；二是注重一个"创"字，就是要节目创新、体制创新，创新是唯一的动力；三是增强一个"精"字，要精简机构、精简人员、精办节目；四是力争一个"乐"字，电视台是个宣传单位，一定要努力提高节目的可看性，寓教于乐，宣传教育才能真正达到效果；五是追求一个"高"字，做节目要有高标准，要做就做一流；六是强调一个"严"字，严格要求、严格纪律；七是实现一个"新"字。因为东方电视台是新单位，要有新体制、新机制、新人员、新班子，要有新气象，以全新的面貌搞好电视事业。

我认为东方电视台的同志是严格按照这七个字去做的，所以他们事业发展很快，不仅节目出新，而且事业也蒸蒸日上，没几年就把一幢大楼造起来了。这样一来，就在黄浦江两岸，一边是东方电视台，一边是上海电视台，两台隔江相望，形成了友好竞争、相互促进的新格局。

从上海广播电视局的角度，"五台三中心"建立以后，自身的体制改革已经暂告一个段落了。但上海宣传系统逐渐出现一些新的问题，尤其是电影局、文化局，当时经费很紧张，因为没有钱，电影很难拍，新的演出和节目也很难上。另外，他们的体制也需要变革，还普遍存在着吃“大锅饭”、平均主义、重复建设、资源浪费的现象，激发不起员工的活力。在这种情况之下，市委就考虑让广电局做一个整合的方案，因为当时文化局和电影局、广电局，这三家有很多相通的东西，资源可以共享。在中央领导和市委领导的同意下，我们就进一步解放思想，第一步是实行了电影和广电的合并，也就是“影视合流”，成立了上海广播电影电视管理局。第二步是跟文化局合并，成立了上海文化广播影视管理局，成立之后，我认为是进一步激发了大家创作的积极性、工作的积极性，管理体制机制也理顺了。

合并以后，电影局和文化局系统的职工不仅生活待遇提高了，而且过去想办但因缺少经费不能办的节目，现在都可以上马了。据统计，在短短的几年中，光是创作的资金当时每年就投入了 3.5 亿元，最后形成了年产 15 部电影、1000 部电视剧的规模，舞台节目创新不仅数量多，在全国的获奖数也是年年独占鳌头。而且，上海的演艺市场创收也是国内最高的，全国排名前三位的剧场都在上海。换言之，正是由于上海广播电视的改革成功，带动了文化、电影的体制改革，带来了上海文化战线的欣欣向荣。所以，上海电视台、上海广电局的同志不仅自己改革开放走在前面，而且通过自己改革开放的成果，也带动了电影和文化系统的改革开放，贡献是巨大的。

上海广播电视行业的同志们还非常有大局观，自己富了，自己强了，还帮助政府和社会做了大量事情。比如帮助建设了上海大剧院、东方绿舟、上海体育场。还有上海重大的体育文化活动，包括东亚运动会、第八届全运会、上海世博会、财富论坛、APEC 会议，也是上海电视台同志们参与举办的。所以说，上海电视台不仅自己取得了改革的成就，同时也为上海文化战线的改革成果做出了很大的贡献。这一点，上海人民是不会忘记的。

每当我回到上海电视台，看到气势雄伟的一幢幢大楼，再回想我当年走进电视大院，看到的是低矮的小楼和破旧的设备，天壤之别，感慨万千。这样的变化是上海电视人坚持改革开放的结果和成果。当然，上海电视还要继续发展、继续前进，必须坚持改革开放。正如习近平总书记说的，改革开放没有止境，解放思想没有止境。改革开放只有进行时，没有完成时。

当前，我们正身处媒体融合的大时代，习近平总书记讲的媒体的深度融合，实际上是一次媒体的大革命。因为，随着互联网技术的发展，受众接受方式和媒体传播方式都发生了深刻的变化，这对传统媒体来说，是一个极大的挑战，但也是一个难得的机遇。作为老电视人，我希望新一代的电视人能够继续发扬努力拼搏、敢闯、敢试、敢作为、敢担当的大无畏精神，继续发扬追求卓越、勇创一流的领先精神，继续发扬自力更生、艰苦奋斗、乐于奉献的精神，继续发扬心往一处想、劲往一处使、互学互帮、协同创新的团队精神，尽快地、尽力地、创造性地推进媒体的融合，把 SMG 打造成一个跨媒体、跨行业、跨区域的新型的主流媒体集团，为中国的广播电视事业，为上海的文化产业发展再立新功，再创辉煌的业绩。我也相信，在实施的过程当中，会碰到不少的困难和问题，但只要我们不忘初心、牢记使命，我坚信，唯改革者新，唯改革者强，唯改革者胜。

啊，皇甫平：一场改革争论由您而起

周瑞金

迎接伟大的中国共产党成立100周年，屈指一算，我1965年光荣加入中国共产党，至今也有56年党龄了。

作为从事半个多世纪新中国新闻工作的老党员、老报人，我真切感受了党和人民培养我上大学、走上地方和中央党的机关报重要领导岗位的深厚恩情，也亲历并参与了改革开放以来若干重大事件的新闻报道和评论工作。每个共产党员在迎接建党百年的日子里，都激情满怀，要向亲爱的党组织表达自己在党和人民培养下，成长、奋斗、奉献、感恩的情怀。我感到最值得汇报的是，在《解放日报》工作期间，于1991年2—4月组织撰写和发表了皇甫平系列评论文章，推动了新一轮思想解放和改革开放，在当代中国改革开放史和新闻史上写下了不可磨灭的一页。

1991年春，邓小平来上海纵谈改革开放新思想

1991年，对我来说是非常难忘的一年。在1990年底，我已知道自己将奉调去香港《大公报》履新。在办理工作调动过程中，市委领导让我看了邓小平同志春节期间视察上海的谈话材料，我深感这是邓小平同志关于推进改革开放的最新思想，作为上海市委机关报的《解放日报》负有宣传重任。所以，我一边移交工作，一边自觉组织撰写和发表了署名皇甫平的四篇系列评论，由此在全国引发了一场激烈的思想交锋，也成为邓小平同志1992年春天视察南方发表重要谈话的一大

背景。

1989 年春夏之交，我国发生了一场政治风波，由于国际制裁和经济整顿等众多因素，我国经济连续 3 年下滑，跌到了改革开放以来的最低点。我是在 1989 年 1 月担任解放日报社党委书记兼副总编辑的。20 世纪 80 年代末、90 年代初是社会主义的多事之秋。1991 年东欧社会主义国家发生剧变，苏联也出现了复杂变化，先是解散了苏联共产党，后来又宣布苏联解体，引起全世界震惊。

面对当时复杂的国内外形势，国内有一些人认为是由于改革开放才导致了社会主义的垮台。他们要对改革开放的举措问一问姓社还是姓资。当时的情景使我意识到，中国又到了是继续坚持党的“一个中心、两个基本点”的基本路线，走中国特色社会主义道路，还是重提阶级斗争，以反和平演变为中心，走回头路的关键历史时刻。

就在中国改革开放“向何处去”的严峻时刻，邓小平同志出来说话了。他找党的第三代中央领导集体谈话，强调要做几件使人民满意的事情。一个是要更大胆地改革开放，另一个是抓紧惩治腐败。他建议开发开放上海浦东，在高起点、高水平上推进改革开放。

邓小平同志强调：“改革开放还要讲，我们的党还要讲几十年。”“光我一个人说话还不够，我们党要说话，要说几十年。”他希望“上海人民思想更解放一点，胆子更大一点，步子更快一点”。“要克服一个怕字，要有勇气。什么事情总要有人试第一个，才能开拓新路。”

我有幸在上海市委分管思想宣传工作的领导家里，看到了邓小平同志视察上海的谈话材料。我看完这份材料后就产生了强烈的冲动，下决心要宣传邓小平同志的改革开放新思想，作为我离开解放日报社到香港大公报社履新的临别献礼。

我与施芝鸿、凌河合作撰写皇甫平系列评论

1991 年 2 月 13 日，即庚午马年小年夜，我找来评论部的凌河和市委研究室的

施芝鸿同志，提议三人合作写几篇署名评论，宣传邓小平同志的最新改革开放思想。皇甫平第一篇评论以《做改革开放的带头羊》为题，在大年初一发表。文章抓住1991年春节是“辛未羊年”，以“十二年一个轮回”，回顾了1978年以来改革开放12年的成绩，展望未来12年改革开放可能取得的进步；又以60年是一个甲子，回顾了1931年以来走过的艰苦道路，预言到了2051年达到中等发达国家水平的前景，明确指出我们正处在一个意味深长的历史交替点上。“抚今忆昔，历史雄辩地证明，改革开放是强国富民的惟一道路，没有改革就没有中国人民美好的今天和更加美好的明天！”

评论开笔这些话今天读来也许平淡无奇，但在当时却着实让人眼睛为之一亮。因为当时报纸上几乎都在集中火力抨击“资产阶级自由化”，反对和平演变，已经有19个月没有用这样的口吻谈论20世纪80年代以来的改革开放了。评论这短短几句，是“八九政治风波”以后第一次鲜明地对20世纪80年代以来改革开放作出正面评价，产生比较大的社会反响。

1991年3月2日，发表皇甫平第二篇文章《改革开放要有新思路》。文章阐述了邓小平同志改革开放新思想中最重要、最关键的一点，就是要发展市场经济。这篇文章中心思想是改革开放要开拓新思路。20世纪90年代的改革新思路就在于搞市场经济。文章传达了邓小平同志的新思想，明确指出“计划和市场只是资源配置的两种手段和形式，而不是划分社会主义和资本主义的标志。资本主义有计划，社会主义有市场”。

3月22日，皇甫平系列评论第三篇《扩大开放的意识要更强些》发表。文章说：“增强扩大开放意识，就要求我们进一步解放思想，抛弃任何一种保守、僵滞、封闭的观念，形成与一个先进的国际城市相称的开放型软环境。”“例如开发浦东，设立保税区，实行进出自由，免征出口税等带有自由港性质的特殊政策，对于这类被称为造就‘社会主义香港’的尝试，如果我们仍然囿于‘姓社还是姓资’的诘难，那就只能坐失良机。”

这篇文章引起最大的争议，就在于“不要囿于‘姓社还是姓资’的诘难”这句话，被上升为“改革开放不要问姓社姓资”进行批判。《当代思潮》《真理的追求》《高校理论战线》等杂志连篇累牍发表文章，质问“改革开放可以不问姓‘社’姓‘资’吗”?

皇甫平系列评论的第四篇《改革开放需要大批德才兼备的干部》，发表在4月12日。这篇文章的背景就是在当年3月份全国人大和政协两会上，时任中共上海市委书记兼市长的朱镕基同志，被任命为国务院副总理。我们借此契机论述改革开放需要大量德才兼备的干部，阐述了邓小平同志关于大胆使用、科学使用人才的思想，即要把坚持改革开放路线、作出政绩、得到人民拥护的人提拔到领导岗位上来。

从2月15日到4月12日，《解放日报》以每篇发表时间间隔20天左右这样的节奏，在头版重要位置连续发表了四篇署名皇甫平的文章。文章主题一以贯之，内容相互呼应，文风鲜明犀利，及时宣传并深入阐发了邓小平同志最新的改革开放思想。

皇甫平这个署名是我在大年夜那天拟定的。一般都是把皇甫平说成是“黄浦江评论”的谐音。其实，我是有深层考虑的。这个皇字，按照我家乡闽南话的念法，与奉字谐音。这个甫，不念浦，而念辅。我选这个甫，就是取有辅佐之意。奉人民之命，辅佐邓小平，宣传邓小平同志最新的改革开放思想。这就是皇甫平署名的深层涵义。

皇甫平文章引发了一场激烈的思想交锋

皇甫平系列评论文章发表后，在国内外、党内外反响强烈。文章受到许多读者的欢迎，说是“吹来一股清新的改革开放春风”。《解放日报》驻京办事处收到很多电话，打听文章背景。全国许多省、自治区、直辖市驻沪办事处人员都接到当地领导人电话，要求收集“全部文章”，有的还派出专人到上海来了解皇甫平系列评论的“发表背景”。在国外也引起反响，包括美联社、法新社、路透社等世界各大通讯社纷纷打电话询问有关情况。特别是塔斯社驻上海记者一定要来采访我，问皇甫平文章是什么背景？是谁授意的？是不是邓小平？他们很敏感。

但是反对的声音也不绝于耳，我们原来期望 1991 年是改革年，不曾料想这一年却变成了改革开放的争论之年、交锋之年。而争论和交锋的中心内容，始终是围绕改革开放的性质、市场经济的取向和改革开放总设计师本人展开的。

一些媒体喧闹一时的批判，理所当然地在我国经济理论界引起了回音。1991 年 5 月 20 日出版的《改革》杂志 1991 年第 3 期转载了《改革要有新思路》《扩大开放的意识要更强些》两篇皇甫平评论文章，这是当年唯一一家转载皇甫平评论文章的杂志。

接着 7 月 4 日，中国社会科学院经济学科片在刘国光同志主持下，召开了“当前经济领域若干重要理论问题”座谈会，吴敬琏、卫兴华、戴园晨、何伟、王珏、厉以宁、宋涛、陈吉元、周叔莲、李成瑞、李京文、胡代光、樊纲等经济学家就“姓社姓资”这一敏感问题坦陈己见。他们对批判者的“高见”不敢苟同，吴敬琏说：“从全局上说，从战略上说，一定要保证我国整个经济发展的社会主义方向。从具体问题来说，不能囿于‘姓社还是姓资’的诘难。对外开放用了一些社会化大生产通用的作法，如果问‘姓社还是姓资’，这些做法都不能用了。如果这样的话，从根本上说来，是妨碍社会主义经济繁荣的，甚至是破坏社会主义繁荣的。”

难能可贵的是，1991 年 4 月，新华社《半月谈》杂志发表评论，呼应皇甫平文章，明确表示不能对改革开放任意进行“姓社还是姓资”的诘难。

尽管如此，作为组织撰写和发表皇甫平系列评论文章的发起者，我当时还是承受着重大压力，连我到香港《大公报》履任新职的任命到 6 月初也被突然取消了。当时我已经交接完工作，《解放日报》连欢送会都已开过了，我的行装也已准备就绪，飞机票都买好了。但中央组织部临时给上海市委组织部来了一个电话，问周瑞金还在上海吗？叫他别去香港报到了，突然取消了对我的任命。

不去香港，解放日报社工作又已辞去，我被吊在半空中，那一阵好不尴尬。

好在我在《解放日报》工作了30年，大家对我很了解，反而都很同情我。我仍旧担任解放日报社党委书记兼副总编辑，主持《解放日报》全局工作。这年7月1日纪念党的70周年诞辰，报社举办书画展活动，我带头参加，写了一幅郑板桥竹石诗的大字条幅挂在墙上："咬定青山不放松，任尔东西南北风。"表明我依然根系遒劲，枝叶潇洒。报社一些同事看后悄然对我说，我们知道你的意思。

1991年8月间，《人民日报》发表了一篇评论员文章《筑起抵御和平演变的钢铁长城》。这篇文章全国报纸大都转载了，上海的《文汇报》也转载了，只有《解放日报》没有转载，我没有让转载。

第二天正好是市委中心组学习，我参加了。会上有一位领导提出，《解放日报》为什么不登《人民日报》反和平演变的评论员文章？明天应该补登一下。当时我加以说明，这篇评论员文章谈的是反和平演变的重大问题，但是文章与中央的精神不一致。我认为反和平演变关键是高级干部、领导干部，主要是党内教育。而《筑起抵御和平演变的钢铁长城》讲的是意识形态领域的事情，文章把矛头指向知识分子了。再说"筑起钢铁长城"这个提法也不准确。

这时参加市委常委会学习的原市委书记、老干部陈国栋同志出来为我解围了。他说，反和平演变这么重大的问题，中央应该有正式的文件，不应该靠《人民日报》发一个评论员文章。还不是社论呢，评论员文章怎么来谈这个？这时，老宣传部长陈沂同志也起身走到我的座位旁对我说，我支持你的看法。

在这种情况下，主管领导陈至立同志就来征求我的意见。我说，中央并没有规定《人民日报》的评论员文章地方报纸一定要转载；上海也不是都不登，《文汇报》登了，表明上海市委并没有要抵制这篇文章。只是我作为《解放日报》负责人，我有选择的权力。如果市委认为需要写防止和平演变的评论，我可以重写一篇，更加准确地体现中央精神。最后，市委主要领导拍板：不要补登，也不要再写了。

这年10月份，我写了一篇《"科学技术是第一生产力"的理论和实践意义》的长文，着重论述只有把生产力搞上去，才能在和平演变的挑战中岿然不动。文章明确提出苏联“红旗落地”，并非由于“卫星上天”，社会主义国家唯有经受住新科技革命的挑战，红旗才能举下去，才能更高飘扬。我这篇文章是送市委主管领导同志亲自审定的。实际上是对苏联衰变和解体的深层教训所作的一个与当时主流舆论不同的阐述，其基本精神是与皇甫平系列评论文章一脉相承的。

邓小平南方谈话打开了中国改革开放新局面

据说在1991年就皇甫平系列评论文章展开的交锋中，有一句话在北京流行着：“京都老翁，坐看风起云涌。”这表明邓小平同志当时非常冷静地、不动声色地观察和思考了1991年发生在我国的这场思想交锋。

邓小平同志在选择时机。进入1992年，中央就要开始酝酿党的十四大的主题、酝酿党的十四大领导班子的组成。这是我们党和国家政治生活最关键的时刻，邓小平同志选择这个时候，以88岁高龄，走出北京视察南方，应该说时机选得非常好。1992年1月18日至2月21日，邓小平同志从武昌、深圳、珠海到上海等地，一路走来大讲改革开放。

邓小平同志抓住1991年思想争论的要害，深刻指出：“改革开放迈不开步子，不敢闯，说来说去就是怕资本主义的东西多了，走了资本主义道路。要害是姓‘资’还是姓‘社’的问题。判断的标准，应该主要看是否有利于发展社会主义社会的生产力，是否有利于增强社会主义国家的综合国力，是否有利于提高人民的生活水平。”他还提出社会主义本质是解放生产力，发展生产力，消灭剥削，消除两极分化，最终达到共同富裕。

针对1991年思想交锋中暴露出的问题，邓小平同志一针见血地指出，现在有右的东西影响我们，也有“左”的东西影响我们，但根深蒂固的还是“左”的东西。右可以葬送社会主义，“左”也可以葬送社会主义。中国要警惕右，但主要是防止“左”。

邓小平同志的南方谈话，科学地总结了党的十一届三中全会以来全党的基本实践和基本经验，明确地回答了多年来经常困扰和束缚我们思想的许多重大认识问题，统一了全党全国人民的思想，为党的十四大奠定了坚实的思想理论基础。这是深化改革、扩大开放的动员令，像一只巨手推动了中国社会经济发展的航船。

1992 年夏季，在上海和全国相继举行的好新闻评奖活动中，皇甫平系列评论文章均以高票获得一等奖。1992 年 10 月，在中共上海市第六届党代会上，我也以高票当选为市委委员。1993 年 4 月，中央决定调我到人民日报社任副总编辑，主持《人民日报》的评论理论宣传工作。

皇甫平系列评论发表至今 30 年过去了。我深深体会到：在当代中国，坚持改革开放是人心所向，发展市场经济是大势所趋，提高人民生活水平是众望所归，与时俱进不断解放思想是必走之路。党的媒体舆论工作，一定要引领全社会解放思想，为改革开放鼓与呼，极大提高舆论的传播力、引导力、影响力、公信力，成为时代的晴雨表、社会的风向标。

为此，在迎接建党百年的今天，我再度回首这段非凡的岁月，追忆皇甫平评论的经历和经验，只为不忘初心，砥砺前行。

乐为游子传乡音

丁法章

在改革开放春风的吹拂下，1994年11月1日，具有65年历史的《新民晚报》，作为中国大陆省市级报纸中的第一家，通过卫星传版，在美国同步印刷发行，遍及全美50个州。从此以后，《新民晚报》这只在国内“飞入寻常百姓家”的燕子，开始飞出国门，走向世界，乐在异国播友谊，甘为游子传乡音，谱写了一曲前所未有的华彩乐章。

一拍即合

1992年年初，邓小平同志视察南方谈话的重要精神，犹如强劲的东风，把《新民晚报》推上了飞速发展的快车道。为适应经济发展和广大读者的需求，1992年7月1日，《新民晚报》果断作出由4开8版扩为4开16版的重大决策，并且取得了发行量超过150万份、人均创利超过60万元的双丰收。随着报社各项事业的迅猛发展，社会地位不断提高，对外交流日益增多，国际影响也越来越大。仅1994年，报社就安排出访团组35批，共62人次；接待来访34批，达203人次。报社的决策层，从老前辈赵超构、束纫秋到现领导，都有一个夙愿：力求办一张立足上海、面向全国、走向世界的一流的社会主义晚报。

“春风几度玉门关，催得百花开满园。”《新民晚报》同仁在国际交流中，愈来愈发现，随着我国改革的深化和开放的扩大，到海外去求学、经商、办企业和探亲的中国人与日俱增。他们身居海外，格外眷念家乡和亲人。一句话，祖国日新月异的变化，无时不在牵动着广大游子的思乡之情、报国之心。为此，他们有的通过北京中国国际书店在世界各地的发行渠道获得《新民晚报》，有的则通过国内亲属不定期邮寄《新民晚报》，这样不仅耽误时效，耗费钱财，而且由于数量有限，传阅到最后，往往成了一张张碎纸片。据当时不完全统计，仅在美国，华人就有200万之多，其中有一半左右是近20年以来成长起来的新移民。新移民较之老移民更加思念故土，特别是曾经订阅过《新民晚报》的老读者，都渴求通过《新民晚报》这个窗口，来了解祖国和家乡的变化。不少有识之士坦率提出，希望有关方面采取更便捷的方式，在美国发行《新民晚报》，让这只报春的燕子更加直接地飞入海外寻常游子家。

在上海市委主管领导和市委宣传部的指导下，1993年11月，我和报社经理部时任经理陆其祥以及时任市委宣传部外宣处副处长荣牧民组成赴美考察组，在美国华人朋友张学源先生的陪同下，先后到洛杉矶、旧金山、西雅图、纽约、华盛顿等城市进行实地考察，召开各种类型的华人座谈会，进行个别访谈，广泛征求上海籍新移民、留学生的意见和建议，并分别拜会了我国驻有关城市使领馆和新华社华盛顿分社的领导，听取他们对本报在美发行的看法。时任中国驻美大使李道豫在接见考察组时表示，这是一件扩大对外宣传的好事，欢迎《新民晚报》尽早来美国发行。时任中国驻洛杉矶总领事王学贤在宴请考察组成员时，还主动提出发行机构可以设在洛杉矶，因为该地区约有80万华人，还有交通发达、气候温和以及友好人士很多等种种有利的条件。

报社党委会、编委会成员认真听取了考察组的详细汇报，经过慎重研究，一致认为，本报赴美发行的条件基本具备，时机已经成熟，这无疑是一件满足海外华人读者需求，更好地加强和扩大对外宣传，展示上海形象的好事，我们应努力把它做好。时任上海市委副书记陈至立在听取本报汇报后明确指出：《新民晚报》赴美发行是加强外宣工作的一件大事、实事，应作为上海1994年对外宣传的一项重要举措，切实抓紧抓好。嗣后，陈至立同志和时任市委常委、宣传部部长金炳华在赴北京开会期间，还抽出时间陪同我一道拜见了时任国务院新闻办公室主任曾建徽，直接听取我的有关汇报，希望上级主管部门予以大力支持。1994 年 4 月底，报社收到外交部、国务院新闻办公室和对外贸易部的正式批复，同意《新民晚报》在美国发行，批准在洛杉矶组建新民国际有限公司，全权代理《新民晚报》在美国的广告、印刷、发行和相关经营活动，并核准 14 人的编制（其中 6 人由国内派遣，8 人在当地招聘）。

一炮打响

作为一家地方报纸，搞跨国印刷发行，国内尚无先例，没有现成的经验可搬。报社领导为此采取“大胆探索，小心求证，稳扎稳打，积极进取”的方针，主要从三个方面着手：一是在技术层面上，1994 年 8 月底，报社首先派遣编委顾龙和技术骨干杨俭俭飞抵洛杉矶，投入公司选址、注册登记、卫星传版、印刷发行等紧张的筹备工作。经过反复调试，10 月 13 日，通过国际通信卫星传输的第一张《新民晚报》版面在洛杉矶面世。二是在读者层面上，为了使更多在美国的游子能了解和认识《新民晚报》，报社决定从 11 月 1 日起，先向读者免费赠阅两个月。此消息在国内媒体披露后，短短 10 天里，编辑部就收到了约 3 万封提供在美国亲友姓名与地址的来信；设在洛杉矶的公司的电话更是被打爆，其中多数是要求订阅本报的，也有表示由衷祝贺的。三是在发行层面上，先以洛杉矶为主，在当地人流密集地区设立了 93 个自动售报箱，以方便投币取报。非洛杉矶地区的读者，则委托邮局向全美投递。

在一切准备工作大体就绪以后，10 月 25 日，由当地一家中文报纸印刷厂代印的第一批《新民晚报》顺利下线，喷吐而出，这标志着本报在美国印刷发行已经胜利在握。当晚 8 时，《新民晚报》在美发行盛典在洛杉矶巴特维切大酒店隆重举行。160 只彩球飘曳在会场上空，象征发行 160 多万份的《新民晚报》已经同步发行海外，实现了隔洋同阅当天报的愿望。应邀出席盛典的，有时任中国国务院新闻办公室主任曾建徽、时任中国驻洛杉矶总领事周文重，公司所在地的阿罕布拉市市长宝地江，著名华人艺术家丁肇光，以及当地华人社团和读者代表等共400多位宾客。金炳华部长作为上海市市长的代表，专程莅会致辞表示祝贺。当我以《新民晚报》总编辑和新民国际有限公司董事长的身份，庄重宣布从11月1日起，《新民晚报》将在美国同步印刷发行时，全场响起了长时间的热烈掌声。

在此之前，曾建徽、金炳华、周文重等还于当天下午应邀参加了新民国际有限公司的揭牌仪式，并与公司员工合影留念，还欣然命笔，分别题写了“传播祖国声音”“让世界更好地了解中国、了解上海”的贺词。中国驻美大使李道豫、中国常驻联合国副代表王学贤以及知名美籍华人陈香梅都派代表赴会，并发来热情洋溢的贺信。刚抵达上海就任美国驻沪总领事的柏瑞琪先生，也特地从上海发来贺电说：“《新民晚报》在美国发行将会促进美中两国的理解，而这也是我们肩负的重要使命。”阿罕布拉市市长宝地江推掉了另一个重要会议，热情赶来道喜。他说：“我的城市成了《新民晚报》在美利坚发行的发源地，这是洛杉矶华人的一件大喜事！”他还郑重地将一份荣誉市民的证书授予我。是日，新华社华盛顿分社向全球播发了题为《〈新民晚报〉在美国正式发行》的新闻。

1994年11月1日，《新民晚报》在美国与华人读者见面了。经过公司全体员工的努力，报纸发行量稳步上升，已遍布美国50个州和一个特区。海外游子在大洋彼岸看到了家乡的报纸，倍感亲切，他们把看到《新民晚报》，比作“每一天喝一口家乡的甘泉，既知家乡信息，又抚思乡情怀！”有的读者来信说：“《新民晚报》像一只报春的燕子，飞入海外寻常游子家，把祖国和家乡的变化带给我们，我们离家更近了！”中国驻洛杉矶总领事周文重充满深情地说：“《新民晚报》不仅是上海人的，也是外国人的，更是海外华人的，希望永不满足，不断开拓，求实创新！”

当然，也有美中不足的地方。由于美国邮局发行体制的弊端，在洛杉矶出版的《新民晚报》，往往要相隔五六天才能投送到美国东部地区的华人读者手中，因而他们迫切希望报社尽早在东部华人较集中的城市，如纽约、华盛顿等开设分印点，从而像洛杉矶的华人读者一样，能够看到当天出版的《新民晚报》。

一往无前

《新民晚报》在美国通过两个月赠阅的方式与华人读者见面，激起了热烈的社会反响。为更好地改进工作，新民国际有限公司在1995年初随报附送一份受众调查，从八个方面征询读者意见。在随机抽出的2000份样本中，对“《新民晚报》是否需要增加美国和社区新闻”这条反应最为强烈，约占样本50%以上的读者认为应增加美国当地新闻。特别是近十年来到美国求学、就业和定居的新移民，他们遍布全美各行各业，文化水准普遍较高，既渴望了解家乡的信息，又很想知道美国的动态，这是他们有别于老移民的特殊之处，也是对本报增出美国版有潜在需求的主流群体。他们说，《新民晚报》既然来美国发行，订户又是以华人读者为主，如果报上只有中国新闻，总觉得新闻性、实用性要逊一筹。再说华人经济状况大部分属于中下水平，如果报上没有当地新闻，就还要去订一份当地华文报纸，这样负担加重。还有占调查样本71%的读者，建议增辟大陆投资专版，这样不仅可以看到祖国改革开放和经济发展的缩影，还有助于回国寻求投资项目。也有不少读者建议增设海外华人投资咨询服务版，及时传播祖国投资、贸易和文化等方面的政策，以及人才聘用、招商引资等信息。这次专题性的征询调查，以及日常的来电、来信、来访，使报社领导开始找到了“原汁原味”的《新民晚报》在美国发行遇到的不足，并进而思考：如何使美国华人读者更加喜欢《新民晚报》，从而更到位地为海外的游子服务？于是，“创办美国版，设立驻美记者站”这两个更加宏伟的目标，在1995年初春就被提上了本报的议事日程。

创办《新民晚报·美国版》，这个设想无疑是大胆的，但与在美国同步印刷发行相比，不知要困难多少倍。这里既有人力、物力的制约，更有逐级报批的不确定因素。然而，报社党委会、编委会经过反复讨论，再三权衡，大家的共识是：“读者的需求，就是我们的追求；有问题有困难，只能靠创新靠发展来解决。畏首畏尾，坐失良机，就是最大的失误！”令人高兴的是，我们的想法和打算，完全被上级领导所理解和接受，并很快得到了市委主管领导的首肯，称赞《新民晚报》在美国设立记者站，创办美国版，这是上海对外开放的又一扇重要的窗口，是上海加强与世界联系的又一座难得的桥梁。为了争取中央有关部门的支持，1995 年 5 月中旬，我和报社驻京记者站站长杨丽琼同志，分别走访了时任国务院新闻办公室副主任李源潮，时任外交部副部长李肇星。在听取我们的汇报后，两位领导都表示一定全力促成这件好事。就这样，经过半年多的努力，国家有关主管部门于 1996 年 2 月 15 日正式下达了关于同意《新民晚报》在美国设立记者站、创办美国版的批文，核准驻美记者 3 名。

又经过半年多积极、紧张的筹备，本报驻美记者站首批记者胡劲军、李新肩负重任，于 1996 年 8 月 26 日启程赴美。一到本报美国公司，两位记者便马不停蹄飞赴华顿顿、纽约和旧金山落实有关事宜。中国驻美使领馆对《新民晚报》的新举措表示全力支持，时任驻美大使馆公使周文重，驻洛杉矶总领事冯树森等都在百忙中接见两位记者。他们说，创办《新民晚报 · 美国版》顺应形势，很有必要，希望抓紧筹备，尽快出台，发挥优势，办出特色，力求一举成功。周文重还勉励两位记者以“生活在华人读者中”为目标，更好地为华人读者提供全方位的服务，让中国的声音在美国主流媒体中占有一席之地。新华社华盛顿分社和中新社纽约分社的领导，在接到国内总社的指令后，对本报也格外关照，他们同意每天以最优惠的价格向本报驻美记者站发送稿件，并提供传稿软件。《人民日报》《经济日报》《光明日报》等全国主流大报的领导也表示积极支持。在我国驻美各地使领馆的关心和帮助下，记者站很快物色发展了一批兄弟单位的记者和社区华人积极分子。作为特约撰稿人，他们随叫随到，有求必应，为创办美国版发挥了重要作用。

常言说：得道多助。在华盛顿美国新闻总署外国记者管理中心，当本报两位记者提出申办全美通行的采访证后，短短 20 分钟就如愿以偿。据说，全美国只有对 400 名外国记者发放类似的证件。专门负责接待办理亚洲记者事务的格林女士，虽还没有到过中国，但对我国情况并不陌生，她说："《新民晚报》在中国影响很大，我早就有所耳闻。"

此外，经过与美国城市通讯社的友好协商，也很快以双方都可以接受的价格，签订了供稿合同。城市通讯社属美国的地方通讯社，以采访当地新闻为主，美联社和全美十大报纸都是它的订户。这样，《新民晚报·美国版》就可以适当选用当地通讯社的稿件，从而拓宽自己的新闻来源。

可以说，从 8 月底至 10 月底，这是异乎寻常的两个月。从报社总部到洛杉矶记者站，从确定美国版办报方针到锁定版面框架，从提供人力资源到后勤保障，前方和后方一直保持着频繁的热线联系。至于两位驻美记者和公司全体员工，为了联系作者、落实稿源、走访侨团、拜会名流、租借用房、调试设备，直到两次试版成功，几乎是天天连轴转。就这样，1996 年 11 月 9 日，我们终于迎来了《新民晚报》驻美记者站成立和美国版问世这一双喜临门的日子！正在美国访问的徐匡迪市长应邀出席盛典并致辞，还为记者站揭牌。值得一提的是，1997 年 11 月 2 日，江泽民主席在圆满结束访美之际，在洛杉矶亲切接见了我以及《新民晚报》驻美机构全体工作人员，给我们以极大的鼓励和鞭策！

以创办《新民晚报·美国版》为起点，从 2001 年起，《新民晚报》还加快在全球布点——"借船出海"，截至 2010 年年底，已在世界各地编辑出版了 26 个海外版。这些海外版，既使海外合作方无偿得到有价值的信息源，节省了编辑成本，《新民晚报》也无需承担海外版在当地印刷、纸张和发行的费用，扩大了影响力。截至 2010 年，《新民晚报》26 家海外版平均一周发行 245 个版，周发行量达 58 万多份。

近年来，针对海外华人读者的需求，《新民晚报·海外版》与时俱进，不断创新，陆续开设了"上海一周""中国瞭望""温州传递""中国问题研究"等专版和专栏。其中"中国问题研究"重在解疑释惑，帮助海外读者全面深入了解中国经济社会发展中出现的各种问题，受到普遍好评。

采访萨翁：为了十分钟的记者见面会

马 申

“文革”结束，百废待兴。作为恢复高考制度后的复旦大学新闻系首届毕业生，1982 年 2 月我被组织分配到了文汇报社，那一年我 30 岁。

第一脚踏进文汇报社，一二三把手分别找谈话

拨乱反正，万象更新。恢复高考制度后的首批大学毕业生，各单位都抢着要。同我一起分配进文汇报社的 77 级学生，新闻系、中文系各占 3 名：其中 5 位复旦大学学生（包括已在《文汇报》发表过小说《伤痕》而名噪一时的中文系卢新华），另有一位来自北大。

圆明园路 149 号是当时文汇报社所在地。这幢始建于 1927 年、由新马海洋行设计的哈密大楼（该洋行的建筑代表作是民国时期南京路的跑马总会），如今神秘兮兮地成了上海新地标外滩源的保护建筑，不少“老文汇”想进门瞅一眼怀个旧，都变成了一种奢望。陌生的门卫不好通融。

第一脚踏进文汇报社，诚惶诚恐，竟被“三巨头”依次接见。通知我去文汇报社报到的，不是报社组织人事科，而是党委副书记、副总编辑刘庆泗。那天他打来一个电话：“你是马申同志吗？”一个刚毕业的大学生，由报社主要领导亲自通知报到。没想到，老刘平易近人，见面后简单聊了一点个人家庭的相关情况，问有没有什么困难需要组织帮助解决？再没想到的，二把手党委副书记、副总编辑陆灏紧接着找我谈话，要点是讲了“《文汇报》选人的标准”。这位延安时期的

“三八式”干部、20世纪50年代驻站莫斯科的《人民日报》大牌记者，语重心长地嘱咐：“你们新来的大学生，不一定赶得上有经验的‘小学生’。”更没想到，最后通知我去党委书记、总编辑马达办公室。

“想干什么？”老马示意落座后，开门见山。“体育。”“为什么？”一问一答之间，老马小马的目光对住了。“喜欢体育报道，当过校学生会体育部部长，自己觉得搞体育合适。”还有一条理由当时没敢说出口：趁机周游世界。“读万卷书，行万里路”，还有什么能比当体育记者更爽快更方便的呢？

老马不再言语，拿起电话让教卫部来领人。就这样，我当上了体育记者。

“头面人物”采访，报社放手遣新手

萨马兰奇1980年当选国际奥委会主席后，作为“头面人物”首次出访重返奥运大家庭的中国，选择的时机节点是1983年9月在上海举行的第五届全运会。

那时还没有形成制度的新闻通气会和发布会，没有统发稿，没人“喂饭”。记者想获取有价值的新闻，只有靠两条腿勤跑，多交结行家朋友，将打听来的信息线索先梳理汇报，取得认可，使之化为有针对性的报道选题。

萨马兰奇具体何时抵达上海？他在沪的行程以及活动安排又是什么？对于这一切，我几乎一无所知。事后才晓得，去机场接机采访，国家体委有关部门事前除通知新华社等十几家中央新闻单位，对上海当地新闻媒体，仅通知了《文汇报》一家。

这个当口，我们有一个意外收获。得知萨马兰奇在沪期间，将向为开拓新中国体育事业作出杰出贡献的荣高棠颁发奥林匹克银质勋章，荣老也是获此殊荣的第一位中国人。为配合这次重要活动，国家体委相关负责人经过联络沟通，打算于颁发仪式举行之际，请《文汇报》独家刊发一篇署名文章（作者周铭恭，曾担任荣老秘书），专门介绍荣高棠同志为振兴体育事业呕心沥血的事迹和贡献。

《文汇报》爽快地答应了。借此机会，我们几次光顾了与报社大楼跨苏州河之隔的上海大厦，这里是第五届全运会组委会的指挥中心。下榻于宾馆13层的国家体委主任李梦华和副主任张彩珍等领导，几乎“不设防”地接待了我们。李主任房间“干货”不少，桌上摆放着各类全运会文件资料，包括重要活动的时间节点、行程安排，重要活动的贵宾观摩券和比赛门票。关键在于，萨马兰奇抵沪行程安排的确凿信息，被我们掌握了。主席先生将在锦江小礼堂为荣高棠授勋，抵达翌日还要同国际足联主席阿维兰热一起，去上海市工人文化宫参观第五届全运会集邮展览。

萨马兰奇计划于9月15日正午12时抵达虹桥国际机场。我们在国家体委的“线人”，将这一信息动态，提前一天透露给我。

没有网络的时代，《文汇报》却早就有“退而结网”的明晰思路。曾精心布局组织了一支高效得力的外省市特约记者、特约通讯员队伍，触角覆盖全国各地中心城市。在首都北京，则“特约”了三位体育、新闻界的朋友：著名播音员宋世雄，《新体育》杂志记者何慧娴，国家体委宣传司冯建中。后来，何慧娴成为中国奥委会副主席、中国体育记者协会主席，冯建中担任了国家体育总局副局长。

如获至宝的线索，让我们加紧盘算。采访前准备，包括人物背景，流程环节、现场应对方案等等，都做了分析研判预设。我的“进门恩师”、教卫部老主任黄立文特意关照，如果能当面采访萨马兰奇，最好请他为《文汇报》读者题词签名。为此，我跑到报社照排车间，取来一叠精美的道林纸并准备了两支崭新的签名笔。

老黄渊博儒雅，总是对我相机点化。抗战烽烟初起，他就投身共产党。抗战胜利后的1945年9月《文汇报》复刊，作为报社派驻国统区南京的记者，曾发表了一系列“反内战，争民主，呼自由”的文章，报道过轰动一时的“下关事件”，也写下《梅园新村访周恩来将军》这样的历史名篇。这位典型的老报人后来被打成“右派”，但风风雨雨里初心未曾改变。

采访萨马兰奇，正是老黄委任与我。初出茅庐，以勤补拙。15日一早，我就和同时期进报社的同事王捷南赶往机场。报社此前疏通关节，机场管理部门让我们的采访车开进了离停机坪不远的要客休息区附近。中央媒体机构的记者，也陆陆续续进入内场，大家都焦急地等待。

20 世纪 80 年代初期属于“后一穷二白”时代，机场没有航班起降时刻表的电子显示大屏。我们只能向贵宾室内一名姓陆的女服务员不时求问，给人添麻烦过意不去，灵机一动，送了她两张体操比赛门票，小姑娘接下了这份“意外惊喜”。11 时刚过，小陆主动跑过来告诉我们，刚被通知，萨马兰奇一行乘坐的航班延误了，推迟至下午 4 时到达。她特意沏上两杯绿茶，让我们安心等待。

与此同时，蒙在鼓里的一些同行，仍旧是一听到飞机降落的轰鸣声，便扛起摄像机拿着录音话筒，忙不迭地往屋外冲。如此折腾，一回又一回……此刻，我们靠在沙发上边休息，边寻思着下一步该怎么办。

唯一的提问机会，何振梁给了《文汇报》

中午饭点过后，我们在贵宾室遇见了前来接机的国家体委几位要员。其中有何振梁先生，他那时担任国际司司长。另有这次负责跟随萨马兰奇的翻译刘觉俦，是基辛格《白宫岁月》中文版译著的主要翻译者。何振梁对我们表示，在这个贵宾室会安排一个简短的记者见面会。他仔细地听取了我们申请采访萨马兰奇的要求：只提两个问题，（1）请主席先生简短谈一下首次来上海参加全运会的感受；（2）对中国将要参加明年洛杉矶奥运会有何期待？并为《文汇报》读者题词签名留念，我顺势出示了道林纸和签名笔，何振梁点头称许。与一旁长相酷似欧美老外的刘觉俦翻译也寒暄了几句，我试探性地问：“萨马兰奇安排在哪个座位上？”按理，翻译总该知道。不算宽敞的这间贵宾室，中央呈 U 字形摆放着十来张椅子，他用手指给了我“确定的那张”。在采访开始前，我和捷南一左一右，早早站在了这把座椅背后。

延误的航班 16 时 15 分终于落地。萨马兰奇走下舷梯时，神情显得有点疲惫。第一任中国奥委会主席钟师统以及国际奥委会中国委员何振梁迎上前去同他热情握手，一位天真活泼的小女孩敬献了鲜花。在主人陪同下，萨马兰奇被簇拥着引向贵宾休息室。尽管尾随的二十来位记者中有将采访话筒伸到他嘴边，但他丝毫没有停下脚步的意思。见此景状，我们撒腿就跑，迅速落位，守候在他将要就座的靠背椅旁。

不一会相关人员到齐，记者们围挤在座椅后面。待宾主双方稍稍坐定，站在U形缺口位置主持现场的何振梁礼仪性地客套几句，旋即看了一下腕表宣布："现在请记者提问，时间10分钟。"记者们纷纷举手。何振梁开口示意"请《文汇报》记者提问"，同时向萨马兰奇一行做媒体背景介绍："《文汇报》在中国是一份知名度很高的报纸，日发行量有170多万份。"

水到渠成。独家提问，题词签名，一切如我所愿。正式提问前，我向萨马兰奇礼赠了配合全运会宣传、由报社编纂的《体坛缤纷录》，他翻看了一眼小册子，愉快地回答了我们"设定在先"的提问。萨马兰奇说："我能来参加第五届全运会开幕式，感到非常高兴。希望运动员们通过这次全运会，向全世界展示中国在过去几年中所取得的体育成就。也希望有一个很强的中国体育代表团，能出现在明年的奥运会上！"

萨马兰奇用我递上的签名笔，在道林纸上流利地写下："谨向第五届全运会致以最良好的祝愿。"并潇洒落款。

看到这一幕，有记者急忙递过采访本也想题签，被何振梁轻轻一句礼貌地打住："你看人家《文汇报》怎么做的？"并宣布："记者见面会到此结束，谢谢大家！"

此时此刻，我并无把握明天《文汇报》见报的是不是一条"独家提问"。接机萨马兰奇的车队驶出了虹桥机场，我们的采访车打开双跳灯一路尾随。前往市区的路上，心想着还会不会发生点什么？直到淮海中路北拐茂名路，亲眼目送萨马兰奇一行开进了下榻的锦江宾馆大门，才长舒一口气：回报社。

敬仰·采访·感悟

朱大建

敬　仰

1982年春，我从复旦大学新闻系本科毕业，分配到上海市委宣传部新闻出版处当新闻干事。刚报到那天，市委宣传部办公室的老李同志带领新入职的大学生去劳动，具体就是去康平路宛平路口的原市委写作组资料室整理图书。这是一间很宽敞的会客厅似的房间，靠墙一面都竖立着暗红色的大书橱。老李同志提出的要求是：把品相好的书都捆扎起来，装上卡车，运到市委宣传部资料室。遵照要求，我们忙碌了一整天，将一房间的书几乎全部搬空，地板上只剩下一些品相稍差的书。快到下班时分，老李同志允许我们从地板上为自己挑书，他会用最便宜的价格卖给我们。“你们再挑剩下来的书，就卖给废品回收站。”他这样说。

我伏在地板上，细心地挑了一遍，找到一本赵超构著的《延安一月》。是民国三十五年一月沪初版图书。小32开，封面印有三种色彩，淡蓝色的基调，白底上印有深蓝色的书名《延安一月》，封面还印有一幅枣红色的延安县城木刻画，画着延安地标宝塔山。印有“南京新民报文艺图书之六”字样。封面扉页上，盖有002621编号，说明我挑中的这本书是第2621本。再翻过来的一页上，印有“新民报文艺丛书”八种：张恨水著《八十一梦》《巷战之夜》《大江东去》《偶像》；张慧剑著《辰子说林》《西方夜谭》；赵超构著《延安一月》；赵敏恒著《伦敦去来》。原来这八种书，全是新民报人的著作。赵超构著的《延安一月》是丛书第六种，版权页上，印有著作人：赵超构；发行人：陈铭德；出版者：南京新民报馆；印刷者：小沙渡路337弄辛利印刷公司；总经售处：上海福州路东华里6号教育书店。

我粗粗翻了一下，书是竖排的繁体字版，里面还印有古元、施展、彦函、秦兆阳的多幅木刻画，是一本精心印制的好书。

我大喜过望，觉得自己捡漏捡到了宝贝。老李同志看着我开心的样子，宽宏大量地说："便宜卖给你，算一角钱吧。"他在封底用圆珠笔画了0.10字样，我去市委宣传部资料室付了钱，这本书就归我所有了。

晚上靠在床上，我翻读起这本书，首页上，印有陈铭德《关于"延安一月"》一文。开头一段就直奔主题："收在这本书内的作品，都是本报主笔赵超构兄参加中外记者团参观西北的通讯稿，其中'延安一月'自然是全书最主要的部分，无论在观察分析，描写报道各点上，都可以看出作者是用过心思的；然而比这些更使我们满意的，是作者提供了一种立言的态度。对于延安事物，虽然有时是介绍，有时是批评，但自始至终，看不到一句话是离开国民的公正观点的。"

序言是张恨水写的，其中一段话是："这次赵超构兄去延安访问，事先曾和朋友们商量，应当取一个什么态度？我就很简单的贡献一点意见，观察最好一切客观。至于你的观感如何，有什么批评，那倒主观一点也可以。事实的存在是一件事，你对于这存在的事实作何感想，又是一件事，最好不必混为一谈。赵兄对我这点意见，相当的采纳。其实他在报上作评论的态度，也是如此，毋宁说我是附和他的意见。"

这本书，我珍藏至今，搬了几次家，扔掉了好多书，这本旧版的《延安一月》一直珍藏在我的书橱里，也冥冥之中暗示了我与《新民晚报》的缘分。

采　访

到了1985年夏天，当时上海正发起文化发展战略研讨。市委宣传部要我去采访赵超构，请他谈谈对上海文化发展战略的意见，写一篇采访记，让《文汇报》

发表。我接受了这项任务后，既高兴，又有点紧张。高兴，因为赵超构是我心中很敬仰的新闻界前辈，我已收藏并读过他的通讯连载名篇《延安一月》，他又是杂文大家，他的“未晚谈”专栏我几乎每篇必读，我喜欢他一针见血的议论，简捷明快的文风。当时，市委宣传部新闻出版处邀请上海三报两台（《解放日报》《文汇报》《新民晚报》、上海电视台、上海人民广播电台）的老总们开会讨论新闻改革，我的任务是做记录，然后整理成工作简报。在这样的会上，赵超老总是先戴着助听器静静地听别人发言。邀请他讲话时，他一口温州官话说得慢条斯理，一板一眼，却逻辑性很强，有条有理，层层递进，记录下来稍做文字整理，即是一篇好文章。老实说，作为经常写工作简报的我，很喜欢这样的发言者，因为省了我许多概括归纳、去粗取精的工夫！这次能够面对面采访这样一位老前辈，聆听他的见解，我当然是非常兴奋的。说紧张，是因为当年我一个年轻的无名小干事，他会接受我的采访吗？倘若他接受了，我的学养才智够不够和他对话呢？我准备提哪些问题呢？确实有点不安。

我先打了个电话到《新民晚报》总编办，记不清是丁贤才还是王潜芬接的电话，说要问一问赵超构才能答复。到那天下午，回电就来了，说老将（新民老报人称赵超构为老将）同意接受采访。

隔了两天后的下午，我如约来到九江路新民晚报社赵超老的办公室里，记得他和束纫秋总编辑共用一个办公室。那天正巧老束不在，赵超老坐在一把旧藤椅上，戴着耳塞，神色安详，眼睛里闪着智慧的光彩。他胸有成竹，不紧不慢地侃侃而谈，我拿着笔记本不停地拼命地记，生怕漏掉一句话。看来，赵超老对文化发展思考得已经很深入了，根本就无需我提什么问题，随着他抑扬顿挫的语调，我紧张的心情渐渐放松，沉浸到他所论述的话题中去。

赵超老不愧是文化大家，他对文化发展的见解是独树一帜的。他认为，所谓文化，就是人的精神活动加上表现人们精神活动的必要的物质设备，就是人的知、情、意及与之相对应的真、美、善。知，就是求知，表现为探索真理，认识世界。情，即情感，表现为爱不爱美，有没有审美观念。意，即意志，表现为人们对自己行为的道德判断及价值观念。一个人在知、情、意及相对应的真、美、善三方面全面平衡地发展，就是一个有文化的人。他说，假定某人科学知识很丰富，伦理道德观念也很健康，但不爱美，这个人的文化结构就不平衡，就有缺点。

赵超老认为，看一个社会的文化发达与否，也要从这三方面来考察。求知，具体表现在指导人们探索真理、认识世界的教育事业、科学研究事业发达不发达；情感，具体体现为满足人民求美、爱美需要的文化艺术繁荣不繁荣？文化设施多不多？意志，具体表现为社会上流行的伦理道德观念健康不健康？从这三个方面去考察一个社会的文化，就能得出正确的结论。

赵超老接着举例说，唐朝文化发达表现在哪里？首先，唐朝实行开放政策，敢于吸收国外知识，气派很大。当时儒、佛、道三教在探索真理、认识世界方面，可以自由竞争，同时发展。在爱美方面，唐朝出现了“文起八代之衰”的韩愈、柳宗元，出了大诗人李白、杜甫及一大批很有名望的诗人。唐朝的绘画、雕塑也很发达。在伦理道德方面，唐朝士大夫的生活也比较健康，他们喝酒吟诗，提倡有节制的享乐。这有点像古希腊人的人生观。

制定文化发展战略，赵超老的观点是要注意两个原则：第一是文化结构，即在真、美、善三方面平衡全面地发展，保持文化上的生态平衡，不要偏枯。如果我们培养出来的人，虽有科学知识，但在美、善方面修养很差，就会产生文化结构的不平衡，这很危险。第二是要贯彻双百方针——百花齐放、百家争鸣，既要有批评的自由，也要有反批评的自由，这两条应该成为文化发展的指导思想和根本方针。

赵超老不停地说，我不停地记，一边记，一边心里有一种亮堂堂的感觉：这个饱经沧桑的老将，看问题真是透彻！

晚上，我打开笔记本，将赵超老的话一段段抄下来，稍加整理，即是一篇观点鲜明、材料丰满的采访记。我将此文送到文汇报社后，很快就得到了回音：采访记很好，但如果能以赵超构署名发表文章，效果将更好，文汇报社已将此文送给赵超老征求意见。我虽然有点舍不得失去给赵超老写采访记的机会，但想坚持也没理由，因为这完全是赵超老的观点和见解呀，我不过是做了一个忠实的记录者的工作而已。后来，这篇题为《文化结构的平衡和双百方针的贯彻》的文章就发表在《文汇报》1985 年 7 月 9 日第三版（“论苑”，第 177 期）。《文汇报》给我寄来了两张样报和 15 元的文字整理费。这两张样报，我珍藏至今，搬了几次家，扔掉了很多书，这两张样报却保存得好好的。

感　悟

认真拜读赵超构著《延安一月》，亲耳聆听赵超构谈文化发展战略，让我受益良多。我感悟到，做一个新闻记者似乎门槛不高，只要会写本报讯就行。但是，做一个优秀的新闻记者与报人，其实门槛很高。比如赵超构，他代表《新民报》参加“中外记者西北参观团”，才 33 岁，只是随团采访，却写出了不朽的通讯连载《延安一月》，巧妙地通过国民党新闻检查发表出来，得到毛泽东的赏识，成为毛泽东一生的朋友，还在社会上产生很大影响，以文艺图书的名义结集出版，直至被后人收藏。这样的文章，从主题思想到谋篇布局，遣词造句，都是需要讲究思想性艺术性的。而几十年后，他接受采访谈文化发展，先讲“真善美需要平衡”这个精髓，再点到“双百方针”的贯彻，言简意赅，深入浅出，让人一看就懂，既是对大众的启蒙，又是对政府的建言，很珍贵啊。我读过许多学者谈文化的文章与著作，有的很深奥，有的很烦琐，真能像赵超构那样讲得要言不烦，明白晓畅，通俗易懂，很少见。由此，也激励我向前辈学习，认真读书，写深入浅出的文章。1995 年 8 月，组织上安排我到《新民晚报》任副总编辑，我兢兢业业，不敢有丝毫懈怠。在这个岗位上工作 18 年后，在 2013 年 9 月卸任。履职期间，我向赵超老学习，学写小言论，在夜光杯副刊先后开设“灯下文坛”“静夜凝眸”两个言论专栏，结集出版了《灯下文坛》《灯下文坛全编》《静夜凝眸》三本杂文随笔集。其中，杂文《资源与陷阱》获 2007 年全国报纸副刊金奖与第 17 届中国新闻奖三等奖。这是我向赵超老学习取得的一点小小成绩。

上海东方电视台创业创新历史回顾

刘文国

最近，习近平总书记要求全党认真学习党史，他指出："党的历史是生动的教科书，在学习党史中，更好的走向未来。"联想到20世纪90年代，自己在上海东方电视台创业创新的那一段难忘的岁月，心潮澎湃，豪情满怀。

1990年，邓小平同志来到上海，提出了开发开放浦东的设想。1992年，上海决定在浦东建立东方电视台。8月15日，国家广电部正式批准东方电视台成立，并指示，东方电视台要立足浦东，面向长三角，突出改革开放和对外宣传。时任中共中央总书记江泽民为东方电视台题写了台名。

同年8月，上海广电局经过公开招聘考核，聘任了东方电视台的台领导。到12月初，共计录用包括记者、编辑、导演、摄像、灯光等专业工作人员92人。

经过全台上下一个月的奋战，1993年1月18日，东方电视台全天直播特别节目《风从东方来》。"你从时代的浪尖轻轻的走来，让自己的风采与世界相通；你从东方的热土欢快的舞动，让自己的神韵与世界相融。"随着优美的旋律和动人的歌声，上海东方电视台这一新生的电视媒体，出现在上海，传播到长三角、全中国乃至全世界。

东方电视台开办时的条件比较艰难，它的办公和录制场地，是原上海七重天永安大楼的第五、第六两层，场地局促拥挤。开办经费是从市广电局借贷的200万元人民币。东方电视台对标全国省级电视台，开办了包括新闻、社教、文艺、体育、电视剧、教育、服务、广告八大类节目。

"船小依然敢闯海，勇立潮头红旗展。"东方电视台开台之初，便提出"创业创新，团结奉献，勇于改革，敢为人先”的办台方针，推出了一系列改革措施，同时将新闻报道作为节目的主干。新闻类节目有综合新闻报道，财经报道与深度报道，分别安排在《东视新闻》《东视夜新闻》《东视经济传真》和《东视广角》栏目中播出。东视新闻首先立足宏观，“邓小平与上海人民共迎新春佳节”“上海两会”“汪辜会谈”“香港回归”“澳门回归”等重大事件，东视都组织力量，全力投入，从各个角度深入挖掘。这些报道做出了特色，引发了较大的反响，赢得了广泛的好评。

东视新闻在选题和报道角度上，强调社会性和关注民生，经常报道一些与普通市民生活息息相关的内容，如水电煤与环境绿化、巨款失而复得、交通事故、突发灾情等，并注重后续报道，弘扬正能量，宣传政府各部门把老百姓安危福祉放在心上、办实事的精神。

东方电视台的专题类节目，办得也十分出色，推出了一大批富有特色的新型栏目，如赴海外拍摄反映世界各国现况的《飞越太平洋》，与市公安局共同制作的反映社会治安主题的《东方110》，医药健康类的《名医大会诊》，以在沪外国人工作生活为内容的《外国人在上海》等，都得到好评。其中，影响最大的是东视首创的谈话类栏目《东方直播室》。该栏目每周一至周五晚上以直播形式播出，宗旨是“热话题，大家谈，说真话，送温情，传信息”。每期节目，配合不同时期的宣传要求，围绕市民关心的社会热门话题，邀请相关嘉宾与观众代表，座谈讨论，反映舆情，引导舆论，《东方直播室》节目最高收视率达到43.2%。

东方电视台最具特色、影响最大的是综艺类节目，播出时间占全部节目的50%。《快乐大转盘》是全国第一档首创的游戏娱乐栏目。它配合市里的各项活动确立主题，让普通市民组队走上荧屏，做游戏，答知识，赢奖品，参与节目。这些节目形式新颖，生动活泼，气氛热烈，寓教于乐，一开播就赢得了广大观众的喜爱。播出后，收视率连续六年高居上海所有电视节目之首。

电视情景剧《老娘舅》，是用上海方言展现当代市民普通日常生活的情景连续剧。这是一个全新的标志，极大地开拓了电视剧表现的视角和内容，丰富了电视节目的样式。贴近生活的故事，幽默风趣的语言，受到广大观众的喜爱和热捧。随后东视又相继推出《开心公寓》和《噱战上海滩》两个不同主题的系列情景剧，播出之后，同样受到观众的喜爱。东视首创的游戏娱乐类栏目和方言情景电视连续剧，在全国也产生了很大的影响。

东方电视台在承办上海市大型活动方面始终保持着领先的优势。我们成功承办了“东亚运动会开幕式暨大型文艺演出”“第 8 届全运会闭幕式”“第 5 届残运会开闭幕式”“第一届中国上海国际艺术节开幕式暨文艺演出”“上海市庆祝香港回归大型文艺演出”和多届的“上海国际电影节”“上海电视节”“亚洲音乐节”，以及众多的“上海旅游节”“合唱节”“茶文化节”等各种各样的重大文化艺术体育活动的演出。我们以东视人特有的激情和忘我的精神，精心策划，周密实施，使这些重大活动和演出都取得了圆满成功。尤其是 2000 年的“环球论坛上海峰会开幕式”、2001 年“APEC 上海峰会”的烟花表演，东方电视台都是全力以赴，精益求精，出新出奇，为这两次国际盛会的成功，增添了光彩，作出了独特的贡献。

东方电视台努力弘扬民族文化，多年来精心组织播出了《东方之韵》系列演出，如《东方雅韵——优秀青年京剧演员专场演出》《东方乡韵——沪剧名家新秀专场》《东方妙韵——越剧明星扶新人专场演出》等，扶持推出了一批戏剧新人，焕发了戏剧艺术青春。

东方电视台的青春活力，和它的无穷创意，赢得了全球瞩目，国外电视机构多次对其进行报道介绍。中央电视台也多次与东视合作制作各类节目。1995 年全国纪念抗战胜利 50 周年，东视在上海外滩与中央电视台演播室双向传送《中国人的脊梁》大型歌会。东视与北京电视台合作，在长城八达岭上举办了《长城演唱会》。1996 年 CCTV 春节联欢晚会，首次与东视合作，在上海东方明珠电视塔设立分会场。东视还和央视合作，把演出舞台现场搬到国外，创建了《为中国喝彩》系列节目。该节目先后在英国伦敦、俄罗斯圣彼得堡、美国洛杉矶、希腊雅典、法国巴黎，与上海同时演出，并运用先进的电视传输技术卫星连线两地同步切换画面，进行现场直播。这一节目很好地向各国观众展现了中华 5000 年绚烂的文化艺术，改革开放的大好局面，传达了中国人民开放的胸襟、和平友好的形象，从而收到了非常好的国际宣传效果。2001 年，东方电视台在八万人体育场举办了景观歌剧《阿伊达》，成为中国当年十大演艺盛事之一。

多年来，东方电视台始终把目光放在与人民群众生活息息相关的方方面面，立足于解决人民群众关切的实际问题和思想问题，“强民心，暖人心，筑同心”。2000 年，我们精心策划制作了教师节主题晚会，它以形式新颖，真人真事真情真心，有新意有水平受到赞扬。东视还长期与上海慈善基金会合作，在每年 1 月播出《蓝天下的挚爱》，24 小时爱心大放送，把各界人士和广大市民的慈善爱心，无私奉献的精神与行动，通过电视直播传播出来，弘扬了爱心，筹集了善款。东视有着一支团结奉献，战斗力强，随时拉得出打得响的编导队伍。1997 年华东地区大水灾，祸及长江沿线九省一市，市委号召全市人民捐款赈灾。东视在短短的 48 小时内组织全市创作演出人员，搞出了一台精彩感人的大型义演。通过电视直播，募集到数亿元的善款，有力支援了第一线的抗灾赈灾。

东方电视台从借款 200 万元起家，全台员工以革命加拼命的精神，团结一心，努力拼搏，成为全球闻名的大型电视台。2001 年，东方电视台完成历史使命，与上海电视台、上海有线电视台合并，成立上海传媒集团。不久我也离开东方电视台，到文广局任副局长、艺术总监，但东视的形象仍在，那红日上一只展翅飞翔的白鹳的台标，现今仍然每天出现在都市频道的画面上。东视创新创业的故事和奉献奋斗的精神，依然留在观众和东视人的心里。

回眸战地重访　传承红色基因

孙洪康

2021年是党的百年华诞，也是“十四五”开局之年。在全党开展党史学习教育，是党中央立足党的百年历史新起点，面向新发展阶段宏伟的新目标，而做出的重大决策。

今天，再次掀开这部苦难辉煌的史册，我的心情难以平静，不禁想起20世纪90年代，我在担任《新民晚报》总编辑助理时，曾领衔推出“战地重访”“战地新篇”和“今日长征路”三组连续报道。我们满怀真诚和激情去追寻革命先辈的足迹——我曾在井冈山红军医院屋后坡地泪奔，有一批红军重伤员在这里被白匪枪杀；我曾在川西北松潘草地的红军群雕前肃立，有十几位红军战士在这里寒夜露营，再也没有站起；我曾在腊子口山地上跋涉；曾在哈达铺邮政所门前伫立；曾在三大红军主力会师之地会宁西津门城楼上远眺；曾在太行山深处的砖壁村寻访那座不寻常的院屋，这里是举世闻名的百团大战指挥中心；我曾在重访辽沈战役战地时，几次来到塔山，分明感到是塔山英雄们的热血和生命，迎来了新中国第一缕破晓的晨曦。

记得1994年初夏的一天，时任总编辑助理的我与刚刚接手分管的《新民晚报》特稿部的同仁们一起策划国庆报道，办公室里气氛十分热烈，你一言，我一语，金点子连连蹦出。为了隆重纪念新中国成立45周年，有人提议搞一组“边境行”，东西南北，视野开阔，一定有新意；有人力主深入东南沿海地区采访，搞一组“改革开放前沿”巨变的报道。开始讨论时，我没有插话，而是独自站在办公室墙上挂着的中国地图前边，细细地看着，静静地想着，突然脑子里冒出个想法，我抬手示意，当即以坚定的语气说道："我们搞一组战地重访！"

不知怎的，当这一想法一说出口，我和特稿部同仁们都觉得特别兴奋，话匣子霎时打开，坐不住的感觉油然而生。这也许就是革命战争的永恒魅力。当天，我们策划得相当细，把这次"战地重访"分成五个阶段来进行，第一阶段奔东北，采访辽沈战役发生地；第二阶段踏访淮海平原，采访淮海战役发生地；第三阶段赴京津，采访平津战役发生地；第四阶段采访渡江战役发生地；第五阶段深入舟山群岛和海南岛，采访跨海战役。"跨海战役"是我斗胆概括的四个字，然则半年后，中央领导为我们新书《战地重访》题词时，沿用了这个新词，肯定了这个提法。

当天的策划会，我们将采访主题也想明白了。我说：这次"战地重访"虽是将两条线交替重叠地进行，但我们不是简单地重述大决战的故事，而是将当年的战争作为历史背景，重点是采写当年的战地成了今天改革开放的热土。所以，这组"战地重访"报道的主题是中国共产党不但能打碎一个旧世界，更能建设一个富强的新中国。

当天的策划会，我们还想得很远，初步拟定，这组采访稿件不仅要在《新民晚报》上滚动刊登，而且采访结束后，还要结集出版。到时，会请中央领导题词。没想到这次策划会所提设想，后来全部实现了。

《新民晚报》这组"战地重访"连续报道，由我领衔，采访组成员还有强荧、朱国顺、何建华。我们先做了近两个月的案头准备，先后查阅的有关解放战争资料、书籍足有一米来高；我们还分头收集了相关省市改革开放、经济建设的最新资料。从1994年8月20日启动，我们做了一次历时40天、纵横一万里的"战地重访"。我和何建华打头阵，第一站是到锦州，第一篇特稿是《黑土地不会忘记》。

"战地重访"是一次奇妙的采访。40天中，从白山黑水到淮北平原，从渤海之滨到琼州海峡，从新中国成立到改革开放，时空跨度令人惊叹。一路踏访中，我们忽而涉入"历史的长河"，忽而又徜徉在"现实的岸畔"；忽而湮没在"战争"的硝烟里，忽而又攀上"建设的脚手架"。我们既强烈感受到那场史诗般的"大决战”的历史震撼力，又目睹了改革开放给祖国大地送暖播春，引发万物生机的创造力。

我们满怀真诚，一路奔波，时而寻访支前英模，时而造访省委书记，时而踏勘昔日战地，时而漫步渔港夜市，我们将一路所见所闻所感写进报道，先后发回30篇通讯和专访，在1994年8月23日至10月1日的《新民晚报》上连续滚动刊出，形成整体效应。

我们“战地重访”报道组，按计划于当年9月30日凯旋，10月1日在共和国成立45周年之际，又联袂推出收官之作《祝福共和国》。

《祝福共和国》刊登于当年10月1日《新民晚报·五色长廊》，开篇就说：“每天清晨，当天安门前的五星红旗伴着朝阳冉冉升起时，朋友，你是否想到在45年前的那场光明和黑暗的大决战中，是千百万革命先辈的热血化作了天边火红的朝霞，是在人民解放战争中献身的无数英魂托起了新中国这轮喷薄跃升的红日。”这段话并无新奇，但此刻，倾注了我们四名记者的真情实感。

“战地重访”系列报道推出后，收到许多读者的来电、来信，引起了较为强烈的社会反响。中共上海市委宣传部给我们采访组颁发嘉奖令；中共中央宣传部为这组报道下发阅评专报表扬，并充分肯定了这组报道鲜明的主题：“中国共产党不但能领导人民打碎一个旧世界，而且能建设一个富强的新中国。”

这组报道在当年新闻奖评选中也喜获硕果：“战地重访”系列报道获得1994年度上海新闻奖一等奖，1994年度中国晚报新闻奖特别奖（相当于特等奖），1994年度中国新闻奖三等奖。

翌年2月，“战地重访”又结集出版。出书时，除了收入先后在《新民晚报》上发表的30篇通讯、专访，还将当时限于报纸版面、不及见报的一批文稿一并收入出版。时任中共中央政治局常委刘华清及邹家华、张震、王首道、杨成武等中央领导和老同志为此书题词。中央军委副主席张震的题词让我们特感温暖，他在题词中认可了“跨海战役”的提法。老同志王首道还为此书作序。

继1994年成功实施“战地重访”报道后，1995年，为纪念中国人民抗日战争胜利50周年，我又在《新民晚报》领衔推出讴歌八路军、新四军和根据地人民抗日功绩的“战地新篇”系列报道。这次，我赴河北、山西深入采访，采写了长篇特稿《百团铸辉煌》。1996年，为纪念中国工农红军长征胜利60周年，我们又在《新民晚报》隆重推出“今日长征路”系列报道。

在最后一阶段采访中，我从腊子口往哈达铺，从吴旗镇奔延安城，再从会宁赶往将台堡，一路跋山涉水，走县过村，追寻红军长征的足迹。寻访途中，我突然感悟到，红军长征的足迹，有些已被埋在盘山国道的沥青下，有些已被夯入大型水库的基座中，有些已被掩蔽在山间一片片果树林里，有些已被遮盖在钻采石油的井架下，有些已被隐没在崛起的新城里。是呵，正是艰苦卓绝的长征为共和国大厦奠定了坚实的基础。

今天，回首当年我们全身心投入“战地重访”“战地新篇”和“今日长征路”的系列报道，我深感我们的内心被一个火种点燃，被一股热流触动——那就是不忘初心，致敬先辈，传承红色基因，接续革命薪火。

我在此前提到的《祝福共和国》一文中，曾写下自己的采访感悟。我说：“历史永远地过去了，但历史也永恒地存在着。”还说：“人认识历史，是为了更好地认识现实。”继往开来，接续奋斗，是我党的传统，这也是在新阶段、新起点开展党史学习教育的题中应有之义。

空中新桥穿海峡

李森华

1988 年元旦午后，北京东路 2 号广播大楼门口，上海市委宣传部、市对台办、市广电局的领导同志与广播电台员工，简朴地举行“浦江之声广播电台”挂牌仪式。在一阵热烈的掌声中，由时任上海市市长江泽民书写的这块电台铭牌，悬挂于上海市广播电视局、上海人民广播电台铭牌之旁。这一天，浦江之声广播电台在首播江泽民市长的新年贺词声中，宣告一座面向台湾同胞的短波广播电台在黄浦江畔诞生。

那天，浦江电台总编办公室摄影师刘嘉泉用镜头留下了挂牌仪式喜气洋洋的场景。

今天，看着这幅老照片，浦江电台的往事仿佛就在昨天。

上下同心干

1986 年，中央及上海市委先后召开对台工作会，对进一步加强对台工作都提出了新任务新部署。上海电台党政班子在时任市广电局党委副书记、电台党委书记徐济尧同志主持下，认真传达学习贯彻中央和市委对台工作会议精神。一番热烈讨论之后，班子里酝酿出一个倡议：发挥我们的专长，增办对台短波广播，为对台工作出一份力。我们主动请缨、扛起担当，与局领导不谋而合，想到一块去。当时市广电局领导是从要在上海恢复对台广播的角度来考虑的。原来，新中国成立前夕至成立初期，上海人民广播电台就担负对台湾广播的任务。后来随着广播事业的调整，上海电台停办了对台广播的节目。现在，局、台也就以恢复对台广播的名义正式申报。局党委书记、局长龚学平同志将重建的对台广播呼号确定为"浦江之声广播电台"。

上海是对台工作、统战工作的重镇。市广电局、上海电台筹建浦江之声广播电台的申请工作，可以说是一路绿灯，获得各有关领导部门批准。于是，在市广电局领导指挥下，由陈乾年牵头，筹建浦江台的工作陆续展开。有几路人马先后到北京（央广）、南京、福州、厦门等地学习取经。我带队前往厦门，来到中国人民解放军海峡之声广播电台的前线分部。穿军装的同行，从技术装备、节目框架到采编、播音等方面，热情、详尽地传授经验，对我们筹建浦江台的工作帮助很大。

记不清确切时间。有一天通知我到康平路市委办公厅参加有关浦江台的会议。时任市委副书记曾庆红主持会议，市委宣传部、市对台办、市广电局、市财政局、市电信局等有关负责人与会。我汇报了浦江台筹建工作进展情况，反映存在资金、设备方面的困难。经曾庆红同志协调并当场拍板：由市财政增拨经费 50 万元；由市长途电信局提供两台闲置的短波发射机，广电局酌情付款。

协作奏凯歌

1987 年春天，市广电系统进行体制重大改革。其中，上海人民广播电台形成三个不同分工的采编播录实体，即新闻教育台、文艺台、经济台。我的职务调整为主持工作的上海人民广播电台副台长兼新闻教育台台长。后来，局党委决定由我同时兼任浦江之声电台（筹）台长，负责筹建工作。

市广电局分管工程技术的副局长王忻济，局总工程师何允、副总工程师何正声等专家为浦江台向国家广播电视部申请到三个短波广播频率：3280 千赫、3990 千赫、4590 千赫。随后技术部门又进行一连串内部传音运转试验。

来自新闻台、文艺台、经济台的汪蕾、季傅耀、张骅、储祖贻、周立安、张谦、王闽等老中青编辑记者集思广益编制广播节目表，除了新闻节目，还有《故乡的云》《外滩漫话》《大世界》《江南好》《服务天地》《笑口常开》等各种节目。

筹建工作一天天接近胜利的目标。这时候传来一个好消息。江泽民市长答应为浦江电台题写台名。临近除夕，汪蕾和张骅带好宣纸来到江市长的办公室。江市长问他们：是写简体字还是写繁体字？两人表示，浦江台是面向台湾广播，台名适宜用繁体字。于是江泽民市长在办公桌上铺开宣纸，挥毫直书两幅繁体大字："浦江之聲廣播電臺"。他笑着说，你们觉得哪幅好就用哪幅。两同志又再请他为浦江台题词，江市长又欣然提笔成书："傳播鄉音鄉情，弘揚愛國主義"。这十二个字也就成为浦江台的宗旨。

一年多里，从市广电局技术中心、服务中心到上海台的新闻台、文艺台、经济台，一线二线，前台后台，大协作，大运转，举全系统之力，终于在 1988 年元旦这一天，浦江之声广播电台的电波穿越台湾海峡，飞扬在祖国宝岛台湾的上空与大地。

乡音传亲情

浦江台的广播节目，每天 6 个小时用普通话和上海话播音，亲切平和的语调，十分动听。富有特色的节目，讲乡情、传亲情，展现上海和江南地区改革开放的成就风貌。过了相当一段日子，电台开始收到从香港转道（当时海峡两岸还未完全实现"三通"）而至的台湾听众来信，看着一封封漂洋过海来到的信笺，大家喜出望外，激动不已。

越来越多来自台北、基隆、桃园、台中、花莲等地的台胞来信，倾诉骨肉分离的悲伤，希望浦江台帮助寻找失联数十年的大陆亲人。那些痛楚与怀念，令人心碎。还有一家公司的老板寄来广告名片，想在上海寻求商机。有一位台胞来信说：在浦江台听到反映他老家江西东乡县建设新貌的节目，欣喜万分，听完节目后，摆办家宴，为家乡频频举杯祝福。令人大感意外的是，竟然有从日本东京、冲绳等地寄来的听众来信，反映他们在家中清晰收听到浦江台的节目。海外飞鸿，热烈的反响，让浦江台的同志们深感欣喜和鼓舞。

这一年中秋佳节之际，在内外合作、八方支援之下，浦江台在静安体育馆举办了“千里共婵娟文艺晚会”，并且直播晚会盛况，在电波中与台胞共度传统佳节。

转眼间，30 多个春夏秋冬已经过去。浦江之声广播电台也已告别历史舞台。写完这些文字的时刻，胸中涌起一丝丝抑制不住的欣慰与心酸。欣慰的是，当年我们曾经为促进“两岸一家亲”办了一件实事。心酸的是，两岸同胞依旧骨肉分离，我们可爱的中国，至今还没完成统一大业。

（衷心感谢路世贵、张骅、张谦同志为本文提供资料）

香港回归日，我在报社上夜班

吴谷平

在书柜深处，我找出珍藏了20多年的一个塑料文件袋，里面保存着两份1997年7月1日的《解放日报》，24年前为香港回归祖国而编辑出版的香味彩印的报纸，还留有余香。打开报纸，首先映入眼帘的是报纸上签着51位《解放日报》编辑记者的名字：秦绍德、金福安、吴谷平、陈振平、陈大维、陈忠标、张文昌、薛石英、徐蓓蓓、程祖伊、胡微、张陌、杨健、忻玉华、杨立群……在我们的新闻生涯中，能为这举世瞩目的大事编辑出版报纸，是我们的荣光！

收回香港的主权，是中国人100多年来的愿望！《解放日报》编委会对这一具有划时代意义的历史事件的报道极其重视，从6月23日起就推出了“喜迎香港回归”专刊，每天三个版面，一直持续到7月4日。

《香港回归专刊》只是个铺垫，真正的“大仗”是6月30日。6时半，我经外滩到汉口路上班，一路上已是人山人海，个个脸上挂着笑容，举着五星红旗。一路上我在想今天的新闻标题怎么做？7时半到办公室，夜班主任陈振平的意见和我不谋而合，他也是想把稿子整合做在一起，把主标题做大。

晚上8时多，我开夜班、电脑中心动员会，请总编辑秦绍德来动员。我只讲了一点，小心小心，保证万无一失，不出一点问题。为了保证万无一失，我要求今晚的稿子统一由陈振平调配，而不是像往日那样每个编辑都可以从稿库取稿子。共出20个版，后面8个版是先印好的，第9—12版是我们先拼的回归专刊。原本我们只准备出一个彩色画刊，我在编委会上提出，百年盛事，要有点突破，出两个彩色版。因为《解放日报》彩印能力有限，只能提前先印一个彩色版，第9

版《伟人心愿今实现》，精选了5张照片，做得最大一张是邓小平和江泽民会见香港基本法起草委员的照片。我要求把第10版和第11版打通，连中缝也用上，只放一篇稿子“九州瑰宝殷殷寄情　东方之珠熠熠生辉”，中央政府和全国31个省、自治区、直辖市送给香港特别行政区政府的礼物。

当天办公室的电视机一直开着。下午3时播出江泽民到达香港的新闻，4时多，播出港督府降旗仪式，彭定康神色黯然。晚上9时不到，解放军先头部队进城，大雨倾盆，军容威严。11时20分，央视画面转到中心会场，等待交接仪式。零点第一秒，我们的军乐队奏响了中华人民共和国国歌，接着是国家主席江泽民讲话。政权交接仪式结束后，电视转播镜头切换到解放军进城，香港市民冒雨迎解放军的场面非常感动人。接着是1时半的香港特区政府官员宣誓仪式。凌晨4时新华社又播发“香港特别行政区临时立法会举行首次会议”的消息，这些新闻都是要安排上版面的。

当天的版面最难定的是照片，照片不定，版面就没法安排。凌晨1时多又开了一次碰头会，确定版面的基本配置。一版原设想做竖标题，从上到下，边上放2张照片，这样会有气势。但新华社照片传来后，发现原先的想法不能实行。照片是交接仪式会场，场面很大，一边英国国旗已经降下，一边是中国旗高高飘扬。开始时陈振平想做六栏的照片，标题还是竖的。我想了许久，觉得六栏还是小了，执意想做通栏照片。新华社发出的江泽民主席的照片是竖片，照片拍得相当好。这样，版面的基本框架就能确定了，大场面照片沉底，右上是江泽民主席的照片，左上放文字，能放下多少就多少。看似一个简单的版面，因为照片做得超常规之大，就“弹眼落睛”，很有视觉冲击力。

新闻标题怎么做？标题字号要大，才能与下部的大照片对应，才能稳得住。而标题要做得大，字数就要少，我和陈振平都不主张把各种要素都做上去。先是陈振平做的标题：香港今回归祖国。我觉得读起来有点拗口，加了一个字：香港今日回归祖国。秦绍德看了觉得少感情色彩，改成“香港今回祖国怀抱”。简洁明了，富含感情。我想做几行副题，开始时的设计是“0:04：江泽民庄严宣告中国对香港恢复行使主权”；“1:30：江泽民郑重宣布香港特区政府成立”。后来发觉，新华社发的稿子中，没有具体交代江泽民宣布香港特区政府成立的时间，只能作罢。最后，我用了江泽民讲话中的一句话作肩题：“中华民族的盛事　世界和平与正义事业的胜利”。

报眼放什么？我选了江泽民主席的了两段话：“一九九七年七月一日这一天，将作为值得人们永远纪念的日子载入史册。经历了百年沧桑的香港回归祖国，标志着香港同胞从此成为祖国这块土地上的真正主人，香港的发展从此进入一个崭新的时代。”

“我相信，有全国人民作坚强后盾，香港特别行政区政府和香港同胞一定能够管理和建设好香港，保持香港长期繁荣稳定，创造香港更加美好未来。”

第2版的安排也是很大气的，也是通栏标题，“香港特别行政区政府成立”，11个字，标题字号也是超常规的。中间放了2张照片，其中一张是董建华向李鹏宣誓。边上三栏放的是江泽民讲话、李鹏讲话、董建华讲话。

第3版是解放军进驻。头条是：“驻港先头部队进入香港　今零时起接管香港防务”。中间近五栏的标题：“中央军委主席江泽民命令　中国人民解放军进驻香港”。下部放八栏的《人民日报》社论，标题也是超常的。

四版是彩色画刊，只用8张照片。做得最大的一张是江泽民主席与查尔斯王子握手，查尔斯低着头，左边是中国总理李鹏，右边是英国首相布莱尔。中间用了一张邓小平夫人卓琳30日下午抵达香港参加庆典的照片。邓小平没能实现访问香港的愿望，由卓琳代替最好。这次新闻大战从某种意义上来说也是技术大战，谁有高科技装备，谁就能领先。卓琳的照片是中新社的，通过互联网传给我们。有2张照片是香港《星岛日报》的，也是通过网络传来。赴港采访的摄影记者金定根用数码相机拍的照片，请《大公报》的朋友用网络传回。为了这次赴港采访，报社特意为金定根配备了一台数码相机，这大概是上海纸媒装备的第一台数码相机。

五版是上海本地的欢庆版，也是特大的标题。当晚，请夜班编辑胡微专做对联。五版的对联是“双珠共瞻龙昂首　万众同歌燕归巢”。上海群众的收看和市委书记黄菊的讲话也是用的大标题：“百支歌队汇聚浦江两岸　万人高歌欢庆香港回归”。用了一张黄菊、徐匡迪、陈至立等市领导与上海群众高歌庆祝香港回归的大场面照片，做了五栏。五版还有一个长篇通讯“零点，欢腾的上海”，十几位记者零点以后采访，3 时多才写好稿子。

六版是国际国内版，用了一张北京倒计时牌前的大照片。七版放了国务院的通知。八版是上海庆祝黑白图片版。摄影记者倾巢而出，拍摄零点的欢庆场面，画刊顶部挂了通栏的牌子，也是一副对联：“申江香江一脉水　玉兰紫荆并蒂花”。

7 月 1 日早上 9 时不到，我从五楼办公室下到大堂，满满的都是人，报社组织了 200 名记者编辑上街送报，大家都穿着报社发的印着“香港回归祖国”的 T 恤，精神饱满。9 时半报纸印出来了，送到汉口路，大家都说我们的版面很“跳”。我们原计划印 10 万份彩报，最后加印到 32 万份。当天的报纸十分抢手，到下午一二点钟，别说报摊，就是报社办公室里也是一报难求了。

三林塘周家宅的家

张 韧

1945 年 10 月，从浦东王家渡的小码头下来一对 30 岁左右的夫妇，带着一个 2 岁多的小孩。他们穿着简单，几乎没什么行李，但一看就是城里人，边行边环顾四周。

他们是什么人？到哪里去？

男的是刘燕如，1936 年参加革命，受中共上海地下党城工部领导，做秘密交通运输工作，出没于长江两岸，护送许多党的干部和爱国人士进根据地，为前线不断运送西药、军用物资、书籍、电讯器材等等。1944 年，受方毅、汪道涵等领导的指示，冒着极大风险，千方百计把一大批无缝钢管和柴油发电机、印刷机、铸字炉等被日军禁运的“大家伙”军用品运到了苏北抗日根据地，被称为“51 号兵站小老大”的原型之一。女的是张惠英，1944 年参加革命，主要任务是协助刘燕如。

这对夫妇是我的父母，他们带着的那个 2 岁多的孩子是我。他们此刻要去三林塘镇周家宅。

为什么一家人奔这个无亲无故的地方？

因为不久前他们的地下工作据点遭到破坏，已经无家可归。当年 8 月，父亲接到指示，迅速运一批用于电台发报的电池及英文打字机到苏北我军。他采购以后自己运送到镇江交给联系人刘二哥，并嘱他不要再找以前的当地关系单子华“通路子”，不料刘二哥图方便，仍找了单。单子华是地头蛇，出于投机，曾经帮共产党做点事，日本投降后，看到是国民党来接收这一带，赶快投靠，向镇江国民党的“挺进司令部”告密，于是刘二哥和另外两位参与运输的同志一起被捕，镇江报纸登载了这个消息并透露正在追捕刘燕如。

父亲分析判断，对方之所以追而不捕，多半为了敲诈敛财。既然是自己这边出了问题，就自己来设法营救这三人。通过种种关系，疏通了“挺进司令部”的司令、参谋长和城防司令，对方提出除没收所运物资外再付五两黄金就放人。为此，父亲出售了自己四川路房屋的居住权和家具，典当了他和我母亲的所有衣物，凑满数赎出了三人，而自己上无片瓦，身无分文，衣食不周。组织上让他暂停地下交通工作，到党的外围组织“益友社”担任地下党团组织书记，但还是无住处无薪水。父亲借住熟悉的瑞祥百货商店楼上，吃饭靠益友社三位同志凑“三个人的饭四个人吃”。母亲带我暂住亲戚家。显然，这样是混不了几天的。

瑞祥百货的中年职工周泉根看到了我父亲的窘迫困境，虽然父亲认识他，曾介绍他到瑞祥百货当职员，但绝没想到周泉根那天个别留住父亲，主动热情地说：刘先生，我在浦东三林塘的老家有房子，你和太太可以去住，不要钱的。父亲心里一热，非常感激，于是携妻女渡黄浦江到周家宅，总算有了个家。

周泉根的两座农宅，瓦顶，竹篱笆墙。南北向的正屋住着他的母亲，我们叫“阿奶”，带着媳妇孙子住，周泉根有两个儿子金渔和金祥。东西向的偏屋，有一个堂屋和半间房的卧室及一个灶间，让给我们一家住。卧室的木地板下面有空档，父亲正好把许多进步书籍藏在那里。正屋和偏屋外面是一个独用的场地。可以打谷、晾晒和孩子们玩耍。对于我家来说，犹如一步登天。邻居叫我们“刘先生”“妹妹”和“妹妹勒妈妈”。

父亲坚持党的工作，生活来源一度靠地下党战友个人接济，难以为继，于是母亲进沪西信裕纱厂做女工，天不亮就要上工。她和父亲夜间到益友社，等人员散尽以后打个地铺。他们将外婆和舅舅安顿到周家宅家里带着我。纱厂一发工资，父亲买了粮油摆渡送过来。

1947 年，父亲看到母亲在新裕纱厂有暴露的危险，于是迅速让她放弃职业，回到周家宅，平时种蔬菜，挖野菜，清苦度日。

1948年，父亲在地下党战友马则先的帮助下到培文印刷厂做会计，并住进甘肃路开封路口一家米店楼上的亭子间，那是印刷厂的房子。这时期，国民党大肆逮捕杀害共产党员和进步人士，党组织让父亲回到地下交通工作，并且立即从上海撤退大批党的干部和民主人士，母亲也带着我搬到甘肃路，协助大撤退。当年10月的一天，战友程韵启带来紧急通知，要父亲立即放弃职业，当天赶到苏州设法护送五位同志到苏北交通站。父亲来不及通知母亲就出发了，另一位战友蔡东园到了甘肃路对我母亲说："刘先生今天不回家了，你有别的地方要去，可以去。"母亲听懂了，必须离开此地，可选的地方只有回王家渡周家宅。可是当天下午到王家渡的最后一班船已经开走，只能走一条很远的路，即从十六铺坐轮渡到东昌路码头，然后步行到现在的上南路杨思桥，搭乘从周家渡开往南汇的小火车，在三林塘下车，再步行近两个小时才到周家宅，估计途中要六七个小时，母亲毅然决然地抱起我就去十六铺。

不料，这天母亲正在"打摆子"，疟疾病发作，天黑时坐上小火车就浑身冷得发抖，下火车又烧得烫人，只能走两步停一下。我5岁，走一小段就走不动了，母亲实在抱不动，就匍匐在地，让我趴在她背上抱住她的脖子。母亲后来告诉我："那天夜里漆黑，我肩挎一个包袱，背着你，贴在地上一步步往前挪。你还把腿缩起来说：妈妈，我变轻一点了。当时我想，老刘生死未卜，孩子这么小，我爬也要爬回去！"

母亲那年29岁，但经不住疟疾折磨，还是瘫倒在地，爬不动了。幸亏有个推小车的深夜回家路过，非常同情，他就推着我们母女往前走。母亲说，当我看到了周家宅一片房子的黑影，我在心里大喊：终于到家了！到家了！

在那个黑云压城，颠沛流离的年代，周家宅就是我们在危难中可以随时去避难的家。

父亲在《傲霜斗雪》一书里写道："周泉根确实为革命做了一件大好事，他不仅适时解决了我全家有了一个像样的'窝'，而且日后还发挥了为不少革命同志避免敌人搜捕而到这里所起的安全隐蔽作用。"周泉根是无私的，周家宅是温暖而安全的。对于刘先生夫妇是干什么的，刘先生那些来来往往的朋友是什么人，周泉根心知肚明，他顶着风险做了这件事。我父母和邻居们之间也心照不宣。这些在白色恐怖下帮着共产党的周家宅村民们为地下党员和进步人士张开了安全网。

有一位汪渊同志，曾在20世纪30年代和我父亲一起做日本铁蹄下的上海难民工作，他为避险由父母陪着来到周家宅，背个照相机说“拍拍农村风景”。汪渊住了几天，为我家拍了好几张照片，这批老照片成了传家宝，我从父母那里拷贝下来，珍藏至今。

那几年，正是我开始记事的岁数。我记得家里房间的样子，记得大灶用豆秸烧火，没剥干净的豆荚里会蹦出两粒烤香的黄豆，妈妈塞到我嘴里，那是最快乐的事！记得阿奶有时候给我在灶膛余烬里埋一小截山芋，我急着等它烤熟。还记得跟着大孩子跑，到了小桥头我就不敢跑了，因为那里拴着一只羊……

1949年，上海解放了！新中国成立了！父母要报答周泉根，可是他不提任何要求，也不来我家，认为我父母太忙，不愿打扰。1956年，我家搬到淮海路培恩公寓楼上，那套房子在转弯角，一大圈玻璃窗，楼下是妇女用品商店。国庆节父母接阿奶住到我家，守在窗前，上午看国庆大游行的队伍轰轰烈烈经过淮海路，晚上看不远处人民广场放出绚丽灿烂的烟花，阿奶哈哈笑：享福咯，享福咯！

时光流逝，阿奶和周泉根相继去世，周金渔和周金祥也成家立业，搬到市区居住。我1962年到安徽务农和工作，31年后回到上海工作，一直想到三林塘去看看。1998年，在《新民晚报》的一次活动中，我看到来宾名单上有“三林镇党委书记薛颂丰”，欣喜异常，立即请《新民晚报》驻浦东记者站站长卢方介绍和薛书记认识，他听到这段历史也很高兴，邀请我们全家重返三林塘。年逾80的父母更是满心欢喜，多处寻询，找到了周金渔和周金祥，请他们兄弟俩在五一劳动节和我家三代人一起回周家宅老家，我带上了汪渊拍的老照片。

这一趟寻亲访故都被我先生任大文和女儿任春拍摄下来啦：薛书记、宣传委员孙予和年轻的村干部一处处带路找寻周泉根住房旧址；父母和乡亲们互相打量着惊喜相认；老照片引起大家的感叹共鸣。周家宅旧房子所剩无几，新房子盖了不少，周泉根家老房子也只剩一间堆堆杂物。大家纷纷在新老房子前合影留念。周氏兄弟既高兴又有遗憾，他们的父亲没留下一张照片。我看到周家老宅的竹篱笆无比亲切，在那儿与周金祥两人按小辰光合影时站的位置拍了一张照片，邻居们说，金祥老实人，他参军当过海军的，他的太太周明心做过妇女主任，热心能干。

父母再三感谢周泉根一家的奉献和各位邻居在上海解放前的掩护，邻居们很兴奋，纷纷说起："其实阿拉心里都晓得额，格个辰光不好讲出来的呀！""我的肠胃毛病还是刘先生侬开中药方子吃好的！""妹妹勒妈妈教我做针线的，想不到妹妹的囡都这样大了！"

也巧，我女儿任春这时 20 多岁，跟外婆初次住到周家宅的年龄相仿。

2001 年，全家再次去周家宅，并约周金祥同行。

镇党委和村党支部及卢方站长商议，在村里开个座谈会，请我父母和村民一起畅谈中国共产党的 80 诞辰。大家还送了我父母一架帆船模型，寓意"乘风破浪"。

2015 年 3 月，我和任大文又去了一趟周家宅，这里现在叫三林镇临江村周家宅。老地方盖了新楼房，哦，漂亮！看到我带来的老照片，无论认识还是不认识的邻居们都很亲。新一代三林塘的年轻人又记下了这段历史。

周金祥跟他父亲一样，不夸耀自家上海解放前为我父母地下工作做的奉献，直到 2016 年参加了我父亲的百岁寿诞后，才对我说：今天老开心的，我跟同事讲了刘老先生住过三林塘我家的。

如今我也是快 80 岁的人了，对曾经在三林塘周家宅的家是不会忘记的。抚今思昔，我觉得，只要共产党始终为人民，老百姓就永远是共产党的家；老百姓拥护共产党，自己的家也会越来越好。

一位个体劳动者入党记

张持坚

1983 年 3 月 12 日，新华社播发我写的通讯："这儿也是传播社会主义精神文明的窗口——记个体摄影师、新党员白士明。"

稿子是两天前白士明被批准加入中国共产党的当天写的。文中交待白士明入党时间外，着重写了他的一段事迹：哈尔滨一位搬运工因公身亡要开追悼会，可逝者没有留下合适的相片和底片，只有从档案里揭下的一张小照片，可怎么翻拍、放大？跑了好几家国营照相馆都因照片太小做不了。当找到白士明后，他二话没说就接下了。忙了半宿，一寸小照片变成了一尺二寸的大照片。追悼会如期举行，家属亲朋从遗像上得到了安慰。事情被报道传开后，白士明收到十几个省市寄来的 100 多封求助信，都是恳求把小照片放大的。有的照片上的人头只有高粱米粒大，有的照片是 20 世纪 30 年代遗留下来的，又黄又皱。白士明仔仔细细地将一张张照片"旧貌换新颜"，给照片的主人和亲人送去了慰藉。他们来信写道："你的行为温暖了我的心"，"体现了人与人之间的真挚感情"，等等。有的还多寄来钱，以表心意。白士明收下标明的价格后其余如数退回。他说："我这儿也是传播社会主义精神文明的窗口。"

白士明事迹感人，但没想到，更引读者关注的是他的入党：个体劳动者也能入党？中国共产党是工人阶级的先锋队，个体劳动者也能进先锋队？此前没有媒体报道个体劳动者入党，新华社的报道引来诸多议论，一些外国媒体也予以关注，以观察中国改革的动向。

1978 年 12 月，党的十一届三中全会召开，决定全党工作重点转移到社会主义现代化建设上来，提出调整国民经济和改革经济管理体制的重大决策。中国改革由此启动。1979 年初，中央批准国家工商局报告：各地可以根据当地市场需要，批准闲散劳动力从事修理、服务和手工业等个体劳动。哈尔滨闻风而动，出台了鼓励个体经营的政策措施。23 岁的待业青年白士明心热了，申请开照相馆获准。他翻出父亲留下的照相器材，重新挂出“秀荣照相馆”店照，成了改革初期哈尔滨第一批“个体户”中的一员。

作为驻黑龙江的新华社记者，改革是我最关注的。1969 年我从上海下乡到黑龙江，农村的落后，农民生活的贫穷，给我留下深刻的印象，深感中国非改革不可。哈尔滨此举引我走进了白士明那间刚布置好的小小的照相室。他告诉我，他珍惜这个照相馆的“重生”。“新中国成立后父亲就开了这家照相馆，我耳濡目染也喜欢上照相。可‘文革’开始后小店被封，父亲被扣上‘走资本主义道路’的帽子，精神受到很大打击。1972 年我高中毕业，那时就业很难，找不到工作，只好到街上打零工。父亲临终前告诫，不要干个体，要想办法到国营单位去上班。可国营单位招工很少，就是招也难轮到‘小业主’出身的我。现在好了，拨乱反正，鼓励办个体企业，明确是对社会主义经济的补充，不用担心被扣帽子了。”他还分析，社会需要个体户，因为光靠国营不行。就拿照相馆来说，国营门店有限，可照相谁都离不开，老百姓照张相不是很方便。我只要好好干，会受顾客欢迎，我的生活也会好起来，这对人对己对社会都是好事。不过不是一点顾虑也没有，因为压抑的时间太长了，我就一个希望，政策不要变，要变往好里变，把我们的积极性更好地调动起来。

我觉得小白是个有志向的年轻人，来往多了成了朋友。

约一年后，哈尔滨召开个体青年劳动者座谈会。我去采访，白士明是与会者中的主要发言者。他讲了一年来工作情况后，提出碰到的问题和困难，主要有：没人关心我们的思想进步，有的本来是共青团员，搞了个体经营后团组织不管了，有的有入团、入党的愿望，但不知道找哪个部门申请；业务进修没有门路，想参加市、区有关部门举办的学习班，因是个体户而得不到批准；一些经营饭店、酱肉、切糕的青年反映原材料来源困难，国家批发原材料是先国营、再集体、最后个体，到个体往往质次量少，没办法只好靠亲友帮忙或买议价的。他说，国家鼓励从事个体经营，各个方面都应该跟上来，形成合力。他还建议，为加强对个体劳动者的组织管理，应成立个体劳动者联合会。他的意见和建议，引起与会领导的重视。

我和白士明交谈后，得知他组织了个体劳动者学习小组，入党是几个积极分子的共同愿望。他说，个体经营不是权宜之计，是社会发展不可或缺的，为此迫切需要提高自己，否则难以担起责任。

会后我整理成一份内参发到总社，供上层参阅。时任哈尔滨市长王化成是1933年入党的老干部，德高望重。得知座谈会情况后把白士明请来谈话，明确说：个体户是光荣的，和其他劳动者一样是干社会主义的，干得好一样可以入团、入党、评先进。白士明听了，受到很大鼓舞，“好几天没睡好觉”。

不久，他向所在街道办事处党委书记王久存提交了入党申请书。因没先例，便逐级上报。市领导知道后说是好事，要鼓励，先作积极分子好好培养，严格要求，符合条件可以批准入党。

1982年，白士明等四名青年个体劳动者被评为哈尔滨市劳动模范，我即发消息。其中写道：有些年轻人要白士明拍摄和翻印不健康的照片，被他严词拒绝。有人拿着钞票对他说：“你开照相馆不就是为了赚钱吗，拍一张多给你一块！”白士明回答：“就是给一百块钱，也不能照这种相！我虽是个体照相馆，也是社会主义性质的个体企业！”5月24日《人民日报》在三版头条刊登了这条消息，还配了“个体劳动者的可贵品质”的“编后”。当天，《羊城晚报》在头版头条全文转载。

经过两年多培养，白士明实现夙愿，成了一名共产党员，同时还当选第六届全国人大代表。在参加六届全国人大一次会议时，美国《基督教科学箴言报》驻北京分社社长冈孝专访了他。过后，美国驻华大使馆二秘罗瑞智专程到哈尔滨和白士明交谈，问了现在同过去的个体经营有什么不同、允许搞个体经营是不是权宜之计、你为什么不去国营企业工作，按照马克思主义理论，社会主义应该逐步消除个体经济而不是发展，你怎么看等问题，白士明一一作答。最后罗瑞智问："个体劳动者的地位是否和其他人一样?"白士明说："是一样的。否则我入不了党，不能当人大代表。现在凡是其他行业、战线的人能享受的荣誉，个体劳动者都能享受。"

白士明后来担任哈尔滨个体劳动者联合会会长，全国个体劳动者联合会副会长，还当选第七届全国人大代表。

令人痛惜的是，2018 年 1 月 26 日，白士明因突发心脏病去世，时年 52 岁。

他为发展个体经济所作的奉献不会被遗忘；他入党的经历会留存史册。

我做了件让小平同志欣慰的事

张蔚飞

我一辈子从事新闻摄影。先在海军部队当新闻干事，1981年底转业进解放日报社当摄影记者，1994年底调人民日报华东分社当图片编辑。40余年新闻生涯中，我采访过许许多多人和事，有黎民百姓，也有领袖人物；发表过很多照片和文章，而能在历史上留下印记，而又有故事的，莫过于对闵行区马桥镇旗忠村汤佳赟小朋友的前后两次采访。

1992年2月，邓小平来到上海视察。承蒙解放日报社领导和市委办公厅领导信任，派我担任记录邓小平视察上海全过程的唯一摄影记者。这是我新闻摄影生涯中最难忘的一段经历，也是我一生最幸运、收获成就感最多的一次摄影采访。

2月12日，一个风和日丽的艳阳天。邓小平一行驱车来到闵行区马桥镇旗忠村。眺望着绿树掩映下的那一排排靓丽、整齐的农民别墅，邓小平问马桥镇党委书记王顺龙：你们发展那么快，靠的是什么？王顺龙答："靠您老人家改革开放的好政策。"邓小平听后追问了一句："是这样的吗？"当听到肯定的回答后，老人家舒心地笑了。

旗忠村从1989年起实施社会主义新农村规划，到1992年时，其经济实力、农民新村建设等方面已居市郊前列。当车队在旗忠小学门口停下时，旗忠村小朋友奏起了鼓乐，跳起了迎宾舞。此时，邓小平显得特别兴奋，我从取景框里看到，当他在小朋友面前站定时，脸上陡地泛出红光，连眉毛都挑了上去。这是我十多天来所看到的邓小平最振奋的一个神情。于是，我揿下了快门，拍下了这幅我认为在他视察上海过程中表情最生动的一张照片。

这时，一个大约3岁的小孩，径自穿过鼓乐队，摇摇摆摆走了过来，不知是谁说了声：“过来，让邓爷爷亲一亲。”陪同的吴邦国同志立即抱过孩子递向邓小平，邓小平十分自然地上前吻了吻孩子，我及时抓拍到了这幅后来流传很广的《亲吻农家儿》照片。

临上车前，邓小平对时任旗忠村党支部书记高凤池说：“旗忠村的小朋友是新中国最幸福的一代人。”离开操场上车时，邓小平两次停下来，回头向在场的旗忠村民和小朋友招手，依依不舍。

《亲吻农家儿》照片发表后，很多读者，包括新闻界的同行都觉得，这是邓小平对走在改革开放前沿的上海人民的真情流露。

1994年10月，我离开解放日报社，调到人民日报社新成立的华东分社担任摄影主管，从事图片编辑。我在新的岗位上继续忙碌着。

1997年元旦起，《人民日报》开辟了一个《我看改革18年》专栏。时任华东分社副总编辑的曹焕荣，要我以《亲吻农家儿》这幅照片为由头，再去旗忠村采访。想通过汤佳赟小朋友一家的变化，反映农村改革开放18年来的成就。于是我再次来到旗忠村，见到了5年前还是蹒跚走路，现在已是小学生的汤佳赟。

也许是这几年采访他的记者很多，汤佳赟已养成了拿着我拍的这张照片向客人介绍他自己的习惯动作。看到我来访，他就又拿出我拍的这张照片对着我说：“瞧，这就是我！”一看他这个机械动作，我虽然心里想笑，但还是迅速把这个动作拍了下来。

小佳赟当然不知道他手里拿的这张照片的作者就是我，但他这个动作，倒成了让我完成5年后再访汤佳赟这一采访任务的上佳场景。

在采访了一些必要的素材后，我脑子转悠着一个念头：眼下我这个稿子如何能生动体现上海郊区老百姓，对邓小平倡导的改革开放政策的感激之情，且能与《亲吻农家儿》照片有机相联？ 5年前的照片上汤佳赟是主角，5年后的采访照片仍应当让他当主角才对啊，可是孩子才二年级，可以说啥也不懂，怎么办呢？情急之下，我就问他：“你想不想邓爷爷？”他爽快地说：“想！”我就说：“那你就写一句想念邓爷爷的话，我替你转呈给邓爷爷。”于是，汤佳赟就写下了“邓爷爷　新年好　我想您！汤佳赟 1997.2.2”的字条。

按照《人民日报》的发稿计划，我采写的这则稿子安排在 2 月 12 日，即邓小平视察旗忠村 5 周年之际见报。那年的春节是 2 月 7 日，考虑到春节放长假，所以曹焕荣要求我在 2 月 5 日前把文稿和照片发到《人民日报》总编室。我按要求，于 2 月 4 日将稿子交给曹焕荣。曹焕荣作了修改后，以“喜听这一家人说变化”为题，于 2 月 5 日准时将稿子递交给《人民日报》总编室。

但令人没想到的是，2 月 6 日，即农历除夕这天的《人民日报》头版右上部位，以 3/8 版的大篇幅，刊出了我写的“喜听这一家人说变化”这篇文稿和四幅照片。

当时，我也没有多想什么，作为记者，只要按领导的要求，把这种重头稿切实完成好，就是尽责了。

1997 年 2 月 19 日，北京传来邓小平去世的消息，作为曾经采访过他老人家的记者，心情格外沉重。那几天，我常常默默拉开办公桌抽屉，翻出多年前我在采访邓小平视察上海时拍摄的照片，看着照片上邓小平飞扬的神采，邓小平来沪视察时的音容笑貌反复浮现在眼前。作为媒体从业人员，那几天我又是好一阵忙碌。

忙完了邓小平逝世的一系列报道后的一天，曹焕荣同志对我说，老张，你知道你写的“喜听这一家人说变化”的报道，为什么发到北京的第二天就见报了？我说：我哪知道啊。曹总告诉我，这是人民日报社的主要领导，看了稿子中写到的汤佳赟的有关情节，和汤佳赟写下的“邓爷爷　新年好　我想您！”的字条后，再根据当时他们所掌握的邓小平的病情，决定提前刊出的。目的是趁邓小平思维还清晰的时候，让他看到这篇文章，感受到全国人民对他的怀念。据了解，2 月 6 日这天邓小平的神志很清醒。

听了曹焕荣同志的这番话以后，我感到非常欣慰。因为我的这篇报道，能让邓小平辞世前，真切地感受到上海人民对中央改革开放决策的拥护，我想他的内心也一定很欣慰。我拍的照片，我写的报道，能产生如此巨大作用，当记者当到这个分上，我觉得值了！

在东方台成立的日子里

陈圣来

一

1992 年，邓小平南方谈话开启了中国大地上新一轮的改革浪潮，浦东处在改革开放的最前沿，为配合浦东的大开发，上海有这样的需要，建立一家新的电台和电视台，这是时代大背景。从业务层面考虑，上海有《解放日报》《文汇报》两家大报，大家“飙着干”，你出彩版了，我也要出彩版，你扩版了，我也不甘落后……竞争得很厉害，报纸越来越好看。而广播却只有上海人民广播电台一家，没有竞争，缺少活力。于是，市里决定新成立一家电台和一家电视台，为原来的电台和电视台培养一位竞争对手，与原有的上海电台和上海电视台形成并行竞争的双台机制，享受同级别的待遇。当时以时任上海市广播电视局局长龚学平的名义，贴出了招聘公告。招聘的做法很“前卫”，不仅向社会公开招聘新电台的台长，而且给予他的权力非常大。如果你竞聘上了台长，那么所有的副台长、部主任都由你来提名聘用，如此之大的改革魄力和支持力度，放到现在都是少有的。

一石激起千层浪，仅我所在的电台就有十多个人参加了新台台长的竞聘。上级党委组成了一个八人评委班子来审核、评定和挑选新台台长，竞聘的人每人要提交一份新电台的“办台方案”。当时我干广播已经十多年了，而且在担任上海电台文艺台台长期间，有偷吃“禁果”的经验，我们不要国家每年的行政拨款，自筹资金、承包经营，积累了许多经验，深知广播的长处在哪里，短处在哪里。所以我的方案脱颖而出，被评定为最有竞争力的方案，一定程度上也契合了当时上级对改革思路的预想。最终，我答辩胜出，当选新电台的首任台长。

那么新电台取什么名呢？当时有市领导提出建议，新电台是否叫“东上海电台”，我们心里却有自己的“小九九”：既然我们和上海电台同级并行、相互竞争，若叫“东上海电台”不是格局太小了吗？那是不是还会有“南上海电台”、“北上海电台”？索性我们就叫“东方”。中国在世界的东方，上海在中国的东方，浦东在上海的东方，我们立足上海又不仅仅局限于上海。

不过，我们也担心，名字起这么大，领导不一定会批准。幸运的是龚学平非常支持。当时正逢党的十四大在京召开，他是十四大代表，就将这个名字报给了时任总书记江泽民，江泽民总书记亲自挥毫为“东方电台”题了字。拿到题字后，龚学平立即给我打电话，整个编辑部都高兴得跳了起来。就这样，我们的台名就正式确立了。

二

1992 年 9 月 24 日，这天是东方广播电台挂牌成立的日子，从当年 8 月 1 日聘任我为新电台台长，只有 2 个月不到的时间，东方广播电台已完成从台长任命到队伍组建一直到成立的过程。那天早晨天公并不作美，从清早开始就一直飘着淅淅沥沥的小雨。风雨中，当时任东方广播电台台长、总编辑的我和一群年轻编辑、记者、主持人们站在一起，意气风发，迎接东方电台闪亮登场的这一刻。媒体称我们为“一群改革开放的弄潮儿”。这一天，时任上海市副市长刘振元和时任市委宣传部部长金炳华来为东方广播电台揭牌。当天，年轻的东广主持人身披红色缎带，驾驶着摩托，高擎着红旗，旗帜上印着醒目的标语：“东方广播电台 10 月 28 日开播！”警车开道，铁流滚滚，摩托车队沿着上海的主要道路缓行一圈，车队吸引了沿路市民的目光，最后在外滩举行东广主持人与听众见面会。

这次成功的营销公关活动预示着一个广播新时代的开始。一个月后，10 月 28 日东方广播电台正式开播，这一崭新的呼号开始飘荡在黄浦江上无垠的天空。这个广播新生儿一诞生就不同凡响，在黄浦江畔刮起一阵“东方旋风”，上海便携式收音机一时脱销，《人民日报》为此发表通讯，题目是“上海人为东方台打开收音机”。日后东方广播电台的诞生和崛起被写进了教科书，并被誉为继珠江台改革以后“中国广播改革的第二座里程碑”。

这一年，我 40 岁。我是 1981 年上海电台第一次在社会上公开招聘编辑记者时应聘进入电台工作的。十余年，我从最普通的记者、编辑做起，一路干到上海电台文艺台台长。长期的实践经验，让我对广播有了深厚的感情和深刻的理解，更让我看到了广播改革的迫切性。所以 1988 年小试牛刀，在文艺台率先实行节目和资金自筹承包。4 年后，我有了更大的机遇和天地，东方广播电台的成立，标志着这场由上海发轫的广播改革正在徐徐展开新的画卷。

三

“让世人瞩目东方！”这是筹办东方广播电台之初，我提出的建台口号。东方孕育着光明和生命，也孕育着希望和未来。人们等待日出时都注视着东方，太阳从地平线一跃而出的刹那，所有人的兴奋值便会到达顶点。我希望东方电台就像一轮喷薄而出的旭日，令世人瞩目。日出东方，新生命的诞生激励着我们锐意进取、改革创新。

人言四十而不惑，当时 40 岁的我却真有着年轻人初生牛犊不怕虎的闯劲，因为东广开创时在编员工只有 44 人，平均年龄只有 33 岁。那时所有东广人身上都攒着一股劲儿，奋勇向前，不知疲倦。当时来上海采访媒体改革的《中国青年报》记者说，每天晚上灯火最亮的地方就是东方电台，通宵达旦，彻夜不息。

正是从那时起，《792 为你解忧》《东方大哥大》《天天点播》《相伴到黎明》……一档档令人耳目一新的节目乘着电波走进了千家万户；张培、方舟、蔚兰、晓林、渠成、王玮、欧楠、尚红、袁林、阿彦、淳子、章茜、陈濛、安琪、叶波、梦晓、叶沙……一位位明星主持从这里走出，成为一代人不可磨灭的声音记忆。东方广播电台的崛起就这样在中国广播史上书写下了辉煌灿烂的一页。

20 世纪 80 年代，面对电视等新兴媒体发展带来的挑战，以珠江广播电台的诞生为起点，中国广播改革的大幕拉开。而东方广播电台的成立和崛起则被誉为“中国广播改革的第二座里程碑”。事实上，东方广播电台成长起来后，在一段时间，它的影响和社会扩散效应甚至超过了电视。因为它完全颠覆了过去办广播的做法，这是大家没有想到的。

传统的广播非常沉闷。我们学习苏联模式，记者写好稿件后交由领导审核，再给播音组配音，节目就变成了一盘盘冰冷的胶带，由播出组负责播出。效率没有了，感情没有了，主持人与听众的交流沟通更是无从谈起。当时我们讲，报纸是昨天的新闻，电视是今天的新闻，广播是现在的新闻。广播的特性和优势在旧有的窠臼里被屏蔽和自毁了。于是我大胆提出，要做一个 24 小时直播的全新的电台，“信息性、服务性、参与性”是东方电台的立台三维支柱。首先，由传统的录播模式改为全天 24 小时直播，将原来每分钟 160 字的播出速度提高到每分钟 200 字，增加新闻的信息量；以听众的需求为出发点，按照新闻的重要性来编排播出次序和决定播出体量。

最重要的是，要改变过去播音员“我播你听”的老旧模式，建立以“主持人为中心”的工作机制。我跟台里的主持人讲，要把广播变成一个空中客厅，在你主持的时候，你就是这个客厅的主人，要把那些看不见的听众聚拢在你周围。他是名人你无须仰视他，他是平头百姓你也不要俯视他，你们眼睛望着眼睛，在同一水平面上、在同一个客厅里平等对话。那时我们确实做出了许多富有开创意义的节目模式。我们当时做了一档节目《792 为你解忧》，792 是我们的中波频率，每年一月是为民解忧月，后来还设立了“792 为你解忧基金”。当时我找了时任《新民晚报》总编辑丁法章，以优惠价格在头版刊登了一条广告，每天为听众解决一个问题。我们帮下岗工人找到了新工作，还为助动车被偷的老人买了一辆新车，解决了一栋楼的煤气安装，为特殊家庭安装接通电话……这些问题解决后又在报纸上刊登出来，变成一个个新闻小故事，和当时市委刚刚提出的“送温暖”活动相互配合，产生了很大的社会影响。

我们还开设了一档名叫《东方大哥大》的节目，后来更名为《东方传呼》。每天在新闻里插播一段听众来电，根据听众提供的线索，立刻派出记者采访，一两个小时之内就有了反馈，在节目中把采访情况实时播出。当时在老百姓中声望很高，市民们都说："有困难，找东广！"像这样创新的节目形式，我们探索了很多。

原来上海这座所谓的"不夜城"，其实深夜是落寞的，电台所有频率都处于休眠状态。东方广播电台开台后打破了夜间的沉寂，深夜零点到清晨六点，我们开设了一档谈心类节目，专门针对失眠、失意、失业、失恋、失足等特殊人群，我给节目取名为"相伴到黎明"，节目甫始，好评如潮。常常会有这样的镜头，一清早，有听众守候在电台传达室，手捧热气腾腾的鸡汤、牛奶或早点，给刚下岗的节目主持人送上一份关爱。而上海城的夜空从此有了一缕温馨的声波，通宵达旦陪伴着这座城市。

四

改革开放，使整个社会云蒸霞蔚、蒸蒸日上。处在这样一个支持改革、鼓励探索新路的空气中，尽管每前进一步都会荆棘丛生，但我们相信总会踏出一条路可以让我们前行。

改为全天候直播需要吸收大量非专业主持人，大学教授、律师、心理医生……他们都不是播音科班出身，普通话水平也参差不齐。有人就提出，非在编的社会人员进出电台会给直播造成风险，建议慎重而行，经反复权衡后，上级领导还是支持了我们的做法。

记得有一次，时任浦东新区管委会副主任黄奇帆来参加一档名为《飞越太平洋》的对话栏目。我们和洛杉矶一个电台合作，听众开放参与。美国的听众连线进来，一连问了几个特别尖锐的问题，黄奇帆却波澜不惊，一一作答。事后他跟我说，这很正常，总不能让所有的听众都按照你的规则来提问。

所以我常常讲，天时地利人和。我们的成功与改革开放的时代大背景密不可分。

东方广播电台对广播改革的成功探索在上海乃至全国都引起了强烈反响，人们形象地把它称为“东方旋风”。最高峰时，电台每天会收到4000多封听众来信，信件用麻袋装进来，根本来不及看。刚开播不久，千头万绪，有时困难与问题堆成了山，我累得住院了。一位素不相识的听友知道我要做手术，特地送花到我的病房，祝我第二天手术顺利；一位老同志写信给我，说希望将来自己离开这个世界时，是枕着东方广播电台的广播声而走……这些善意、认可、支持、信任都令我感动不已。

我们后来出了一本报告文学集《东方旋风》，给每一位东方台的主持人写了一篇报告文学，我写了序言。当时在上海最大的书店——南京东路新华书店签名售书。活动下午1点半开始，上午8点钟就已经有人在书店排队。临近活动开始，书店里面已经是人山人海，没有任何空间了。当时是六月天，等待签名买书的人们都是汗流浃背，但热情高涨。我看到这种情景，害怕出现什么意外事件，临时决定转移主持人签名的地方。果不其然，这家书店的玻璃柜台，因为人太多，挤碎了五个。后来武警、巡警和特警全部出动，帮助维持现场秩序。我至今记得一个妇女抱着一个发烧的儿子来排队求签名，都是东方广播电台的忠实拥趸，当时挤碎的柜台玻璃划破了她的腿，鲜血都从裤子渗透出来，但是为了要得到签名新书，她还是不愿离去。我当时赶紧安排让她先签名，然后将她送到医院去。广播主持人那么受到欢迎，比那些流行歌星还要红，这就说明了听众对我们节目的认可。我对编辑、记者和主持人讲：今天这一幕就是对你们日常工作的最好褒奖，他们是你们的衣食父母，我们无论如何不能辜负听众的厚爱，每一位主持人，对所有的听众来电，一定要态度诚恳，有问必答。

东方广播电台成功了，但成功的喜悦总是转瞬即逝，每座丰碑都会变成阻挡人前进的障碍，而应对挑战的过程，破解困难的过程，才是享受，更是不断前进的动力。现在我虽然离开了广播，东方广播电台也融合进了SMG，但当年那激情燃烧的岁月却一直成为我人生的砥砺。这种精神也应该成为广播人的精神内核。就像当时市领导龚学平在东方广播电台卫星金融台开播仪式上说的："希望东方电台同志们能继续发扬开台时那么一种不怕苦不怕累吃大苦耐大劳的作风；那么一种艰苦创业无私奉献的精神；那么一种团结一致众志成城的士气。"我想，这种作风、精神和士气是永远需要继承和发扬的。

党报“七一”的头版故事

陈振平

作为党报，上海《解放日报》自 1949 年 5 月 27 日创刊以来，每年“七一”都会在头版表达对党的生日的纪念和庆祝。迄今为止的 72 个“七一”头版虽然表达方式多种多样，但都与当时的政治形势紧密相连，体现了时代的特点，记录了我党在社会主义道路上探索和发展的历史足迹。我 1983 年进入《解放日报》以后，参与了 20 多个“七一”头版的编辑工作，感慨良多，亦备感荣幸。

1949 年 7 月 1 日，《解放日报》迎来创刊后第一个党的生日，头版与全国各大党报一样，全文刊登毛泽东主席的文章《论人民民主专政——纪念中国共产党二十八周年》。共和国成立前夕，毛泽东主席在这篇文章中总结了中国革命近百年来的历史经验，提出了“工人阶级（通过共产党）领导的以工农联盟为基础的人民民主专政”这一科学概念，强调在中国的历史条件下，不可能有资产阶级共和国，而只能经过工人阶级领导的人民共和国达到社会主义和共产主义，从而明确了即将成立的中华人民共和国的性质。这个“七一”头版的重要性由此可见一斑。

以刊登毛泽东主席重要文章作为“七一”头版头条的还有 1978 年 7 月 1 日。那是粉碎“四人帮”不久，党的十一届三中全会召开前夕，这一天全国各大党报统一刊登毛泽东主席于 1962 年 1 月 30 日《在扩大的中央工作会议上的讲话》。那一次中央工作会议就是分析总结“大跃进”教训的“七千人大会”，毛泽东主席在讲话中突出强调坚持贯彻党的民主集中制、在党内党外发扬民主的重要性。这篇讲话此前只是作为内部文件下发，过了十多年，在 1978 年党的生日首次公开见报，在当时拨乱反正的重要关头有着很强的现实意义。

1981年7月1日，全国各报在头版头条通栏套红刊登党的十一届六中全会一致通过的《关于建国以来党的若干历史问题的决议》——中国共产党以对“文革”、对毛泽东同志是非功过和历史地位以及对毛泽东思想的科学评价，作为对党成立60周年的纪念。这一天的党报，记录了中国共产党经历了一个甲子的磨难、牺牲，正视十年的挫折，结束动乱走向成熟的历史过程。这一天的党报本身也是值得载入史册的。

1987年7月1日，全国党报头版头条通栏刊登邓小平同志于1980年8月18日的讲话《党和国家领导制度的改革》。这在我国新闻史上是罕见的，因为此文7年前在报纸上曾经发表过，这次是重新刊登。之所以这样做，头版下部的《人民日报》“七一”社论给出了答案：把政治体制改革提到日程上来，为即将召开的党的十三大作重要的思想准备。

党报除了在“七一”头版刊登领导人的重要文章或党中央的重要文件，有时还突出刊登领导人大幅画像或照片。例如1950年7月1日，各报头版顶部横向排列中共中央领导人毛刘周朱的照片；1951年7月1日的头版，领导人画像的排列方式有了变化：左侧增加纵向排列的马恩列斯画像，右侧是毛刘周朱的照片，用版面语言表达了我党与马克思列宁主义的一脉相承，反映了当时与苏联的密切联系，体现了当时的历史特征。又如1992年7月1日，《解放日报》在全国党报中独树一帜，头版头条刊登那一年春节期间邓小平同志在上海旗忠村参观时亲吻农家幼儿的照片。如此编排有一个特殊背景：从1988年到1994年，邓小平同志连续7年在上海过年，其间多次就解放思想、进一步改革开放发表谈话，1991年《解放日报》的“皇甫平”系列评论率先传递了邓小平同志的谈话精神，在全国引起强烈反响。经过一段时间的思想交锋，1992年，邓小平同志南方谈话精神成为全党全国人民的共识，开启了改革开放的新阶段。《解放日报》在这一过程中敢于发舆论之先声，体现了党报之担当。因而，在那一年党的生日，我们刊登这样一张由本报记者拍摄的题为“邓小平同志的心与亿万人民紧紧相连”的照片，也可以说是通过版面语言揭示了时代特点，反映了本报的特色。

此外，党报改革开放前那些年7月1日大都以毛泽东主席的巨幅照片占据头版大半甚至全部；除了1971年7月1日，还有1957年和1958年。1957年7月1日，各报头版没有多少纪念党的生日的喜庆气氛，而是以“反右”为主调，《人民日报》将毛泽东起草的社论《文汇报的资产阶级方向应该批判》通栏横在头版头条位置，被点名批判的《文汇报》被迫照样刊登。这篇社论是反右派斗争进一步升级的标志①。《解放日报》虽然没有“依葫芦画瓢”，但“反右”的报道还是强势居于头版下部。1958年7月1日的头版则是“大跃进”的典型：《解放日报》以大标题“我国小麦产量超过美国”作为头版头条，版面还作了美化、套红。显然，这绝不仅仅是报纸的问题，报纸只是反映了这样一个时代特点：党对阶级斗争形势过分严重的判断，对国内主要矛盾的误判，对社会主义建设道路的探索发生曲折②。

党报在“七一”的头版上也刊登了不少当天的重大新闻。1977年7月1日，各报都以头版头条通栏标题报道《毛泽东选集》第五卷少数民族文版出版发行的消息；1983年7月1日，各报头版头条通栏刊登《邓小平文选》出版发行的新闻；1991年7月1日，全国党报突出报道《毛泽东选集》一至四卷第二版出版的新闻。

《解放日报》有两个“七一”头版上突出报道了中美关系。1964年7月1日，《人民日报》就我国对美国侵犯我领海领空提出第三百次严重警告，罕见地以《坚决粉碎美帝国主义的战争威胁和挑衅》作为“七一”社论，《解放日报》头版不仅将社论通栏刊登在头条，还报道了近两年美国军舰和军机入侵的详情，同时配发话剧《南海长城》在沪演出的消息；1998年7月1日，《解放日报》在头版显著位置刊登美国总统克林顿在上海公开重申对台“三不”承诺。时隔34年，两相对比，反映了时代的变迁。

1997年7月1日，全国党报头版强势报道香港回归，更是举世瞩目。《解放日

---

① 《中国共产党历史》第二卷（1949—1978），第453页。

② 同上书，第422页。

报》以充满感情的超大标题、捕捉“决定性瞬间”的超大图片，编排了一个具有强烈视觉冲击力的头版，把中国共产党领导中国人民洗雪百年耻辱走向民族复兴的主题推向高潮。这是献给党的生日的大礼呀！

党的十八大以后，以习近平同志为核心的党中央全面从严治党。2014 年 7 月 1 日，党报不是像往年那样喜庆，而是一脸的严肃：中共中央决定给予徐才厚开除党籍处分的新闻醒目地刊登在头版，头条和二条分别报道习近平总书记关于“领导干部要洁身自好更要有担当”和“切实从严治党是全党政治责任”的讲话。用这样的版面纪念党的生日，在《解放日报》72 个“七一”头版中是绝无仅有的。这体现了党中央反腐败的魄力和决心。

开展“不忘初心、牢记使命”主题教育，是以习近平同志为核心的党中央推动全党更自觉地为实现新时代党的历史使命不懈奋斗的重大决策部署。2019 年 6 月，主题教育活动在全党上下分批展开，7 月 1 日建党 98 周年之际，《解放日报》在头版头条刊登习近平总书记就此在《求是》杂志发表文章的消息“无论走得多远，都不能忘记来时的路”，并图文并茂地报道面上开展这一主题活动的新闻，记录了推进新时代党的建设浓墨重彩的一笔。

由此可见，《解放日报》从 1949 年到 2020 年的 72 个“七一”头版，可以说是党史、共和国史的一个缩影，也是报史的真实写照。

期待着 2021 年 7 月 1 日纪念建党 100 周年的第 73 个头版。

在上海见证中美关系“破冰之举”

陈乾年

1972年2月21日到28日，美国总统尼克松访问中华人民共和国，并在北京与毛泽东主席、周恩来总理会见，还在访问杭州、上海后，于上海双方共同签署《中美联合公报》。这是举世瞩目的大事。本人以及许多同事荣幸地参加了上海的接待工作，往事似乎历历在目。

（一）

1972年2月27日下午5时许，上海锦江饭店小礼堂的大门被突然打开，只见一群外国记者像赛跑一样向锦江北楼的一层大厅奔去。在这里举行的《中美联合公报》签署仪式和新闻发布会刚刚结束。上海电讯部门这次特地做了可以移动的6个国际长途电话亭，此刻就设在北楼的大厅里。谁先抢到电话谁就可先发消息，竞争非常激烈。

这次光是尼克松的随行记者就有100多人，再加上各国驻北京记者和中方记者共有300多位。当晚上海市在上海展览中心（原中苏友好大厦）三楼宴会厅举行欢迎宴会。考虑到人数众多，连宴会厅边上的走廊也安排了席位。但大约有三分之一的记者忙于发稿而没有赴宴。看到有位记者好像是上了点年纪的老太太，一面在席位上注意观察，一面不停地写稿，一连写了四篇；丰盛的菜肴不为所动，只是嚼了几块自带的巧克力。

都说中国开展乒乓外交，乒乓小球带动了“大球”。此话虽有道理，但也不尽然。其实，早在1967年10月，还没有当上总统的尼克松就在美《外交季刊》上撰文，“就长期观点而言，我们根本不能让中国永远排除在国际大家庭之外……”毛泽东主席通过《大参考》知悉后认为，如果尼克松上台，美国有可能改变对华政策。果不其然，1969年1月，尼克松当选为总统后，就试图通过多种方式来改善对华关系。比如，1970年底重启了停顿多年的中美在波兰华沙举行的大使级会晤；毛泽东主席在1970年10月1日和12月18日两次会晤老朋友斯诺，让他带话给美当局：不管以什么身份，不管有没有成果都欢迎来走访。可惜美方没接茬，不久斯诺就故世了。转机发生在1971年4月在日本名古屋举行的第31届世乒赛上。19岁的美国运动员科恩错搭了中国队从居住地开往训练馆的大巴士，庄则栋主动示好，并赠送其一幅杭州织锦。第二天科恩回赠一件运动衫，并和中方队员一起练球。一时间两人握手的大幅照片出现在世界各大媒体的头版头条上。接着美国乒乓代表团也要求像其他有些国家代表团一样赛后访问中国。毛泽东主席连夜指示，赶快发邀请否则来不及办手续。由此开始了一段名闻遐迩的“乒乓外交”。周恩来总理后在北京会见了美国乒乓球代表团团长斯廷·霍文，观看了双方的比赛，并语重心长地回答了科恩提出的关于嬉皮士的看法。后来，美国乒乓球代表团也造访上海，我在奚源昌（时任上海电台革委会副主任）的带领下参加了市里的欢迎宴会，并实况转播了他们同上海乒乓球队的比赛。正如《华盛顿邮报》报道：“乒乓外交”不但使中国改变了它在美国公众中的形象，从暴风骤雨到阳光明媚，而且也得到美国政府的回音。（美国驻日名古屋总领馆特事特办美国乒乓球代表团访华的签证，就是一个例子）

在中美双方的努力下，在巴基斯坦等国的帮助下，美国总统国家安全事务助理基辛格博士于1971年7月9日到12日在拉瓦尔品第避开了众多记者，对中国进行了秘密访问。周恩来总理在其停留的48小时中，同基辛格博士会谈了17个小时。中美双方于7月16日同时向世界宣布，尼克松总统将在1972年5月前择时访问中国！

（二）

1971年11月，中央成立了尼克松访华的接待班子，并定下了“不卑不亢，有礼有节”的方针。上海作为尼克松一行的进出关口，又是访华的最后一站，参照北京对口成立了“接待”“新闻”“电讯”“保卫”四个大组，由市委牵头，组织相关部门并联系各地区开展了紧锣密鼓的筹备工作！

这里只说新闻大组的事。新闻大组的负责人由当时本市主要新闻单位的领导组成。工作人员大都从各单位抽调，并辅以翻译。我受上海电台领导指派，从一开始就参加新闻大组秘书组的工作，前后住在锦江饭店3个月。新闻大组下辖四个组。（1）接待组。主要是陪同外国、外地记者的事前、事中、事后采访，记得《解放日报》有陈迟、桂悦仁、董释伦、沈国芳、李文祺、高叙法、薛佩毅、吴文骥等；《文汇报》有梁廉禁、高庆升、黄健同、关崇恩、姚伯生、宋丽珍、刘定传等；广播电台有李世嘉、姜碧苗、戎雪芬、刘念曾、焦惠龙、伍亚东、朱黔生、陈玉书等。（2）报道组，除了中央新闻单位外，主要由新华社上海分社的高天、张少峰、郭礼华、黄田宝等同志参加。上海电视台还派徐景杰、周济、潘永明、汤渭达、朱盾、祁鸣、陈正才等参加拍摄，或留作资料。（3）技术组，周恩来总理考虑到主权问题，这次我方向美方租赁卫星地面站，再由美方出钱购买，实施电视卫星转播。这项工作主要由邮电部门负责。技术组的任务是将节目信号从上海电视台由微波传送到设在机场的地面站以及其他的音频、视频的传输保障工作。电台技术部门的何允、毛祖香、吴安甫、陈绍楚、朱锡珪、尤文澜、丁人仪等参加。这是我国第一次见识卫星地面站，也是一次很好的学习机会。美方技术人员对我方微波天线的对接技术和图像传输质量表示钦佩，对何允等专业技术英语的掌握也表示赞赏。（4）秘书组，由老干部陈家珍（后为上海旅游局副局长）带领笔者和霍生联（新华社上海分社）、郑忠芳（《解放日报》）、凌爱媛（《文汇报》）、谢自奋（市委写作组）等组成，参与上下联络，协调各方的工作。尤其是要到访问沿途的地区落实宣传教育工作，比较庞杂。由于第一次参加这么大规模的接待任务，领导十分重视，从1971年1月份开始，大部队在锦江饭店集中学习领会中央精神，加强组织纪律，大家还归纳出60个问题，作为应对的预案。其实，外国记者也很辛苦，尤其是电视摄影师。看到一位随团摄影师身高1.90米多，扛着三英寸带子的录像机有90多斤，腰间围着一圈镍镉电池就像一排手榴弹，前面还支根撑棒。工作起来一副雄赳赳的样子，但只要制片人一叫停，他就放下机器躺在地上休息；等到下一个指令来时，再跳起来工作。当时我们还没采用录像设备，国际上已有小型设备，但美方追求高质量和高稳定性，还是采用可靠的设备。

临上阵前几天，领导突然让我专门调度记者用车。当时全市调集了100辆成色较新的上海牌小轿车用于接待工作。我手中就有30辆上海牌轿车、10辆白象牌面包车、若干辆解放牌汽车的调度权。因为记者采访变数大、难度高、人数多，有相当困难，我根据轻重缓急的原则，有条不紊地坚持在现场指挥，在各方的配合下，既保证他们采访任务的完成，又有一定的回旋余地，顺利地完成任务，得到上上下下的好评，一时间上海人民广播电台声名大振。

尼克松一行从27日上午到上海即参观上海工业展览会，下午举行中美《上海联合公报》签署仪式，当晚出席宴会，直至28日一早离沪返回美国，在上海停留不到24小时。但各项接待工作一项也不能少。总的来说，任务完成得不错！

（三）

这期间我们目睹了周恩来总理事必躬亲、严谨细实的工作作风，有几件事印象极为深刻。一是1972年1月3日，尼克松总统另一位国家安全事务助理黑格将军作为先遣队乘坐总统专机“空军一号”来中国实地落实，打前站。在其结束行程短暂停留在虹桥机场时，一个参加接待工作的某学院教师事先不请示，事后也不报告，出于好奇就接受美方邀请登上“空军一号”参观。周恩来总理知道后彻夜未眠，唯恐有什么闪失。直到打听到美方专机平安抵达才放下心来。周恩来总理还自责地说应该事先关照对方，平安返抵就报个信来。当然那老师也被批评，并取消后来参加接待的资格。二是2月28日上午，送走尼克松总统一行后上海各界人士到虹桥机场欢送周恩来总理返京。当时停机坪边上拉起了大幅标语："热烈庆祝毛主席革命外交路线的伟大胜利！"红底白字格外醒目。周恩来总理见了就马上叮嘱工作人员予以纠正。他说，你讲伟大胜利，那么人家就是失败喽，这不妥当。后来标语立即改成"热烈欢送周总理回北京！"使对方避免了一次难堪，也体现了我们的大国风度。

周恩来总理在整个接待过程中亲自谋划部署，亲自检查落实，为《中美联合公报》的诞生可以说是费尽心血。且不说带领我外交人员与基辛格等多少个彻夜谈判，就连公报签署前几个小时还操不完的心。本来在26日尼克松一行访问杭州前，中美最高领导就对公报的大体内容予以认可。但在周恩来总理陪同尼克松坐中国民航专机前往杭州时，美国国务卿罗杰斯及外交人员突然发难，一下子提出100多处修改意见。公报的发表关乎这次访问的成功与否，尼克松亦面有难色；毛泽东主席也表态只是关于台湾的提法不能动，你们双方去商量，再改也比较难。有人分析，所谓临时发难，大概同罗杰斯没有参加毛泽东主席的会见，还有美外交人员没有更多参与起草谈判有关。27日到达上海的中午，在对方不知情的状况下，周恩来总理亲自到罗杰斯在锦江饭店下榻的房间与其会晤，充分肯定美国务院系统对尼克松总统访华所作的努力，给足了罗杰斯的面子……最后，周恩来总理意味深长地说，那我们下午4时见（原定的公报签署时间）。一场美国人自乱的矛盾被周恩来总理机智地化解了。难怪尼克松后来在《领导者》传记一书中写道："……人的因素和事态的发展，导致了外交上的突破，这体现于1972年的上海公报。首功应该归于一个人，就是周恩来。"

光阴荏苒，白驹过隙！世界正在变化着，我们的祖国更是突飞猛进，成为世界第二经济大国。由中美两国老一辈领导人开创的新型关系应该求同存异，不断推进。正如习近平主席提出的："中美两国应该共同努力、相向而行，秉持不冲突不对抗、相互尊重、合作共赢的精神，聚焦合作，管控分歧，推动中美关系健康稳定发展，给两国人民带来更多实实在在的利益，为抗击新冠肺炎疫情、促进世界经济复苏和维护地区和平稳定作出应有的贡献！"

北京奥运火炬永不熄灭

郑若麟

一名称职的记者在遇到历史性大事件时，一定要亲自到现场，亲自观察和采访，亲自对历史本身做出最真实、最准确、最生动的记录，这才对得起“记者”这个称号，对得起历史赋予我们的责任。我在 2008 年 4 月 7 日这一天就是这样做的。

这一天，北京奥运火炬接力传递来到巴黎。当时围绕着奥运火炬的争议已经趋于白热化。众所周知，2008 年 3 月 14 日，拉萨发生严重暴力事件，法国乃至全球最反华的那股势力借机煽风点火，试图阻止奥运火炬在巴黎的传递。当时的法国总统萨科齐也受到媒体的巨大压力，正在犹豫是否要抵制北京奥运开幕式。这是我采写此报道时的小背景。

而大背景则是中国在 20 世纪 70 年代末开始改革开放，出乎所有西方国家预料地跨入高速发展的崛起之路，引起西方发达国家的高度警惕和怀疑。中国改革开放不久，便遭遇苏联解体的历史性大事件。随后近 20 年，西方一度踌躇满志，认为“历史已经走向终结”，西方民选体制将成为全人类的选择。而只要中国选择了西方政治制度，由于中国没有西方历史背景和社会人文环境，更没有西方占据着的绝对的经济与金融优势，因此就如苏联那样，必然会走向动荡和混乱，最终使中国从政治、经济到文化都成为西方发达国家的附庸。然而令西方没有想到的是，中国改革开放却很快取得丰硕成果，进而表现出政治上的稳定和经济上的迅猛发展，中国很快成长为世界一支重要的政治和经济力量。因此，2008 年北京奥运会的举办前夕，对中国崛起一直感觉极不适应的西方那股势力便试图制造一些障碍，使北京奥运会出现一些问题。

果然，4 月 7 日奥运火炬在巴黎的传递遭到阻挠，风波跌宕，支持者与反对者激烈冲突，有些西方媒体站在反对北京奥运会的立场上大肆报道，法国一部分政界人物则争先恐后地发声攻击中国，巴黎大有“黑云压城城欲摧”的味道。我结合这一天的采访，以及此前我追踪此事所做的其他一系列的背景调查，最终采写了长篇报道，占据了 2008 年 4 月 14 日《文汇报》当天一版底部和六版整整一个版的版面。这篇报道后来还获得了上海好新闻奖特别奖。

当时我任驻法记者在法国已工作了 15 年以上，对法国的很多历史性事件的内幕已经有了一定的认识。作为一名驻外记者，最重要的除了精通驻在国语言之外，就是对驻在国政治、经济、文化格局要有深度的了解。

2008 年奥运火炬巴黎传递之际，我已经对法国社会的内部结构有所了解。阻挠和反对北京奥运会，对于法国和世界反华势力而言，有两层意义：一是从舆论上通过“人权”牌来抵销北京奥运会可能对中国带来的正面效应；这是特别针对中国的行动，目的就是要在政治上诋毁中国；二是要主导奥运这样的世界性体育活动，让中国和全球都明白谁才是这个世界的真正主人。这是西方对奥运的一贯做法。他们最不愿意看到的是：北京奥运会使中国在全球、特别是在广大发展中国家中的形象大幅改善、提升；中国发展模式激发广大发展中国家的兴趣，进而成为他们模仿的对象；中国迅速取代西方，成为广大发展中国家的领袖……如果我们仅仅是就事论事地来报道北京奥运火炬在巴黎的传递，我们是无法理解为什么会发生我在报道中所详述的那些蓄意谋划出来的反对奥运火炬、反对北京奥运会的种种事件的。事实上，我从采访中清楚地看到，法国普通民众对北京奥运会是充满好感的，他们对遥远的中国是充满了好奇心的，他们希望的，就是通过北京奥运会，拉近法国与中国之间的关系，加深两国人民之间的相互认知和理解。

但是，他们的媒体所做的恰恰是反其道而行之。因为他们就是要将北京奥运会留下一个“亵渎人权”“遭到全球舆论反对”的错误历史纪录。作为中国媒体的记者，我当然要义无反顾地复原这一天的历史真相。这就是为什么当天我直奔火炬传递现场，几乎一整天都在巴黎街头采访，直到傍晚参加法国电视五台一档名为“在空气中……”的著名政治辩论节目，主题就是北京奥运火炬在巴黎的遭遇……事后我了解到，当晚这期节目的收视率非常高。

这一天我实际上做了两头的工作。一方面我为国内读者提供了发生在遥远巴黎的奥运火炬传递真相；另一方面我在法国电视台向法国观众解释了为什么他们正在蒙受他们的媒体的欺骗。我真正需要传递的核心信息，实际上就是谁、为什么要如此反对北京奥运火炬在巴黎的传递？我们都知道，美欧各国过去主要是通过“三权分立”的统治结构在治理国家，“行政、立法与司法”三权分立是西方国家的最核心的治理模式。在这种模式下，并不存在一个跨国的统治集团。当时西方各国之间还经常为争权夺利而发生战争。但西方在经过第一次和第二次世界大战之后，特别是在二战后几十年的发展中，以“行政、立法、司法”为核心的“三权分立”早已名存实亡，一种跨国的垄断资本开始出现并迅速成长。今天真正统治着西方国家的三大权力是“政权、媒体和资本”，而其中“资本”一手通过资助政党间接控制政权、一手买下西方主流媒体、控制舆论动向，构成了西方社会占据主导地位的权力核心，是西方社会真正的主子。

当然，西方内部在针对中国时往往也会产生一些严重的利益分歧。因为西方确实有一部分财团试图进入中国市场，因为中国市场对他们的吸引力实在是太大了，他们已经并将可以继续从中国汲取巨大的利润。这些主要是跨国金融资本。但另一部分则视中国为他们的竞争对手，因而要打压中国。这些主要是西方各国的产业资本。但西方产业资本与跨国金融资本针对中国问题上也有完全一致的地方，那就是要改变中国的政体，摧垮稳定的中国上层建筑，使中国成为西方的附庸……因为跨国金融资本也非常清楚，要想永久地主导、控制中国从政治、经济一直到文化领域，就必须将中国的政治体制改变为西式民选体制。这一点，在今天新冠肺炎疫情背景下刚刚结束的美国大选可谓表现得淋漓尽致。代表着美国产业资本利益的特朗普和跨国金融资本的代言人拜登尽管在一系列问题上争得你死我活，但在对付中国仅有一些战术上的分歧，而在战略上却罕见地表现出一致性……

今天我们已经不会再误解西方的这一“中国情结”。但在 2008 年北京奥运会时，看透这一点的人还属于少数。我想这就是当时我的这篇文章的价值所在。

见证辉煌

贾树枚

今年是中国共产党成立100年。100年来，党领导中国人民经历了艰苦卓绝的斗争，使国家从积弱走向富强，社会由动乱走向稳定，人民由贫穷到全面实现小康，走向富裕，取得了举世瞩目的辉煌成就。

一个世界大国，十多亿人口，在100年的时间里，取得了如此跨越式的发展和进步，在世界上是绝无仅有的奇迹。

我们这一代人，就是奇迹的见证者。

当代的新闻工作者，还是这一奇迹的记录者。

见证辉煌，是对当代新闻工作者人生经历和职业生涯最好的概括。

能够经历和见证这一段辉煌的历史，是人生最大荣耀。

我的记录是从1978年全国范围“真理标准”大讨论开始的。

当年5月11日《光明日报》发表特约评论员文章《实践是检验真理的唯一标准》，否定“文化大革命”，批判“两个凡是”，拨乱反正，全国各地理论界、学术界、文化界、教育界乃至政治界、经济界，纷纷开展讨论，思想解放的浪潮席卷神州，当然，也有少数人持观望甚至反对态度。

新闻界站在思想解放浪潮的最前沿。

打响这场讨论第一枪的是《光明日报》。为这第一枪扣下扳机的是《光明日报》总编辑、复旦大学原党委书记杨西光。

我虽然从小怀有一个记者梦，中学毕业又幸运进了复旦大学新闻系，但毕业后留校工作，没能进新闻单位，心存遗憾。

《光明日报》的评论员文章在复旦大学也引起了热烈反响，但当时的市领导机关通知对真理标准讨论“不表态、不讨论、不介入”。

时任复旦大学党委书记的夏征农冲破禁令，率先在复旦大学主持召开大型真理标准讨论座谈会，许多知名的教授、学者在会上踊跃发言。夏征农嘱我把会议情况写成新闻稿交给《解放日报》。第二天，《解放日报》在头版发表，打破了上海在真理标准讨论中的沉闷局面，对当时的思想解放运动起了巨大的推动作用。

适逢杨西光来上海出差，顺便到复旦大学开座谈会。他在座谈会上见到我，热情地说：“贾树枚，你不是学新闻的吗？愿不愿意到《光明日报》来当记者？”

真理标准讨论和杨西光的提议，点燃了我投身新闻工作的激情。虽然我大学毕业后已在复旦大学工作了 14 年，有了一份稳定的工作，校领导对我十分关心，多方培养，还给我分配了住房，但我立刻向复旦大学党委递交了请调报告，经夏征农批准，离开复旦大学，到《光明日报》当了一名记者。

记者工作是辛苦的，也是激动人心的，每天接触来自各方面的信息，采访各行各业的人，目睹国家从动荡、混乱、贫困走向繁荣富强，总觉得有用不完的精力，写不完的报道，抒不完的豪情。

因为工作需要，此后的 20 年中，我的工作岗位几经变动，从《光明日报》到《文摘报》，再到《文汇报》、上海市新闻出版局、市广播电视局、市委宣传部、市政府新闻办公室、《解放日报》、市记协等，先后换了 10 个工作岗位，每一个岗位，都给了我一个观察国家走向辉煌的独特视角，给了我写下自己的所见所闻、记录上海走向辉煌的机会。

除了做好新闻单位的日常工作外，从 20 世纪 90 年代初到 2018 年，我先后主编或撰写出版了 14 种反映中国特别是上海改革开放、现代化建设成就的图书（其中四种多卷本丛书），蓦然回首，发现这些书都围绕着一个主题——就是“见证辉煌”。

比如“中外记者笔下的上海”这套丛书，收入了 100 多家中外媒体、518 位中外记者、413 篇纪实性报道、531 幅精彩照片，聚焦大上海。丛书分 5 册，其中

《走近上海》是近距离观察上海，反映上海改革开放发展变化的实录；《拥抱上海》是投身上海现代化建设的先进人物、成功人士发明创造、艰苦创业、无私奉献的人生经历；《品味上海》记录了当代上海人特别是青年一代丰富多彩的时尚生活和兴趣爱好；《东望上海》聚焦浦东的热点、亮点、看点，再现了浦东开发开放的历程；《回眸上海》则是回望往昔，展示了上海百余年来与时俱进的历史轨迹。该丛书以新闻记者的眼光，多角度、多层次、多侧面地展示上海形象，反映上海精神，介绍上海风情，重温上海历史，为世人留下了一份上海从停滞到腾飞的真实纪录。

另一套“当代上海记者丛书”分四辑收入了新中国建国以来上海 54 位优秀记者、编辑、节目主持人的代表性新闻作品，每人一本。他们中有年高德劭的新闻界老前辈，有报纸、电台、电视台、杂志社的领导骨干，也有在第一线从事采编播工作的青年才俊。丛书收入的数千篇作品，是今天的新闻，明天的历史，忠实地记录了上海的振兴和中国的崛起。

还有“上海新闻丛书”《上海新闻志》《上海新貌》《上海改革开放 30 年新闻摄影作品选》《我爱上海》《镜头对准江浙沪》等书，也都是上海和中国一步步走向辉煌的纪录。

让我感到欣慰的是，在这期间，围绕着“见证辉煌”这个主题，我和新闻宣传单位的同事、同行，还在上海和南京、杭州、香港以及美国、日本、澳大利亚举办了 13 次摄影、绘画展。其中，《上海新貌——三年大变样》摄影展先后在上海、香港、洛杉矶和大阪展出，观者如云，主流媒体争相报道。“开放的长江”摄影展先后在悉尼和香港展出，当地政要和企业家争相莅临参观。“长三角文化传承和创新”摄影展先后在上海、南京、杭州展出，当地党政领导和群众纷纷前来参观，给予积极评价。“我爱上海”水彩画展在美国华盛顿和芝加哥展出期间，与当时中美间正在谈判的上海引进通用汽车项目，成为备受当地舆论关注的两条新闻。

我们这一代新闻人不但见证了国家的辉煌、上海的辉煌，还亲身体验和见证了新闻传媒业的巨变。粉碎“四人帮”和党的十一届三中全会后，科学的春天、文化的春天、教育的春天、新闻传媒业的春天纷至沓来，各行各业出现了蓬勃发展的新局面。

只举一个小小的例子。40 多年前，我们作为《光明日报》驻上海的记者，写了报道，一般的稿件只能通过邮局寄到北京的编辑部，路上要两三天；遇到时效性强的重要的稿件就跑到电报局，把新闻稿写在电报纸上，翻译成密码，拍电报到北京，编辑部收到电报把密码译成文字，编辑修改定稿后，由排字工人捡出一个个铅字，排成小样，再由编辑拼成大样，打成纸型，浇成铅版，在轮转机上印成报纸。北京的报纸在上海印刷发行，要把纸型送到北京机场，搭当天的航班带到上海，印刷厂派人到虹桥机场拿到纸型，送到印刷厂浇铅版，再开印。遇到天气不好，航班停飞，报纸就不能出版。上海的报纸在北京印刷发行也是这样。整个过程不但耗时费事，新闻变成了旧闻，而且费用昂贵。即使这样，一般人想订一份报纸也很困难，因为纸张短缺，报纸限量发行。那时，中央的报刊只有《人民日报》《解放军报》《光明日报》《红旗》杂志等少数几种，上海出版发行的报纸只有《解放日报》《文汇报》《上海科技报》等。

广播电视就更不普及，家里有一台收音机，就是奢侈品，上海的电视台只有一套综合节目，从南京东路七重天宾馆楼上的一间机房里播出，一天只播出三四个小时，其他时间想看也没有。全上海只有几万台电视机，有好的电视节目播出，只好到有电视机的单位或极少数有电视机的人家去借光。

40 多年来，上海报业跨越了“铅与火”的时代和“纸与笔”的时代，告别了庞大的排字房、浇版车间，进入了数字化、网络化时代，记者可以在电脑、手机上写稿，在键盘、屏幕上一点，千里之外、万里之远，瞬间可达。在欧洲、美洲举行的奥运会，在中东发生的战争，在美国发生的恐怖袭击，通过记者的现场报道，读者、观众在手机、电视、电脑上就能同步看到、听到，这在 40 多年前简直无法想象。

新闻媒体的内容更是空前丰富。40 多年前上海只有几套广播节目和一套综合电视节目，现在自办十几套广播节目、十几套电视节目，除了综合频道外，还有专门的财经、教育、体育、音乐、戏曲、外语、军事、游戏、少儿、购物、旅游等频道，加上中央、各省市的卫星电视和各种收费节目，每天在上海落地的电视节目有 170 多套（2019 年数据）。许多节目像东方卫视、新闻综合频道、新闻娱乐频道、990 新闻都全天 24 小时播出。上海的电视节目覆盖全国 31 个省、自治区、直辖市的 2 亿用户。作为传统媒体的报纸，虽然面临新媒体的竞争，发行量下降，但日报的人均发行量仍然差不多达到了发达国家的水平。至于各种新媒体，从内容到形式，更是百花齐放，美不胜收。

上海传媒业的影响力、辐射力也不断扩大和增强。在市委外宣办、市府新闻办工作期间，我主持创办了中文版的《今日上海》月刊、日文版的《上海观察》季刊、英文版《中国商贸》双月刊、中英文双语版《上海经济》月刊，分别在上海、大阪、悉尼和香港出版，向国内外发行。我参与发起和举办的“上海传媒高峰论坛”“互联网时代的传媒创新论坛”“3+3（上海、江苏、浙江 + 香港、澳门、台湾）传媒论坛”，参与发起举办的上海首次十佳记者和十佳期刊评选，以及 20 多次优秀新闻作品和优秀新闻工作者专题研讨会，起到了为新闻传媒业的创新发展添砖加瓦、锦上添花的作用。

40 多年来，上海新闻界改革不停步，创新不停步，先后组建了文汇新民联合报业集团、解放日报报业集团，（上海）文化广播影视集团，后来又整合成立了上海报业集团、上海广播电视台，实现了体制机制的创新和新闻资源的优化。网络媒体高速发展，后来居上。如今，上海的新闻传播业已经在全国乃至在世界上占有重要地位。

中国的新闻工作者不但是历史的记录者，也是历史的创造者。我们不但见证了辉煌，我们也创造了辉煌。

作为上海新闻工作者的一员，我无比自豪！

“群众在哪里，群众工作就要做到哪里”

董　强

2020 年 11 月 16 日，《解放日报》推出《民声》版，每周一个整版；与其同步的，还有上观新闻客户端的“民声”频道，以及同时出现在上观新闻客户端和《解放日报》、上观新闻微信公众号的“互动”版块，以更好反映群众建议呼声，传递党和政府声音，回应百姓诉求。

报社互动频道（群工部）负责为这套“组合拳”组稿。其前身是群众工作部，设立于 1978 年。2013 年，报社改版调整组织机构后，群工部扩大职能与更名，以适应互联网时代的党报群众工作。

群工部是我入职解放日报社后，第一个记者岗位。时为 1981 年 6 月，群工部尚在汉口路 309 号《申报》旧址四楼办公。群工部人多活也多，每天上午总有厚厚几大叠“读者来信”，从收发室用小车推来。然后拆信、分类、登记、看信、采编、回复等等，环环相扣，有条不紊，连开回函的信封，也有专人负责。老师们介绍说：前几年拨乱反正高峰时，有关要求“平反冤假错案”“落实政策”的读者来信，天天都有满满几麻袋，从全国潮水般涌来。我们挑灯夜战，还来不及处理！

时任报社党委书记、总编辑王维有个“规矩”：群工部每天要向他推荐三封读者来信，亲自阅处。不少读者反映的问题、提出的诉求，正是在总编辑关心下，及时采编成稿上了报端，或发内参反映，受到党政部门的关切和重视。

记得有一天，我在处理读者来信时，读到一封署名“七宝酒厂一工人”的来信，反映厂领导借“样品酒”搞不正之风，还附有相关证据。我向部门领导张全麟老师作了汇报。王维同志不日批示“派员查核”。我在群工部资深编辑王仁礼老师带领下，去酒厂进行了深入采访调查，确认来信反映的问题属实。

按常规，报社可以把“一工人”的批评信，连同记者调查附记同时在报上发表，然后由酒厂上级领导作具体处理。但结合当时的社会环境、群众心愿进行认真研究后，报社领导决定，先不急于见报，而要依靠酒厂的上级党组织一起做深入细致的思想工作，做到“多换思想少换人”。报社的想法，得到上海市烟糖公司党委的支持。公司纪委同志与我们一起，再到酒厂听群众意见，做厂领导思想转化工作。最终，厂领导在职工大会上作了自我批评，主动补交了自己用“样品酒”送人情的全部费用。厂党支部还针对薄弱环节，制定了制止不正之风的规章制度等。给报社写信的“一工人”，也主动现身找厂领导交流“握手言和”。

1982 年 2 月 8 日，王仁礼老师和我采写的长篇通讯《工人一封信　书记酒中醒》，经时任评论部主任周瑞金老师精心修改后，在《解放日报》一版头条刊发，还配了评论员文章《提高信心　纠正不正之风》。不日，时任市委第二书记胡立教在《解放日报》通讯员大会上表扬了这篇报道。

对这封读者来信的处理，仅是《解放日报》群众工作的一个案例。党报真诚反映群众意愿，自然会得到读者信任与称赞。有一时期，不少读者在给报社的感谢信函中，还把党报誉为“报青天”。于此，报社领导及时告诫采编人员，党报是人民群众联系党和政府的一座桥梁，而不是“报青天”。反映民意民声，开展舆论监督，是新闻单位的基本职责。广大读者的切身感受，来自党的路线方针政策的贯彻落实，是各级党组织和政府部门积极工作的结果。老领导、老前辈的教诲，对于一个刚入职的“菜鸟”来说，足以影响其之后近 40 年的记者生涯。

斗转星移，舆论环境在变，传播渠道在变，“党报”在变，“群众”在变，“读者”也在变；但是“群众在哪里，群众工作就要做到哪里”的党报责任与情怀，始终与时俱进，没有变。

《解放日报》于 1979 年 11 月辟设的“读者来信”专栏（刊），截至 2013 年 10 月共出版 1825 期、刊发两万余篇报道文章。其间专刊先后更名为“读者心声”“百姓心声”，联系群众的渠道也由来信来访，扩大到电话、网络邮箱和手机，依然是《解放日报》的一个重要品牌。

1988年11月25日，《解放日报》与上海“三报两台”联合推出“家电咨询维修服务活动周”（后改名为“3.15”为民咨询服务活动）。30多年来，这一社会公益活动坚持不懈，成为报社的一大传统特色项目。

2002年2月，《解放日报》开通“春节热线”，接听并跟踪采写来自群众的、鲜活的、特殊的故事，反映党和政府及社会各界关心群众生活，传递社会挚爱。2003年9月底，“《解放日报》新闻热线：63523600”正式开通，成为常年性服务热线。2011年开始，“解放热线·夏令行动”加强与解放网、微博、微信等新媒体合作联动，内容也从一事一议，发展到反映公共服务管理等问题。两年后，又与“12345”市民服务热线合作，直接进入政府职能部门间会商协调机制。

迈入互联网时代后，有些传统媒体为寻求所谓“突围”“转型”，先“动”起了自身生存基础的脑筋，如弱化报社群众工作等等。《解放日报》不忘初心，一如既往地坚持把“群众放在心上”。《民声》这一全媒体、多渠道、社交化新产品的问世，搭起了一个连接党心和民心的崭新平台，也是党报开创“全媒体时代群众工作”新格局的又一实践。身为《解放日报》的一名老记者、老群工，岂能不为之点赞呢！

倾情十年

滕俊杰

在迎接中国共产党百年华诞之际，回望自己一路走来的串串脚印，颇为感慨：由衷地感谢党的数十年培养和信任；感佩党领导下的中国，克服艰难险阻，取得的一个个载入史册的成就；也感念自己亲身参与的一系列重大文化项目的壮怀激越。值此，以担任中国2010年上海世界博览会开、闭幕式总导演后撰写之《问道与表达》一书的“自序”为例，表达心情、心境……

有道是：十年磨一剑。

曾被美国《时代》杂志评为“全球最有影响力100人”之一的美国作家马尔科姆·格拉德威尔在大量对比、研究了世界上诸多成功的案例后，也得出了一个结论：一个人，只要对一件事连续倾情投入一万个小时，就一定成功、一定卓越！他说：“一万小时，相当于每天花上三个小时，或者，一周花上二十个小时，总共持续时间大概十年。对于成功者来说，任何行业都不例外。”

掐指算来，我和团队，从参与起步阶段的中国2010年上海世博会申办开始，到获得主办权后的筹办以及最终成功举办上海世博会，前后跨度时间，恰好整整十年。

这十年，风风雨雨、跌宕起伏；这十年，喜事、难事、大事不断；这十年，涵盖了我和团队倾情投入世博会申办、筹办，一直到担纲开闭幕式的全过程。

就我本人而言，真正对世博会的关注，始于2000年。

那年暖春时节，我刚刚从上海卫视调到上海电视台，担任副台长兼文艺中心主任。初来乍到，时任党委书记、台长朱咏雷在给我介绍工作时，就强调了刚刚开始起步的中国2010年上海世博会的申办情况，要求一起关注、全力参与，并表示将会全方位支持（后来十年的全过程，他的支持时刻相伴）。而我签署的第一批相关外事文件中，就有派遣自己所管辖的文艺中心导演随市政府代表团出席国际展览局大会的公函。

随之而来的注视，伴随着整个中国2010年上海世博会的正式申办、筹办及举办的隆隆脚步声而加剧、加速。其间，我和上海电视台团队不间断地主导、创制了大量申办、筹办世博会的专题节目和各类重大晚会，譬如：

2001年5月，“上海大剧院 · 东方明珠电视塔——巴黎香榭丽舍大剧院 · 埃菲尔铁塔卫星双向传送经典盛演”，由法国国家电视一台、法国国家广播电台向全欧洲现场直播，这场盛典被誉为上海申办世博会第一场海外大型演出；

2002年3月，欢迎国际展览局考察团访问上海专场文艺晚会；

2002年7月，赴法国巴黎创制申办上海世博会大型系列演出《今夜星光灿烂》，由法国电视一台专题播出；

2002年9月，赴德国汉堡创作申办上海世博会大型专场晚会《蓝色畅想》，由德国电视二台播出，覆盖全欧洲；

2002年12月3日，中国2010年上海世博会申办成功，全球五大区域卫星联动3个半小时大直播《我们成功了》，由中央电视台、上海东方卫视、凤凰卫视以及海内外多家电视台向全世界直播或录播；

2003年12月，庆祝中国2010年上海世博会申办成功一周年大型晚会；

2004年11月，中国2010年上海世博会会徽揭晓大型晚会；

2005年8月，日本爱知世博会《魅力东方、相聚上海——2010年上海世博会欢迎你》万人大型演出，向全日本播出；

2006年2月，奥地利维也纳“金色大厅”迎上海世博会专场演出，由奥地利、匈牙利、南非等相关电视台播出；

2007年10月，上海世博会会歌评选晚会；

2007年12月，吉祥中国——中国2010年上海世博会吉祥物揭晓晚会；

2008年9月，西班牙萨拉戈萨单项世博会“上海周”大型晚会，由西班牙相关电视台专题播出；

2009—2010年，“迎世博”上海—温哥华；上海—大阪；上海—香港卫星双向传送大型系列晚会，加拿大、日本及中国香港电视台全程直播或录播；

2010年3月30日，迎接中国2010年上海世博会倒计时30天《拥抱世界》外滩大型晚会；

当然，最重要的，是我和我的团队最终成功执导了中国2010年上海世博会的开幕式和闭幕式。（其间，我和团队在海内外制作的、成倍于此的大量申办与筹办上海世博会的中、小型规模晚会和专题节目不在此列。）

以上所列，是我和团队为上海世博会志在必得、志在必胜交出的一份“出师表”，也是倾心付出、赢得成功的一份成绩“报表”，其中，稍作留意就会发现，所有在海外、境外制作的大型晚会，都实现了在当地主流电视台进行直播或录播的目标，创下了一个“走出去”工程的全新纪录。

我和团队是艰难的：每一次都扛着“只能成功，不能失败”的巨大压力；

我和团队又是幸运的：我们生逢其时，一路追风、一路追问，在方方面面的信任和支持下，与中国2010年上海世博会一路相伴，风雨十载，成功亮剑。放眼望去，可以自信地说：漫漫十年艰辛路，如此规模、如此系统地导演并成功转播这么多与上海世博会息息相关的大型文化项目的团队是绝无仅有的。

十年，时间其实不短。只是十年来，与上海世博会有关的大大小小工作无数，常常是一个项目刚刚忙完，下一个项目已接踵而至，因此，时间感觉像飞一般。

平心而论，对于上海世博会，起先我并没有想到一朝参与，便会整整十年；也没有想到十年中会经历那么多重大事件；更没想到会一路奔跑，最终奔向规模盛大的上海世博会的开闭幕式。细细回味，一切的“没想到”，都在中国的十年巨变、上海的十年发展中变成了可能；一切的“没想到”，都在“坚韧挺住、智慧搏杀”中变成了可能，其中的磨砺、跌宕和变数难以预料和言表，而人的职业生涯，又有几个十年呢？

回忆是令人感慨的。当2008年8月底接到上海世博会开闭幕式导演团队全球招标的正式通知时，我的内心是冲动的。同时，我也知道，迅疾前来报名、参与竞标的十几个中外导演团队的实力都很强，其中有我熟识的好朋友；有见过一次面的同行；还有仅仅耳闻、从未谋面的欧美、澳洲和日本的团队。虽然他们来自天南地北，但是都具备一个共同的特点：有制作超大型节目的成功经验。

不过，我也很自信自己和上海电视台团队的实力。除了成功创作过一系列赢得口碑的大型、超大型国家和国际性项目，形成了一定的海内外影响力之外，我和团队对中国2010年上海世博会有更深、更真切的情感，有更纯粹、更趋同的价值观和认知度：

1. 对中国2010年上海世博会184天的展期而言，成功的开幕式和闭幕式是吸引全世界眼球的两大焦点。

2. 对世界博览业而言，富有魅力的开幕式和闭幕式是对其影响力和知名度全新提升的两个重点。

3. 对中国本身而言，将“三精”（即精彩、精准、精致）的上海世博会开闭幕式直播给世界，是两个全方位展示“和平崛起”的绝好亮点。

同时，上海电视台也以强大的阵势全力支持竞标，时任台长黎瑞刚在已经非常繁忙的情况下，还主动分担了我的许多日常工作，让我集中精力率队应标。这一切，对世博会开闭幕式的项目竞标以及后来的创意开发和制作成功都是十分珍贵的。

接下来的半个月，便是详尽阅读、消化招标书的各项条款，迅速组建竞标小组。我竭力调动对世博会的所有感悟，重点深化、细化理念认知，竭力谋划区别于以往的创意路径和突破点。随后，我闭门谢客，带着撰稿人出身的戴钟伟导演“躲”到苏州老家，在没有纷杂干扰的环境下，奋战两天，拿出了第一份厚厚的策划稿。虽然精神上承受了难以名状的耗累，但我坚信：只要撒出执着的“网”，就一定会有收获。

循着还带有墨香的创意文稿思路，我俩旋即返回上海，与刚刚开始聚集的团队一起又马不停蹄地接着鏖战，迎着难点突击，精心设计实现创意各个环节的表现方式。有时一连数日开会，在我的思绪发生了“短路”，或连续“卡壳”绕不出怪圈，内心无比挣扎时，就用冰凉的自来水冲冲脑袋；或者遥拜先贤李白、杜甫“浪迹于天涯，访谈于民间”，到郊外去转转，到田野中走走，或把无数的脚印留在了潮涨潮落的浦江两岸，留在了江南造船厂、沪东造船厂、复旦大学、上海交通大学、701 研究所等地方。我用这样的方式换换脑子，以求填补玄思冥想的空无，期待新的灵感、新的触类旁通的“顿悟”（注：“顿悟”，是人大脑的一种独特现象。它是人高度集中、专心致志、长期思考达到饱和状态时，突然迸出的灵光闪现。）出现。历经半个多月的努力，我们第一时间递交了平面结合三维动画的全套策划竞标文本。终于，经过海内外十几个专业团队三轮公平、公开、公正的竞争，我们上海电视台团队脱颖而出，于 2008 年秋胜利夺标。

竞标胜出后，我奉上海世博会组委会之命，带着导演团队每人签署了一份正规的国家保密协议，随即，迅速集中在上海电视台对面的一个小宾馆，开始了封闭式、连轴转的筹备工作。

两周后，有关部门认定这个小宾馆地处闹市中心，工作环境保密性不够，决定让我带着团队悄悄转移到上海南郊的浦江镇。虽然路途骤远，往来十分不便，但我们毫无怨言，创意细化的推进工作很顺畅，内心也觉得像要奔赴火星一般地更神圣了起来。

未料，到了 2008 年底，风云突变，世界金融危机爆发，且愈演愈烈，大有探不到底之势。受其严重影响，国内的经济也被明显波及，刚刚拉开架势的上海世博会开幕式筹备工作受到震荡影响。不几日，我便接到上级的紧急指令：世博会开幕式筹备工作全面停止。由此，原先我们理念领先、已经成熟的国际竞标胜出方案，即以黄浦江水面为主舞台的“生命岛”概念，包括“水上智慧城”“浦江浮桥人奔跑”“卢浦大桥世博眼”“与太空宇航员天地对话”“一船一旗各国竞帆”“水幕烟火耀浦江”等创意及已经开始的制作，此时，也只能在向外界作了说明后，正式搁置、放弃。导演团队的情绪一下子冷却，队伍也就地解散了。

当大家握手告别时，面对人去楼空的景象，我这个“领军人物”的内心充满着惆怅和折磨感——项目停止了，队伍解散了，原先人来人往、充满“战斗”气氛的大小会议室里，空荡荡只剩下了我一个人。但我的内心却有个声音挥之不去：开幕式停止了，队伍解散了，但世博会依然还在上海，世博会依然还在一天天逼近眼前，我不能停，我不能彻底放弃它，也不能眼睁睁地错过它。我必须在等待中继续准备，即使再忙也要做，即使是“无用功”也要做。我要在内心不间断地积蓄能量，去圆自己内心的夙愿，更为了面对未来可能突然降临的任何转机，从而避免自己的“措手不及”，继续超越竞争对手。

时间飞逝，转眼到了 2009 年 11 月，我国经济日益向好，欧美一些主要国家也渐渐开始走出金融危机。审时度势，上海世博会开闭幕式规划重新启动。但是，因为空间和时间等条件要素一年来都发生了重大变化，因此，组委会决定再一次向海内外进行新一轮的招标。

接到消息后，犹如弹簧触底又“原地弹起”的我，庆幸自己当初的不离不弃。我用最快的速度把一直保持着密切联系的丁力平、沙晓岚、赵能祥、李燮智等主创人员“旋风式”地聚集起来展开新一轮策划，上海电视台大型活动部的王磊总监、徐仁保书记也根据我的明确要求，急前方之所急，派出了多位骨干导演，迅速赶来报到。其他多个参与竞标的中外团队也由此从海内外赶来，再次云集上海。

由于一年来“生命岛”的原创方案中部分内容已被其他项目借鉴、无法再用了。同时获悉，上海世博会开闭幕式的主场地也明确易址，转入正在建造中的世博文化中心。因此，再一次的竞标迫使我们迅速调动所有对上海世博会的感性和理性认识，在所剩无几的时间里，依据新的场地要求和条件，“旱地拔葱”般重起炉灶，另出方案。于是，我带领以上海电视台人员为主的团队又一连多个通宵，投入到全新方案的创意和 PPT 制作中。那阵子，我甚至忘记了生命中还有其他内容，一切仿佛都只为新一轮竞标的成功而存在着。

功夫不负有心人，我们在新一轮竞标中再一次胜出。2009 年 12 月 5 日，我被正式任命为上海世博会开幕式总导演，杨雄市长（时任上海市常务副市长、世博会执行副主任）正式给我颁发了总导演证书，并用非常坚定的话语嘱咐我担起这份国家的重托。（一段时间后，我又领受了世博会闭幕式总导演的证书。）当许多领导和同行为此纷纷前来祝贺时，我说这是我们的幸运。但我深知，所谓幸运，其实就是突如其来的机会碰上了没有放弃的执着努力。这个总导演的称谓绝不是光鲜的荣誉，而是一份责任——天大的责任，是一次挑战——全方位的挑战。当然，更重要的还是一份信任——上海的信任，国家的信任！未来的任务，一定不是对过去的重复。从现在开始，自己以往的成绩必须归零，我必须站在更高的起点上，“乘势”而为——乘中国全新发展之势、乘世博会浩荡之势，将“原我、本我”向“新我、超我”进行一次全方位的精神突围，行神如风、行气如虹地去完成这次充满艰辛的世博大考，赢得成功。

记得授证之后，有几位记者向我提出了同一个问题：作为刚刚中标的世博会开幕式总导演，现在你觉得最大的困难是什么？

我说：缺时间。

通常，按艺术创作的规律，一个面向世界，代表国家文化与外交最高水准，有相当规模、相当形态和质量要求的超大型项目，必须确保两年左右筹备、创意和执行制作的时间。纵观这些年，类似等量级的国家项目均是如此，而一些低一级别的项目也基本如此。对此，我们期盼过、奢望过。但是，事实无情地告诉我们：没有可能！——眼下，作为国家最高标准、最高级别的世博会开幕式的准备时间，最终全部加起来只有两年时间的五分之一。

我们重新出发，没有什么惊怕，没有什么犹豫，唯一觉得犯难的，就是算来算去时间实在不够：全面转型的新方案还不可能完全拈于指尖、控于股掌，需要反复斟酌、细化，这一切需要大量的时间；诸多已经悟到、想到的节目创意点的真正完美实施，包括一些国内外独一无二的科技表现手段，从研发到制作、调试，乃至抗疲劳试验等都需要一定的时间；一些营造现场梦幻效果的复杂数码编程以及必须的预案设置，也都需要大量的时间。

时间实在不够，还突出表现在组委会重新确定的开闭幕式主会场——设计容纳 18000 名观众的世博文化中心的建设工程进度上。

原先，作为计划外项目，坐落于黄浦江东岸的世博文化中心按照规定要求，只需建好完整的外立面，成为上海世博会一道美丽的景观即可。现在，这里已明确为开闭幕式的主会场，必须提前 5 个月全方位保质保量、按最高标准交付使用。这给建设单位带来了很大的挑战，因为，即使从接到正式通知这一刻起，天天大规模加班加点施工，主会场也只能赶在中央领导第一次审查前三天才能竣工交付。而 2000 多名演员的走位、排练，巨型且复杂精密的舞台制作，灯光、音响、科技装置、多媒体视频的精细化布局、安装、调试等一切，都需要大量的时间——以至于后来为了赢得时间，现场出现了创作人员和演员戴着安全帽和口罩对光、唱歌、跳舞、走台排练的情景——时间真缺啊。

事实上，在后来争分夺秒的整个过程中，越是缺时间，需要花费时间的事儿越层出不穷。在节目排练中，作为总导演，我时常会一次次被现场的安保事项所缠绕，时不时要面对一次次特殊的“会议”，时不时要面对一份份“深度报告”。每当这些通知一到，我必须立即停止眼下的工作，花上足够的时间去迅速排查。还时常要与编舞的导演们一起去迅速调整舞台上的队形、动作和阵容，为的是不留下任何隐患和“死角”，一直到 4 月 30 日开幕式前 3 个小时，还有类似突如其来的事件发生，真是耗费了我们本来就远远不够的时间。

这一切都在为难着我和团队，这一切都直接挑战着我们的神经，它构成了一道道艰难的沟坎，有的甚至“深不可测”。

但是，我们没有退缩，没有趴下，自始至终斗志昂扬，咬定青山不放松。往深处想，真正的导演不就是“能够驾驭、能够应对和提升世界需求的人”吗？我们把“祖国利益高于一切”这段座右铭贴在会议室的墙上。我们一起共勉：坚持就是坚强，艰难就是磨难，任何不可轻易复制的成功，都是在特殊的磨炼中煎熬出来的。因此，再烦，也不垂头丧气；再难，也不放弃坚持。我在向组委会作方案推进汇报时，曾庄重地承诺：上海世博会开闭幕式内容力争精彩、难忘；同时，一定确保全过程“零差错”。有人急着提醒说：你没有必要把话说绝，不要把自己逼到悬崖边，万一出了事怎么收拾残局？我说：没有时间“双推磨”了，在国家最高任务面前，没有“万一”一说，我决不给失败找理由，必须立下这个军令状，挂图作战，倒逼自己，不留任何后路……

著名作家爱默生说过：“人一旦有追求，世界亦会让路。”的确，天道酬勤，我们敢做、善做，在上海世博会组委会和上海世博局的直接领导下，最终成功实现了世博会开、闭幕式的理想。这一重大项目除了赢得中外贵宾、观众和媒体的广泛赞誉外，在一年多时间里还接连获得了一系列重要大奖，囊括了包括“星光奖”“金鹰奖”“五个一工程奖”等在内的所有国家级重要奖项，并在香港获得了有着亚洲“艾美奖”之称的2011年“亚洲彩虹奖”；我个人还在全国观众和专家投票评选的中国电视“金鹰奖”中，超越央视两届“春晚”导演，获得了两年一度的唯一“最佳导演奖”。2010年11月27日在北京人民大会堂，党中央、国务院授予我们开、闭幕式团队“上海世博会先进集体”的荣誉，中华全国总工会授予我们这个团队“全国五一劳动奖”奖状，我个人也被授予“全国先进工作者”称号。我真切地感到，这些荣誉，属于上海世博会，也同样属于我们的团队和方方面面给予支持的部门及朋友们，在此，要感谢世博会开闭幕式总指挥、时任市委副书记殷一璀和市委宣传部各位领导的鼎力指导和推动，感谢世博局洪浩局长对我们始终如一的信任和支撑；感谢世博局胡劲军副局长的全力支持、热情相助以及世博局活动部等各部门、各位同仁卓越的加持赋能（所有的详细致谢，《问道与表达》的书稿、后记中均作有表述）。我们在中国2010年上海世博会高扬的旗帜下，在“既看脚下、更看天下”的格局中，一起创新突破，一起殚精竭虑，既宏观视野、又“春秋笔墨”，最终实现了具有生命意义的“东方梦圆”！

与新上海一起诞生的市委机关报

洪梅芬

1976年11月，我20岁，进解放日报社工作不久。每天被“关”在汉口路274号4楼的一间朝南的大办公室里，我和几位老同志一起完成一项特殊的任务：查找和整理“四人帮”在上海的材料。当时还没有复印机，所有的材料都由我负责抄写在《解放日报》绿色的稿纸上。

从资料室搬来的20世纪30年代《申报》堆得如一座座小山，而我每天就在这小山的包围下，埋头抄写。一天，李德森同志（解放日报社组织人事处原处长）捧着一本对开报纸合订本朝我走来，“小洪，休息休息，给你看一样好东西。”说着，他就把一张既陌生又亲切的旧报纸推到我面前。“大上海全部解放”“中国人民解放军布告”“我军攻克吴淞要塞　市区残敌四万投降”“庆祝大上海的解放”……我起身接过合订本，一目扫过这久远而又抢眼的新闻标题，顿感热血涌动。“啊，《解放日报》创刊号！”我激动地叫出声来。这时，大家都围拢过来，兴奋地回忆起了创刊时的情景。李德森说，那年他16岁，是个报童。1949年5月28日凌晨四五点钟就来到《申报》馆门口等候报纸出版，等到八点钟才拿到报纸，看到刚刚创刊、还散发着油墨香味的《解放日报》，上面有“大上海全部解放”的消息，兴奋地拿着报纸就奔向街头……

这是我第一次看到《解放日报》创刊号，第一次听到关于《解放日报》创刊的故事。30多年后，我终于有机会采写中国杰出的新闻记者，解放日报社首任社长、总编辑范长江的事迹。顺着他的人生足迹，我了解到更多关于上海《解放日报》创刊的故事。

一

1949年3月，人民解放军在肃清了长江以北华中、华东地区的残敌后，按照毛泽东、朱德发布的“解放全中国”的号令，打响了“百万雄师过大江”的伟大战役，绵延500公里的战线上，千舟齐发，炮声轰鸣。4月23日南京解放，宣告了国民党统治的彻底覆灭。

此间，人民解放军南下的步伐势如破竹，北平城迅速聚集了一批即将南下的知名文化界人士。刚刚完成接管北平国民党新闻机构，创刊《人民日报·北平版》任务的范长江，又将奉命南下。4月下旬，周恩来在北平设宴招待即将南下的知名文化界人士，并宣布：中共中央已指示，“上海党报决命名为解放日报，南京党报决命名为新华日报。毛泽东主席已允写报头，即可带来，在带到前可暂沿用旧报头。”

《解放日报》曾作为党中央机关报，于1941年5月16日在延安创刊。毛泽东不仅为《解放日报》题写了报名，还撰写发刊词，阐明了报纸创刊的宗旨和任务，论证了党报使命与中国共产党使命的一致性，党报就是要准确地宣传党在不同时期的政治任务及为了完成政治任务而制定的路线、方针和政策，成为教育人民群众、指导革命工作的武器。

肩负着创刊上海《解放日报》的神圣使命，宴会一结束，范长江就乘上时任中共中央华东局第二书记饶漱石的专车一起南下。

为接管解放后的南方大城市，由华东局组建的一支3000多名干部组成的接管队伍，此时也正随军南下，渡江后在沪宁铁路线上的丹阳县集中整训，作接管城市的各项准备。其中的新闻大队在位于丹阳城北的荆村桥驻扎，由恽逸群带队投入紧张的学习，熟悉党的城市工作政策、新闻出版事业整顿管理政策等。

范长江、魏克明率一批新闻干部赶到后，与恽逸群率领的新闻大队在丹阳会合，迅速开展华东局和上海市委机关报——《解放日报》的组建及创刊工作。

旧中国的上海，是全国文化中心和新闻中心，各路新闻豪杰汇集，所有的报纸几乎只有经过这里，才能成为全国性大报。历史悠久的《申报》就是其中的佼佼者。早在延安时期，毛泽东就展望：我们一定要把报纸办到上海去，接管《申报》，通过上海占领整个中国新闻界。

丹阳荆村桥，一个名不见经传的江南村落，此时正孕育着一个“新生儿”的诞生。根据中央指示精神，筹备对上海申报馆实行军管，决定在该报社原址汉口路309号出版《解放日报》。入夜，农舍的窗户透着微弱的煤油灯光，范长江、恽逸群彻夜不眠，《解放日报》的办报方针、内容、版式，包括组织构架、人员安排，一切创刊准备一一就绪。宣布大上海解放的发刊词跃然纸上。

进城在即，范长江对每一项工作和环节都亲自策划与仔细安排。他对制版印刷环节提出了三项任务：一是要求制作毛泽东书写的延安《解放日报》锌版报头；二是提前印刷《解放日报》的发行宣传广告；三是刻印解放日报社印章和“钤记”。还特别关照前去接受任务的同志：虽然决定接管申报馆，但考虑到上海还未解放，为了能在进城后第一时间出报，相应的准备工作必须提前完成，一定要确保上海解放后第一时间能让上海人民看到党的报纸，了解党的路线方针政策。

二

经过一个多月的激烈战斗，5月26日，上海绝大部分地区宣告解放。范长江、恽逸群率领新闻大队迅速出发，从丹阳乘火车到达上海近郊南翔。那天，上海大雨滂沱。地下党组织了一批公共汽车前往接应。深夜，新闻大队宿营位于徐家汇的交通大学，课桌为床，度过了进入大上海的第一夜。

5月27日，雨过天晴。大上海已是一片欢腾的海洋，市民们纷纷涌向街头，迎接解放军入城。“解放区的天，是明朗的天……”人们从未听到过的解放区的歌声，一遍又一遍地在游行队伍中伴着锣鼓与秧歌回荡。上午，是接管申报馆的时刻。载着新闻大队的车辆穿过欢迎人群，在汉口路309号大楼前停下，原申报馆的工人、职员和先期进入申报馆的中共地下党员，欢欣鼓舞，迎接南下干部。上海军事管制委员会特派员恽逸群向全体员工宣布上海军管会命令：由南下新闻大队接管申报馆，出版华东局暨上海市委机关报，中央定名为《解放日报》。恽逸群同时宣布，市文管会文委会副主任范长江为解放日报社社长兼总编辑，恽逸群为副社长、副总编辑。

没有时间正式见面，也没有时间说声问候，范长江与恽逸群一面处理报社各部门人事安排与人员分工；一面选派记者外出采访，组织新闻报道。新闻大队在接管的那一刻就拉开了创刊《解放日报》的战场。

深夜，汉口路309号大楼彻夜灯火通明，编辑部、排字房、印刷车间一派紧张气氛。解放区来的南下干部、地下党人员、原申报馆职工，三支队伍集结奋战。范长江来到紧张、繁忙的编辑部，同部分负责人见面后，开始审阅稿件，安排版面。

创刊号的八个版，许多内容激动人心：发刊词《庆祝大上海的解放》；消息《我军攻克吴淞要塞，残敌四万投降》《上海军管会奉命成立》。为了满足广大读者对党和政府政策的关切，创刊号还特意用了两大版的《文献》专刊，刊登党和政府的各项重要政策、文件。此外，还有“上海行情”“解放副刊”“社会服务”等专刊专栏。

此时，原申报馆的工会已在地下党同志的配合下，把排字房、浇字房、纸型房、浇版房、机印房的职工组织起来，成立了《解放日报》印刷厂，由南下干部吴以常任厂长。印刷厂与地下党同志通力合作，万事俱备，只待《解放日报》报头锌板到来。

28日凌晨4时，负责报头锌版制作的三位南下干部携带着《解放日报》报头锌版、《解放日报》宣传广告单和解放日报社印章、“钤记”到达上海近郊南翔镇，前线总指挥部派出军用卡车，以最快的速度将他们直接送到汉口路309号。当吴以常看到他们带来的锌版、《解放日报》广告宣传单、印章、“钤记”后，深情庄重地说了一声：你们辛苦了！便带着他们快步向排字房跑去。

申报馆二楼排字房灯火通明，人员川流不息。此时拼版已近尾声，只等锌版到达。当毛泽东主席手书的“解放日报”四个大字，遒劲有力、飞动飘逸地凸显在报版上时，大家激动得欢呼起来。5月28日清晨五六点钟，大样付印。8时，10万份《解放日报》创刊号印刷出版。坐满了山东路两边街沿上焦急等待卖报的报童，终于等来了这一激动人心的时刻：“上海解放啦！”“大家来看《解放日报》!”清脆的卖报声穿越着大上海大街小巷。10时不到，陈毅市长的秘书朱青给解放日报总编室来电，传达陈毅市长的表扬：“同志们辛苦了！我们很高兴在市政府看到《解放日报》了。”

三

创刊初期，报纸遇到了严峻的考验。创刊时10多万份的发行量，10日内逐日下跌至不足8万份，引起了华东局领导的关注。

打开创刊以来的一份份《解放日报》，每天两大张八个版，其中四个版是《文献》，刊登的大都是老解放区公布过的各项党的政策；国际国内新闻采用的基本都是新华社稿。

“报纸每期刊登大量历史文献，似倾盆大雨，群众消化不了啊！”范长江对大家说：对上海的现实，特别是新形势下的阶级斗争，我们注意不够，抓得不紧，群众怎么会满意呢？

他特别指出，我们的报纸是人民的报纸，不是少数人的报纸，不是单靠社长、编辑能办得好的。因此，我们报纸的一切工作，应根据工作中的特性，发动广大人民参加，要大家来办，而不是孤立地关起门来办。

他提出了新闻事业的群众性，并认为概而言之主要有三，即：基础在群众，前途在群众；考虑群众的需要；大家办报、大家用报。

为了提高报纸的内容质量，范长江在总编辑室设了4个“秘书”，2人一组，24小时日夜轮班，协助他选稿、改稿、组版和审看由他签发大样后的第一张印报。范长江尤其重视审改本报记者稿件。他认为，本报记者写的有特色的新闻通讯稿，可为党报增光，能够让更多读者热爱我们的党。因此，对于本报记者写的好稿他总是不吝版面，开专栏署上记者大名，有的还要加上编者按配发评论。他说：这样才能培养出我们党的优秀记者，扩大党报的影响。

刚刚创刊的《解放日报》对宣传内容迅速作出调整，明确要求贴近上海实际、贴近现实问题、贴近群众生活进行报道。

当时，上海银元投机情况严重，银元贩子手拿“袁大头”大街小巷地沿街叫卖，甚至扬言：“上海是个大染缸，共产党红的进来，白的出去。”他们扰乱金融市场，破坏社会安宁。深受通货膨胀之苦的上海市民，对此非常愤慨，纷纷提出控诉。上海市军管会和人民政府决定采取断然行动。范长江亲自指挥这场行动的新闻报道，派出新老记者、通讯员一起深入现场采访。6月上旬，《解放日报》连续以头版头条：“严格取缔银元市场——稳定物价，安定民生”“全市人民愤怒万分，银元投机不能再忍”等，为政府采取行动进行充分的舆论准备。在军管会决定查封操纵投机命脉的证券大楼的当晚，范长江匆匆来到编辑部，首先向有关领导传达陈毅市长这一果断决定，然后又向采访部负责同志详尽交待当晚行动的具体部署，强调在行动之前绝对保密，同时选派跑财经的记者立即随军管会前往采访，其他记者配合行动，搜集社会反映。当年，参与这一行动组织报道的刘时平曾如此回忆当时的情形：“我们群情振奋，像‘夜袭’一样，一个个全副武装，摸黑登上证券大楼一层又一层楼梯，一直战斗到黎明归来。”当天的《解放日报》刊出一条“投机奸徒大批落网”的特大字号独家新闻。市民万众欢腾，物价迅速稳定。参加采访的记者如同从战场凯旋，范长江高兴地祝贺大家首战告捷，陈毅市长也在记者招待会上给予充分肯定与表扬。

上海是中国最大的工商业城市。解放初期全市约有工厂12000多家，工业总产值约占全国二分之一；商店6万多家，贸易额占全国的一半左右。党中央对上海如何发展生产，如何正确执行对待民族资产阶级的政策特别关心。《解放日报》根据党的指示，热情报道了工商界人士各种积极的活动和私营企业发展生产的办法。在报道国营企业恢复生产的同时，也报道了荣氏家族纺织集团的各申新厂、刘氏家族的面粉码头等各种实业以及郭氏家族永安公司的复业消息。对于少数资本家迫害工人的严重事件，报道则进行揭发批评，以促使资本家端正态度，与工人团结一致，共渡难关。

上海刚解放时，大米仅够市民吃半个月，煤炭仅够烧七天，一万多家工厂仅有 30% 左右开工，市民生活濒于饥饿边缘。上海市委同囤积居奇、牟取暴利的不法奸商先后进行了“大米大战”“煤炭大战”“纱布大战”等，《解放日报》发表了《粉碎敌人封锁，为建设新上海而奋斗》的社论，向市民传达了党的重大决定。它提出了粉碎敌人的轰炸、封锁，建设健全繁荣的新上海的六大任务。

那段日子，《解放日报》编辑部充满朝气，从解放区来的同志夜以继日地工作：睡在大楼宿舍或办公室地板上，吃在五楼食堂，上午 10 点钟左右就坐上办公桌，翌日清晨五六点钟大样付印，七八点钟出报。

与新上海一起诞生，又记录和见证大上海新生的上海《解放日报》，迅速成为一份广受读者欢迎的报纸，发行量出现了直线上升，1949 年 7 月 31 日，发行量升至 14.8 万多份。

诞生于民族危亡之际的爱国报纸

——《文汇报》报史简述

茅廉涛

《文汇报》至今已度过了83个春秋，这张被称作“知识分子的报纸”，诞生于抗日烽火，奋起于民族危亡；从风雨中走来，在曲折中行进，勃兴于改革开放。

《文汇报》的历史，大体可以分为六个阶段，这里简要记述的是从创刊到1956年10月中共中央批准第三次复刊的那段历史以及《文汇报》在办报实践中形成的特色和风格。

一

《文汇报》于1938年1月25日创刊于民族存亡之际的旧上海。《文汇报》以爱国主义立场和宣传抗日为编辑方针，日出对开4版一张，同年7月1日起改出对开三张半或四张。报名为书法家谭泽闿题写。为避免日方检查，初创时以《文汇报》（The Standard）名称向英方注册，聘英国人克明做名义上的发行人兼总主笔，成立“英商文汇有限公司”，并设董事会。严宝礼任经理，总编辑胡惠生。后徐铸成加入文汇报，任主笔，为编辑部实际负责人。

《文汇报》的创刊号上，发表《为本报创刊告读者》。告读者书明确指出：“本报本着言论自由的最高原则，绝不受任何方面有形与无形的控制。”“报纸是人民的精神食粮，其所负的使命，一则为灌输现代知识，另则为报道消息，是以报纸的生命，在其独立的报格。”告读者书鲜明地表示了《文汇报》创刊的基本态度。它明白无误地告诉读者，这是一张拒绝日本侵略者检查的报纸。报纸出版后，读者从中清楚地看到，它不仅仅拒绝检查，而且是一张由爱国人士编辑发行、抗日民族立场鲜明的报纸。

事实也是如此。1938 年 3 月下旬至 4 月上旬，《文汇报》及时报道中国军队的抗日进展及歼敌情况，并在台儿庄大捷前后，发表了《中国抗战的新基础》等一系列社论庆祝胜利，歌颂前线军人的英勇精神。这些连续报道和言论，大长敌后人民的志气，大灭侵略军的威风，使被困“孤岛”的上海人民欢腾雀跃。其间，《文汇报》还刊登毛泽东对美联社的谈话、中国共产党告全国同胞书，《文汇年刊》全文登载毛泽东的《论持久战》。这些抗日宣传，在上海和沦陷区人民群众中产生了广泛影响。《文汇报》发行量接近 5 万份，成为当时上海发行量最高的一张大报。

《文汇报》的爱国主义立场和积极报道中国军民抗日战争新闻的编辑方针，招致日伪政权的忌恨。日本特务和汉奸采取写恐吓信、打恐吓电话甚至向报社投掷手榴弹等种种卑劣手段加害《文汇报》，导致报社两名广告科职员萧岫卿、毕祉芬（志奋）被炸受伤，一名发行科职员陈桐轩因伤势过重光荣牺牲，成为“孤岛”抗日新闻战线上殉难第一人。面对敌人的恫吓、炸弹的袭击，《文汇报》职工没有畏缩和屈服，他们坚持抗战宣传，开展针锋相对的斗争，报纸每天依然发出爱国主义的强音。

侵华日军被歼的消息每天见报，日方种种强暴行径屡被曝光，日伪谬论一再遭到驳斥，敌人视《文汇报》为眼中钉、肉中刺，必欲除之而后快。1939 年 4 月以后，“孤岛”上海的形势愈来愈严峻。日本侵略者对租界当局频频施加压力，加紧迫害爱国人士主持的各种华文报刊，并指使汉奸拉拢《文汇报》，进行对《文汇报》的收买活动，妄图将这张群众喜爱的报纸，沦为卖国贼和侵略者的工具。敌人攫夺《文汇报》的阴谋，理所当然受到爱国报人的迎头痛击。图穷匕首现。1939 年 5 月 18 日，英国驻上海领事馆与日本侵略者串通一气，迫使《文汇报》《文汇报・晚报》同时停刊。自创刊至停刊，《文汇报》共出版 477 号，《文汇报·晚刊》出版164号。《文汇报》虽然被扼杀了，但保持了抗日爱国的纯洁性，在“孤岛”时期的上海写下了中国近代报业史光辉的一页。

二

抗日战争胜利后，《文汇报》于1945年9月6日正式复刊（其间曾于日本无条件投降的第二天即1945年8月16日，以“号外”形式出8开报纸一张，两个版面，一直持续到9月5日，共出号外19天），报馆迁至圆明园路149号。日出对开4版一大张，以上海、北京为重点地区，发行全国各地。发行人为严宝礼，马季良（唐纳）任总编辑，总主笔储玉坤主持编务。徐铸成于1946年春回到报馆任总主笔，对报纸版面实行改革，再加上中共地下党员以及思想倾向进步的同志陆续参加《文汇报》工作，报纸的言论、新闻报道的面貌逐年发生变化。

在中国共产党的影响和支持下，《文汇报》高举民主、进步的旗帜，积极支援工人、学生反饥饿、反内战、反迫害的爱国民主运动，并用新闻、言论等多种形式揭露、声讨国民党反动派镇压爱国民主运动的罪恶行径，反映人民群众的正义呼声。其中下关事件的报道，立场鲜明，气势磅礴，直戳国民党反动派的要害。1946年6月23日下关惨案发生时，《文汇报》驻南京记者正在场，目睹国民党当局这一暴行，在中共代表团新闻处处长范长江的帮助下，冲出暴徒的包围。记者随即于凌晨一时半发回专电。《文汇报》在24日第一版以“上海人民代表团到京，竟在下关车站被打”的标题，加框突出处理这则专电。在上海日报中，第一家揭露了国民党当局制造的这一骇人听闻的暴行。26日又在二版头条刊发驻京记者黄立文的《下关事件目击记》。通讯如实叙述了国民党暴徒包围、殴打人民代表以及抢钱抢东西的卑鄙行径。从24日起，连续10多天在各个版面运用消息、通讯、来信、副刊文章等形式，揭露和谴责国民党当局反人民的暴行，慰问和支持人民代表的正义行动。《文汇报》关于下关事件的报道，是《文汇报》以实际行动接受中国共产党领导和主张的佐证，有力推动了群众反内战、反迫害，争取和平，要求民主、反对独裁的斗争。

此后，《文汇报》还对国民党当局暗杀民主运动领袖李公朴、闻一多事件的经过、真相进行了详细、连续报道；对穷苦人力车夫臧大咬子在上海被美国海军伍长活活打死，北大女学生被美国兵强奸两起事件，采用消息、言论、漫画等各种新闻手段作了一系列的报道和抨击。强烈反对美军驻华，要求美军退出中国，充分发挥了舆论的战斗作用。

在全国人民呼吁反内战、要和平的高潮中，《文汇报》以大量篇幅刊登新闻、评论和各种文章，猛烈抨击国民党反动派燃起内战烽火，通货膨胀，物价飞涨，导致饱受多年战乱煎熬的百姓仍处于水深火热之中。正义的声音令国民党当局如芒在背，恶狠狠地向《文汇报》挥舞起封杀大棒。1946 年 7 月 18 日至 24 日，国民党上海警察局以“淆惑社会视听，意图破坏公共秩序”的罪名，勒令《文汇报》停刊一周。《文汇报》被迫停刊的消息传出后，全国各地读者哗然，慰问函电如雪片般飞来。7 月 25 日，《文汇报》复刊，千万读者争相购买。复刊后的《文汇报》，无惧反动派的威胁，仍以大量篇幅刊登读者揭露和抨击国民党政府种种倒行逆施的来信来稿，强烈呼吁停止内战，整饬日益腐败的社会风气。

1947 年 2 月 9 日，上海市三区百货业青年职工 500 多人，在南京路中国国货公司对面劝工银行三楼，举行“爱用国货抵制美货筹备会”大会。当应邀到会的郭沫若、邓初民登上主席台，演讲会正准备开始，突然有一群身份不明的人，强行闯入会场，对手无寸铁的百货业职工行凶毒打，造成 14 人重伤，数十人轻伤。永安公司职员梁仁达因伤势过重，经医院抢救无效而去世。这就是震惊全国的劝工大楼惨案。2 月 10 日，《文汇报》用大量篇幅报道了这起惨案。并在 2 月 11 日至 2 月下旬，陆续发表有关惨案的新闻、评论及上海各界知名人士的谈话，以鲜明的立场和态度，高度评价百货业职工抵制美货的爱国行动，同时对反动当局的反诬和谎言予以严辞驳斥。在社会上引起了强烈反响。《文汇报》已融入群众与国民党反动派的斗争中，影响力与日俱增。

1947 年 5 月 20 日，南京、上海、杭州、苏州 4 个城市的大专院校学生代表

6000 余人齐聚南京举行联合大游行，高喊“反饥饿、反内战、反迫害”口号，向国民党政府请愿。游行的学生遭到国民党军警的毒打，造成震惊中外的“五二〇”血案，上海 40 所大中学校学生举行罢课声援。《文汇报》对学生的正义行动作了如实报道，从而受到广大读者热烈称赞，自然也引起反动当局恼怒。

5 月 24 日，国民党反动当局采取突然袭击的卑劣手段，以国民党淞沪警备司令部的名义，强按所谓“颠覆政府，破坏公共秩序”的罪名，勒令《文汇报》再度停刊，自 1945 年 8 月抗战胜利《文汇报》复刊，到 1947 年 5 月被国民党反动政府查封，出版了一年零八个多月。《文汇报》被迫停刊后，一部分记者、编辑去解放区参加革命，一部分到了香港，参加香港《文汇报》创办工作，直到 1949 年 5 月上海解放重返上海，筹备《文汇报》第三次复刊工作。

三

1949 年 5 月 27 日，新华社向全世界宣告：上海完全解放。随着上海回到人民手中，《文汇报》的历史也翻开了崭新的一页。

1949 年 6 月 21 日，即上海解放后的第 25 天，《文汇报》在一片欢庆胜利的锣鼓声中再次复刊，出版对开 4 版一张。

复刊当天报纸的编号为 1087，与两年前被国民党淞沪警备司令部勒令停刊的编号相衔接。复刊后的文汇报，设编辑部、经理部两大部门。编辑部由总主笔领导，下设总编辑，负责组织新闻和版面；经理部由总经理领导，下设分科，负责经营管理。徐铸成出任总主笔，严宝礼为总经理。

复刊当天发表社论《今后的文汇报》，鲜明地表示，拥护中国共产党，坚持站定人民的立场，要“为新民主主义的文化建设，尽其绵力”。周恩来总理一向关怀、爱护《文汇报》，为《文汇报》1950 年元旦增刊书写了“努力为人民服务”的题词，给《文汇报》同仁极大的鼓舞。

上海解放初期，《文汇报》属私营企业（1958 年转为国营）。报纸发行约 2.8

万份。1950 年 3 月，新闻总署在北京召开了全国新闻工作会议，徐铸成代表《文汇报》出席了这次会议。这次会议，确定了上海四大报纸的分工,《文汇报》以青年知识分子为主要读者对象。根据分工,《文汇报》大量刊发教育报道，介绍教学工作的具体经验，受到教育界欢迎。1952 年 4 月 1 日起，报纸由大张改为小张，出 4 开 8 版两张：正张刊登新闻；副张系各种副刊、专刊，可单独订阅。报纸销数逐渐上升，发行量最高时达 27 万份。为适应报纸发行面覆盖全国各地的需要,《文汇报》在北京、重庆开辟了航空版，一张办在上海的报纸在外地发行航空版，开创了中国报业史之先河。至此,《文汇报》逐步走上侧重教育的专业化办报之路。

《文汇报》的发展及其在教育界的影响，引起了国家教育部的关注。经《文汇报》主要领导和教育部领导商谈，就合作创办一张全国性教师报达成一致意见。1955 年 8 月，国务院批准教师报方案。《文汇报》向教师报过渡正式定下来，一切准备工作紧锣密鼓进行。1955 年 10 月 1 日,《文汇报》按教师报方针改出三日刊。报纸由两小张又改为一大张，并由竖排改为横排。

《文汇报》周双刊到 1956 年 4 月 28 日结束，报社人员前往北京创办《教师报》。这天《文汇报》的编号是第 3404 号。《文汇报》从上海解放后复刊到 1956 年 4 月 28 日终刊，共出版 6 年零 10 个月。

四

1956 年 5 月,《文汇报》迁往北京改办《教师报》。就在这时候，国内形势发生了一系列引人瞩目的重大变化。同年 7 月中共中央决定恢复《文汇报》，从北京迁回上海，从办专业性的机关报恢复办一张具有传统特色的综合性日报，并被赋予新的使命——贯彻“双百”方针，团结知识分子，发挥他们的积极性和创造性，以繁荣、发展科学文化，促进社会主义建设事业。复刊后的《文汇报》，徐铸成任社长兼总编辑，严宝礼任副社长兼管理部主任。为了发扬自身优势和特色，办成一张为知识分子所喜闻乐见的报纸，报社领导在北京、上海、广州等地举行了一系列座谈会，分别邀请社会各界知名人士参加，广泛征求意见，开拓办报思路。报社领导还亲自登门或派出专人走访中宣部、文化部等有关部门领导，走访了梅兰芳、老舍、钱学森、傅鹰等知识界知名人士，诚心诚意听取意见。同时大量印发《〈文汇报〉复刊告读者书》，广泛征求读者意见，还在编辑部内部展开了热烈讨论，探讨报纸改革新路。在思想发动、业务练兵的基础上，报社又推出了在京、沪两地聘请社外编委，加强北京办事处、恢复广州办事处、新设南京办事处，聘请特约记者，建立编辑工作扩大会议制度等一系列组织措施。各项筹备工作大体就绪，报社于9月15日召开了全体职工参加的誓师大会。大会开得热气腾腾，盛况空前。

1956年10月1日，《文汇报》在停刊5个月以后，又以崭新的面貌与读者见面。

复刊社论《敬告读者》，开宗明义指出：《文汇报》“作为一张社会主义的人民报纸，知识分子的报纸，主要应以事实说话，以每天发生的新闻反映现实，宣扬真理”。社论表示办报目的在于“努力发挥知识分子的作用，以根本改变我国知识、技术等方面的落后状态”。

从1956年10月开始到1957年春的一段时间里，《文汇报》的新闻报道、言论文章、版面编排、标题制作等，基本上都体现了这一编辑方针。对“百花齐放、百家争鸣”的“双百”方针和党的知识分子政策作了比较充分的宣传，并以“电影的锣鼓”（即《为什么好的国产片这样少？》）为发端，开展了各种问题的讨论，学术争鸣空前活跃。1956年3月10日，毛泽东在中南海接见参加全国宣传工作会议的部分新闻出版界人士时，当着徐铸成的面表扬了《文汇报》：“你们的报纸放（指“百花齐放”）得好。”

1957年夏，反右派斗争开始，《文汇报》首当其冲。扩大化的反右派斗争给国家造成了严重的后果，也给《文汇报》留下了沉重的一页。

“文化大革命”中，《文汇报》被“造反派”夺权，成为“四人帮”的舆论工具。

1976年10月，“文化大革命”结束，《文汇报》重获新生。在中共十一届三中全会后，经过拨乱反正，《文汇报》进入新的发展时期。

《文汇报》在数十年的办报实践中，逐渐形成了自己的传统特色和风格。

以重大事件为契机，进行热点聚焦，形成轰动效应。1946年6月、7月间，《文汇报》对国民党当局制造的下关惨案和暗杀民主运动领袖李公朴、闻一多等一系列重大事件，采用各种新闻手段进行连续报道，在社会上产生了巨大反响。进入新时期后的1999年至2011年间，为迎接上海解放50周年、新中国成立50周年以及纪念中国共产党建立80周年，2015年为纪念建党95周年，《文汇报》先后组织开展的“重走烽火英雄路”“进京赶考去”“重读经典报道”“在上海，中国共产党创建的‘第一’”等系列报道，2018年推出的“40条马路见证上海改革开放40年”，2019年推出的“我和我的祖国70年70人”大型系列报道，都因其形式新颖、视角独特，受到社会广泛关注和好评。

强化人文特色，注重名家效应，增加报纸亮点。多年来，《文汇报》团结了一大批知识界著名人士，大量发表知识分子的文章和访问记。郭沫若、茅盾、马寅初、邵力子、黄炎培、陈叔通、柳亚子、叶圣陶、田汉、巴金、老舍、曹禺、钱三强、钱伟长、费孝通、侯外庐、冯友兰、苏步青、谈家桢、沈从文、傅雷、吴祖光、刘海粟、沈尹默等，纷纷为《文汇报》撰文。

在发表大量知识分子文章的同时，《文汇报》还刊载众多的知识分子访问记。访问记展现了知识界杰出人物在各个领域中所取得的卓越成就和执著追求的敬业精神。

在办报实践中，《文汇报》还先后推出校长论坛、诺贝尔奖得主访谈等，开设以思想文化领域的有识之士为主要采访对象的“对话录”，话题广泛，思辨色彩浓，品位层次高，均以彰显人文特色扩大新闻传播力，效果显著。

以问题讨论，作为拓展报道形式和深度的抓手。在版面上推出问题讨论，是《文汇报》拓展报道形式和深度的重要抓手。1956年10月复刊后，为贯彻“双百”

方针，繁荣学术文化，《文汇报》相继开展了有关尊师重道问题、麻雀益害问题、电影问题、人口问题、古典文学作品删改问题、发展国画艺术问题、汉字改革问题等10多个问题的讨论。其中，影响较大的有电影问题的讨论和麻雀问题的讨论。如麻雀问题讨论历时两个半月，影响遍及国内各地，引起生物、农村、卫生等部门领导和科研工作者密切关注，也受到中宣部的表扬，其中特别强调：《文汇报》刊登的有关麻雀的问题讨论的几篇文章，毛泽东主席都看了，认为很好，"学术问题可以展开百家争鸣嘛。" 1960年3月，毛泽东主席在为中共中央起草关于卫生工作的指示时说："再有一事，麻雀不要打了，代之以臭虫。"口号是"除掉老鼠、臭虫、苍蝇、蚊子。"这样，关于麻雀益害的争议终于有了定论，全国范围内的灭雀运动也渐趋平息。这场讨论也是《文汇报》贯彻"双百"方针的生动体现。

改革开放以来，在报纸上开展问题讨论的传统进一步弘扬，如1995年关于上海人素质的讨论，1998年关于"上海文化建设如何面对新世纪"的讨论，2000年底关于"新世纪上海人应有怎样的精神风貌"的讨论，都在社会上产生了深广的影响。2014年关于"培育与践行社会主义核心价值观"的讨论，因对社会主义核心价值观的深度阐述，获中宣部阅评表扬。2017年，关于"教育培训市场亟待净化"的讨论，触及时弊，引发思考，在全社会形成破题合力，反响强烈。

精心办好专副刊，活跃版面，拓展特色。《文汇报》创办以来，在不同时期开设了大量富有特色的专副刊，如《世纪风》《灯塔》《读者园地》《彩色版》《笔会》《教育园地》《社会大学》《论苑》《学林》《文艺百家》《独家采访》《科技文摘》《环球视窗》《每周演讲》《近距离》等，每周轮流刊出，其内容既是新闻报道的延伸发展和深化，又坚持新闻性、思想性、知识性和趣味性的统一，有"半壁江山"之称。创刊于1946年7月1日的《笔会》副刊，设有杂文、随笔、散文、小说、诗词、回忆录等专栏，内容注重高品位，力求生动活泼；形式提倡色彩缤纷，让人喜闻乐见。1956年复刊后推出的副刊《彩色版》，目的在于给读者的生活增加点色彩，让版面充满浓厚的生活气息。内容包括文艺、体育、影剧曲艺、园林饲养、烹调品茶、服装设计、居室布置、书法美术、山水盆景欣赏、风土人情习俗、名膳名厨介绍等等。设置的栏目、品种多达二三十个，可谓琳琅满目，包罗万象。毛泽东主席曾当着徐铸成的面称赞《文汇报》“办得好，琴棋书画，花鸟虫鱼，应有尽有，我也爱看”。

尝试创新版面编排和编辑手法。励志图新，是《文汇报》长期形成的优良传统。

首创八栏编排法。1955 年 10 月开始，全国报纸改直排为横排，老的编排方法已不管用了。夜班编辑部积极探索变革，设计出中文报纸八栏横排的基本格式，即每个版面分成八栏，以短栏为基本栏，这样题目、栏数可以多变，每条消息之间又用细黑线隔开。同时，标题制作也将一行题改为中国传统的主、肩、副三行题，俗称“楼梯式”标题。这个编排形式，一扫版面的沉闷空气，面貌焕然一新。此外，对报头处理的变化，采用版面“视觉中心”及以主题性特色新闻编辑专版等方面，都作了有益的探索。

发挥各地及驻外记者优势，丰富异地采访独家新闻。《文汇报》从 20 世纪 50 年代起，先后设立了北京、天津、广州、江苏、浙江 5 个办事处，后来又建立海南、安徽、无锡、山东、陕西、湖北记者站，在嘉兴、绍兴、吴江设立通联站。《文汇报》还在全国各地主流媒体中聘请 30 余名资深新闻从业人员担任特约记者，在地市级媒体特别是长三角地区聘任特约通讯员 20 余名，并专门制定了《关于特约记者工作条例》，还把每年召开特约记者和特约通讯员会议作为拓展各地报道的组织保证。遍布全国的办事处、记者站，加上各地特约记者和特约通讯员队伍，使在同城市委机关报和晚报合围夹缝中生存的《文汇报》，独家新闻增多，扩大了《文汇报》在全国的影响。

《文汇报》从 20 世纪 80 年代开始，先后在美国、法国、日本、德国、墨西哥、菲律宾、尼泊尔、印度、伊朗、俄罗斯、巴西、吉尔吉斯斯坦、坦桑尼亚以及中国澳门等 14 个国家和地区以及联合国设有记者站，以加强驻在国和地区的独家新闻报道。同时，报社与世界各国同行和各界人士交往日益增加。

飞燕报春

——《新民晚报》复刊始末

严建平

《新民晚报》的前身是1929年9月9日在南京创刊的《新民报》，有着悠久的历史渊源和独特风格。

党的“友报”

《新民晚报》老社长赵超构曾在中国共产党成立60周年的一个纪念会上回忆道：在新中国成立之前，特别是在抗战时期，《新民报》虽然是一张民间的报纸，但它的立场是爱国的，积极抗日的，要求民主的，因而得到了党的重视和支持，成为重庆《新华日报》的“友报”。它同党的关系是密切的，发挥过一些积极作用。后来他又在报社纪念建党70周年大会上，讲了一件从未披露过的事：那是在重庆《新民报》，有位青年记者张鸣正，多次要求去延安。毛泽东主席到重庆谈判时，单独会见了赵超构。赵超构讲了《新民报》有位张鸣正想去延安。这时周恩来、潘梓年（《新华日报》社长）正好进来，毛泽东主席批评了潘梓年。他说，为什么把一些进步青年都往延安送？国统区也很重要，我们派人去还来不及。像《新民报》这样的阵地就很重要，我们党要多支持。

我在整理报史时发现，有许多共产党员先后在《新民报》工作过，他们当时的身份虽然是隐蔽的，但对《新民报》“中间偏左”的进步倾向，是有一定影响的。这其中有：夏衍（曾任“西方夜谭”主编，1927年入党，新中国成立后先后任上海市委常委、宣传部部长，国家文化部副部长）、阳翰笙（“新园地”主编，1925年入党，新中国成立后任全国文联党组书记）、聂绀弩（《新民报》成都版日报副刊“呼吸”主编，新中国成立后任人民文学出版社副总编辑）、陈翰伯（重庆《新民报·晚刊》副总编辑，新中国成立后任商务印书馆总编辑兼总经理）、计兆南（本名孙大光，重庆《新民报·晚刊》编辑主任，新中国成立后任国家地质部部长）、李肇基（《新民报》成都版记者、克什米尔公主号事件牺牲的烈士）、谭文瑞（《新民报》成都版记者，后任《人民日报》总编辑）、胡其芬（重庆《新民报》“女声”周刊主编，曾在邓颖超身边工作，时任重庆地下工委妇委书记，渣滓洞“新民五烈士”之一）、蒋文杰（《新民报》南京版各地新闻编辑，上海解放后任《新民报·晚刊》总编辑）、张西洛（1939年作为《新民报》记者和《中央日报》《扫荡报》记者访问延安，后任《人民政协报》副总编辑）、高汾（曾和谭文瑞一起采写“开国大典”报道）等。

1946年，抗战胜利后，《新民报》在上海设立分社，并于当年5月1日出版上海《新民报·晚刊》，那时候，它就和中共地下党有联系。上海解放后，在党的关心和支持下，马上就发给登记证，一天都没停刊。1953年思想改造学习运动结束，上海当时的两张小型报《大报》《亦报》先后停刊，并入《新民报·晚刊》。1958年4月1日，《新民报·晚刊》更名为《新民晚报》。昔日党的“友报”，如今是党领导下的社会主义晚报。报纸的发行量从新中国成立初的两三万份一路升到33万份，广大读者称赞《新民晚报》是“雅俗共赏的读物，春风满面的朋友”。1961年五一节，毛泽东主席在上海锦江饭店对赵超构说，《新民晚报》“办得好，有特点，人家爱看”。

这样一张得到党的信任、群众欢迎的报纸，在“文革”中竟被污蔑攻击为“封、资、修黑报”，1967年2月6日，由张春桥、王洪文等作出批示，下令停刊。从此，《新民晚报》蒙受了不白之冤。

平反昭雪

1976 年 10 月 6 日，中共中央政治局执行党和全国人民的意志，一举粉碎“四人帮”，十年内乱，至此基本结束。

冰雪消融，全国人民盼来了春回大地，万物复苏的日子。

然而，百废待兴，乍暖还寒，许多事情还是举步维艰。《新民晚报》何时能获得平反昭雪，重见天日？老晚报人和广大读者急切期盼着，并为之奔走呼吁。

苦苦等待中，老晚报人不约而同地想到了报社原编委、副刊组组长唐大郎。这位老报人与夏衍素有交谊，上海解放初期是夏衍叫他出来办《亦报》，思想改造运动结束后，又是夏衍让他加盟《新民晚报》，如今提出《新民晚报》平反昭雪和复刊问题，作为晚报老朋友老领导的夏衍，于公于私都不会坐视不顾。大家认为，转个弯，由唐大郎以私人名义给夏衍写封信，请他俟机向中央宣传部负责同志反映大家的迫切愿望。

唐大郎写给夏衍的第一封信，原是试探口气。其时夏衍已是中国文联主席，他将信送给当时由中央组织部长转任中央宣传部部长胡耀邦，胡耀邦同志“圈阅”了，表示“放在心上了”。与此同时，周光楣等老同志也不约而同地给胡耀邦写了封要求复刊的信，也请夏衍转呈。夏衍再将信送达时，胡耀邦同志当即批交上海市委处理。这个关键性的批示，为《新民晚报》的彻底平反起到了促进作用。

1979 年 4 月，晚报原党组书记、总编辑束纫秋，依照组织程序，亲笔起草了一份给上海市委的报告，要求为《新民晚报》彻底平反。

新民报人终于盼来了这一天，1979 年 6 月 7 日，在上海展览馆召开的全市宣传干部大会上，中共上海市委宣传部副部长洪泽宣布市委为《新民晚报》平反的决定：《新民晚报》是党领导下的一张社会主义报纸，“文化大革命”前 17 年中，方向路线基本是正确的，工作是有成绩的，是深受群众欢迎的。“四人帮”及其在上海的余党强加给《新民晚报》及其广大职工的一切诬陷不实之词，全部予以推倒。

第二天，上海各大媒体同时刊播了这一消息，受到了广大读者和新民晚报社原来的干部职工的极大欢迎，大家热泪盈眶，奔走相告。接着，中央主要媒体也向全国人民和海外读者传达了这一信息。

《新民晚报》获得平反后，大家自然而然地认为，平反必然会带出复刊的结果。然而，复刊之路并不顺坦，特别是1980年2月15日，《北京晚报》和《羊城晚报》这两家也在“文革”初期被迫停刊的兄弟晚报，在14年后的同一天复刊了，《新民晚报》何时能从沉睡中醒来？广大读者期盼之情更为急迫。他们纷纷给中共中央，上海市委、市政府，人民日报社、解放日报社写信，呼吁“我们要看《新民晚报》”。一时间，要求《新民晚报》尽快复刊的人民来信有一千多封。

群众的呼声，党的各级领导都听到。这个时候，开国少将陈沂出任上海市委副书记兼宣传部部长，离京赴任前，时任中央政治局委员、中宣部部长胡耀邦找他谈话，当面交待两项任务，一是让《新民晚报》早日复刊，二是恢复“大世界”游乐场。

陈沂到上海就开始积极推动《新民晚报》的复刊事宜。他登门看望了赵超构，他俩曾是上海中国公学的同学，赵超构在大学部学经济，而陈沂当时是预科生。为使《新民晚报》早日复刊，陈沂请赵超构“出山”。

1980年5月12日，中共上海市委决定，重新恢复《新民晚报》建制，批准《新民晚报》复刊。

特殊考试

事非经过不知难。复刊初启，便面临一系列困难和问题，可以说是人、财、物、房“四大皆空”。其中最大的问题是编辑记者队伍青黄不接，严重程度已近乎唱“空城计”。复刊筹备组经过反复商量，作出决定，打开大门向社会招聘人才。

限于当时的客观条件，采取的是“半公开”招聘方式，就是不公开登报，只放风声；允许有关单位和人员推荐、介绍，应聘者也可闻风而来，毛遂自荐。

我就是在这个时候听到消息，请人转托老晚报人冯英子先生和武璀老师帮助推荐的。1981 年 3 月初的时候，我收到了《新民晚报》复刊筹备组寄来的通知，要我 3 月 8 日到上海辞书出版社参加座谈会。

那天我是第一个发言，不懂新闻的我当然说得并不专业，但我说了希望《新民晚报》复刊后内容要杂一点，要贴近市民群众。这大概引起了当时参加会议的沈毓刚先生的注意，所以后来他把我要到副刊组去了。

参加座谈会后没几天，我又接到电话通知，要我去高安路《新民晚报》筹备组办公室面谈。到了那儿，同我谈话的是刚从《西藏日报》副总编任上回到上海的任荣魁老师，当时他已到《新民晚报》筹备组负责日常工作。他问了我的工作、学习经历，看了我带去的在《解放日报》《文汇报》上发表的文章。谈话以后，我感觉有点希望。但等了两个多月，等来了一纸参加文化考试的通知。后来我知道，由于推荐的人太多，只靠面试录取难以服众，所以就增加了笔试，以成绩说话。

考试时间是 1981 年 5 月 23 日，地点在九江路 41 号《新民晚报》临时社址（当时还未挂牌），考场设在四楼大厅。拿到试卷一看，基本是摹仿高考的文科卷子，只不过把政治、语文、历史、地理都集中在一张卷子上了。记得作文题是《给宋庆龄副主席写封信》，当时正是宋庆龄副主席病重，刚刚被批准加入中国共产党。那封信我写得很动感情，因为 1979 年我祖父获平反昭雪，宋庆龄副主席专门送了花圈，我内心充满了感激之情。

考完后，心里确实没有底。但几个星期后传来消息，说我考试成绩还不错。后来才知道，我们这一批考生共 250 人，其中 80 分以上 4 人，第一名是徐新远，84 分（然而后来他进《新民晚报》后自觉不太适应当记者，工作了一小段时间就退回原单位了，后来还当选市人大代表），我和涂渝是 82 分，孙卫星是 80 分。我终于被录取了，先借调，待试用合格再转关系。

1981 年 6 月 30 日，我正式到《新民晚报》报到，被分配在副刊组。

在筹备复刊的日子里，报社举办了三期新闻讲习班（文化测试也先后举办了三次），最后一期所有新进人员都要参加，有点像结业考试。这期讲习班报社格外重视，由老束（我们都这样称呼束纫秋总编）亲自动员并讲第一课，老报人梁维栋、李仲源、陈亮、吴崇文、周珂、陈榕甫、沈毓刚、张林岚等担任讲师，讲习班上既学新闻业务基础知识，又有理论联系实际的采编实习活动。每天上课之后就出去采访，限当日回到报社写好稿子，第二天由授课老报人讲评。一个多星期里，每个学员一般要写10篇左右稿子。此外，还学习了新闻编辑业务，试作标题，修改稿件等等。这个讲习班实际是对应聘人员的第二次考试，是作为记者生活的一次实践。以致有的学员经不住“疲劳轰炸”，半途退出了“跑道”。学习结束时，每个学员还要交一篇叫《自画像》的自传，其中还包括写自己的外貌特点。

1981年9月25日，中共上海市委批准了《新民晚报》编委会班子，由赵超构、束纫秋、朱守恒（未到任）、周珂、任荣魁、冯英子、沈毓刚、张林岚、梁维栋、李仲源、赵有余11人组成首届编委会。

1981年10月16日，市委副书记兼宣传部长陈沂到《新民晚报》临时社址视察，并参加了报社职工大会。他代表市委讲话，充分肯定赵超构提出的“宣传政策，传播知识，移风易俗，丰富生活”16字办报方针。那天报社安排我和王明国做记录，并由我根据录音整理成文。

陈沂是代表上海市委来催促复刊的。他说，《新民晚报》本来是千呼万唤不出来，现在是千呼万唤快出来的时候了。不能是“争取”，而是一定。上海市委希望和要求就是这个，1982年1月1日一定要出版，这不光是党的要求，也符合人民的心愿。

1981年11月5日，离复刊不到两个月了，老社长赵超构为《新民晚报》全体编辑记者作了《我们应当怎样办晚报——兼谈〈新民晚报〉是怎样一张报纸》的报告，他用温州口音的普通话，亮出了他对即将复刊的《新民晚报》的种种设想，对16字方针逐条作了阐释。

在老社长论述办报方针之后的11月11日、12月12日和26日，编辑部进行了三次试刊。后两次试刊各印了5万份，向各界免费赠阅，征求意见，结果大受欢迎，都说“像《新民晚报》”。

燕子归来

1982年元旦,《新民晚报》正式复刊。似曾相识的燕子，隔了15年之后又归来了。

这一天,《新民晚报》报头是套红的，出版编号是7257号，以示与1967年1月14日被迫停刊那天的编号7256号相衔接。这一天发行58万份，大大超过了“文革”前的最高发行量33万份（复刊当年发行突破100万份，利润达到100万元）。

复刊当天的第一版上，赵超构亲自执笔，撰写了《复刊的话》。这篇文章以本报编辑部的名义发表，首次提出了《新民晚报》的宗旨：“它只是穿梭飞行寻常百姓家的燕子。它栖息于寻常百姓之家，报告春天来临的消息，衔泥筑巢，呢喃细语，为百姓分忧，与百姓同乐，跟千家万户同结善缘。”

我想着重讲一下复刊那一天“夜光杯”两个版面及其筹备情况。

为了复刊第一天的版面，从上到下筹划了很长时间。当时副刊组共七位编辑，四老三新。四老是：分管副刊的副总编辑沈毓刚和胡澄清、陈榕甫、吴承惠，他们都是老晚报人，有丰富的编辑经验。三新是：王金海、涂湍和我。

副刊定名《夜光杯》，取自王翰的凉州词：葡萄美酒夜光杯。1946年《新民报·晚刊》在上海出版时，副刊就取名“夜光杯”，后来改名“繁花”。这次重举“夜光杯”，显然更贴近晚报的特性。谢晋导演在复刊这天写的《夜光杯抒怀》，对此有更深一层的阐述。他说：“党的十一届三中全会后，一个伟大的历史转折时代到来了。没有这个转折，晚报副刊命名‘夜光杯’怕也是难以想象的。人们在劳动之余，下班之后，读点小文章作为休息，也是不可能的。”

林放的《未晚谈》重新开张，首篇为《暂别归来》，他深情地写道：“一个冬天的沉默，加上一个春天的酝酿,《新民晚报》这棵饱经风霜的50多年的老树，终于重发新枝，绿叶成荫，吸收阳光雨露，散发清新空气，生活之树是常青的，祝愿《新民》，永远不要脱离人民的生活。”

时任市委副书记、宣传部部长的陈沂同志送来一首诗，是说青年人的婚恋问题，这位将军文人，真是非常了解“夜光杯”的风格。为了美化版面，他还特地请书画大家陈佩秋先生将这首诗书写在宣纸上，供我们制版刊出。

老作家马国亮先生的《四条腿的婚礼》、上海音乐学院钱仁康教授的《乐苑识小录》等都很具可读性。

在那一天的版面上还推出了一个新的栏目“十日谈”，十天左右谈一个题目，有话则长，无话则短。第一组文章的总题目是《萍踪杂记》，叙说一些海外见闻，这在国门初开的当时，感觉很新鲜。

复刊后的第一部长篇连载是晚报前辈张友鸾先生（笔名草厂）写的《清风楼》，说的是杨家将的故事，由画家颜梅华配图，堪称图文并茂。

这一天的版面上还有一首赵朴初先生的贺诗，是我通过北京的姑妈约来的。当时还有两页纸的注释，是赵老解释时我姑妈记下来的。可惜那天版面实在太挤，无法同时刊出，不能不引为憾事。赵老贺诗的最后一句是：阔海遥天烂熳春。“阔海”指上海，《新民晚报》在上海元旦复刊，正好迎来了烂熳的春天。

回顾《新民晚报》复刊经历，我深深感受到，伟大的党没有忘记这张报纸，正是党大力支持了它的复刊。广大的读者没有忘记这张报纸，正是他们的奔走呼吁，促成了它的重生。党和群众跟《新民晚报》是生死患难之交，新民报人万分珍惜这份情谊，所以加倍努力，这才有了日后的辉煌。

上海人民广播第一声

李尚智

1998年，我被领导调到上海人民广播电台主持工作后，曾先后拜访过三位从解放战争硝烟中走来的广播老前辈。一位是率先写下宣告“大上海解放了”23字新闻的原上海市广播电视局党委书记、局长邹凡扬；另外两位是上海人民广播电台第一任台长周新武、上海人民广播电台第一任播音组组长夏之平。

谈笑间，三位慈祥的老人显现出一种非凡的气质，他们炯炯的眼神和睿智的言语令我难忘。后来，我在组织老广播人“口述历史”、编辑有关文集时，有幸再次聆听、阅读了他们讲述的“新闻生涯中印象最深刻、最难忘的故事”，我被前辈们出生入死、冲锋陷阵的奋斗精神和革命情怀深深感动、由衷敬佩。今天，欣逢建党百年盛事，重温上海人民广播诞生的艰辛历程，真是感慨万千，倍觉振奋。

宣告上海解放　广播声震八方

邹凡扬1923年出生于沈阳。1939年在上海加入中国共产党，因领导学生抗日救亡而被日军列入搜捕黑名单。1942年，他撤离上海去苏北参加新四军，在盐阜地委城工部任指导员。1946年，他奉命潜入上海做地下工作，收集情报，先后任大光通讯社记者、采访主任，中联通讯社总编辑等职。

1949年5月，邹凡扬参加了一场惊心动魄的战斗。5月25日凌晨，隆隆的炮声忽然沉寂了下来，邹凡扬一夜没睡，趴在窗前观察着马路上的动静。马路上寂静无人，但家家都有灯火。那晚，上海人似乎都没有睡觉，人们焦急地等待着上海解放的到来。天蒙蒙亮时，国民党的败兵向东逃窜，他们将枪支弹药随手丢弃，有的已脱去了军装。不一会儿，一群穿着蓝灰色军装的解放军战士紧贴着沿街房屋搜索前进，一枪未发，战线迅速东移。邹凡扬发现，自己脚下的这片土地解放了。此时，他有一种强烈的冲动，觉得自己有责任向上海人民发布一条上海解放的重要消息。经请示中共地下党组织同意，他和地下党同志夏其言一起驱车前往大西路 7 号（今延安西路 129 号）国民党上海广播电台。在车上，邹凡扬奋笔疾书，写下了一段彪炳史册的 23 字的新闻稿："今天凌晨，中国人民解放军攻入上海市区，大上海解放了。"就这样，邹凡扬携带着新闻稿和《中国人民解放军入城布告》，只身闯入国民党上海广播电台，命令有关人员中止原有节目，立即播送上海解放的新闻和解放军入城布告。清晨 6 时 05 分，"大上海解放了"的声音回响在上海天空。这是宣告上海解放最早的新闻报道。喜讯传到战斗前线，传到千家万户，大大鼓舞了上海军民的士气。等待解放的上海老百姓本来都在家里，不敢出门，听到电台的消息后，纷纷涌上街头，原来沉寂的城市沸腾了起来。此时，人们发现解放军入城后和衣抱枪露宿街头，不进居民的房屋，不接受居民的馈赠。上海的老百姓看到此番情景都啧啧称赞。

当天，苏州河以北尚有国民党守军残部负隅顽抗，还没有解放，报纸无法送到苏州河北边，但广播传遍了全上海。苏州河以北一些工厂、商店的职工打开收音机，放大音量，对着国民党守军播放新闻和布告，形成宣传攻势，迫使守军投降。

当时的上海广播电台是国民党官办电台，发射功率大，覆盖华东各省。正在江苏丹阳待命的上海军管会接管人员听到消息，立即出发赶赴上海，其中就有后来任命的上海人民广播电台第一任台长周新武。台湾的报纸根据这次广播编发了新闻；外国通讯社驻沪机构向世界转发了这条广播新闻……

当年，邹凡扬在这翻天覆地的历史时刻，写下这篇具有重大意义的新闻时，才 26 岁。60 年之后，邹凡扬回忆起迎接新上海的黎明时仍激动不已。他说：地下党组织要我在解放军入城那天进入广播电台，用它播出《解放军入城布告》和地下党办的《上海人民》报的消息。5月25日清晨，我带上一支左轮手枪、40发子弹和上海人民保安队臂章（因路上可能会遇到国民党守军残部袭击或解放军盘问），前往大西路7号上海广播电台，是夏其言（后任解放日报社副总编辑）开车送我去的，我在汽车上写了这篇新闻稿。电台播音员施燕声首先播出了新闻和布告，我在电台的一个会客室内监听。室内十分平静，而我的心激烈地跳动着。那时候没有录音机，需要反复播送，我就向组织提出希望支援播音人手。地下党派了钱乃立、徐炜、陈奇等前来轮番播报。

邹凡扬说，上海解放是我长期盼望的事。上海是我的家乡，当时我是中共地下党党员，又是一个新闻记者，我不是旁观者，而是作为一名战士投入这场战斗而取得胜利的。能够写这样一条新闻而且在广播电台播出，真是我莫大的荣幸！

人民电台出世　实转开国强音

周新武1916年出生在河南信阳。14岁时因散发抗日传单而被捕入狱3年。1935年加入中国共产党，是北平一二·九学生运动中的骨干。他曾任中共皖鄂赣边区区委宣传部部长、新四军第七师政治部宣教部部长、中共中央华东局宣传部宣传科科长。1948年，他在山东解放区创建华东新华广播电台，任台管委会主任。

1949年5月25日清晨，正在江苏丹阳待命的华东新华广播电台的同志都还躺在用门板搭起的床上，收音机里传出了振奋人心的消息："大上海解放了！"周新武和同志们围聚在收音机前静听，低声交流着激动的心情。他立即向领导作了汇报，并接受了指令。接着，周新武便组织人员迅速收拾行装，集合待命。

按照上海市军事管制委员会的部署，周新武带领第一梯队人员于5月25日晚上，乘火车从丹阳出发，翌日清晨抵达南翔。26日晚，他们登上派来的汽车赶赴上海。周新武在讲述这段往事时记忆犹新：5月26日深夜，下着滂沱大雨，我们冒雨抵达沪西，在交通大学住下。军管会主任陈毅连夜在圣约翰大学召开会议，布置接管工作。我参加会议后回到交大，已是第二天黎明。

5月27日早晨，上海市军管会负责接管和负责业务的同志们分头出发。军管会新闻出版处处长周新武带领华坚、夏之平和苏佩一行，乘车到大西路7号国民党上海广播电台，门前有解放军战士和上海地下党领导的人民保安队队员守卫。在解放军到达之前，上海地下党已派邹凡扬、王世桢同志进入上海广播电台做好稳定电台人员、迎接解放的工作。上午，周新武与王世桢接头，研究了接管的步骤。下午，周新武召开上海广播电台全体人员与接管人员第一次见面会。周新武宣读了由上海市军事管制委员会主任陈毅、副主任粟裕签署的命令："查上海广播电台为国民党宣传机关，兹任命周新武为本会接收专员，代表本会前往办理接管事宜。仰该机关所有在职员工，各安职守，迅即办理移交，切实服从领导，遵守革命法纪，并听候甄别录用。在接管期间，务须协助接管工作，保护资材、图书、账册、档案、车辆、用具等，并应由该机关负责移交人员造具详细清册，确实报告，听候清点。凡保护有功者奖；怠工、破坏、阴谋捣乱者，依法严惩不贷。除分令外，仰即切实遵照毋违为要。此令。"周新武还表示，欢迎原广播电台人员留下来与我们一起工作。大家听完后，脸上露出了欣喜的笑容。

国民党上海广播电台台长陈辅屏自己还经营天津电料行，不常去电台，电台的日常事务由工务科长杨伯枢管理。军管会命令宣布后，陈辅屏表示绝对执行命令，服从领导，负责移交。他请求具体移交工作由杨伯枢办理。接管组同意由接管联络员华坚与杨伯枢联系办理。参加这次见面会的原广播电台的大部分人员后来都留在上海人民广播电台工作，直到退休。

华东新华广播电台编入第一梯队的另一部分同志由苗力沉负责，到汉口路原申报馆大楼与《解放日报》编辑部的同志一起办公，以便及时了解中共中央华东局、上海市委的意图和指示，每天编好广播新闻稿，由通讯员姜信宁乘吉普车迅速送到电台。当时，上海的新闻工作由解放日报社社长兼总编辑范长江、副社长兼副总编辑恽逸群主持，华东局常委、宣传部部长舒同每天到报社审定签发文稿。

1949 年 5 月 27 日，随着对原上海广播电台的接管，上海人民广播电台同时成立。当晚，上海人民广播电台正式开始播音，由夏之平、苏佩正式播讲解放上海的报道。解放军的英勇善战和露宿街头的严明纪律，感动和温暖着上海人民的心；上海人民的热烈欢迎，激励着解放军解放全中国的战斗意志。上海人民广播电台使用的频率是 900 千赫和 11780 千赫，每天早、中、晚播音 3 次，共 9 小时 20 分钟。广播节目有：转播北平广播电台新闻、评论和英语新闻；自行采编的新闻、通讯、评论；播报布告、法令等重要文件；还播出音乐、教歌、话剧、越剧等节目。其中，新闻、评论节目占 72.5%，文艺节目占 20%，其他为 7.5%。

周新武说，令人难忘的是，中共中央华东局第二书记、上海市军管会主任、市长陈毅在解放军占领上海后，于 6 月 1 日在交通大学向全市人民发表广播讲话。当时没有转播设备，就用电话线把话筒和广播电台连起来。这篇讲话，既长了人民的志气，又灭了敌人的威风，对于一些还不大了解共产党、解放军政策的人，起到了安定人心的作用。

6 月 14 日，市军管会文教委开会讨论广播工作，会上决定电台编辑部从解放日报社迁回电台，并在市中心找适当房屋改建为广播电台（后选定北京东路 2 号大楼，于 1951 年 4 月迁入）。8 月 6 日，市军管会正式任命周新武为上海人民广播电台台长，苗力沉为副台长。

9 月 21 日，中国人民政治协商会议开幕，上海人民广播电台转播了北平电台的广播，上海人民亲耳听到毛泽东主席宣布的“中国人民从此站立起来了”的历史性宣言和号召建设中华人民共和国的铿锵有力的声音。

1949 年 10 月 1 日，首都北京 30 万军民在天安门广场集会，隆重举行中华人民共和国开国大典。上海人民广播电台通过转播中央台的节目，让全市人民从收音机中听到毛泽东主席在天安门城楼上向全世界发出的庄严宣告：“中华人民共和国中央人民政府今天成立了！”听到朱德总司令在举行阅兵式时宣读的中国人民解放军总部命令。10 月 8 日，上海举行庆祝开国保卫和平大游行，100 万人走上街头，上海人民广播电台直播了游行盛况。这在上海历史上是第一次。

呼出崭新台号　立志服务人民

夏之平1924年出生在杭州。1943年毕业于杭州省立女子中学，1944年参加中国共产党。抗战胜利后，党组织派她潜入国民党的广播电台。1947年春天，国民党镇压白区群众运动，动手抓人，党组织便让夏之平马上撤离杭州。1948年，她进入苏北解放区，后辗转到山东，调入华东新华广播电台，任播音组组长。1949年5月，夏之平奔赴上海参与接管国民党电台。

1949年5月27日19时，25岁的夏之平经历了一个重大的历史瞬间。由她播报的“上海人民广播电台”这个崭新呼号，第一次通过无线电波传入上海的千家万户。

此刻，攻入上海的中国人民解放军与残余的国民党守军在四川路桥南北进行的激烈争夺刚刚胜利结束，日夜盼望着上海早日解放的人民群众正守候在收音机旁，以焦急、兴奋的心情等待着最新、最好的消息。“上海人民广播电台”这个崭新呼号的出现，向千千万万听众宣布：上海已经全部解放，解放军已经接管了国民党的上海广播电台，上海人民自己的广播事业已经诞生。

夏之平回忆说：5月27日早晨，当我随军管会接管组从徐家汇去大西路的途中，心情是兴奋而复杂的。一年前，我在一个黑沉沉的夜晚，由地下党交通员带领，小心翼翼地离开上海，唯恐被敌人发现。现在，我穿着早已准备好的一身新军装，别着中国人民解放军的胸章，行走在我们自己的天下，沐浴在扬眉吐气的阳光里，心情是多么的激动。

夏之平说，在当晚7时的广播中，我担任了上海人民广播电台的播音员。按照上级对我们第一天的播音要求，既要准确清楚地表达文件内容，包括其中的每一个字，又要保持解放区广播电台的播音风格，庄重、亲切、动人，以新的播音风格明显区别于原上海台的声音。我的第一项任务是郑重地向千万听众发出“上海人民广播电台”这个新台名，而且每次连续呼叫3遍，在节目告一段落、下一个节目开始时还要反复播报新台名。这个台名是在丹阳时定下来的。原来解放区的各家广播电台都延续“延安新华广播电台”的台名，定为“某某新华广播电台”，北平解放初期也以“北平新华广播电台”的名义播出。因此，我们原以为今后的上海台也会称为“上海新华广播电台”。但我们在丹阳时，传来了中央有关领导的决定，我们进入上海后，把电台的名称定为“上海人民广播电台”。后来，全国的广播电台都冠以“人民”二字。

夏之平说，当晚，我的第二项任务是庄严播报3个重要公告，即：中国人民革命军事委员会主席毛泽东、中国人民解放军总司令朱德于4月26日发布的《中国人民解放军入城布告》《三大纪律、八项注意》和《惩处战争罪犯命令》。这是向上海人民全面宣布中国人民解放军的政策、方针。这3个文件我在丹阳时就已拿到，经过连续几天的反复阅读和仔细领会，已经比较熟悉。但当时的条件只能直播，要一字不差的把3个文件全部顺利播出，是没有完全把握的。当时的心理控制，主要靠自信、沉着、镇静。这天晚上，我反复播出这3个文件，没有出现过一次差错，算是圆满地完成了任务。

接着，一起参与接管的播音员苏佩播出了上海人民广播电台的第一次新闻节目。新闻节目也在当晚反复播出，并不断增加新的内容。

第二天，5月28日的《解放日报》刊出消息：“原国民党上海广播电台业经上海市军事管制委员会文化教育委员会派人接管。上海人民广播电台已于昨晚开始播音。”这则新闻以文字形式向世人宣布：上海人民广播电台已经诞生。

从这以后，夏之平和苏佩共同执行新闻播出任务，原有的其他人员则负责文化教育节目和沪语节目。留在丹阳的第二梯队的人员于5月30日到达上海，张之、黄其、郭冰等立即投入了播音工作。

从这以后，上海人民兴高采烈地投入了解放后的大量艰巨的建设工作。上海人民广播电台的工作人员，包括穿着军装的新人，不分昼夜地奋战在第一线，热情洋溢地报道群众迎接上海解放的动人事迹，宣传上海人民建设新上海的奋发精神面貌，介绍出现在上海的喜人情况。

新中国成立后，邹凡扬、周新武、夏之平都为广播电视事业的发展作出了卓越贡献。邹凡扬于 20 世纪 70—80 年代，曾任上海电视台负责人，上海人民广播电台台长，上海市广播电视局党委书记、局长。周新武于 1955 年调任中央广播事业局副局长。1959 年，他组织创办培养广播电视专业人才的北京广播学院（今中国传媒大学）并任院长。夏之平于 20 世纪 50—70 年代，曾任中央人民广播电台文艺部副主任，中央电视台新闻部主任、专题部主任和总编室主任。

为了上海电视台开播那一刻

许 诺 口述 葛乾巽 整理

在纪念中国共产党建党 100 周年之际，回忆起我参加上海电视台开播前后的那一段往事，历历在目。

上海电视台从无到有，从小到大，经历了无数次的创新、改革，逐渐成为了全国有影响的电视台，其中老一辈电视人在一穷二白的年代里，经历了上海电视千辛万苦的开播时刻，为上海电视事业发展壮大奠定了坚实的基础。

我是 1957 年从上海戏剧学院毕业，分配到上海人民广播电台广播剧团的。1958 年 4 月，组织安排我到电台文艺部的文艺科参加编播工作。7 月 30 日，当时的部主任刘冰，还有我们的组长向阳，找我谈话说：上海要建立电视台，派你到北京电视台（中央电视台前身）去实习。

这在我思想上引起不小的波动，因为我根本不知道“电视”是什么？我刚踏进电台的门，想在自己熟悉的业务上做出一些成绩，未料要改行了，怕自己最后一事无成。但作为一个共产党员，首先要坚决服从组织决定，便接受了这项光荣而又艰巨的任务。

8 月份，我向筹备组负责人赵庆辉同志报到。在新永安大楼 12 楼，筹备组集中的那天，我见到了从上影厂调来的导演周峰、从科影厂调来的摄影朱盾、邹志民、肖振奋、美工梁十千，从电影公司字幕工场，翻译片厂调来的放映员乔善珍、张罗山，以及洗印、剪接等同事。然后，工程师徐英、技术员袁永生带我们参观了在建的 13 楼演播室、19 楼发射台。

为上海开播，赴北京实习

1958年8月28日晚，我生平第一次看到电视。因为北京台在当年五一劳动节才开始实验播出，每周二、四、六、日为播出日，恰巧，28日晚正好有电视。来京实习的和先期来京调试技术设备的工程技术人员，一起聚集在麻花胡同“北广”招待所男宿舍，全神贯注地盯着一台14吋的黑白电视机。从“方格子”测试信号看起，接着是时钟、台标，播音员报当日节目，播出新闻片、动画片《飞上月球》、故事片《证据》，直到屏幕出现“晚安”为止。大家面面相觑，哦！这就是“电视”啊！它外形像收音机，是个不仅能听声音，还能看得见画面的“小电影”。

我们进入倒计时阶段，因为只有半个月的学习时间，9月14日，必须回上海准备10月1日的开播工作。播什么？八字还没一撇呢。为抓紧时间我们分头跟班学习，导演周峰跟北京台的导演胡旭，我跟周峰。他们走到哪里，我就跟到哪里。

拍新闻片的摄影，白天跟北京台的摄影拍新闻片，晚上回台任摄像（和我们一样两个工种，一套班子）。当时，北京台正根据上海瑞金医院抢救炼钢工人邱财康的事迹，编播了一个纪实性的电视报道剧《党救活了他》。我们（导、摄）参加他们的说戏，在演播室排练、跟机。播出时，周峰到导控室看胡旭指挥调度、画面切换。我在演播室现场看各工种（摄、灯、音、美、化）的工作，因演播室不大，让我穿了件白大褂装扮成医护人员，站在边上，以免镜头“穿帮”。

我们还去过一次转播现场，哪个剧场？转播什么戏已不记得了，只记得盯着看三个机器的机位（左、中、右）在剧场怎么摆法？我们还上转播车看导演工作。其他时间里，我还到节目组了解节目的组织、编排、预告，稿酬标准等，还要了解他们以前播出的串联单和各类稿纸的样本，回来可依样画葫芦模仿。

我们离京前，所有在京同志在北海公园开了个茶话会，周峰同志为争取我台10月1日顺利开播作了鼓劲和动员。

各方分头准备，安全播出第一

为了上海台开播时能播出自己拍摄的新闻片，三位摄影同志在北京去新影、八一等厂联系16毫米摄影机、16毫米反转片，总算借到一台16毫米摄影机，八一厂给了一些过期的反转片，朱盾在上海“国旧”淘到一部独眼龙（只有一个镜头）16毫米摄影机，他们与洗印一起，立即投入过期片的洗印配方。

我和周峰9月14日回到上海后，开始了非常紧张的开播准备工作。我一方面把北京带来的电视播出串联单、文字稿纸样张、稿酬标准等交行政组立即付印；另一方面要编排出国庆播出和之前预演播出的两套节目及串联单（含播音员播出稿），还要筹划开播以后的节目安排和稿费制度等。燃眉之急是要马上组织节目，只有我和老周分头联系，他亲自打电话到上海音乐学院，邀请歌唱家周小燕、蔡绍序，我联系广播乐团、少年宫、部队等文艺单位落实播出节目。

我们开播用的演播室在永安大楼（现在的“七重天宾馆”）13楼，面积只有60平方米，其中还要安置导控室，即技术员、导演、导演助手和音响人员用的工作台，整个导控室的工作人员，基本是贴墙而坐。

因为这个演播室连一架小三角钢琴都不能放，只能放一台立式钢琴，所以在组织、编排节目时必须考虑参加演出的演员不能太多，只能选用独唱、女声小合唱、少儿朗诵、部队单人快书等节目。

当时台内没有打印设备，打印文件要通讯员送到北京路电台秘书科，周峰导演还要忙拍新闻片的工作，所以写播出串联单便由我加班完成，可是秘书科已下班了，我只好学着用铁笔在蜡纸上刻出串联单，由通讯员送到电台新闻部夜班去印。为了确保10月1日顺利开播，全台30余人，不顾疲劳，夜以继日，全力以赴。

9月24日，技术部门为了测试声音的线路输出，让我在话筒前直播：读一篇报纸文章。我记得，自己怕出差错，很紧张。最后，总算没有出错，顺利地完成了任务。

9月27日，我们组织、播出的一台试播节目，要和10月1日正式播出的一模一样，有电影、少儿节目、唱歌等等。广播员由黄其、沈伦两人担任。串联单是我写的，这是一次战前预演。技术部门在若干接收点收测这台节目信号，检验整个传输线路、机器性能、画面图像、声音质量等等。对我们也是一次实战演习。我们从来都没摸过机器。那时候我做导演周峰的助理，按他的指令，切换画面，顺利完成了任务。

9月30日晚上最后一次实验，我们进行了跟机排练，发射机不开，就是我们内部的监视机开着，电台领导来台审看播出效果。为迎接10月1日开播，作最后的努力，为的就是检查还有什么环节被遗漏。

抢拍国庆新闻，确保开播顺利

1958年10月1日，因为国庆游行交通管制，南京路、人民广场封得较早，我早晨4时30分就从家里（静安寺）骑自行车出发了，带着通行证以备沿途盘查。

摄影记者朱盾、邹志民到人民广场拍摄游行实况，行政组通讯员负责将拍好的胶片送到第二医学院洗印间冲洗（当时我们没有洗印设备，借用他们洗医学片的设备）。上午演播组各工种做播出准备与检查。中午12时30分，技术组播放测试信号，演播组负责伴音。音乐、歌曲都是我从电台节目保管组事先借来选好，交给音响复制，节目预告，也事先录好，巡回插播。因为当时的电视接收机是接收无线传播信号，不像现在都是有线传输，关机后再开机必须重新调试，才能有较好的收视效果，音带由音响值班播放。

下午1时30分，全体参播人员，包括技术组负责人，召开播前串联会，导演负责将当晚播出的要求、任务按串联单复述一遍（以后都是如此），领导再作一次战前动员。

18时30分，全体参加直播的同志到岗待命。

18时58分，播放时钟，放铜管乐《社会主义好》。

18时59分，出“庆祝国庆”字幕。

19时出台标：由美工自制的一幅上海外滩剪影背景，用两片塑料片刻上一道道光芒，逆向旋转，产生光芒四射的效果，叠现“上海电视台”字幕，播放《新四军军歌》前奏而成（后来在科影厂摄制了音乐与画面合成的35毫米台标影片，在国庆十周年、我台正式播出时启用）。

广播员分别播祝词和节目预告。

第一个节目是女高音歌唱家周小燕独唱，第一首《朵朵葵花向太阳》，孟波作曲；第二首《小扁担两头弯》，温可铮作曲。然后是男高音歌唱家蔡绍序独唱，他唱两首歌，一首是《毛泽东颂歌》，吕骥作曲；另一首是《总路线》，吕其明作曲。接着是电台广播乐团女声小组唱《人民公社真是好》《说嫂嫂》。还有当时有名的上海少年广播合唱团，他们表演了《歌唱国庆》《采菠萝》《武装保卫和平》。部队战士演出山东快书《张学礼的星期天》。接着播放国产故事新片《钢人铁马》。

电影放完了，播放电视新闻片《1958年上海人民庆祝国庆大会和游行》，它是我台摄影记者朱盾、邹志民、肖振奋等，用过期的16毫米黑白翻转片摄制成的。

当时，由于我们没有解决16毫米胶片与录音带的同步播放技术，所以请白天播电台实况的两位电台播音员陈醇、张芝来为该片做直播解说。

（注：原来安排第一个节目是自拍的新闻片，由于是用过期片拍的，能用的少，剪接困难。等文艺节目播完，放电影时周峰和领导一起去看样片才定稿的，为此，播出时间移到最后。）

广播员道晚安，出“晚安”字幕。就这样结束了上海电视台的第一次播出。

由于领导的重视，同志们的全力以赴，加上经过几次战前演练，才使上海电视台的首播任务得以安全顺利地如期完成。演播结束后，台领导向全体同志表示慰问与祝贺，并合影留念。

1958年10月1日，中华人民共和国成立9周年，上海从此开始，填补了没有电视台播出节目的空白。

见证上海港的蝶变和梦想

冯亦珍

进入2021年，某一天我看到一篇关于上海港的报道，“2020年上海港集装箱吞吐量突破4350万标准箱，比2019年增长20万标箱，再创历史新高，连续第11年领跑全球。”这篇报道使我十分兴奋。虽然退休多年，但对上海港依然别有情怀，常常会触动内心悠远的记忆……

回想起1978年，我刚进新华社上海分社不久，就花了1个多月时间，跑遍上海港的10多个装卸区去搞调研报道。当时的公共交通还不完善，有的地方要步行几十分钟才能到达。在装卸区，我与领导、调度员、吊车司机、码头装卸工交谈，掌握了大量的第一手资料。1978年3月，我发了关于上海港装卸质量问题的内参：“上海港装卸质量的问题亟待解决”。这篇报道以翔实的材料揭示了上海港装卸质量存在的严重问题，剖析了产生这些问题的原因。那时是粉碎“四人帮”不久，各行各业的经济开始复苏，但长期以来的管理混乱、有章不循、责任不落实等问题仍然突出。

这篇装卸质量的调查报道刊发后，引发了极大震动。时任国务院副总理李先念、康世恩作了重要批示。时任交通部部长叶飞、副部长彭德清在4月上旬就带了工作组来上海。到达上海的当天晚上，叶飞、彭德清两位部长在下塌的上海大厦召集部分相关记者座谈。这是我第一次与部长面对面，内心很忐忑。有人说，“当记者要多种花，少栽刺。”我担心写这样的批评报道会得罪人。上海港务局也曾有个别人对稿子提出质疑。虽然我对报道的真实性有绝对把握，对所提到的所有事实都能明确说明信息的来源，并经过反复核实。两位将军出身的部长，军人气质依旧，很威武，很有气场。叶飞部长介绍了内参的情况，传达了李先念、康世恩的批示，他说内参反映的情况是触目惊心的，分析是击中要害的。十年“文革”破坏很明显，这些情况不仅在上海港存在，在全国港口都普遍存在。交通部将以此为契机，在全国港口打一场装卸质量翻身仗。座谈会上，叶飞部长还出人意料地说：“你们大家要学习小冯，要善于发现问题，敢于提出批评。”叶飞部长的话使我深受感动，这些话给了一个初出茅庐小记者以极大的自信，并对我的职业生涯产生很大影响。

第二天，在上海浦江饭店，叶飞部长主持召开了交通部直属单位现场会。台下的干部，大都是参加过抗日战争、解放战争的老革命。一开场，叶飞部长就问：“新华社小冯到了吗?”我站起来说“到了”。叶飞部长首先作了报告。他说的几句话至今记忆犹新，他说：“‘文革’结束不久，我们的国家百废待兴，百业待举，我们的交通行业，历经了‘文革’的破坏，也面临着一场整顿，希望各级干部沉下去，到基层去作调查研究，提出改变现状的办法。”

会上，叶飞部长对时任上海港务局的党委书记、局长李维中说，我请你带着被子铺盖到码头去，找到问题的症结，总结出几条经验教训，提出改进措施，一定要把装卸质量搞上去。如果我们不能限期解决中国港口的装卸质量问题，我就向国务院请辞；如果你搞不好，我也要撤你的职。

会后，李维中立即带了工作组到上港五区（后改名为高阳路装卸区）蹲点。工作组吃住在码头，在现场看作业情况，与干部职工座谈。局长如此深入地了解情况，掌握了不少第一手资料。上海港在“文革”中受到的破坏是严重的，当时，有一句口号流传很广：“要当码头的主人，不做吨位的奴隶。”港务局领导从观念上清除流毒入手，又着手规章制度的建立、责任制的落实。历经几个月时间，李维中带领的工作组总结了提高港口装卸质量的措施和经验。紧接着，交通部在全国港口推动打港口装卸质量翻身仗。上海港的经验在全国港口推广，使全国港口的装卸质量上了一个新台阶。叶飞部长对李维中的蹲点成效十分满意，李维中后来升任交通部副部长。

上海港的这次采访，是一场历练，我因此积累了丰富的素材和人脉关系。之后，我又先后采写了“码头上的无主货物属于谁”、“从反复变更‘皇家之鹰’的卸货港看我国外贸运输的混乱状况”、“上海港压船压港问题的调查”等，都引起了很大反响，陈云、李先念等中央领导同志作了批示。这些报道为推动我国交通运输部门改善管理机制、扭转被动局面起到了积极的推动作用。

提高装卸质量需要改革落后的运输方式。集装箱运输是世界公认的装卸效率高、货损货差少、船舶周转快的先进的运输方式。国外发达国家的集装箱运输自20世纪50年代起步，在60年代中期至70年代，获得了迅速发展。但在中国还刚刚起步，只有一些零星、小吨位的集装箱在普通货船上附带运输。我在港口码头、外轮代理、海运、货主等单位采访时了解到，加快发展集装箱运输的呼声非常高。在生产现场，我摸清集装箱运输的现状和需要突破的障碍，采写了多篇关于发展集装箱运输调研的报道，内容包括集装箱管理体制的改革、集装箱运输的专业化、人才培养等。在交通部等部委的直接推动下，上海港集装箱运输得到逐步发展。1978年，上海远洋运输公司的“平乡城”轮，装载162个国际标准集装箱从上海港起航，前往澳大利亚，这是上海港的第一条集装箱班轮航线。随后，上海港的集装箱专业码头加快建设，集装箱装卸设备进港，集装箱吞吐量迅速增长，1988年上海港年吞吐量仅为31.29万个标准箱，到2020年，集装箱吞吐量突破4350万标准箱，连续11年集装箱吞吐量居世界第一位。

时光如水，往事如梦。好多年过去了，我对上海港的情怀依旧，每当我经过码头，举目眺望高大的吊车、堆积的集装箱，我心里常常会泛起一阵阵慰藉和感动。如今，上海港已雄踞全球前列十多年，期待上海港的未来更加璀璨夺目！

草原上寻访“国家的孩子”

吕学东

到内蒙古草原上采访“国家的孩子”，虽然是20年前的事，但其情其景令我永远不能忘怀。

2002年5月，《解放日报》原总编辑王维同志打电话给报社领导，说内蒙古电视台计划拍8集纪录片，再现20世纪60年代内蒙古接收上海等地3000名孤儿的壮举。王维同志认为，这段在特殊年代发生的特殊的故事，是一首民族融合、民族团结的颂歌，《解放日报》有责任将那段历史告诉上海人民。

6月中旬，采访任务下达周末部，交我执行。6月29日，我从上海出发，在呼和浩特停留两天，拜访当地领导；然后向北越过大青山（阴山），在苏尼特草原上采访两天，又赶赴边城二连浩特。7月7日回沪，历时9天，行程万里。稿件《内蒙古草原上的“阿拉”蒙族人》，发表于10月11日《解放日报》“周末周刊”头版，获得良好的社会反响。

乌兰夫女儿云曙碧曾对我说，内蒙古大草原巧救上海孤儿这个善举，是一首蒙汉民族融合、民族团结的赞歌。

采访开始时遇到了困难。原以为内蒙古电视台有拍摄方案，实际上他们什么都还没做。我只得求助于自治区民政厅，接待人员表示，事情过去40多年，许多当事人不在了；草原那么大，要找“国家孩子”，不容易。

“天无绝人之路”。一筹莫展时，一位民政厅干部提醒我：乌兰夫女儿参与过这事，找她帮忙准行。

得知我是来自上海解放日报社的记者，乌兰夫女儿云曙碧很爽快地同意采访。

云曙碧时任内蒙古自治区红十字会会长，已年近八旬。40年前，她任内蒙古自治区哲里木盟党委副书记，曾参与救助上海孤儿。她告诉我，1960年，哲里木盟接收了60多名上海孤儿。

云会长给我讲了当时的背景。她告诉我，三年经济困难时期，上海等地福利院里3000多名孤儿，食品不足、营养不良，极易患病，夭亡时有发生。上海福利院曾多次向时任全国妇联主席康克清告急。

康克清报告周恩来总理，请求从内蒙古调奶粉救孩子。周恩来总理让她找乌兰夫。在乌兰夫主持召开的自治区党委会上，副书记吉雅泰建议，调奶粉不能一劳永逸，不如把孤儿接到内蒙古来，分配给牧民去抚养。这个方案得到了与会者的一致赞同。

乌兰夫报告周恩来总理，强调牧民缺儿少女，把孤儿送给他们抚养，既可以减去上海等地的负担，又可以解决牧民缺儿少女的问题，对将来牧区发展建设也大有好处。周恩来总理批示："你们想得很周到，这是一举三得的好事情，何乐而不为呢？"

就这样，从1959年至1962年，在党中央和各级政府的关怀、努力下，内蒙古草原先后接纳了上海等地3000名孤儿。

内蒙古各部门、各地区"特事特办"，保证上海孤儿"接一个、活一个、壮一个"。

孩子们如何从上海接来，又怎样在内蒙古养育，云会长建议我去采访原自治区卫生厅干部王宝库（汉族）。

有云会长牵线，采访很顺利。已经退休、家在呼和浩特的王宝库，当年在西苏旗（苏尼特右旗）做保健医生，曾参与接送、养育和分配孩子的全过程。他向我打开了尘封的记忆，还原了当年内蒙古草原上掀起的波澜壮阔的感人一幕。

当时，乌兰夫向内蒙古自治区各部门、各地区发布的指示是："特事特办"，保证"接一个、活一个、壮一个"。

接来的孩子不能马上分给牧民。孤儿年龄小，普遍营养不良，不少还在患病。

年龄大一点、身体好一些的孤儿可以直接送到牧区，年幼患病的则必须先在呼和浩特、集宁、锡林格勒和包头等地设立的育婴院里接受治疗，待恢复健康后，再让牧民领走。这就需要建立5个大型保育院和4个中型育婴院，建设费用150万元，可是当时卫生厅能拿出的资金不足20万元。后来，乌兰夫拍板，从全自治区的财政经费中拨出100万元作为“卫生事业费”，解了燃眉之急。

接孩子是“苦难”的旅程。那时上海到呼和浩特，火车要走6天。南方风和日丽，北边已寒风凛冽；车内白天和夜间温差高达30摄氏度，引起孩子们感冒、发烧、呕吐、腹泻，甚至休克，车厢里不停的哭闹，以及各种意想不到的困难，让接运医生和护理员焦头烂额，有的甚至累得晕倒。

接运孤儿得到社会各方全力支援。上海保证所有送出孩子有详细健康卡，孩子穿戴衣物、途中所需物资也是由上海育儿院准备的。每一批孩子远行，上海还派出十多位保育员护送。

铁路部门大力支援，不仅给孩子们免票，免费提供一日三餐，还专门拨出车厢挂在列车后面，供孩子和接运人员存放生活用品。

接回孩子后，先让他们在保育院里治病、养身体，适应北方食物和气候，一两个月后再让牧民领走。南方孩子几乎都有蛔虫，光是治疗这一种病，就把医生和保育员折腾得不轻。看到孩子们在院子里哇哇大哭，边跑边拉还在屁股上抽动的蛔虫，从没见过如此阵势的北方保育员，惊吓得发抖，哆嗦着用手帮孩子们把蛔虫拉出来。

“国家孩子”一词就是那时诞生的。保育院医生和员工，像妈妈那样照顾“国家孩子”。他们给孤儿起最好听的蒙古族名字，比如斯琴（聪明）、高娃（美丽）、其其格（灯芯）、娜仁（太阳）、格勒日（光明）等等。

正如周恩来和乌兰夫所预料的那样，牧民们非常喜欢这些孩子。领养的日子，就是草原盛大的节日。牧民们从数百公里外的牧场赶来，有的家庭收养了两三个，甚至五六个。

八千里路云和月。当上海1000多名孤儿，在社会主义大家庭的怀抱里，从东海之滨进入北方草原，大上海就永远地把她的一部分根系留在了内蒙古草原。

马背是他们成长的摇篮，草原是他们的再生之地，草原与上海孤儿结下了再生之缘。

2002 年 7 月 2 日至 6 日，我在自治区民政厅干部张慧林陪同下，驱车 400 多公里，翻越大青山（旧称阴山），到苏尼特右旗首府赛汗塔拉（镇），采访了 3 位“国家孩子”，后来又北上边城二连浩特，采访市粮食局干部巴德玛。

也许是草原上男子汉太忙，抑或他们不愿提及往事，我所采访的 4 位“国家孩子”均为女性，如今都为人母。在采访中，她们说得最多的，是养父母对她们的哺育，蒙族丈夫的关爱，她们可爱的儿女，以及改革开放以后草原上的幸福生活。

草原母亲养育了上海孤儿。在都呼木苏木（苏木，相当于乡）任助理员的阿拉坦图雅告诉我，出生 6 个月，从上海来到苏尼特草原。“这是缘分。”原本想领个男孩的牧民哈斯巴特尔夫妇，在保育院一眼看中了她，回家后把她当成掌上明珠。两岁那年，她患病，双腿瘫痪，母亲用勒勒车带她走遍苏尼特和阿巴嘎草原，找到医生。治疗持续三天三夜，母亲没合过眼。阿拉坦图雅对我说：“许多人不相信我曾经双腿瘫痪。在学校里，我体育成绩特好，长跑、短跑比赛一直是全校第一名。是妈妈给了我双腿。”

不少上海孤儿是“马背上的孩子”。同嘎拉嘎达来的养父母都是牧民，母亲在她 7 岁时患癌症去世，她是在父亲的呵护下，在马背上长大的。她和蒙古族小伙子包云贺希格是青梅竹马的伙伴，1972 年结婚，那年她 17 岁。包云贺希格聪明能干，同嘎拉的勤快，使这个家很快就“发”了，不仅羊多，人丁也兴旺。1973 年大儿子巴特尔呱呱坠地后，她又接连生了 3 个男孩、2 个女孩。如今，儿女们个个有文化、有出息。夫妇俩拥有政府分配的 1.4 万亩草场（10 平方公里）、300 多只羊、3 辆汽车（北京吉普、俄罗斯小面包车和东风大卡车），年收入过万元。

当然，不是每一个上海孤儿成长都一帆风顺。敖登其其格被当地人称为“从乞丐到国家干部”。到草原时，她才一岁，妈妈是都呼木苏木（乡）富裕牧民。

1966年，母亲因为家庭富裕被扣上“牧主”“内人党”成员等莫须有的罪名。抄家之后，羊群、房子被没收，只留下一间土坯房，四周没有窗。7岁的敖登其其格成了“乞丐”。牧民们知道她是“国家的孩子”，都愿在她的碗里放上炒米、羊肉或者奶酪，小敖登拿回家和妈妈分着吃。1979年，冤案获得平反，旗里给敖登落实政策，安排她任都呼木苏木（乡）民政助理，负责旗里4个嘎查（村）1700多人的生活、扶贫救济、生老病死等事务。1986年，敖登加入中国共产党，连续多年获苏尼特旗优秀党员称号，还当过一届苏木人大常委会副主任。

上海孤儿在北方草原长大，身上还有没有南方人的特点呢？我曾就此问过4位采访对象的丈夫。答案是，有。比如爱吃米饭，爱清洁，细心。同嘎拉的丈夫包云贺希格自豪地夸奖妻子：“她做事细心，做什么一学就会。”比如“接羔”，最多时一天有70只母羊生小羊，同嘎拉能一眼就分辨出任何一个羊羔的母亲是谁，送去喂奶决不会搞错，比当地人还强。还比如，“做汉菜，她从没学过，怎么就都会做了呢？而且做得那么好吃呢？”

草原上采访“国家孩子”，对我来说，意义非凡。与当年上海孤儿的每一次对话，都带来心灵的震撼。重温20年前的报道，不难得出如下的结论：3000孤儿在草原上获得新生，不啻是一首蒙汉民族融合、民族团结的赞歌，更体现了党和政府对下一代的关怀，充分表明了社会主义制度的优越性。

七次难忘的农历新年

吴　琳

往事如烟。但在一线采编生涯中，总有一些人、一些事，某个细节、某一瞬间，让你多年之后仍难忘怀。

20世纪90年代中后期，我在《新闻透视》栏目工作。1997年2月19日21:08，邓小平逝世，享年93岁。消息传出，举国哀恸。回忆起那个阴沉的冬季，我总会想到在南京路上见到的一个年轻人，他衣着考究，臂戴黑纱，双手托举邓小平像，上书“怀念您”三字，在寒风中站立。这是一个缩影，代表上海市民对邓小平的诚挚情感，代表这座城市与邓小平的不解之缘。面对镜头，他讲述了坎坷家世。他说，没有邓小平，就没有“臭老九”父辈的翻身，就没有他的今天，更没有改革开放后活力迸发的中国。2月20日这天，这一组组饱含情意的采访在《新闻透视》汇编播出，表达了上海各界人士发自内心的缅怀。

正如这位市民所言，邓小平是上海之幸，是中国之福。

从1988年到1994年，邓小平曾连续7年与上海人民共度新春佳节，在这七年里，每逢除夕之夜，上海人民都能从荧屏上一睹小平同志风采，聆听他那鼓舞人心的话语。上海电视台留有很多珍贵资料，它们沉睡在片库中，定格在历年的新闻播出带里，而更多的则是分散在当年的各位时政记者手中，朱黔生、林罗华、翟东升、陈海、邬志豪、郭大康、倪晓明、朱森明……《新闻透视》应该用活这些资料，对这七次难忘的春节做一个梳理和汇总。2月21日，我提出这个想法，得到电视台和新闻中心领导的支持，他们破例辟出当晚黄金时段的十多分钟的加长版面给到我。《新闻透视》讲究时效性，这天我争分夺秒推进每个流程，选资料、写稿、编片、配音、主持……几位前辈记者守在一旁随时指点帮助，而领导则站在我身后即时审片。《七次难忘的农历新年——追思敬爱的小平同志》当晚顺利制作完成，节目带被一路小跑送进播出机房的那个瞬间，我瘫坐下来，长出了一口气，此刻离播出时间仅剩两分钟。

邓小平在上海过春节始于1988年。这一年的2月16日是龙年除夕，邓小平由时任中共上海市委书记江泽民陪同，进入上海展览中心友谊会堂，参加各界新春联欢晚会。这一天，一场纷纷扬扬的大雪降临上海，申城银装素裹，而友谊会堂则宛如七彩世界，格外热闹和喜庆。晚会结束后，由江泽民等陪同，邓小平走上舞台，与演员们亲切见面，这时出现了感人的一幕。原来，1988年初上海甲肝肆虐，从老人家健康考虑，演员们用掌声表达心情。不料，邓小平不顾旁人劝阻，与每一排、每一位演员，一一握手，祝贺他们演出成功，祝愿他们新春快乐。这一幕，久久印在在场的演员和上海市民心中。

1989年2月5日，又是一个除夕之夜，邓小平再一次与上海党政军各界同志欢聚一堂。这一次，陪同邓小平的，除江泽民外，还有时任上海市市长朱镕基。此后，1990年1月26日、1991年2月14日，邓小平又在除夕之夜向上海人民拜年，在镜头中他笑容满面地说："对英雄的上海人民表示热烈的问候，节日愉快！"这番暖心祝福通过STV的荧屏播向了千家万户。据记者朱黔生回忆，在完成1991年迎春团拜会拍摄后，他提出上海记者们盼与老人合影留念，原也不抱很大希望，不料邓小平听了女儿毛毛的转述后，兴致勃勃，连声回应："好！好！"还问："站到哪里拍？"这张合影对连续4年参与报道的朱黔生来说，是他职业生涯中极为珍贵的纪念。

浦东开发开放事关中国改革开放全局、事关中国特色社会主义的前途和命运，是邓小平一直以来的牵挂。1991年2月18日上午，在新锦江旋转餐厅，朱镕基向邓小平汇报了浦东开发开放中"金融先行"的一些设想，邓小平听后说，金融很重要，是现代经济的核心。金融搞好了，一着棋活，全盘皆活。上海过去是金融中心，是货币自由兑换的地方，今后也要这样搞。中国在金融方面取得国际地位，首先要靠上海，那要好多年以后，但现在就要做起来。这些论述后来被完整记载在《邓小平文选》第三卷，我们片中用了少数实况。据在场的林罗华回忆，《邓小平文选》中把邓小平当时的大白话稍做了书面化处理，更精准了，却也不无遗憾。邓小平的语言风格是言简意赅、直截了当，他用生动活泼、通俗易懂的大白话来表达大理论、大概念，比如"票子""袋子""留后手"等，现场听起来，特别有感染力，而事后回想，又不得不钦佩他的远见。

这天，邓小平还来到南浦大桥建设工地，了解工程进展情况和上海建设跨浦江大桥的规划。镜头中，他用"四川普通话"问朱镕基，"有好几个桥?"听着朱镕基的介绍，他比画着手势，面露着微笑，轻晃着脑袋，关切之情溢于言表。

时间来到 1992 年 2 月 3 日。上海新一代领导人市委书记吴邦国、市长黄菊陪同邓小平与上海各界人士共迎猴年新春。这是 1992 年的新春佳节，邓小平南方视察期间的一个重要内容。他的南方谈话是中国进一步改革开放的新的推动力。南方谈话中的许多重要观点，正是他在上海期间讲述的。2 月 7 日，老人再次登上阔别一年、已经竣工的南浦大桥，听了市委、市政府负责同志介绍，得知不仅南浦大桥造好了，杨浦大桥也进展顺利，他又前往杨浦大桥工地，用他的招牌式挥手，向桥塔上的工人打招呼。工人们很激动，使劲儿鼓掌。《七次难忘的农历新年》一片中，1992 年的内容特别丰富，实况也用得最多。在夜游浦江的璀璨景色中，邓小平在对上海建设进程表示满意的同时，做了一系列重要指示。他说，上海民心比较顺，这是一股无穷的力量，上海一年就有很大变化，三年会有更大的变化。他强调，上海同志"胆子要大一点，思想更解放一点，步子更快一些"。在参观贝岭公司的高科技设备时，他询问周围青年技术人员从哪毕业，他嘱咐："21 世纪要靠你们年轻人。"

这一年，他表现出明显的紧迫感。2 月 12 日上午，邓小平来到闵行，参观作为上海最早三个开发区之一的闵行经济技术开发区。当听说这个开发区目前已收回投资、不需要国家再投一分钱、进入良性循环开发时，邓小平显得很高兴。据邬志豪回忆，按预先计划，开发区负责人汇报结束后，视察活动也接近尾声。中央警卫局的同志催各单位记者先走，郭大康和邬志豪也已收好摄像机准备离开。这时，邓小平突然提出：我要谈一点看法。事先谁也不知道邓小平将在此发表讲话，一时间措手不及，他俩赶紧打开摄像机，把镜头对准老人，记录那历史性一刻。邓小平一口气谈了姓“社”姓“资”等一系列重要问题，上海电视台的两台摄像机完整地记录了邓小平的全部讲话内容。这就是三四个月之后发表的邓小平南方谈话重要内容的一部分，也是对中国命运产生深刻影响、指导国家走向富强的一席话。

我至今仍记得当时坐在编辑机前、隔屏看到邓小平说这番话时的心情，他对上海的殷切期待、他的战略眼光、他巨大的理论勇气令人动容。邓小平一字一顿地说：“你们就是要开放，不开放就没有（未来）。”“本世纪末，要浦东和深圳回答一个问题，是姓‘社’，不姓‘资’。”他举起手指，“要这两个地方做标兵。”

这位深谋远虑的老人，同时又是那么慈祥可亲。2 月 18 日正逢元宵节，邓小平出现在人流如织的南京路，在市百一店文具柜台前，与全国劳模马桂宁说着闲话，购买铅笔、橡皮。虽已临近打烊，但听说邓小平来了，柜台前瞬间涌来很多顾客。据郭大康回忆，当时有位妇女怀抱幼儿拼命往邓小平身边挤，警卫人员把她挡回去，但她刚退出又往前，邓小平见状，紧走两步凑上去，亲了亲孩子的脸。当他下电梯离开市百一店时，南京路六合路口早已里三层、外三层站满了人。郭大康肩扛机器从楼梯飞奔下楼，又钻进挤出一路记录邓小平与市民的热烈互动，等邓小平一行人上车，结束拍摄的他竟一下子晕倒在地，被在场的主管领导穆端正等送往长征医院急救。邬志豪清楚地记得，郭大康醒来的第一句话是：“片子有问题吗？”

1993 年 1 月 23 日，邓小平第六次与上海人民共度除夕。镜头中，他身着中山装，缓缓步入会见厅，与苏步青、谢希德、汪道涵、胡立教等老同志一一握手，场面温馨。

1994 年 2 月 9 日，邓小平再一次与上海党政军负责同志和部分老同志欢聚一堂，这是他第七次与上海人民共度春节，也是他生前最后一次在电视新闻中与公众见面。在此之前，1993 年的 12 月 13 日，90 高龄的他又一次视察浦东，在杨浦大桥留下一句诗：“喜看今日路，胜读百年书。”随行记者倪晓明、朱森明回忆，那天是雨夹雪天气，桥上风力很大，而当时邓小平的身体眼看着已不怎么好了，却执意登桥，警卫局的同志很担心，用两辆车在他两侧呈 A 字形往前开，试图为他遮挡掉一些风雨。

1994 年元旦，邓小平出现在新锦江大酒店，向中外旅客祝贺新年。他登上新锦江 41 层楼的旋转餐厅，俯瞰上海夜景，目光中有欣慰，有期待。这天晚上，他还来到南京路和淮海路，要在上海的闹市街头走一走，看一看。朱森明提供给我的拍摄素材显示，邓小平从头至尾没有下车，他乘坐的车辆在大街上缓缓前行，一程又一程，汇入这座城市灯火辉煌的夜色深处……

有人概括说：“上海是邓小平的有始有终之地。”有始，始自 1920 年 9 月 11 日，16 岁的邓小平从上海黄浦江畔出发，踏上留学法兰西、寻求救国之路的旅程，开始了他与上海大半个世纪的不解之缘。有终，是因为邓小平晚年多次来上海，仅春节就有 7 次在上海度过。从少年到垂暮，从登船求学到率军南下，从新中国建设，到浦东开发，邓小平与上海的命运紧紧联系在一起。有始有终的背后，是邓小平对上海这片土地长久的牵挂和重视。1994 年这天，车游南京路、淮海路时，我想，目光久久注视窗外的邓小平，他所看到想到的，大约不仅是他与上海的过往。他目睹上海的此时此刻，更望向了这座城市、这个国家的未来吧！

东方明珠耸立在浦东陆家嘴

吴基民

2003年初夏，我接到时任上海电视台台长朱咏雷交付的任务，要我全脱产到时任上海市人大常委会主任龚学平处报到，采写一本反映东方明珠广播电视塔从筹建到落成，并顺利运营的书，以纪念2004年11月18日东方明珠建成10周年。

东方明珠高达468米，是当时亚洲第一世界第三的高塔。整个体量重达12万吨，巍峨壮观，耸立在黄浦江畔陆家嘴美丽的土地上。它于1991年7月30日破土动工，几乎没有动用国家一分钱的投资，几乎都是整个上海广电人勒紧裤腰带省出钱来建造的，但建成后却产生了十分重大的政治影响和经济效益。它是我们党和政府在1990年宣布浦东改革开放后兴建的第一个重大项目，建成后成了陆家嘴地区建筑物的一个标杆，成为上海这座卓尔不群的国际大都市一个标志性的建筑物。

要想用一本书来表现这么一座建筑物筹建、落成的全过程，我能否胜任？我怀着一颗忐忑不安的心走进了人民大道200号龚学平的办公室。龚学平显然已有准备，他拿出一份名单递给我，名单上写着这些人当时的职位以及联系方式，我粗粗一看，至少有三五十人。他对我说，要把所有的人都采访一下，我已经和他们都打了招呼，有困难随时来找我。但书一定要在一年内完成。我答应了。

我决心潜下心来，花一年时间把龚学平列出的人物采访一遍。结果共采访了一百多人，光龚学平就采访了不下十次，终于写成了近20万字的《明珠耀东方》一书，受到广泛好评。

那么东方明珠究竟是怎么建成的呢？

筹 建

1979年春天，头发花白的老领导邹凡扬复出，担任了上海电视台负责人。上海电视台起步很早，但电视台却借助上海解放前建立的高楼，在它们的屋顶上建发射塔。1972年为了发展彩色电视，在自己的大院内建了一座210米的铁塔，上下电梯仅能容纳6个人，无论从哪一方面来讲，都显得非常简陋。改革开放以后，江苏、安徽、浙江等地的电视台纷纷建造高塔，上海成了“洼地”，几代电视人梦寐以求，要建一座与上海这座宏伟的国际大都市相匹配的电视塔。

1983年，邹凡扬在汪道涵市长的支持与点拨下，向上海市政府与国家广电部打了个报告，要求建一座400米以上的电视塔。1984年，市广电局收到市外贸委的批示，同意他们新建一座400米以上的高塔，并利用外资，与外方一道建造与运营。但这以后一年多的时间里，几乎毫无进展。邹凡扬心急如焚，觉得自己真的老了，有点力不从心。于是，他认真地向市委写了一封信，力荐当时担任着市委宣传部副部长、上海电视台台长的龚学平兼任上海市广电局局长，力推建造高塔的工作。市委同意了。

1986年，年仅44岁的龚学平担任了市广电局长，同时还担任着市委宣传部副部长和上海电视台台长。他到局里工作不久，就提拔陈文炳担任负责基建的副局长，主要负责电视塔的筹建。他还拨给陈文炳10万元的经费，在滇池路租了一个小屋，搭了一个几个人的小班子，分成技术、联络、文书等几块，他们中有钱文亮、朱文宝、都和平、钮斌等，以后都成了建造东方明珠的骨干。至此，电视塔的筹建走上了快车道。

1986年12月2日，陈文炳亲自起草，由上海市计委给国家计委打了一个《关于申请加拿大贷款建设电视塔的报告》，第二年1月17日就收到国家计委《关于上海电视台申请加拿大混合贷款的复函》，同意“上海电视塔项目争取加拿大混合贷款4000万美元，纳入上海94专项第三产业项目……”

想要推进这么一个大项目，没有市领导方方面面的支持是不可能实现的。龚学平精心策划，他和陈文炳一个个分头拜访，然后报请市人民政府批准，成立了一个由副市长倪天增为组长，副市长刘振元为副组长的上海广播电视塔领导小组。组员包括时任市府副秘书长的夏克强、市规划局局长张绍樑、中行上海分行行长薛镜澄、市土地局局长谭企坤等。这些人以后对东方明珠的建造起到了十分重大的作用。

至此，筹备工作初步完成。

选　址

自从要造一座400米以上高塔的消息传开以后，上海广电人沉浸在无比的兴奋之中。每逢开会，建造电视塔必然是一个热门的话题。那么电视塔建造在哪里呢？据陈文炳等回忆，最初的选择有以下四个地方：

其一是人民广场，当时上海博物馆等均未建造，广场是很空旷的。但是，这么一座400多米高的塔矗立在闹市中央，尤其正对着上海市人民政府最高决策机关，确实有点不妥。

其二是上海展览中心背后的南京西路，包括当时新华社上海分社的一幢老洋房与一块大草地。但一打听，该地块刚刚批租掉。以后在那里建造起了一座宏伟美丽的波特曼大酒店。

其三是静安公园。许多人均看好这个地块。但时任市计委副主任的吴祥明告诉龚学平，这里是计划中的地下轨道交通枢纽，至少三条地铁将在这儿交汇。

最后一个地块便是黄浦江与苏州河交汇处的原英国驻沪总领事馆。这块地在北京东路2号原上海市广电局大楼的隔壁，推窗可见，单造一座塔也许是够了，但塔脚下还想建一个宽阔的广场，在寸土寸金的外滩北端显然是不够的。

那把塔建在哪儿呢？

第一个想到浦东的是邹凡扬。他是浦东人，同处上海，但在当时，浦东与浦西真是天壤之别的两个世界。他就想把电视塔建在浦东，带动自己故乡的发展。

此刻积极支持在浦东建塔的，还有龚学平。他是一个务实的人，既然浦西没有合适的地方，那就到浦东去，他选中的地方便是陆家嘴。

1987 年 2 月，受市广电局委托，上海勘察院的一支地质勘查队来到浦东陆家嘴，经过 12 天的勘探测试，给了市广电局一份令人满意的报告：陆家嘴的地质状况完全可以建造一座 450 米以上的高塔。

于是，龚学平找到了吴祥明。据吴祥明回忆：当时老龚对他讲，你是不是给我一块地。我只要有了这块地注册办公司，不要你投资，自己来建塔。当时我在市里分管投资。一年手里一共只有 10 亿元。而造一个塔，没有 10 来亿元做不下来，不要市里出钱，一般我都是支持的。

市政府决定拨给市广电局一块地，确切位置应该在现今的浦东香格里拉大酒店。那后来东方明珠怎么会建到小陆家嘴最为金贵的乌龟背上的风水宝地呢？关键在于市规划局局长张绍樑。这位同济大学毕业的老专家对上海每一块土地，几乎都如数家珍。他在七重天宾馆召开的一次确定建塔位置的重要会议上，对倪天增副市长汇报说：标志性的建筑物应该建在标志性的地块上。小陆家嘴上的这块地，和南京路一样，同处在上海这座大城市的中轴线上，如果这座高塔建在这里，很远的地方，可以说浦江两岸均看得到，是最理想的。

清华大学建筑系毕业的倪天增副市长对着地图沉思良久，最后一锤定音："就建在这里了。"倪天增还讲：涉及的动迁单位都要处理好。钞票嘛，市里还是要出一点的。

这一点就是 5000 万元。涉及的单位，包括航道局、纺织局棉花仓库、浦东公园等均高风亮节。我们今天目睹着宏伟壮观的东方明珠，不能忘了这些人和这些单位。

设　计

就在择地选址的同时，上海广播电视塔设计工作也快马加鞭地展开了。

1988 年春，龚学平指示陈文炳召集中央和上海相关设计院，向他们通报了上海市广电局准备建一座 400 米高的多功能电视塔，塔址基本上定在浦东陆家嘴。让各设计院拿出自己得意的方案来参加竞标。

经过半年多的努力，北京广电部设计院、上海华东设计院、上海民用设计院精心勾勒，都拿出了自己得意的设计方案共 12 个。其中取名“东方明珠”塔的方案，竟有 2 个，总序号排列第五的“东方明珠”是由华东设计院设计的。

华东设计院副总设计师凌本立，一辈子都不会忘记 1988 年春天，他和设计院项祖荃院长，第二创作室副主任张秀林一块坐火车从常州回来时发生的事：项院长对他俩讲，市里对电视塔那个项目非常重视，塔造在陆家嘴，哪个设计院中了标，矗立在那里就是一个招牌。现在院里拿出不少方案，我看都不成熟。你是不是回去想一下，拿出一个球体方案，让张工具体协助你。

凌本立答应了。他日思夜想都没落笔。一个构想往往产生于灵感一刹那间的闪烁之中。这一天，他回到家里，走到阳台上舒展筋骨，只见晚霞似火，染红了整个天际，慢慢地变成了一个火球落了下来。他突然觉得有一股非常强烈的创作冲动。他回到室内，顺手拿起一张白纸，用红笔勾勒起来：一笔、两笔、三笔……三个挺拔高耸的竖筒，中间镶嵌着六个小球，一个个珠圆玉润。竖筒的下部是一个大圆球，上下几层，汽车可直接开进球内；中间是一个比大球略小的中球，上中下各层均用透明玻璃装饰；高塔的顶端再有一个小球……这个方案，递到张秀林等人手里，一片叫好。这时又有一个人加入，他叫江欢成，以后成为“东方明珠”总设计师。他把原先紧贴地面的下球体抬高至 70 米，最后经再三考虑，抬高到了 90 米。然后加上几根斜撑；球体抬高了，增加了透明空间；三根粗大的斜撑，更有力度，更显气派。这个方案由张秀林精准绘制，然后送到北京中国建筑界泰斗吴良镛家里，他看了以后兴奋地站起来连连叫好，脱口而出：“好好！嘈嘈切切错杂弹，大珠小珠落玉盘！下面是一片葱绿的草地，再随意造几个圆形小建筑，我已经听到珍珠落到玉盘上那清脆悦耳的声音了。”

从 1988 年 10 月至 1989 年 3 月，包括“东方明珠”在内的 12 个设计方案的模型与设计图稿，摆放在岳阳路上音像资料馆的大厅里，至少经过上海市设计界的权威设计师和方方面面人士5次论证，同时还由上海市广电局全体员工的投票评选。赞成“东方明珠”这5号方案的占了80%。

1989年3月4日，中共上海市委专门举行了一次扩大会议，倪天增、刘振元两位副市长等列席了这次会议。陈文炳将得票数最多的2号方案“永恒”，3号方案“飞碟入海”及5号方案“东方明珠”展示在领导们的面前，倪天增从一个设计师的角度谈了三座高塔的不同特点，以及实施方案。

时任中共上海市委书记江泽民与时任上海市市长朱镕基一致选上了“东方明珠”。“东方明珠”犹如一个藏在深闺的少女，撩开蒙在脸上的面纱，展露出绰约的风姿与惊世的美丽。

集　资

笔者曾问起龚学平，在建造东方明珠的过程中，你感到最困难的是哪件事？

他略加思索后回答：集资。这不是几百万元、几千万元，而是几亿元的项目。现在看起来这笔钱算不了什么，而在当时却是一个很大的数目。当时广电的力量还不强，一旦奠基开工，处处需要钱。我真正体会到“一文钱憋死英雄汉”的滋味。

前已说过，中央机构的批文是“利用加拿大4000万美元的外资……”的确，经过陈文炳等与加拿大SNC集团的几轮商谈，加方已经承诺4000万美元的贷款，不够的话还可追加……双方就等1989年夏天加方麦克唐纳部长率团来沪签约。但由于发生在1989年春夏之交的那场风波，西方世界一致对华制裁，贷款取消了。

龚学平明白了一个道理：一定要依靠自己的力量，把命运掌握在自己手里。他决定破釜沉舟，向银行贷款。

时任中国人民银行上海分行行长的是龚浩成。他热情接待了龚学平，但当他听说贷款是用于建造多功能电视发射塔，却陷入了沉思。他明白，当时全国各省市建电视塔均是国家拨款的，搞电视发射，拿什么来还款？于是他以准备银行坏账的小心眼，组成了一个庞大的银团，抱团取暖，将每个机构的坏账控制在几百万元内，向东方明珠放款 2 亿元人民币（内含 5000 万元人民币的外汇），贷款利率 8%。

虽然龚浩成与各银行机构打了招呼，但工作还要市广电局自己做。据时任广电局办公室主任的盛重庆（副总指挥）回忆，有好几个月的时间，他的主要工作就是跑银行，一家一家地跑。双脚跑遍了上海所有的银行与信用所，仅中国银行上海分行的一位副行长处，就跑了三次。

1991 年 3 月 7 日，在中共上海市委召开的一个专门会议上，时任市委副书记陈至立作了重要讲话：东方明珠列入市里重大工程，是浦东改革开放的第一声春雷，各行各业都要支持，让它早日开工。于是，东方明珠的集资、筹建等工作明显加快。

1991 年 4 月 10 日，最终确定的 44 家银行机构组成的银团，正式为兴建东方明珠向上海市文广局贷款 1.5 亿元人民币以及 1000 万美元。以后还有 4 次贷款，总共 8.3 亿元人民币。7 月 30 日，东方明珠在浦东小陆家嘴开工奠基。

这一年的 12 月 20 日，金融界举行辞旧迎新晚宴。龚学平应邀出席，坐在市体改委副主任蒋铁柱身边。当时企业改制，股票上市是一个热门话题，市里具体负责这项工作的便是蒋铁柱。他有意无意地对龚学平讲：现在市改委手里还有一两个名额没用完，过了这个年，又要重新来过了……龚学平心里咯噔一下，记住了。他立马起身将坐在后几桌的时任局发展公司总经理的丁锋拖了过来，坐在了蒋铁柱身边。以后几天，丁峰等人几乎没日没夜地进行工作，终于在 12 月 26 日将中国第一家文化产业类公司申请上市的报告，交到了蒋铁柱手里，赶上了末班车。

这里不能不提到时任中国人民银行上海市分行金融管理处副处长张宁。当时该处主管上海的证券市场。以后担任东方明珠集团总裁的钮卫平曾多次提到过张宁，说她是一个极为专业而又十分热情的人。东方明珠的上市及发展，她都是一个非常关键的人物。

1992年8月8日，东方明珠股份有限公司挂牌上市。当时塔还在兴建之中。它是一个因塔而生，与塔一起发展的公司。在钮卫平以及由她挂帅招募的团队辛劳努力下，到了2000年就还清了建塔所借贷的全部资金，同时接待了上千万的游客，以及全世界200余位国家元首与政府首脑，毫无疑问地成为浦东改革开放的象征，成为一座最为美丽最为壮观的建筑！

建　造

1991年7月30日，东方明珠塔奠基仪式在小陆家嘴举行。

市建一公司的顾文虎不会忘记总经理姚建平在奠基前的一个夜晚，两人在外滩漫步时的一段对话。姚建平对他讲：我们市建一公司是建筑界的一支铁军，没有什么建筑物是我们造不起来的。但东方明珠不同，它就建造在外滩对面，必定是万众瞩目。造好了是好的标志，人人传颂；造砸了，是坏的标志，万人唾骂……我想让你带1000个人进驻工地，造这个塔，你有没有信心？顾文虎望着对岸漆黑一片的浦东，回答说：有。就这样他走马上任了。他在工地旁建了几间简易工作指挥部，与市广电局具体负责整个工程建设的常务副总指挥钱文亮住了进去。一住就是40个月。几乎没有一天离开过工地。

诚如姚建平所言，东方明珠开建以后，万众瞩目。当塔露出地面后，快的时候每天升高一米，外滩一边几乎每天都有人在观看拍照……直至今日还有人拿出一厚叠照片，一张张地翻看。他说，我是看着东方明珠一米一米长高的。

这么高的建筑造起来，困难重重，但似乎又是一帆风顺。东方明珠总设计师江欢成曾得意洋洋地写过一首打油诗：三个筒体三撑杆，浅桩支撑薄地板；七组大樑一根桅，一把巨伞一只碗。它说的是高达300余米的3个圆筒下有三根巨大的斜梁支撑，而上面每隔20米有一道宽达2米的连梁将它箍住。而巨大球体的建造就像制作一把大伞，伞的支架撑开，圆球便建在伞上。

但谁都没有想到，建造东方明珠最大的困难却是发生在三根直径达7米，长度有百米，与中心圆柱成60度角的斜撑上。

俗话说，“水往低处流”。斜撑是壁厚40厘米，直径达7米的圆筒。原先设想是里外各造一个钢制圆筒，然后灌倒混凝土。但最好的快干水泥均免不了“水往低处流”，几次试验都产生了挂浆，而一旦挂浆，内壁便是一边厚一边薄，极易发生事故。这让负责东方明珠建造的市建工局的总工程师叶可明伤透脑筋。他让建斜撑的工程停了下来，日思夜想。突然，他想到了一个办法：是否可以在宽达40厘米的内壁里，再用高强度的钢筋扎上一个圆筒，就像给一个软骨病的患者穿上一件钢丝背心，将患者的骨架支撑起来？而且这件钢丝背心，与内外钢筒的模板每隔几米都焊死，然后再往筒里浇倒水泥。他先截取了一段斜撑钢筒做实验，果然不再挂浆，于是推广开来。以后高塔的建设虽步步惊心，但总体而言还是一帆风顺。顺便说一句，江欢成和叶可明均因为负责设计和建造东方明珠，当选为中国工程院院士。

1994年5月1日，350米的高塔封顶。全长128米、露出塔顶118米的天线顺利提升到468米的设计高度，整个东方明珠建设完成，进入内部装饰。

1994年11月18日，东方明珠开门迎客，时任东方明珠总经理的钮卫平率领30位妆扮得如花似玉的礼仪小姐站在门口，喜迎嘉宾。第一天游客就有6000人，净收入12万元人民币。以后，几乎所有熟悉东方明珠塔的人，都把它称为“摇米机”。

浮舟沧海　立高昆仑

邱怀友

2021 年春节前夕，上海《解放日报》《新民晚报》等主要媒体，连连报出“洋山港集装箱吞吐量突破历史纪录”“洋山港天然气接卸量再创新高”等新闻。作为一个老报人，我曾全程了解和关注中央和上海市领导从现实出发，高效筹划决策，高举“中华牌”之旗，多省市合力建设，并在 2020 年建成现代化洋山深水港的艰难而辉煌的历程，不禁感慨万千。回想起那难忘的过往，一幅幅如影视般的画面，重现眼前……

一

上海港老旧码头，20 世纪八九十年代曾出现了种种的近忧远虑，严重限制了上海港口和城市经济的进一步发展。

何谓近忧，何谓远虑？近忧是淤，远虑是浅。所谓淤，原来上海港得益于长江“黄金水道”，依靠着长江口水域特定的地理位置，舟楫往来，给上海和长江三角洲产生了巨大效益，令世人瞩目。然而，长江之水日夜东流，也同时每年裹挟着 5 亿多吨泥沙泄来，致使长江口两条人工航道严重淤积，让越来越多、越来越大的几万，乃至几十万吨的巨轮无法通过淤积的“喉咙口”。其中单一个圆圆沙老槽航道恶化，一次人工航道疏浚泥沙，就达 480 万立方，其状况可谓极度危急。

至于远虑，主要是航道浅。多年来，长江口人工航道吃水仅为 7 米深，满载 3

万吨以上的船舶进出，受到潮头影响，都必须候潮进出，令人不时为之感慨。如此状况，若不及早改观，必将严重影响上海乃至全国对外经济贸易，拖浦东开发和整个上海经济发展的后腿。

二

老旧的上海港，严峻的航道淤、浅问题，频频告急，亟待更新解决，怎么办？当时的上海市主要领导为此陷入深深的思考。

几经不眠之夜的思索，又多次与国内外专家座谈研讨，认真听取了近百名国内外专家的意见和献策，加之还十多次前往实地考察，市领导抱着浮舟沧海、立高昆仑的豪情，果断作出大胆决定：另寻出路。

那是 1997 年初春时分，天气春寒料峭。一天，时任上海市政府交通办党委书记、主任钱云龙忽然招我——原《解放日报》联系海、陆、空交通系统的记者，前往他的办公室，告知一件要事：市委已下定决心，另寻出路，建设上海新的深水港。其目标是：上海是全国的上海，把与上海南汇隔海相望的浙江省大、小洋山纳入上海港的“外移”范围，这样，上海深水港建设的条件就显得非常优越了。据近百名专家实地考察后评估，大小洋山离国际航线近，有良好的港区建设潜能和 15 米以上的深水航道，其岸线长，可建 40 多个大型集装箱码头。而且南汇芦潮港又是大小洋山最近的陆地，两者相距仅约 30 公里，如果架起公路大桥，交通顿时通畅，可将上海与兄弟省市组合起来，共同发展。

市委希望《解放日报》能够发挥先发和关键作用，增发有冲击力的关于上海港航道既浅又淤的经济观察文章，向社会发出急需建造新的上海深水港的呼吁。另外，请《解放日报》记者尽快采访，了解实情，能写一篇高质量的内参文章，以求引起中央领导的重视和支持。

三

接受任务后，解放日报社领导决定双管齐下：一面着力宣传建设洋山港的重大意义，一面精心准备写发内参。

为确保又快又好完成任务，经筹划，记者开始了深度采访，不但大量查阅资料，多方访问有关部门和单位领导、专家、职工群众，还多次乘船到长江口航道，实地观察，了解长江口老旧航道的囧况。

在实地实情充分体验了解的基础上，1997 年 5 月 27 日，《解放日报》终于在《经济周刊》栏目，整版刊发了记者编发的多篇经济新观察，主题是要建成国际航运中心，上海港需要做些什么？其具体内容有：

建成国际航运中心，必须重点发展集装箱业务，抓紧新老港区的调整，重新布局。要大力发展邻港产业，拓展铁路、公路集装箱疏运条件，有效扩充集装箱吞吐能力。最重要的是专家建议，要抓住良机，制定新规划新目标，尽快建设新的洋山深水港，分二期三阶段，逐步实现并满足第三代到第五代集装箱，及 10 万吨以上散货海轮进出港。并确定从 1997 年起到 2020 年，努力完成上海港发展新目标。

与此同时，《解放日报》及时精心撰发了《上海深水港建设已刻不容缓——专家建议：大小洋山为建港最佳选址》为题的内参。令人欣慰的是，这篇内参立即引起党中央和国务院主要领导的重视和支持。

嗣后，恰好同济大学前校长、上海市政协副主席李国豪，又写信给时任党中央总书记江泽民，以专家的身份，叙述了加快建设洋山深水港的重要性和紧迫性。此信很快获江泽民总书记批示，并立即传达。不久后，各路建设大军云集大小洋山，抢时间，争效益，重质量，致使洋山深水港作为世界上最大的海岛深水人工港，适时建成，分期实施，获取了极大效益。

现如今，新建的洋山深水港平均水深已达到 15 米以上，海内外大吨位海轮可以不间断地满载，来回穿梭，使上海港集装箱吞吐量成倍上升，提前跃升为世界第一大港。

诚既勇兮又以武，终刚强兮不可凌

郑 蔚

在我近30年的记者生涯中，有幸凭借《文汇报》这个人文底蕴深厚的平台，采访过多位为国家作出杰出贡献的人物，其中有两位给了我非常大的触动，受益匪浅。

黄旭华：否认“核潜艇之父说”

2020年除夕夜看春晚时，我想起一件往事：在2018年2月15日央视春晚现场上，中国第一代核潜艇总设计师、中船重工719所名誉院长黄旭华院士向全国人民送上新春祝福：“在新春佳节，祝全国人民节日快乐，幸福安康！希望年轻人继续奋斗，勇于创新，为国争光！”

不料，黄老在央视春晚的亮相，却在网络上遭到一个顶着“律师”名号的姓禚的宵小之徒的大肆攻击：“30年对父母不闻不问。”还有更为恶劣的谩骂侮辱之词。虽然当地律师协会官网随即发布声明进行谴责，指出禚某某早已被注销律师资格。随后，当地临沭县公安局对禚某某处以行政拘留10日及罚款500元。

不知这个禚某某侮辱黄老究竟是出于何种心态，但这件事不能不引起我的关注和思考。其时，在1987年《文汇月刊》发表祖慰写黄旭华的报告文学《赫赫而无名的人生》30年之后，中宣部将再为黄老写一篇报告文学的重任交给了《文汇报》，而《文汇报》领导把这个任务交给了我。这第二篇关于黄旭华的报告文学怎么写？在讲述30年前未曾讲述过的黄旭华波澜起伏的人生故事的同时，还必须回答“什么决定了黄旭华的人生？黄旭华为什么30年不回老家？不回老家的30年里，黄旭华究竟有没有尽人子的本分？”等种种疑问。

当记者独家采访黄旭华和他的家人，听他们将人生往事娓娓道来时，黄旭华终于从之前的种种“荣誉称号”化为鲜活而厚重的真人。

原来，少年黄旭华的经历竟然与电影《无问西东》里被日机轰炸的西南联大学生十分相仿：“1938年，黄旭华为了求学，翻山越岭，整整步行4天才找到了为躲避日寇而搬迁到揭西山区的聿怀中学。但即便是在山区的草棚子里上课，日机也常来侦察轰炸。日机一来，老师就拎起小黑板，领着学生钻进甘蔗地或山洞里。这从天而降的夺命炸弹，竟然是一个从小在渔耕社会长大的农村孩子最早见识的‘现代化’！这样的震惊、恐怖、无助和悲伤，哪个少年学子能忘得了？这‘现代化’的炸弹的冲击波彻底颠覆了他的人生。”80年后，黄旭华一字一句地对记者说：“我的人生道路，就是在日本飞机的轰炸声里决定的。”

经历过这样丧心病狂的轰炸，经历过这样国破家亡的苦难，黄旭华无论在人生的什么选择关头，无论经受什么委屈和磨难，他的“初心”永远忘不了。这是家国情怀铸就的“初心”。

黄旭华告诉记者，“文革”中，他被贬去养猪场喂猪。他大女儿黄燕妮说：“我爸下放养猪时，养猪场就一个灶头一口大锅。每天早晨煳一大锅红薯，大一点的红薯我爸挑出来自己当饭吃，剩下的就都喂猪。”

1970年底，我国第一艘攻击型核潜艇“401”艇下水。1974年“八一”建军节，渤海湾畔，隆重举行“401”艇交艇命名仪式。在交付仪式上，钱学森激动地说：“毛主席说‘核潜艇，一万年也要搞出来’，现在不是一万年，不是一千年，不是一百年，也不是十年，我们就搞出来啦！”

记者问黄旭华：“作为总设计师，您在交付仪式上是坐在主席台上吗？”黄旭华摇摇头说，坐在下面会场的边上。记者不解地问：“您是总设计师，怎么上不了主席台，只能坐在会场的边上呢？”他自嘲地答了3个字：“臭老九。”

这就是那一代优秀的中国知识分子共同的心路历程吧！他们爱党、爱国、爱中华民族，却不能不忍辱负重，甚至蒙受不白之冤，但依然将自身的责任视若天职！

肩负这份“天降大任于斯人”的黄旭华，为什么30年不回老家呢？

他告诉记者：“那时，我父母的成分被划为‘工商地主’……”

不知道现在的年轻人是不是了解，那个年代，地主富农的子女作为“可以教育好的子女”，从出生起，就大多失去了上大学、入党、参军、提干的可能。直到1978年党的十一届三中全会召开后，国家正式取消“四类分子”的“成分”划分，全国民众才真正实现了没有家庭出身和阶级成分差别的平等。“家庭出身”在当年的重量，真的不是今天从来也没有见识过其滋味的年轻人可以想见的。

黄旭华说：“核潜艇是绝密工程，当时很多年轻有为的同志因为‘成分问题’，被迫离开这个岗位。而组织上这么信任我，我也很珍惜这份信任，我要在这个岗位上为国家作出最大的贡献，这就是我的理想。”

这就不难理解，为了核潜艇，黄旭华为什么30年没有回老家。1961年12月，父亲黄树榖去世，黄旭华都没能送上父亲最后一程。

采访时，记者问黄旭华：“当年如果您提出来回老家，组织上会不会批准您呢？”

“我心里很难过，我也想回家去送送老父亲。但我知道这项工作的保密纪律很严，虽然我知道如果我提出来，组织上是一定会批准让我去的，但这会让组织上很为难。我身上带的‘密’太重大了，当时的研究任务又这么重，我只能打消了这个念头。”

停顿了一会，黄旭华一字一句地说：“我忍着。”一个“忍”字，既道出了黄旭华对父亲和家人的血缘亲情，也揭示了其内心的煎熬和为核潜艇事业做出牺牲的决心。

尽管如此，黄旭华依然每个月给父母汇款20元，以尽孝敬父母的人伦本分。而之前很多的媒体报道中，几乎从未提及此事，让“不明真相”的受众以为黄旭华爱国不爱家。因此，记者在《文汇报》2018年推出的报告文学《大海都知道》

里，慎重写上这看似平常实质不可或缺的一笔。

其实，当年共和国最初启动“两弹一星”事业时，正式的名称是“两弹一艇”，就是核潜艇。20 世纪 60 年代初核潜艇下马后，才改为“两弹一星”。投身这一伟大事业的科学家，为此隐姓埋名几十年，是故作神秘而实际并无必要吗？也许，我们用不着去翻开 20 世纪六七十年代风云诡谲的世界史，只要看看现今某国有些核物理学家被敌对国家“定点清除”的悲剧就明白了。隐姓埋名，“上不说父母，下不告妻儿”，正是在极为特殊的国际大环境下，为了最大限度地保护中国顶尖一流的科学家，为了最大限度地保证“两弹一艇 / 星”伟业成功而定下的行之有效的铁律。

麦贤得：“光环”之外仍是“钢铁战士”

1965 年 8 月 6 日凌晨在南海打响的“八六海战”，这是我人民海军以小打大、以弱胜强、不怕牺牲、敢打硬仗的成功范例。但估计今天四五十岁的中年人也知之甚少了。

1966 年 3 月，在“八六海战”中身负重伤的麦贤得，被国防部授予“战斗英雄”称号。那时，我还在读小学一年级。半个世纪过去，仅依稀记得“钢铁战士麦贤得”这个名字和称号。

2017 年，中国人民解放军建军 90 周年前夕，中央军委首次颁发“八一勋章”，麦贤得获此殊荣。中央电视台实况转播了“八一勋章”的颁授仪式，习近平主席在授章时先后两次亲切地同麦贤得交谈，麦贤得是颁授勋章时唯一和习近平主席交谈的获奖者。次年 7 月，报社领导确定将麦贤得作为《文汇报》纪念“八一建军节”的“近距离”人物隆重推出。

经多方联系，终于得到南部战区南海舰队批准后，记者赶到广州陆军总医院采访麦贤得，在病房里见到了年逾古稀的麦老和夫人李玉枝。记者敬称麦夫人为“李阿姨”。李阿姨说，在 2017 年国防部举行的庆祝建军 90 周年晚宴上，习近平总书记亲率中共中央政治局全体常委向应邀出席晚宴的每一位“八一勋章”荣膺者敬酒。席间，一位中央领导还告诉大家说，习近平总书记在一次中央高层会议上，亲自讲述了他与麦贤得的故事。当年，麦贤得在广州陆军总医院治疗时，刚满 13 岁的习近平专程从上海经杭州赶到广州。第一次来到广州的少年习近平，同小伙伴们一起找到陆军总医院去看望心中的大英雄“钢铁战士麦贤得”。原来，麦贤得这位战斗英雄，在习近平总书记心中珍藏了半个多世纪啊！可见，崇尚英雄，敬仰英雄，是总书记从青少年时期就孕育的情怀。

如今，“八六”海战过去半个多世纪了，半个世纪的光阴荏苒、沧海桑田，足以冲刷人们脑海中多少记忆。但国家始终没有忘记麦贤得这位英雄，这半个多世纪来，历任党和国家最高领导人都先后接见过麦贤得。

可是，直到采访麦老、他的家人和战友后，记者才得知：千万不要据此就以为麦贤得一直万事无忧地生活在英雄的光环里。

记者采访时特别关注：麦贤得是怎么入党的？麦贤得战伤后，在汕头地区医院抢救了 8 天 8 夜，连续进行 3 次手术都失败了，无法取出深嵌其脑部的弹片。为抢救麦贤得等英雄，周恩来总理亲自担任抢救指挥小组组长，并下达了“抢救麦贤得只许成功，不许失败”的命令。1965 年 8 月 15 日，就在直升机将麦贤得和两位重伤的战友送往广州陆军总医院之前，在机场上，护卫艇大队副政委刘敏宣布：“根据你们在‘八六’海战中的出色表现，党组织批准你们火线入党！”

在广州部队总医院的治疗过程中，麦贤得同样体现出了“硬骨头精神”。虽然经过 4 次脑手术，终于取出了留存在他颅内的弹片，他的健康状况、记忆力和思维能力逐渐恢复和增强，但因脑部外伤型疤纹形成及异物刺激，又给麦贤得留下了机械性癫痫这一后遗症。这个后遗症，不以他的意志为转移。受脑伤影响，在伤愈后的相当一段时间里，麦贤得的语言表达能力终究不及常人。

1967 年 12 月 3 日晚上，毛泽东主席在人民大会堂接见了 4000 多名海军代表后，又单独接见了麦贤得。摄影师拍下了毛泽东主席亲切地握着麦贤得手的照片，画面中还有陪同接见的林彪。但在“九一三事件”后，麦贤得一时无法理解这颠覆式的变化，别人高喊口号“打倒”时，他依然停留在过去的语境里，于是就招来了不分青红皂白的批斗……不公正的遭遇，窝火、憋屈和愤怒，更是刺激了癫痫病频频发作，令麦贤得痛苦万分。

幸亏海军首长非常信任和理解麦贤得，制止了对他的批斗，将他送进了山沟里“避险”，还觉得从长远考虑，应当给麦贤得找一位贤妻照顾他。此前，也确有不少女大学生仰慕英雄的名声而来，但见到他真实的身体状况后，都悄悄走了。

麦贤得的妻子李玉枝正是在他人生最低潮、最痛苦时走近麦贤得的。当年她21岁，是汕尾商业服务站副主任。当汕尾的赵书记建议她和一等伤残军人麦贤得“谈亲”时，她虽然回应说“要听我爸我妈的意见”，但心中已经生出对麦贤得的几分怜爱。她说：“他为了保家卫国受了这么重的伤，他应该能过上一个正常人的生活，不能为此亏待他啊！”

第一次见麦贤得，是组织安排的。时隔近半个世纪，李阿姨依然记得清清楚楚：“部队安排我和几个女同志去军营看他打乒乓，让我们一人拿一张报纸，就说是地方同志来找材料的。我见他身材高高的，浓眉大眼，皮肤白净，乒乓打得也不错，要不是他为国家受了这么重的伤，他这样的人品相貌，还用组织帮他张罗对象吗？”

李玉枝的父母会不会同意将女儿嫁给麦贤得这样一位一级伤残的英雄呢？当赵书记上门一提亲，李玉枝的父亲一口答应了：“要是没有国家，哪有我们的今天啊？”原来，李玉枝的父母在旧社会都是孤儿，是新社会帮他们结婚成了家。“翻身感”强烈的李父，不说女儿是要嫁给麦贤得，而是说：“麦贤得为党为人民做出这么大的牺牲，理应成个家，我们家儿女多，就算把玉枝献给国家吧！”

部队首长很感动，就主动问李玉枝父母：“你们女方家庭有什么困难和要求，尽管提出来，我们能解决的尽量解决。”李玉枝父亲只有一句话：“我们没有任何要求。”

1972年6月1日，没有鲜花，没有贴“红双喜”字，甚至没有布置新房，李玉枝就这样走进了麦贤得的生活。

近半个世纪以来，无论世事如何流转，李阿姨一如既往地精心照顾着丈夫。麦贤得的癫痫病发作从最初的每周一次，到每月发作一次……如今已经有十多年完全没有发作了。

记者采访麦贤得时，请他题字。麦老想了想，一笔一画认认真真地写下“不忘初心”这端端正正的4个字。

2020年，麦贤得被授予“全国关心下一代工作先进工作者”。多年来，他自费为广州、汕头和老家潮州的多所学校捐书，从不张扬。

《楚辞·国殇》曾这么赞颂在中华民族存亡关头挺身赴难的英雄：“诚既勇兮又以武，终刚强兮不可凌。”黄旭华、麦贤得就是这样的英雄。

从《好运，北京》到《祝福你，北京》

胡敏华

在我的广播记者生涯中，曾两次策划了北京申奥大型直播节目。第一次是1993年北京首次申奥，第二次是8年后的2001年。这两次申奥，上海电台都有特派记者前往采访。2001年的申奥我有幸作为特派记者前往莫斯科采访，亲眼见证了改革开放数十年后我国国力进一步增强，国际影响力进一步扩大，最终为北京赢得了2008年奥运会举办权的全过程。

1993年北京第一次申办2000年奥运会。当时国内外舆论都一致看好北京，认为北京非常有希望申奥成功。上海电台是当时少数几家申请到采访名额的上海媒体。外语组记者兼《空中体坛》主持人顾陆丰被派往蒙特卡洛采访。为了更好地宣传北京申奥，上海电台举全台之力，决定在9月23日投票当天开设一档6小时的直播节目。时任新闻部主任邱洁宇让我担任这档直播节目的总策划。接到任务后，我迅速投入到准备工作中。当时电脑、网络都还没有普及，申办信息非常少。北京奥运申办还涉及政治、经济、外交、文化、体育等领域，各方面不确定因素很多，还要把握好宣传口径，所以，直播难度很大。为此，我花了很多精力认真研究国际奥委会的有关章程，从新华社及各种奥运新闻的字里行间去领会精神、寻找信息，仔细核对各项议程和时间节点，最终形成了一个比较完整的大直播串联单。我把这档大型直播节目的名字定为《好运，北京》。当时只有上海电台和作为申办城市台的北京台全程直播，央视只是在临近投票时才有直播画面。

1993年9月23日21:00，《好运，北京》通过上海人民广播电台990千赫和浦江之声广播电台进行直播。我和新闻播音员王涛搭档主持了这档大型直播节目。

节目开场白我至今印象深刻：“女：今天是一个特别的日子。再过几个小时，国际奥委会就要投票决定 2000 年奥运会的举办地点。幸运之神究竟会降落在谁的头上？北京在等待，中国在等待，世界也在等待。男：五星邀五环，开放的中国盼奥运。这是中国各族人民共同的心声。我们在这里深深祝愿——北京好运！”

为搞好大型直播，整个新闻部都动员起来了，部里派出多路记者前往北京、香港，以及上海各标志性景点进行采访，同时联络了祖国宝岛台湾与澳门，以及澳大利亚、日本、美国、德国等地的华人进行越洋采访。新闻部评论员仲富兰事先准备好了申办成功和失利的两篇评论。

前方记者顾陆丰直播前已在新闻中心紧张地采访各代表团的陈述。为了直播，他事先从新闻中心租了一部大哥大，使用时像书包一样背着，但信号不太稳定。五个申办城市柏林、悉尼、曼彻斯特、北京和伊斯坦布尔依次进行陈述，当时的陈述是秘密进行的，所以，每当一个代表团陈述刚刚完毕，他就第一时间用大哥大进行连线报道，介绍陈述情况。当时的投票也是秘密进行的，使用的是纸质选票，投票时间很漫长。投票结束后，国际奥委会委员和各国记者转场去了路易二世体育场，时任国际奥委会主席萨马兰奇将在那里宣布获胜城市。北京时间凌晨 02:27 左右，万众瞩目的时刻终于到来，萨马兰奇拿起信封，准备宣布获胜城市，此时大家都屏住呼吸，祈祷好运能降临到北京头上。可惜，好运没有降临，萨马兰奇宣布获得 2000 年奥运会举办权的城市是悉尼。电视画面里，现场的中国代表团全都惊呆了，没有思想准备，我们直播室的空气似乎也凝固了。刚听到这一结果时我不敢相信，脑子有一瞬间的空白。但因为是直播，我的情绪不能受到影响，于是我深深地吸了一口气，平静地说：“悉尼获得了 2000 年奥运会的举办权，我们对澳大利亚悉尼市表示衷心的祝贺。”接着王涛则气定神闲地用他那浑厚的声音开始播送为失利准备的评论《继续发扬奥林匹克精神》。

由于是秘密投票，所以在获胜城市揭晓时，全世界的媒体都不知道具体的票数，前方的谣言也是满天飞。在我们直播临近尾声时，前方记者顾陆丰临时要求连线抢播了一条独家消息：“北京和悉尼进入最后一轮，但在最后一轮投票中，北京以两票之差败给了悉尼。悉尼拿了45票，北京拿了43票，但这个消息还没有得到证实。”事后证明，前方记者披露的北京和悉尼的得票数，以及北京以两票之差失利这一消息不仅准确无误，而且是国内媒体中最早报道的。

北京第一次申奥虽然失利了，但《好运，北京》大型直播节目的形式在当年很受欢迎。由于当时没有电视全程直播，很多听众是从我们的广播直播中了解到了最新的申奥消息。有的出租车司机深夜把车停在路边，等候国际奥委会主席萨马兰奇最后宣布获胜城市。我们的直播时效快，信息量很大，资料翔实，前后方紧密配合，导向把握准确，各部门联手作战，体现了上海电台的报道实力。这档直播节目获得了当年上海广播电视二等奖。

时光荏苒，进入2001年，经过8年的漫长等待和不懈努力，北京决定第二次申奥。这次北京将和大阪、巴黎、多伦多和伊斯坦布尔在莫斯科角逐2008年奥运会的主办权。

经过8年的发展，中国的综合实力更强，申办工作更扎实，心态更平和更包容，民众的支持率是几个申办城市中最高的，达94.9%。另外，我们也有了更丰富的申办经验，低调务实。中国的国际奥委会委员人数也从八年前的何振梁一人，增加到了三人，另两人是于再清、吕圣荣，并担任要职。在国际奥委会中我们有了更广泛的人脉，更具话语权。8年前北京第一次申奥，当时虽然我们的申奥形势很不错，但国际上一些反华势力的鼓噪一刻没停止过。这次申奥，虽然也有很多西方媒体和相关人士一直唱衰中国，但国际奥委会评估委员会在评估了包括北京在内的五个申办城市后发表评估报告说，北京是三个领先的申办城市之一。“评估委员会相信，在北京举行的奥运会将会给中国和体育留下独一无二的宝贵遗产。评估委员会也相信，北京能够举办一届成功的奥运会。”

上海电台又一次得到了宝贵的采访名额，台里决定这次派我去前方采访。出发前，我又接到了大型直播总策划的光荣任务。这次直播，我特意把节目的名称定为《祝福你，北京》。由于有8年前的直播经验，再加上国际奥委会对投票议程进行了改革，包括代表团陈述、评估团报告，以及最后的投票都公开进行，并对全世界进行电视直播，所以这次策划比较顺利。8 年前赴前方采访的记者顾陆丰与我的角色换了个儿，他以特邀主持的身份与资深播音员王涛、叶柳共同担纲此次申奥大型直播的主持。此次我所携带的采访设备也较 8 年前鸟枪换炮了，除采访机外，电脑成了标配，手机变小了，信号也要好很多。投票当天，除了带上自己的手机，我还特意租了部手机，一主一备，确保直播时万无一失。

2001 年 7 月 13 日，是万众瞩目的 2008 年奥运申办投票日，投票将在北京时间 22:00 左右进行。《祝福你，北京》直播节目则从 19:00 开始，历时五小时，也同样在上海人民广播电台（中波 990，调频 93.4）和浦江之声电台并机播出。

投票当天，当地时间早上 9:00 我便坐班车到投票所在地莫斯科世贸中心，随后便马不停蹄地进行采访，为当天的直播节目做准备。采访对象有杨澜、王治郅、郎平、王楠、刘璇、黄志红、巩俐、张艺谋等一大批前来助威的体育和演艺界明星，还有北京申奥代表团新闻发言人何慧娴以及国际奥委会和各申办城市的官员等。和第一次申奥相比，这次我们的阵势更大，而且中国运动员和演艺界明星已更多地融入到国际舞台，更具国际影响力。其中，王治郅当时是作为中国第一位入选 NBA 的球员前来莫斯科助阵的，排球名将郎平已是国际上知名的排球教练，铅球运动员黄志红能说一口流利的英语。著名主持人杨澜曾参加过 8 年前的申奥，她在前方接受我采访时也谈道，8 年前的申奥，西方媒体对北京攻击，很多攻击其实是对中国的不了解，同时我们也发现我们自己对外部世界也不很了解，表现在对外联络和沟通上。但这次已今非昔比。采访中给我印象最深的是乒坛名将邓亚萍，这也是她第二次踏上申奥之路。这次她的任务和上次一样，是北京申奥陈述人之一。她告诉我，8 年前她第一次担任陈述人时，英语几乎是零基础，所有的陈述词全靠现学现卖、死记硬背。现在她英语大有长进。从清华本科毕业后，目前她正在英国诺丁汉大学攻读硕士，已经有了很强的学术背景。为了更好地用自己的思想、语言和风格进行陈述，她这次申请自己撰写陈述稿，再请专家修改润色。不到两分钟的陈述词她一遍遍构思、一遍遍被枪毙、再一遍遍修改，直至定稿。陈述当天，她讲述了一个小男孩在看到火炬时眼睛里迸发出的光芒，娓娓道来，感情真挚，似乎让人看到了奥运圣火在4亿中国青少年心中点燃的场景。和8年前的死记硬背相比，简直判若两人，她的陈述打动了在场的每一位国际奥委会官员。从一个优秀运动员，到清华大学、诺丁汉大学顶尖学府的毕业生，从英语一字不识到能流利地进行申奥陈述，邓亚萍是中国形象发生巨变的一个缩影。记得在来莫斯科的专机上我对她进行了采访，问了她一个问题："在陈述时，你最想向国际奥委会委员表达什么？"她当时用英语回答我："我最想告诉各位国际奥委会委员的是，如果2008年奥运会在北京举行，我想，这将是奥林匹克史上的一个里程碑，也是中国历史的一个里程碑。"以上这些采访内容都在《祝福你，北京》的直播节目中进行播出。后来我才知道，这段话是她正式陈述词中的一段。而在当时，陈述人的陈述词是严格保密的。

投票当天，我采访和直播双线作战，在几个重要的时间节点，都做了直播。其中印象最深的是五个申办城市陈述结束后，马上在直播节目中分析了投票形势，由于我事先采访比较深入，做了大量的功课，所以心中很有底气，在直播中预测："热门城市巴黎将不被看好，大阪将在第一轮被最先淘汰，多伦多将和北京作最后的竞争，北京极有可能在前两轮胜出。"当晚22:09分萨马兰奇主席拿着写有获胜城市的名字的信封准备揭晓，8年前熟悉的一幕又出现了，但这一次萨马兰奇宣布获得举办权的城市是北京！北京历经8年，最终获得成功。事后我拿到大会公报，仔细核对了一下，投票的结果和我在直播中的预测完全吻合。

投票结果揭晓后不久，我迅速完成了各项采访，正准备去斯拉夫饭店参加新闻发布会。此时，直播间的电话又一次想起，主持人临时起意连线我，问现场还有什么北京奥申委官员可以采访？当时天空飘着小雨，各国记者和北京申奥官员大多已离开，我环顾四周，看到时任北京奥申委秘书长王伟还没走，正接受美联社记者采访。我随即走上前去和那位记者打了个招呼，直接把手机递过去对王伟秘书长说："我是上海电台记者，我们现在正在直播，希望你能为上海的听众说几句话。"王伟秘书长很配合，马上接过我的手机。他说："感谢上海朋友们对我们申奥的支持，我们一定好好干，带给北京、带给全国、带给全世界一个最好的奥运会，谢谢!”

采访王伟的直播结束后，我坐上了去斯拉夫饭店的班车，在那里，北京将作为获胜城市举行新闻发布会。到了那里以后，我先在《祝福你，北京》的节目中进行了最后一次直播连线，随后便去参加北京的新闻发布会。新闻发布会临近结束时，我看到北京申奥功臣何振梁先生欲提前离会，这是我一直惦记的采访对象，便一路追出去，边走边对他采访，其中有一个问题我问何老，北京申奥成功了，您现在最想说的是什么？他说：“我现在最想说的是，7 年以后，能够在北京举办一届辉煌的奥运会。”采访结束后，他匆匆钻进小车离去，眼角还噙着泪水。我想起了他刚才在陈述时的一段深情的开场白：“如果举办 2008 年奥运会的荣誉能够授予北京，我可以向你们保证，7 年后的北京会让你们为今天的决定而自豪。”

结束一天的采访和直播，回到下榻的饭店时已是北京时间第二天凌晨 2 点多了，但我的工作还没结束，还要为几小时后的 990 早新闻赶制三个录音报道。这时我才意识到自己从早上出门到现在没吃过任何东西，甚至没喝上一口水。

从《好运，北京》到《祝福你，北京》，前后 8 年时光，使我有机会亲眼见证北京申奥从失利走向成功。

为“党的诞生地的发掘保护”建言献策

俞亮鑫

2014年底，作为新闻界的市政协常委，我在思考新年到来的上海“两会”上写个提案。巧了，我与中共一大会址纪念馆馆长张黎明在报业大厦巧遇，并聊到一个话题：2021年是建党100周年，作为党的诞生地，上海将举世瞩目；但有些红色资源未被充分发掘和重视，削弱了党的诞生地应有的影响力。尤其是，当他说起中共一大会址每年接待游客约50万人次，与南湖、井冈山、西柏坡、遵义、延安等存在不少差距时，我顿感问题重大，决定以此为题，建言献策。

提案引起反响

撰稿前，我发现一个更为忧虑的数字，70%网民不知道党诞生在上海，一项对上海大学生的调查更显示，这一比例竟达75%。这一信息使我感到问题严峻。上海在积极建设国际经济中心、金融中心、贸易中心、航运中心以及科创中心，但有应该让全国人民知道，上海作为党的诞生地是中国第一个革命圣地。

2015年初的冬天特别寒冷，但市政协的文化专题会却热气腾腾，人头济济。那天，我带上精心准备的提案《关于上海重视红色资源、为纪念建党百年早做准备的建议》，早早地坐在会场第一排，抢占了一席能抢话筒的座位。巧的是，著名编剧王丽萍和上戏教授厉震林两位有影响的政协委员正好坐在左右。我连忙把提案递给他们，要求他们参与联署，立即得到他俩的热情响应。

我发言情绪非常激动，说现在离纪念建党百年只剩五六年了，上海仍有很多问题亟待解决。例如中共一大会址在展厅、人数、规模、影响等诸多方面，与其他革命圣地有着不少差距。南湖纪念馆面积是中共一大会址的18倍，西柏坡接待游客能力是一大会址的12倍。又如上海革命历史博物馆筹备了几十年，至今仍杳无音讯，时间已十分紧迫。对此，时任市委常委、宣传部部长徐麟，副市长赵雯和市政协副主席方惠萍等领导当即给予积极回应。

提案当年就被列为市政协重点协商办理的提案，由方惠萍副主席亲自带队进行重点推进。由此，市政协调集精兵强将，启动了“推进本市红色文化资源整合”的调研活动。我与十多位政协委员共同参与了这一课题组。

踏访发现问题

市政协“红色资源”课题组展开了广泛持续的社会调研，不仅去了中共一大会址、新老渔阳里、复兴公园、劳动组合书记部等，还远赴浙江嘉兴、贵州遵义、广西百色等地革命旧址进行踏访。这使政协委员们知道了更多的红色资源以及历史信息，从而更好地建言献策，让红色基因融入上海的城市血脉。

在中共一大会址门口，长期挂着“上海革命历史博物馆筹备处”的牌子。陈毅市长在上海解放之初就提议筹建，并制定方案由中共一大会址、《新青年》编辑部旧址、博文女校（中共一大代表宿舍）旧址三个革命旧址组成。这三大旧址，其实是孕育共产党诞生的三座石库门建筑，董必武还来沪亲笔题写了馆名。然而，由于种种历史原因，60多年过去，上海革命历史博物馆始终未能建成，当年征集的10万余件革命历史文物也一直躺在仓库里“睡觉”。《新青年》编辑部和博文女校旧址，或作为民居，或作为办公地，已被人淡忘，远未发挥革命旧址应有的引领作用。

在调研中，时任市委党史研究室主任的徐建刚提醒我，要高度重视南昌路100弄老渔阳里2号，它对建党的意义非常重要。

一天，我冒昧敲开了这扇黑漆漆的大门，惊扰居民，让我深怀歉意。但年已七旬的赵文来老人十分热情（后来我去了十多次，跟他成了朋友），但屋内情景让我十分惊讶，一个建党重地，长年作为民居被人遗忘，天井还有临时搭建的简易厨房，烧菜煮饭，热气腾腾，极易引发火灾。

我很难相信，这里曾诞生了中国第一个共产党组织、第一份党刊、第一批党员、完成了《共产党宣言》的翻译出版、筹备了意义重大的中共一大……其实它是建党的“秘密摇篮”。中共一大闭幕后，这里成了第一个党中央机关所在地，是当年中国革命的中心。新中国成立后寻找“党的诞生地”，陈毅、潘汉年等先找到这里，然后才找到中共一大会址。因为，党在这里前后驻守了两年半，人们记忆很深。

我无法沉默了，动笔写下政协提案《关于重视渔阳里旧址以迎接建党百年的建议》，呼吁将它作为革命旧址进行开发利用，并申报全国重点文物保护单位。然而，黄浦区有关人员的答复令我失望，在摆了种种理由后，以条件不成熟予以“婉拒”。临别，对方吐出“真言”，这里是陈独秀故居，没有上面明确指示，不敢触碰敏感问题。我答道：“老渔阳里对建党居功至伟，任何理由都不能抹去它的重要性。就像中共一大代表中还出过叛徒、汉奸，但不影响中共一大的伟大意义。”

“婉拒”持续数年，虽然明白有的官员为何顾虑重重，但我坚信，历史会证明老渔阳里的重大价值。我不停地写提案、写内参、写社情民意，不断地呼吁，数年竟有五六十篇之多，还多次获得市领导重要批示。我憋着一口气，与众多委员共同努力，艰难地让这一建党“秘密摇篮”渐渐浮出水面。

取得积极进展

市政协“红色资源”课题组进行了大量调查研究，于2015年10月形成了《推进上海红色资源整合，迎接中共建党百年诞辰》的调研报告。我作为主要一员，积极建言献策，全程热情参与。

这份调研报告受到了上海市领导的高度重视。时任市委常委、宣传部部长董云虎说，他从西藏一来到上海履职，就看到了这份报告，他立即写下了一大段重要批示。

经中共上海市委批准，2016年7月，以建党95周年为契机，上海市委宣传部协同市政协等相关部门，正式启动了上海“党的诞生地发掘宣传工程”。作为市政协委员，我有幸参加了这一启动仪式，心情非常激动。

2016年，市政协抓住时机，趁热打铁，再次把“红色资源”调研列入课题，我依然参与其中。大量的调查研究、集体讨论，市政协形成了《以中共一大会址为核心，建设“红色源头”历史风貌区》的专题调研报告，供市委、市政府决策。

时任上海广播电视台党委书记、市政协常委滕俊杰提议政协委员共同参与拍摄一部大型纪录片《诞生地》，得到了委员们热烈响应。

纪录片初稿由一位党史专家写成，但由于文字过于概念化，没有获得通过。此时，已临近播出日期不远了。我临危受命，担任撰稿。于是，请假三天，伏案笔耕，日夜赶稿，几乎废寝忘食。幸亏我前期参与调研，熟悉许多史料，有些最新的党史发现也略知一二。纪录片《诞生地》上、下集共15000多字文稿，我一气呵成，按时完稿，保证了“等米下锅”的剧组的拍摄进度。

好消息不断传来。中共一大会址经过120天的紧张施工布展，于当年7月1日向公众开放。展厅面积从470平方米扩至1000平方米，展品也几近翻倍，成了新开馆后的一大亮点。一批珍贵革命历史文物走出仓库首次面世，吸引更多观众纷至沓来……

令人欣喜的是，2017年10月31日，在党的十九大胜利闭幕不久，习近平总书记带领中共中央政治局常委，到上海瞻仰中共一大会址，在这里回顾建党历史，重温入党誓词。这是中共一大会址万众瞩目的荣光时刻。

数十年一直没有得到解决的上海革命历史博物馆，也在政协提案的重点协商办理中有了积极进展：经中共上海市委批准，它正式落地于南京路的上海美术馆旧址，与上海市历史博物馆两馆合一。于2018年3月正式开放的上海市历史博物馆（上海革命历史博物馆），以城市史为脉络，以革命史为重点，展现了上海发展的各个历史时期，呈现了重大的革命历史风云，从而告慰了当年董必武、陈毅等老一辈革命家的在天之灵。

收获感慨万千

2018 年，我在市政协换届后正式退休。换届前，我和王丽萍、厉震林联署的提案《关于上海重视红色资源、为纪念建党百年早做准备的建议》获得了本届市政协分量最重的优秀提案特别奖。我另一篇为老渔阳里呼吁的《重视保护中共诞生的“秘密摇篮”迎接建党百年庆典》，获得了市政协优秀社情民意信息奖。登台喜捧双奖，深感荣光，这是我在政协履职五年的最大收获。

近年来，我在中华艺术宫、上海图书馆、复旦大学、上海大学、上海视觉艺术学院、黄浦区政协、浦东新区、闵行、奉贤、金山等地讲过党课，甚至为市委组织部举办的局级干部培训班去讲上海的红色文化。我参加了纪念建党百年的纪录片《播火地》《逐梦同行》和史诗朗诵《破晓之光》《曙光》等项目的创作撰稿；参与了大型话剧《辅德里》朗诵剧《渔阳薪火》《红场上的红流》等艺术策划。我不仅为《新民晚报》写了好几个整版的系列文章《〈新青年〉朋友圈和建党伟业》《石库门的家与建党伟业》《浦江启航与建党伟业》等，还在《中国政协》《党政论坛》《浦江纵横》《风雨同舟》等杂志和多本党史专著中发表了纪念建党的长篇专稿和论文。

前不久，一度因“婉拒”停滞不前的老渔阳里 2 号终于也传来喜讯。它在搬迁了四户居民后修缮一新，2020 年 7 月 1 日以“中国共产党发起组成立地《新青年》编辑部旧址”名义对外开放。这座孕育中国共产党诞生的“秘密摇篮”，其实就是最早的“中南海”。

从渔阳里到树德里，再到南湖红船，呈现了一个完整的建党过程。100 年，对人类历史只是短短一瞬间，而对中国而言却已沧桑巨变。想到此，我心潮澎湃，感慨万千……

回忆上海媒体的两次多媒体大型联合采访

顾　龙

新世纪走进了第21个年头，迎来了“建党百年”。我重读珍藏的20年前担任执编的《新千年西部行》和《新世纪东部巡礼》两本书，过往的奋进路，记忆犹新。

在21世纪来临之际，党中央先后作出“开发大西部”和“东部沿海地区大发展”的重大决策。这两本书中，记录着上海各大媒体精心策划西部行、东部高速行的两次多媒体大型联合采访活动，第一时间展现了东西部沿线改革开放带来的巨大变化。

2000年初，加快开发大西北，时机已经成熟。上海支援西部开发的热潮正在涌动。我作为《新民晚报》编委、经济部主任，觉得可以与上海电视台、东方网一起筹划一次西部行采访活动。

要西行采访必须依靠上海合资汽车的优势，于是我与上海通用汽车公司联系，他们愿意提供6辆最新别克GL8商务车。

我与电视台同仁草拟采访计划，得到报台领导同意。一支3家媒体22人组成的西部行联合报道组成立了。上视有刘剑、叶蓉、印海蓉、欧阳夏丹等主持人，新民晚报社派出记者秦武平、楼文彪，东方网是女记者沈瑛华。我作为总策划之一，留守上海进行新闻协调。

2000年7月15日从上海人民广场312国道零公里出发，联合采访团穿越陕西、甘肃、青海、新疆四省区的40多个县市，46天行程超过13000公里，最后在8月31日到达祖国西大门新疆霍尔果斯口岸。

当时每天在《新民晚报》、上视新闻和东方网上，可以看到报道组记者沿途发回的新闻。我们晚报在版面上开设“西部行”专栏，上海人“插队”秦川、酒泉卫星发射中心素描、吐鲁番葡萄沟见闻等即时见报。上视新闻可看到沈立炯、叶蓉报道瑞金医院专家“复明工程”为天水患者送来光明；印海蓉等主持“敦煌莫高窟亟须保护性开发”等新闻专题。东方网记者沈瑛华则首次网上发出“上海企业家看西部”“西气东输背后的故事”等“云新闻”。

上海电视台还现场转播“智慧 · 力量 · 奉献——中国酒泉卫星发射中心礼赞”和“希望之旅——2000 西部行 312 国道到达庆典”两台精彩感人的晚会，同时编播了新西行漫记——“2000 西部行”8 集大型系列专题片。

时任市委常委、市委宣传部长金炳华在《新千年西部行》一书的序中写道：这些报道多角度展示了改革开放以来西部地区的发展和进步，生动地反映了西部地区人民艰苦创业、建设美好家园的精神风貌，增进了上海人民对西部的了解，为党中央西部大开发战略的实施营造了良好的舆论氛围，产生了积极的社会反响。

2000 年下半年，全国主要媒体都积极筹划迎接新世纪到来的新闻报道。当时党中央、国务院制定了第十个五年计划，上海市委也作出“十五”期间实现长江三角洲经济一体化的发展目标。

由于有了西部行的成功经验，我们再次策划“新世纪高速行联合采访活动”。当时国家明确指出实现西部大开发战略，绝不意味着可以延缓东部地区发展。东部地区的发展，是支持西部开发不可缺少的条件。

那时苏浙沪沿海的高速公路已经联网贯通，特别是上海大众汽车公司主动提供 11 辆“帕萨特”新车参与“高速行”。我们走访了浙江省和江苏省政府驻沪办主任，他们非常支持，立即组织沿线各市县宣传部长会议，提供了出新出彩的选题。跨世纪“高速采访”时间定在 2000 年 12 月 30 日到 2001 年 1 月 15 日。在 17 天里，行程将超过 3000 公里，沿途采访苏浙两省 25 个城市。

“高速行”采访方案得到市政府新闻办支持，并牵头《新民晚报》、上海电视台、上海人民广播电台、东方网、新华社上海分社、《上海日报》《今日上海》杂志

7家媒体参加。集中英文报纸、电视、广播、通讯社、网络、杂志等七种传播形式为一体；中央与地方新闻单位联手、中文与外文报纸合作，这种多媒体联手采访在上海是首次。这次我担任联合采访团的总策划兼领队，全程随车参加报道。由于高速行的节奏快、采访任务重，各媒体组成浙江、江苏两个采访组，确定2001年1月7日在上海莘庄高速口“换班”。

2000年12月30日上午，策划了半年的联合采访在上海电视台举行出发仪式，车队里还多了一辆电视台的卫星转播车。我们浙江采访组的记者在出发时高呼：上海再见了！阿拉要下世纪再回来！

2001年1月1日凌晨2时，在浙江温岭石塘镇，我们所有记者都上了山，住进山顶的农舍“临时家”备战。6时左右，山顶已经站满等待观“新世纪曙光”的人群。

6时46分，新世纪第一缕阳光照射到曙光纪念碑上。《东方红》歌声响起：共产党像太阳，照到哪里哪里亮……上海电视台现场直播：21位老渔民迎着新曙光吹响手中螺号；《新民晚报》记者通过互联网发回新闻稿，头版刊出新世纪第一缕太阳光透出云层的彩照；我从东方网的屏幕上，看到记者与新华网、上海电台联手播报的现场特写：石塘人心中的“新世纪第一缕曙光”。

从元旦起，我们沿着高速公路行驶，一路采撷改革开放以来的新变化和新奇迹：沪浙经济双赢联动，汽车工业高速发展；杭州湾大桥将联通沪杭甬；嘉兴南湖将以新貌迎接建党80周年；苏州改造旧街坊，千年古城换新貌；无锡兴起高科技热；上海华联沿高速路开出一串连锁店；南通“奥运冠军摇篮”万人签名支持申奥……上海电视台卫星全程转播、《新民晚报》采用照片数码传真、东方网、上海广播电台均上网滚动式报道，7家媒体17天采访途中共发回各类新闻报道210多件，各媒体记者在回来以后还写出很多思考性的重磅报道。

1月15日，新世纪高速行采访团经江阴大桥。晚上，活动组委会在安亭汽车城举行欢迎仪式。会上宣读了上海市委宣传部的贺信：这次活动在新世纪到来之际，宣传上海与苏浙两省的合作，使上海市民不出家门可知道苏浙两省改革开放的新鲜事。

时任市委副秘书长、市委宣传部副部长王仲伟在《新世纪东部巡礼》一书序中写道：7家媒体的报道在国内各地引起了极大的反响，很好地宣传了上海和苏浙两省经济、文化等新面貌，同时也是在全国新世纪新闻报道竞争中，独树一帜，并取得了显著成效。

事后从市新闻办得知，上海市委领导和苏浙两省领导对活动给予高度评价，认为促进了长江三角洲经济一体化的联合发展。

这两次21世纪来临之际的多媒体大型联合采访，现在想来是真正践行“四力”，磨炼了新闻队伍。新世纪高速行30多位记者团队中，90%以上是30岁左右的年轻记者，如今有的已成为媒体的骨干力量，成为新时代媒体融合的领军人。

我与北京人艺的两次合作

唐斯复

1988年，时任文化部副部长英若诚在上海遇见我，他说："北京人艺上演了一个新戏《天下第一楼》，很好，你回北京去，我让剧院请你看戏。"在首都剧场看完戏后，我很喜欢，当时一闪念：这个戏要是能搬到上海演出该多好！一时眼前仿佛出现了在上海美琪大戏院演出的情景。

于是，便开始了我和北京人艺第一次的重要合作——由文汇报社和上海市对外文化交流协会联合邀请北京人艺五台大戏赴沪演出的策划和运作：原班人马演出《天下第一楼》《推销员之死》《狗儿爷涅槃》《哗变》《茶馆》，被誉为话剧舞台的奇观。这是剧院历史上第一代表演艺术家群体的演剧高峰，他们卓越的成就至今未被超越；而在中国新闻界的历史上，则成为无法重复的推动文化艺术进步的典范之举；对我个人而言，也成就了我成为戏剧制作人的一次重要实践。

这五个戏中，英若诚在《推销员之死》与《茶馆》中担任重要角色，而此时他刚上任文化部副部长不久，北京人艺也不能确定他能否去上海演出。我在想，如果要原班人马演出，英若诚是不能缺席的，而且他一直没有在上海舞台上站过，这对他个人是一个非常大的遗憾。

一天，我敲开了英若诚办公室的门，他问："你找我？""对，于是之想到上海去演出《茶馆》，希望您也能参加。"英若诚起身，关上门，悄声地说："如果去上海去演出，你看有什么办法吗？"我心里一阵喜悦，才明白他为什么在我进门后要关上办公室的门，因为这个消息会变成文化界一个大新闻。这时候，在一旁的北京人艺周副院长说："这事有点难度。因为英部长刚上任不久，要出去演戏得部里同意，这事只有你唐斯复去斡旋了。”英若诚说：“我不去，我不演。”我当时有点着急：“在职的文化部长，还没听说过给老百姓演戏的。眼前不会有，以后也不会有这个机会。”英诺诚听后，盯着我看：“这事你这么想?”我说：“是，就这么想。”他又想了一会，说：“那我去，我给你演戏去!”

上海，是北京人艺演出的重要舞台。1961 年来上海演出了《伊索》《蔡文姬》《同志，你走错了路》《胆剑篇》《名优之死》5 台大戏；时隔 27 年后，又是 5 台大戏。

北京人艺应邀南下上海演出的消息传出，如重石击水，在北京、上海引起强烈反响，涟漪波及全国戏剧界。我起草了首都戏剧界权威人士为北京人艺南下壮行的公开信：“我们举双手拥护北京人民艺术剧院到上海演出，这是具有极其深远意义的大事情。所选剧目的创作来自生活，是现实主义风格的代表，又经过观众检验，都是过得硬的，希望能赢得上海观众的喜爱。北京人民艺术剧院是郭沫若、老舍、曹禺等大师以心血浇灌的重要话剧阵地，它那浓郁的中华民族艺术风格已蜚声中外，对全国话剧运动的发展具有开路作用。话剧界需要交流，巡回演出能促使南北交流活跃起来，对上海剧坛是锦上添花。祝北京人民艺术剧院赴沪演出成功!”落款处一溜签名——曹禺、郭汉城、刘厚生、吴祖光、俞琳，刊登在《文汇报》影剧版的头条位置，如同宣传启动的信号，带动持续跟踪报道。

1988 年 10 月 13 日，在双方签约仪式上，剧院领导人称赞：《文汇报》和上海对外文化交流协会此举有胆有识，北京人艺要确保演出质量。之后，这 5 台大戏的演员从四面八方汇聚到排练厅，日以继夜地精心复排；舞台美术工人挑灯修复布景、道具，整理服装……剧院资深表演艺术家胡宗温曾于 20 世纪 60 年代到上海演出过，这回没有她的戏，可记忆犹新的她，与即将出发的同事们一样乐呵：“上海的新闻界真好！上海的观众真好！北京人艺遇到大喜事儿啦!”我是项目策划人和执行人，面对众人兴高采烈和繁忙的情景，不时热泪盈眶。

11 月 23 日，文汇报社的红色轿车开道，引导 6 辆标着“北京人艺”字样的超长卡车，浩浩荡荡进入上海市区，市民们驻足行注目礼。

11 月 24 日，美琪大戏院和长江剧场门前排起长队，18 场戏的入场券半日售罄。有观众说：“1961 年在上海大舞台看过北京人艺的戏，没想到再次欣赏的愿望一等 27 年，太久了！”

11 月 26 日，《天下第一楼》开演，隆重拉开“北京人艺 1988 赴沪 5 台大戏演出”的序幕。上海的政要、名人、市民云集美琪大戏院，盛况空前。

11 月 30 日，在长江剧场上演《推销员之死》，远道赶来的中外大学生们没有买到戏票，聚集在剧场门外的夜风中“听戏”——剧场经理把扩音器接到场外。演出结束，剧院特意把剧场大门打开，让大学生们鱼贯而入观看演员谢幕，如愿以偿。

12 月 1 日，要求观看《哗变》的观众远远超出座位数。情急之下，剧场发放临时入场券。一时间，乐池里也坐满了人。开演前验票，只有一个人没票，忠于职守的验票员准备采取“往外请”的措施。“我是英若诚。”文化部副部长英若诚被“逼”得自报家门，并拿出“全国人大代表证”来。他在上海看一场自己翻译、合作导演的《哗变》可不容易，但他高兴。

12 月 9 日，《茶馆》压轴。谢幕时，舞台上下，演员和观众相互呼应，长时间鼓掌祝贺——“北京人艺 1988 赴沪 5 台大戏演出”圆满闭幕。

演出期间，《文汇报》天天有报道，日日发消息，演出动态家喻户晓，这 5 台响当当的杰作在上海掀起了观摩话剧的热潮，一时间成了大家挂在嘴边的话题。这个事件也被评为“1988 年上海重大文化新闻”。临回京前，北京人艺委托《文汇报》发布《告上海观众书》，深情地写道：“话剧在上海有知音，话剧大有希望！我们将竭尽心力做出无愧于时代，无愧于观众的更多好戏，这是你们给予我们的最大的教益，最大的鞭策。”

在上海演出期间，剧院还专门召开了座谈会，听取上海同行、新闻记者和观众的意见。大家高度评价了这 5 台大戏的演出水准，认为这是民族话剧的高峰。表演艺术家于是之说：“舆论界、新闻界对剧院说短道长，是剧院进步的动力。我们是中华民族文化滋养的剧院，要将我们民族的艺术，一代一代传下去！”确实，只要北京人艺健在，只要首都剧场这个“神圣的艺术殿堂”屹立着，中国话剧前进的步伐便不会停止。

我是从演员改行做记者的，本能地崇尚最优秀的演出，作为记者，势必选择具有重大文化新闻特质的项目，而且在宣传推广上竭尽全力做到最大化。

2012 年，我们和上海东方演艺有限公司联合邀请已届甲子之年的北京人民艺术剧院，再度莅临上海演出。时隔 24 年，剧院年轻的艺术家学习前辈，以同样 5 个剧目的规模，以全部原班人马的规格，在上海舞台上呈现《知己》《原野》《窝头会馆》《我爱桃花》《关系》等剧目。

为什么会一而再地策划、实施北京人艺来沪演出这种充满挑战的项目？有人笑我们“傻”，我们体会这源于一种使命感：因为我们热爱话剧、热爱北京人民艺术剧院、热爱上海观众。

西藏首例活体供肾手术始末

朱全弟

2004 年 2 月 1 日，《新民晚报》头版头条刊登了《西藏首例活体供肾手术上午进行》的新闻。这是一例在世界屋脊西藏进行的肾脏移植手术，弟弟捐出一个肾，换来了哥哥的新生。

光阴似箭，10 年过去了。

2014 年 9 月 13 日上午，一辆考斯特面包车，停在西藏山南地区泽当镇的湖北大道国税局门口等候。片刻，一辆电动车疾驶而来，面包车紧跟上去，骑车男一头乌发，行动矫健，这是他吗？真的没想到！换肾 10 年，他的状态这么好。

一

2004 年 1 月 29 日，星期四，初八，晴。我在日记中写道——

“今天，是猴年新春上班第一天，我到一个更远的地方去上班：西藏拉萨。”

用生命的代价去体现生命的意义，这是我本命年的口号。也许，说得过了，我没有那么伟大，甚至没那么重要，即使在那么一个小小的单位，都是如此。但是，这又何妨？这一点也不影响或动摇我孜孜以求去做每一件有意义的事情。我所做的应该给当事人带来快乐、福音，同时也给做好事的人以精神的鼓舞，当然，这一切都借助于我所从事的新闻工作……

这次，我随同并采访朱有华教授的西藏之行，源于我们之间的一次闲聊。长征医院离新民晚报社很近，朱有华又是一位几乎天天住在医院的教授医生，他偶尔有空了就来电请我过去聊天吃饭。那天，他跟我说了心中的困惑：西藏有位弟弟想捐肾给哥哥，西藏军区总医院院长李素芝请他去做这一台移植肾脏的手术。但是，他担心自己从未去过西藏，怕高原反应影响手术，所以，他想请两位藏族同胞到上海来，他会尽可能地给予他们最大的帮助。

我一听，立马来了精神，这是一条重大新闻的线索。我根据自己 1998 年 10 月在献血 12 天后去西藏的体会和经验，竭力宽慰朱教授，西藏并没有那么可怕，只要做好预防和注意事项的准备工作，再说有西藏军区总医院的保驾护航更没有问题。随后，我也坦率地向朱教授陈述了我的观点，藏族兄弟加上家属陪同到沪，飞机票来回就是一笔很大的开支，还有，我们到西藏缺氧，他们到了上海也会“醉氧”。更重要的是，上海军医进藏为他们做手术，和他们到上海求治的意义是不一样的。尽管，这也是好新闻，但这个报道就不是由我来写了，而应该由卫生条线的记者来采写。如果去西藏，那么，我是联系外省市协作办的记者，当仁不让。

朱教授听了我的一席话，频频颔首。此后，我就进入角色，仿佛是进入临战状态。那一次，我要了解情况，还打长途电话给坚增欧珠的妻子次仁。她在电话那一端一个劲地问：“你们什么时候能够过来？”我感受到了她的急切心情。

患者坚增欧珠是山南农业银行的职工，父母都是山南的农民，家里有 9 个兄弟姐妹，2002 年 11 月发病，住院 20 多天，以后病情越来越严重，2003 年 7 月发现尿毒症，血透做了 6 个月。其父 70 多岁想捐肾，最后最小的弟弟 25 岁的顿珠多吉主动提出捐肾给哥哥，而且他的妻子尼玛曲珍也十分支持，但是哥哥坚决不同意，结果全家开会商量一致决定，坚增欧珠才勉强同意了。

我去电时，他住在医院里，入院前上面血压 180，入院后维持在 150—160 之间。透析前肌酐 900，后来 400—500 之间。最近透析有反应，手抽搐。供者是弟弟顿珠多吉，状态非常好。令人欣慰的是，兄弟两人配型送到重庆，经检验，两人都是 A 型血，HLA 6 个位点有 5 个完全一致。这意味着术后排异反应小，可以不用排异药。现在的手术过程中还可以做到不用输血。

长征医院泌尿外科主任朱有华教授和西藏军区总医院院长李素芝是第二军医大学的同学，前者毕业留在了上海，李素芝也是留在上海的，后来他主动要求去了西藏，在医术上成为多面手。他们确定了行程：春节过后上班就进藏。

得到消息，我也紧锣密鼓地开始进藏采访的前期准备工作，请我的学兄和师弟陈德榅设法联系时任西藏自治区党委书记郭金龙同志，争取他的支持。不久，即传来消息，郭书记非常敏锐，一听就答应了，要我写一个采访提纲给他。因为他在成都，他还让我直接联系西藏自治区党委秘书长金书波同志，并给了我总值班的传真号码。我说要在拉萨或成都采访他，他说不用，他将安排我独家采访西藏自治区主席向巴平措。

我的传真发过去了，大意是：这一台捐肾移植手术，体现了兄弟手足情，军民鱼水情，藏汉民族情，沪藏两地情，这“四个情”高度概括了它的非凡意义。

此处多说一句，陈德榅原是“四人帮”粉碎恢复高考后的华东师大中文系的在校生，我是华东师大夜大学 1984 级政教系的夜大生，他是学兄。因为电影《少林寺》的风靡，中国大地掀起了一股“武术热”，我当时 26 岁，随武术老师凌汉兴、凌彪父子前往徐汇区开班教授心意六合拳，陈德榅来了，他成了我的同门师弟。他大学在读就发过小说，而我也正做着文学梦，于是遂成知交。他后来毕业放弃留在上海的机会，转而去了插队女友后来成了他的妻子的家乡成都，在四川省粮食厅办公室工作，其间他又成了南京人郭金龙的布衣之交。我第一次进藏在成都停留时，他带我去了时任西藏自治区党委副书记的郭金龙的家中，还吃了饭。

二

1 月 29 日早上 7 时，我就从家里出发了，赶到虹桥机场，搭乘上航的航班飞往成都。第二天，再飞拉萨。

朱有华是国内外著名的泌尿外科教授，他撰写和主编的泌尿外科专著，是入行医生的专业必读书。他是国内做移植肾脏手术最多最好的医生之一，担任全军器官移植研究所所长，做过3000多例移植肾脏的手术，并且无数次挽狂澜于既倒。这次进藏，为了这一台手术，朱有华作了充分的准备。他把特殊专用器材诸如进口的高级缝线、支持钩等带好了。鉴于西藏传来的病人血色素高、黏稠度高，容易发生肾血管内凝血的病历，朱教授作好了取肾时从离断血管到灌洗血管的时间越快越好的心理准备。另外，对于藏族兄弟的生活饮食习惯与内地不同，他们是否会发生血管硬化的可能也做到了心中有数。

进藏第二天上午9时半，上海二军大长征医院外科主任朱有华教授和王亚伟副教授来到西藏军区总医院，与院长李素芝少将和政委谭家钊大校一起制订手术计划。10时半，军区总医院院长李素芝少将到会，王兴凯副院长主持会议，一房间人有十多位身穿制服的军官，还有几个外穿白大褂的军医和护士。其中有一个细节，朱教授原来准备当天晚上就做手术，我考虑到明天抢发稿需要当天的新闻，于是婉转地与他商量，希望改在明天上午进行。还有一个原因也很重要，就是可以让两位教授再休息一晚做手术。没想到，我的一句话就解决了问题。11时20分，我致电经济部主任顾龙老师，告以明天上午进行手术，他很高兴，竟然说谢谢。下午，顾老师来电，传达报社胡劲军总编和副总编徐炯要求，多写现场感强一点的细节，最好有进手术室的照片。他们对这篇稿子寄予很大的希望。

2月1日9时30分，作为唯一进入手术现场采访的文字记者，我穿上白大褂跟随朱有华教授先进入手术5室，然后到另一位取肾的长征医院副教授王亚伟的手术3室。其间，我致电新华社西藏分社摄影记者索朗罗布请他帮忙为本报拍摄和提供现场的新闻照片。他要10时才能到。人来了，但电脑没带来，不能敲盘给我，我说服他叫人回分社去取电脑，随后请他马上到5号手术室为朱有华教授拍照。5室和3室，当中隔了4室，还有一个洗手间。我在两个手术室来回跑，记下手术进程的时间节点、手术室里医生和病人的现场细节。我发现朱有华教授脸色有点苍白，昨晚他早早地躺在了床上，但仍未睡好，到凌晨2时才入睡，早上起来脸色不好，嘴唇发紫。他对我说走路头重脚轻。此时，我掠过一丝的担心。

10时15分，王亚伟的高频电刀发出滋滋的声音，随后有一股焦味入鼻。内地这个切开的创口一般是 8 厘米，这里是 10 厘米。创口切开，有血水喷射在王亚伟的口罩上。他脱下口罩，脸上有血，护士用纱布为王教授擦掉后，换上了新口罩。与此同时，手术 5 室里的朱有华教授也切开了肾脏受者病人的腹腔。11 时 05 分，王亚伟从切开创口离断血管到取出左肾花了一个多小时……

10 时 45 分，我从手术室出来坐到会议室，在长条形桌子的边上一角，打开电脑，飞快地输入文字。一刻钟后，自治区主席向巴平措、自治区党委常务副书记徐明扬等一行人来到会议室，观看手术直播情况。此前，自治区常委、宣传部部长荀天林 10 时就来了。现场人声鼎沸，我顾不得打招呼，头也不抬继续打稿。半个小时，我夹起手提电脑坐上越野车，赶回宾馆传稿，路上 10 分钟，我在车上就把电脑打开，找到文件，一到宾馆房间插电源，12 时还剩下 5 分钟了，稿子终于传过去了，但照片来不及了，幸好昨天我已准备了两张照片。

刚传完稿子，军区总医院政治部来电，自治区政府主席、常务副书记、宣传部部长、副主席等领导在医院会议室开座谈会。我从宾馆房间出来上车，军区总医院王英凯助理员一直等着。途中，顾龙老师来电告我：总编和副总编都在电脑房里等我的稿子，现在已登上今天的头版头条。等我进了会议室，里面人头济济，会开一半了，自治区党委会秘书长金书波对自治区主席向巴平措、自治区党委常务副书记徐明阳介绍了我的《新民晚报》记者身份，他们向我致意，我连忙站起来欠身还礼。这个会议，是在自治区党委书记郭金龙的指示下召开的。上午 10 时，因公在成都的郭书记非常关心手术情况，他打来电话请在现场的西藏领导转达他向远道而来的两位上海军医表示敬意。向巴平措主席在讲话中首先代表郭金龙书记向大家表示慰问，希望这样的好事越来越多。接着，他说藏族同胞不出西藏能够享受到上海军医上门手术的服务，这是幸运。这一台手术，也是真正凝聚人心，反对分裂，建立长治久安应急机制的思想基础。得人心者得天下！接着，向巴平措主席还对《新民晚报》对于此事的关注和报道给予肯定。最后，徐明扬常务副书记讲话，他要求手术不能出任何纰漏，这不单是一个人的问题，要做好术后护理。他还说，弟弟捐肾也不容易，品德也是高尚的，值得表扬。

14 时 45 分，随着最后一块纱布轻轻地敷贴在坚增欧珠的身上，整个手术结束。自治区常委、宣传部部长苟天林和自治区副主席吴英杰始终在场观看手术进行的情况，其间，徐明阳常务副书记还来电询问进展。随着军区总医院副院长王兴凯宣布“手术成功”！坐得满满的一屋子领导、各路记者全都起立鼓掌：祝贺西藏第一例活体供肾手术圆满成功！

两位教授出来了。手术室是充了氧的，但朱有华教授在手术中专门吸过一次氧。事后，他告诉我，为坚增欧珠手术时还是出现了一些意想不到的技术问题和困难，比如血管老化程度，还有血管斑块等。最终在成熟和高超的医术支撑下，他和王亚伟不负众望地完成了这台手术。

一直到 15 时 30 分坐下、吃饭。“第一”已经诞生，自治区常委、宣传部部长苟天林和自治区副主席吴英杰在席上说：自治区领导个个关心此事，西藏军区司令员和政治委员特派后勤部唐部长前来观看手术情况。他们还邀请朱有华教授、王亚伟副教授和我一起出席西藏自治区政府安排的 18 时 30 分的庆功晚宴。

苟天林部长说，今天的手术是西藏的一件大事，自治区的常委讨论了关注这台手术以及怎样宣传的规格。他称首例活体移肾成功将在西藏历史上留下重重一笔，它为藏汉民族团结情、军民鱼水情、藏沪两地情谱写了一曲凯歌。

三

10 年过去了，换肾和捐肾的藏族兄弟还好吗？朱有华教授是医生，因工作多有关心，而我奔波忙碌在采访一线，也时常回想起他们。我提议：请朱有华教授到西藏回访两兄弟。

2014 年 9 月 13 日上午，山南地区龙桑花园小区，坚增欧珠家门前的庭院里格桑花开得艳丽夺目，他的妻子次仁紧紧地握着李素芝和朱有华的手，心情激动。原来，她的丈夫换肾后，又出现了脑出血、胆源性胰腺炎等并发症，当时坚增欧珠脑出血伴意识障碍，是李素芝果断地为他施行了开颅手术，接着又为他做了胆囊切除手术，先后一共做了 5 次手术。当时没有医保，军区总医院为他免除了所有医疗费用。

妻子次仁说，换肾后，坚增欧珠没有出现过一次排异。她还说，现在有医保了，1000 元的药费，自己只要出 100 元。如果当时没有西藏军区总医院的帮助，那一关是挺不过来的。旁边一位小女孩一直看着听着，很乖。我问她叫什么名字，次仁抢着回答：她叫强珍，就是为了记住长征医院才取了这个谐音长征的强珍名字。

我们参观了他们 170 平方米的两层楼房。上楼时，坚增欧珠回过头来对我说：你当时还捐钱给我。我一听乐了，才想起因为当时身边没带多少钱，只给了哥哥 1000 元，其实也应该给他的弟弟一点钱的。明天就要离开山南了，遗憾的是他弟弟顿珠多吉一直联系不上，他的手机关了。不料正在此时，顿珠多吉来电了，我们全都兴奋起来。

中午，我们在外面吃了饭。下午驱车返回拉萨，寻到蔡公堂乡二村。拉萨正在大开发、大建设，顿珠多吉一直在外打工，一家人日子过得很好，我们参观了三上三下 200 平方米的两层楼房，朱有华教授还撩起了他的外衣，仔细地察看了 10 厘米的刀痕，发现愈合得很好。

如今，沪藏两地一线牵。西藏建设日新月异，藏族同胞的日子也过得越来越好了。

捕捉百姓从心底涌出的喜悦和笑颜

邬志豪　李培红　劳有林

电视新闻记者比较中意画面。有三组历史画面经常交替出现在我们面前：

1921 年的夏天，全国各地共产主义小组的代表，来到白色恐怖下上海的一座石库门房子，宣布成立中国共产党。

1949 年的春夏，中国人民解放军攻入上海，指战员们晚上沿马路席地而眠的画面，打动人心。

1991 年 12 月，成千上万的上海市民涌到黄浦江在市区流域的第一座大桥——南浦大桥，庆祝浦东开发开放后的第一个标志性大桥的通车。

这三组历史画面铸成了我们心中的三座丰碑。这三组历史画面的时间整整跨越了 70 年。我们有幸参与报道了其中的一座丰碑，把捕捉到的老百姓从心底涌出的对党领导的伟大成就的心声和笑颜，化作一条电视新闻，留给了历史。

我们在 1991 年底采摄的电视新闻片《南浦大桥成为上海人民心中的丰碑》，继获得 1991 年全国电视新闻评比一等奖后，1992 年又获得第二届中国新闻奖一等奖和上海好新闻一等奖。连中三元，新闻界同行在为我们高兴之余，也提出疑问：这么多极富个性的采访对象是不是事先组织好的？必须理解这种善意的疑问，但作为记者，我们更想说的是，当人们站在雄伟的南浦大桥上，望着西面那幢掩映在绿树丛中的红色石库门，从心底涌出的话语和笑声，怎么都不会缺少。

举世瞩目的南浦大桥从 1988 年 12 月 15 日打下第一根桩起，就成为上海乃至全国新闻界关注的对象。南浦大桥是在 1991 年 11 月 20 日举行通车典礼的，邓小平题写了桥名。李鹏总理和上海市党政领导出席了典礼。这一天的电视广播新闻和第二天的各大报纸在显著的位置播发刊登了消息，在大桥通车的第二天，上海市民可以上桥观光 10 天。我们接到上桥采访的任务后，心里真没个底。怎么个报道法呢？按常规报道当然也可以，因为那天桥上将举行隆重的仪式，彩车白鸽，欢乐的市民和外国友人组成的队伍等等，如实地将这些事实拍下来，作番剪辑，也是可以的。但是这样的新闻报道太程序化了。我们也想到可以采访一些观光的市民，请有代表性的市民上桥去谈谈观感，但实践告诉我们，组织采访令人满意的不多，成功的更是少有。

尽管心中焦急，但我们觉得上大桥的人群，绝大多数是久盼而无法实现其梦想的普通百姓。他们中有不少是上海这座城市从近代到现代百年发展的见证者、亲历者或他们的后代。他们看着中国共产党在黄浦江边诞生发展壮大，看着中国共产党人在这里与帝国主义和国民党反动派进行了英勇的斗争，看着党领导的解放军解放了大上海，看着共产党人领导上海人民将这座举世闻名的大都市一步步引领到魔都的新天地。他们的这种久聚的思绪一定会在大桥上得到宣泄喷涌抒发。

冬日的阳光下，STV 新闻采访车在大桥中间停下后，我们迅速拟定一个初步的报道设想，那就是利用典型人物的典型语言、典型动作、典型情景构筑典型的新闻事件，来表现南浦大桥成为上海人民心中的丰碑这个主题。

典型人物的典型语言、典型动作和典型情景，说说容易，真要做起来却是十分困难。那天上大桥观光的市民近万人，其中上午就有 6000 之多，且大部分是步行走过大桥的。在宽敞的桥面上，我们先后采访了 15 位市民，但都不甚理想。就在我们期待心目中的采访对象出现时，突然从桥西侧驶来几辆簇新的桑塔纳轿车，一打听原来是刚成立的振东出租汽车公司免费送市民上桥观光。我们估计坐免费出租车来的市民一定会有特殊的原因，于是急忙睁大眼睛，寻找自己所要找的采访对象。

邬志豪和劳有林几乎同时看到几百米远处有个人在别人的搀扶下，正用脚在丈量大桥的宽度。邬志豪眼明手快，在离此人数米远处稳稳拍下了他丈量大桥的镜头。而后他又用手握住大桥象腿般粗的斜拉桥索，在喃喃自语。紧接着李培红大步上前进行采访，才知他是一位盲人。

采访实况：

李培红：欢迎你们来南浦大桥参观。

盲人观光者：谢谢，太高兴了！我眼睛看不清楚。

李培红：是吗？你虽然眼睛看不清楚，但是你通过手摸、脚量，你就感受到这大桥的雄伟了。

看到我们在采访盲人，许多市民不约而同地围了上来。经验告诉我们，凡是看到摄像机就围上来的人中间总有几个是想跃跃欲试的。于是李培红就如同家人故友般地和围上来的市民“侃”了起来。邬志豪则扛着摄像机左右逢源，记录下市民一张张逐开的笑颜。劳有林在一旁仔细观察有否出众者，这时一旁数人推拥着一位老太，于是，李培红迅即和这位老太如女儿般的攀谈起来。这位老太谈得极其生动。她既有老上海人的神采，又有许多新上海人的思维，一口苏北话中夹杂些普通话，那个韵味、那个仪态，就是一个绝。更惊奇的是她概括力极强。寥寥数语，竟将大道理天衣无缝地融于简简单单的百姓话语之中，当场感染了许多市民，现场一片欢声笑语。

采访实况：

老太：原来是小舢板、小轮渡，现在啊大桥。我像站在云里、天上一样，看到那房子，看到那新公路，我心里非常非常的高兴（笑声），非常高兴啊！今天在大桥上，我拍了5张照片留念，我心里非常高兴。我要教育子女，遇到邻居我都要讲，把大桥的雄伟告诉他们，中国人民有志气！在共产党领导下的社会主义……这个……我心里非常激动（笑声）。

两个采访初步成功，我们信心大增。我们希望有第三个精彩片段出现。按我们以往的思维习惯一篇有分量报道至少要有三个典型，但这三个典型却不能是简单的重复。我们根据事先做的功课，获知在前来观光的市民中有个叫徐为华的女士，其丈夫是为大桥作出贡献而又在大桥通车前几个月病逝的工程师。于是经过一番寻找，我们采访到了徐为华女士。

采访实况：

徐为华：张介望过早的去世了。没有看到他日夜盼望的大桥通车，他如果知道我能参加大桥通车仪式那他在九泉之下也会含笑的。

但在编辑时，有同行认为，喜气洋洋地欢庆大桥通车，中间插一个悲哀色彩很浓的内容是否妥当？但我们倒觉得增加了这个悲壮的内容，才会使人更加感受到大桥的来之不易，丰碑的意义才更强烈。中国人走到今天，有岁月静好，但更多的是苦难辉煌。新闻部领导也支持我们的想法，从播出后的社会效果看，这段新闻内容是非常重要的，它的地位甚至是无法替代的。

《南浦大桥成为上海人民心中的丰碑》这条电视新闻片时长 3 分钟，它用 3 个独立而又有内在联系的典型反映了造桥的艰苦和通车后的喜悦，同时在导语和其他段落中，交代了大量有关大桥的信息和知识，使这条新闻的容量和价值达到了一定的水平。

忠实记录时代

刘景锜

在党的十一届三中全会召开后半个月，上海电视台宣布启动新闻改革：增加新闻数量，加强动态报道，开办《每日新闻》栏目，同时要打破禁区，在电视上开展批评，加强新闻评论，并成立纪录片组，不仅要拍短纪录片，还要拍长纪录片，以配合党的中心工作的转移，记录上海的变化，中国的变化。

也就在这一年，我由新闻摄影记者转换成为纪录片编导，并且一直在纪录片行业工作到退休。我见证了改革开放前后，上海电视纪录片的兴衰和重新崛起。

上海电视台从1958年成立以来，就比较重视纪录片的制作，在“文革”以前，上海台曾拍摄过许多脍炙人口的纪录片，如《南京路上好八连》《中国第一台万吨水压机》《世界首次人工合成牛胰岛素》，人物篇《杨富珍》《彭加木》《灯具大王蔡祖泉》《唐应斌的电渣焊》《杨怀远的小扁担》《陈中伟的断肢再植》等。

上海电视台实行新闻改革后的第一条纪录片，是时任新闻部副主任龚学平挂帅摄制的《地下行》。“文革”期间，按照战备要求，上海地下修了许多防空设施，由于长期不用，又疏于养护，许多防空洞蚊蝇孳生，设施损坏。改革开放后，这些“人防设施”就派上了大用场，有的改建成了商场，有的开辟成了地下通道，还有的改建成了停车场和仓库。纪录片《地下行》使上海观众大开了眼界。

新成立的纪录片组，有两名编导，四名摄影。排入1979年度拍片计划的选题就有30多部。其中大部分选题都围绕着经济建设这个中心。当时的重点非《宝钢》莫属。宝钢建设是十一届三中全会的重大决策，全会闭幕的第二天，位于东海之滨的宝钢工地打下了第一根桩。我们台也组织了摄制班，开进了工地跟踪拍摄。当年，这么大的钢铁企业要不要建在上海，要引进哪些先进技术，都存在争议。我们对宝钢的拍摄也是拍拍停停。从 1979 年初到宝钢一期工程投产的五六年时间，我们陆续播出多条新闻和多部纪录片。我们的摄影器材也由电影胶卷变成了电子摄录。当年邓小平同志曾说，历史证明，建设宝钢是正确的。我们对宝钢建设的记录，成为印证邓小平同志的预言的形象史料。

改革开放，把中国变成了一个热气腾腾的大工地，我们纪录片人和祖国的脉搏一样跳动。1985 年，上海电视台成立了对外报道部。1986 年，“上海国际友好城市电视周”开幕。从第二届开始，它改名为“上海国际电视节”。这两件事，加速了上海纪录片崛起的步伐。直到 1993 年，全国第一家以纪录片命名的栏目《纪录片编辑室》诞生，上海纪录片创作达到了一个高峰。

《纪录片编辑室》的栏目宗旨，我们把它浓缩成两句话：“追踪变革大时代，讲述人生小故事。”这一宗旨，是我们多年来对纪录片的真谛苦苦求索的一个成果，是我们集体有意识地观念转变的生动概括。我们要通过纪录片向国内外观众真实地有血有肉地介绍中国介绍上海。要让他们看得明白、看得懂，甚至能心灵沟通和喜欢。

改革开放以后，各地农民工涌向一线城市，几百万农民工聚集到上海，究竟好不好？政府应当做些什么工作？在社会上引起大讨论。我们决定拍摄《民工潮》系列纪录片。让观众通过纪录片来回答心中的疑问。《毛毛告状》正是《民工潮》中的一部。这部片子记录了湖南打工妹谌孟珍抱着四个月大的毛毛，状告亲生父亲赵文龙，最后大团圆的故事。

纪录片的主角是三个弱势人物，他们在时代大潮中相遇，演绎了一部时代的悲喜剧。人人都在关注这三人的命运，收视率高达 36%！

《打工潮》系列传达出这样的信息：“农民工进城好得很。”《毛毛告状》又让人们看到每一个普通人在变化着的大时代中的崭新面貌：打工妹和她的孩子可以通过法律保护自己，社会同情打工妹，又为一个悲剧转化为喜剧创造了舆论环境。

《大动迁》讲的是南北高架前期动迁的故事。按照老的思路，这部纪录片将成为一部上海建设成就片。我们接受任务后，决定采用跟踪纪实手法，记录动迁过程中市民的喜怒哀乐和动迁干部的耐心工作。片中有这样一组镜头：患有绝症的老人单玉山开始时怒骂动迁干部和摄制组人员，最后又向编导道歉。审片领导看了都发出了笑声说："拍得好，这是一部动迁的好教材啊。"上海的道路交通现在十分便捷，这是千万上海市民和几十万企业，牺牲小我、顾全大局的结果，也成了那些激情岁月的暖心记忆。

《十五岁的中学生》探讨的是教育问题。摄制组选择了著名的上海中学，拍摄一个毕业班寄宿生的学习和生活。摄制组遇到了想象不到的困难：校领导不赞成，老师意见分歧，学生家长一方面反映学生负担重，一方面又觉得老师管得还不够严。摄制组住进了校园，和同学们一起生活并跟踪拍摄。这部片子只是真实地记录了一群 15 岁初中生即将毕业时紧张的学校生活，只是客观地提出了学校教育碰到的各种难题，这些问题直到现在也还没有完全解决。但纪录片记下了一群学生和他们的老师和家长，面对困惑时的情感状态，也为纪录片人提供连续跟踪时代的一个具象的出发点。

纪录片的使命，不应当是为了解答具体问题，它最重要的使命是记录，是忠实的记录。忠实记录的目的，可以为现实服务，可以有审美价值，其目的却是成为时代的真实记忆，历史的可信形象档案。

这么多年来，上海的纪录片真实地记录着发生在上海以及全国各地甚至海外的上海人的生存状态，上海各行业的巨大变化以及上海城市面貌的日新月异。我们仅仅通过下面的纪录片片名，就能看到其涉猎面的广阔和触及的深度：《下岗以后》《妈妈不在的冬天》《沈漱舟的家》《婆婆妈妈》《我的潭子湾小学》《壮行罗布泊——余纯顺的故事》《寻找彭加木》《上海滩最后的三轮车》《德兴坊》《设计大师林元培和他的同事们》《谢晋和他的儿子》《劳改队纪实》《七宝皮影的绝唱》《包起帆新史》《逃亡上海——犹太人的故事》《樊锦诗的故事》……我们的纪录片从 20 世纪 80 年代便开始走出国门，在世界许多大的电影节电视节获奖。我们的纪录片在世界占了一席之地，有不少还进入西方主流媒体。

在党的百年华诞到来之际，我欣喜地看到纪录片队伍的壮大。纪录片人为人民福祉、民族复兴、国家富强而甘于清平、艰苦奋斗，创作出了更多不负时代、不负党和人民的好作品。

不辱使命

李文祺

这辈子，我永远忘不了这一天：1984 年 9 月 3 日，《解放日报》总编办公室接到北京国家海洋局电话，明确告知“你社党委会向我局申请李文祺记者加入中国首次南极考察队的报告，已获批准”。获此消息，报社领导高兴，我兴奋。这是解放日报社党委会努力争取的结果。

报社为我出征举行欢送会。解放日报社顾问王维语重心长地对我说：“小李，你要不辱使命，不辜负报社同仁的期望啊！”

去南极进行考察建站，是党和国家交给考察队的崇高使命，是中华民族必须要完成的一件重大事情。在国际南极事务中，“中国要有自己的发言权和决策权”。邓小平同志题词：“为人类和平利用南极做出贡献。”

1984 年 11 月，党中央、国务院正式组建中国首次南极考察队，我荣幸地成为一名队员。党和国家领导人在人民大会堂四川厅接见考察队员，他们动情地说：“你们是开拓者，为 10 亿人民作贡献，祖国不会忘记你们！”

南极考察事关国家荣辱，关键在“首次”，前无先例，有着极大的风险。明知有风险，偏向风险行。险，就在不测风云之中，走一条无人走过的航线，从上海出发，斜穿太平洋。

为此，考察队做好了各种物资准备。“向阳红 10”号考察船为了抗 12 级以上的风浪，对船体的龙骨进行了加固，以防万一。准备了收尸袋，万一有考察队员“光荣”了，就装在袋中存放冰库。队员们写了遗书，我也做好“万一”的准备，把护照上的照片，到南京东路上王开照相馆扩成 12 寸，放在家里的写字台玻璃台板下，临行对妻子说：你要是想我的话，看看照片。

我要出征了，时任解放日报社党委书记、总编辑陈念云，党委副书记冯士能，副总编辑陆炳麟、居欣如、周瑞金等，都在我的《南极考察采访报道计划》上作了批示，都希望我不辱使命。冯士能还特地加了一句："与考察队员同甘共苦，同船去同船回。"

11月20日，"向阳红10"号考察船和海军"j121"船驶离上海，代表中华民族开始了登上南极洲的伟大征程。报社党委副书记冯士能、副总编辑居欣如和时任科教部主任余建华、副主任连金禾，记者胡廷楣，以及我的家属等到码头为我送行。

然而出师不利，想不到考察船刚驶离黄浦江，有一名考察队员突然患病，考察队临时党委立即决定他离船，592名考察队员成了591人。远航中一路艰险，遇到两次台风，改变了航向；两艘考察船主机先后出现机械故障，在赤道紧急停航抢修……

船到了太平洋多风暴海域——西风带。清晨，当天上的星星微微隐去，太平洋的颜色显得深沉。灰色的云朵飘荡在天际，海水的颜色渐渐地由深变浅，云朵也由灰变白。顷刻，海面金光万道，把变幻中的云彩染成了艳红色；海浪反射着霞光，如万点碎银在抖动。突然，霞光变成了耀眼的亮点，在碧绿的波涛间，一跃而起，把燃烧着的火焰传给大海。此刻，天空、海洋、云彩、航船，构成的一幅绚丽的画面。突然，只见远方水天相接处，一片黑沉沉的乌云腾出洋面。风卷着黑云，像野马般翻腾卷驰而来。转眼间，黑云吞没了太阳，天空霎时昏暗了。大洋的风暴以它特有的凶猛，裹着一个个泛着白沫的巨浪，呼啸着向船扑来，顿时狰狞可怕。

奔涌的波涛，漫过船头，飞上甲板，万吨巨轮像个醉汉，随着巨澜摇摆，依着巨浪而升沉。顿时，人们失去了平衡，走路跌跌撞撞。一个队员埋怨道："麦哲伦给太平洋取了这么个好听的名字，真是名不副实！"

"这是太平洋为我们去南极举行的特殊欢迎仪式！"船在风浪中顽强地前进。

考察队员们经不起长时间的折腾，食欲严重减退。然而，人要坚持下去，就要吃饭。吃饭，成了一项任务。由于船体的晃动，人头痛欲裂。胃在骚动，吃下去的饭，直往喉咙口冲，闭着嘴，使劲往下咽。这时，吞下一粒避晕药，才会好一些。但过不多久，人体会发热，直冒虚汗，胃中的东西又往上冲，嘴不自觉地一张，食物连同胃液，从口中喷射而出，眼泪满面。曾经赴国外参加他国南极考察的国家海洋局第二海洋研究所的科学家蒋加伦，激情满怀地写了一首诗《远航》：

蛟龙劈波斩浪
向着南极的怀抱投去
虽然西风带狂风巨浪
但它阻挡不了炎黄子孙坚定的步伐
等待着我们去插五星红旗!

船体颠簸，有的考察队员受不了啦！葛棣明，22岁，1983年8月从上海师范大学毕业，分配到“向阳红10”号船，从事气象工作。由于劳累辛苦，隔天上午便感觉右下腹疼痛，但他不吭声，坚持工作。晚上6时，腹痛加剧，他不得不来到船上医疗室。值班的倪医生对他进行体检，诊断为急性阑尾炎。航行中发生急病要动手术，是建船以来还没有碰到过的事。医生们考虑到航行条件的因素，先予以保守疗法。4个小时后，他的体温持续上升，炎症加剧，各阳性体征均未减弱。

“为了队员的生命，立即进行手术！”倪医生果断地说。考察队副总指挥董万银，船政委周志祥，来到小葛的身旁守护。供电部门采取紧急措施，确保手术室的用电。

在陆地上做个阑尾切除，是个小手术，现在可非同一般了。为了做到万无一失，采取的措施是全身麻醉，用绑带把小葛身子绑在手术台。1小时48分钟过去了，手术成功！我拍下了进行手术的照片。此时，时针正指着凌晨4时30分。窗外，天际刚刚送走黑夜，迎来了黎明。

考察队在近一个月的艰难困苦中航行，抵达南极。登陆后，又在寒冷风雪中仅用45天建成中国第一个科考站——长城站，距北京17501.949公里。落成典礼上，我们仰望五星红旗伴随着国歌升起，相拥而泣。国务院给我们发来了贺电。

在建长城站的同时，“向阳红10”号考察船进入南极圈，进行南大洋调查，遇上了12级以上飓风，浪高14米、波长500米的巨浪，把船的上层甲板击溃，12吨重液压吊车被摧毁，船体剧烈颤抖，左右摇晃达70度，发出“咯吱咯吱”的巨响。舱室内瓶飞椅倒，人仰马翻，推进器时而空转，舵效时而失灵，情况异常紧急危险。此时此刻，船上聘请的外国顾问一个劲地在胸前画着十字，祈求上帝帮助。船长张志挺与他的大副、二副、三副们坚守岗位，采用15度角与风浪进行着生死搏斗。

我冒着随时被风浪卷走的危险，手抓拉杆，从船舱爬到驾驶室，从船头爬到船尾，不停地拍摄。我没有想到死，只有一个念头，真实记录下这惊险的一幕，趴在地板上写下了《在沧海横流中》通讯。在船长的指挥下，经过11小时的顽强拼搏，化险为夷。脱险的队员们高呼：祖国万岁！

考察队经历142天，航程54000公里，穿越98个纬度183个经度，13个时区，开辟了通往南美大陆与南极的新航线。长城站的建设，填补了中国在南极的空白，新中国终于在南极有了自己的权益！

我没有辜负报社同仁的期望，从南极发回报社的系列消息、特写、通讯、照片，获得读者好评，报社为我记了大功，市委宣传部评选我为先进工作者。我被国家南极考察委员会评为三等功，受邀赴京参加庆功大会。在中南海大草坪上，与党和国家领导人合影留念。在怀仁堂接受党和国家领导人颁发的奖状。

国库券上市记

应延安

如今国库券、股票等证券已走进千家万户，给普通老百姓带来了财富的增长。从当初的私下买卖，到柜台人工交易再到无纸化交易，交易方式发生了翻天覆地的变化。现在无论你身在何处，只要开设了证券账户，按按手机屏幕，交易立马完成。今天的年轻人可能无法想象，30 多年前国库券是不能上市交易的，而股票更是被视作资本主义的产物。我作为一名从业近 40 年的记者，亲身经历了这一系列巨变的过程。

我在《文汇报》长期从事经济方面的报道工作，一次偶然的机会，我首次接触了金融领域。1985 年 1 月 11 日下午，我在报社办公室写稿，广告科一位同志找到我说，上海延中实业公司要向社会公开发行股票，叫我帮忙配合宣传一下，并把发行股票的有关材料给我看。我看了材料非常兴奋，立即向领导汇报，报社领导慧眼识宝，大开绿灯。第二天，《文汇报》在头版刊登了“延中实业公司向社会公开发行 500 万元股票”的报道。意想不到的是，这短短 300 字的消息刊出后，引起了广大市民的极大兴趣。有的市民拿着报纸，连夜赶到股票发行点。当时排在第一位买到延中股票的顾先生，家中至今还珍藏着这张报纸。海内外媒体也进行了大量报道，有外媒称：绝迹 30 多年的股票重现上海滩。

此后，我对证券产生了特别的兴趣，寻觅证券书籍，收集积累证券方面资料，把工作和业余兴趣爱好结合在一起，为采写证券报道打下了扎实基础。

国库券是国家发行的信誉最高、最安全的债券，被称为“金边”债券。但在 30 多年前，国库券是不能上市流通的，这大大影响了国库券的信誉，也滋生了倒卖国库券的“黄牛”。那时在上海的一些马路旁，常常可以看到一只破箩筐倒扣在地上，上面用硬纸板写着“收购国库券”。在北站虬江路和一些股票交易柜台门口，我曾亲眼看到有的人因一时急需用钱，国库券又没有到期，只好忍痛将国库券出售，黄牛按面值六折价甚至五折收购，百元面值的国库券只能拿到五六十元现金，几年的利息也没有了，损失很大。票贩子则转手倒卖，从中牟利。

“国库券何时能上市流通?”这是人们普遍都关心的问题，我也在认真思考。机会来了。1986 年 9 月，上海金融部门批准延中实业股份公司和飞乐音响公司股票可上市流通，进行柜台交易，这标志着我国加快了金融改革开放步伐。1987 年 10 月的一天下午，在上海股份制企业联谊会召开的年会上，我作为采访记者应邀参加。在会议即将结束时，金融界老前辈黄贵显提出，建议开设国库券转让业务。这句话像磁铁一样吸引了我。会议结束后，我便上前对黄贵显进行了详细独家采访。黄贵显是工商银行静安证券业务部经理。他认为，只要利用市场机制，国库券应该可以上市买卖。如果上海能在这方面率先进行改革，将是一件利国利民的大好事。他介绍说，建设银行发行的各类债券，消费者都踊跃争购，唯独国家每年发行的国库券，购买者往往兴趣不大。

黄贵显分析道，影响国库券声誉的关键是国库券不能上市买卖。让国库券上市流通，至少有四个好处：一、可以重新树立国库券的威信，把它的价值充分体现出来，会给国库券发行带来很大的便利，市民乐意购买，就可吸收更多的资金；二、打击国库券的黑市交易；三、有利于改变目前证券柜台交易债券、股票“有行无市”的局面；四、通过代理国库券买卖，银行收取手续费，可以为国家增加财政收入。他表示，他们公司营业部已有了一些委托代理买卖股票、债券的柜台交易经验，有现成的场地和一批懂金融管理的人才，可先开展试点，取得经验后再逐步推开。

赶回报社后，我将这一情况向领导张煦棠作了汇报，他马上叫我写一份内部情况。我根据平时了解的情况和黄贵显经理的介绍，写了“建议开办国库券转让业务”的内参，刊登在 1987 年 10 月 26 日《文汇报情况反映》第 135 期上。时隔不久，我又写了一篇“应当让国库券上市流通”的稿子，领导关照我这篇稿件给有关金融管理部门领导审阅。中国人民银行上海分行一位主要负责人热情接待了我，他看了稿件后，当即对公开发表这篇文章表示支持，并称这篇稿子将对国内金融改革起推动作用。此稿后来在1987年11月22日《文汇报》第二版头条位置发表。

事后，上海市体改委一位同志告诉我，对那份建议开办国库券转让业务内参，中央领导作了批示。不久，从北京传来好消息。1988年2月2日，新华社播发消息，经国务院批准，从1988年4月21日起，1985年度和1986年度国库券正式在上海、沈阳等61个城市上市流通。

1988年4月21日是国家批准国库券上市流通的第一天，一早我便赶到了西康路101号静安证券业务部。上午9时，当业务部大门一打开，人们蜂拥而入，数百人即刻把业务部大厅挤得水泄不通，出现了一人抛售、百人争购的热烈场面。一个小时后，1985年度面值100元的国库券委托买入价已从开市的101元，上升到106元、108元，跳跃上升至112元才开始成交。当天收盘时，每百元国库券成交价达到了113元。国库券大大高于面值的成交，极大地提高了国库券的信誉。

这时，我又在研究国库券发行中另一个问题。国库券可以上市流通以来，信誉不断提高。但每逢国库券发行时，还是会出现硬性摊派和变相摊派的现象，多少影响了国库券的声誉。国库券发行应该实行市场化，向社会公开发行。于是，我又采写了一篇《国库券发行应实行市场化》的建议与呼声，刊登在1990年8月1日《文汇报》上，引起了各方重视。后来，上海申银等三家证券公司同有关部门签订了包销3000万元1990年国库券合同，这是金融体制又一改革措施。

1990年9月19日，当时市财政局下属的上海振兴证券公司承担了向社会公开发售国库券的任务。开售当天，获悉这一消息的市民纷纷赶到坐落于西藏北路1号的上海振兴证券公司，营业大厅的卷帘门刚升起，市民已猫着腰争先而入，纷纷向柜台工作人员索要1990年国库券个人认购缴款单，不一会儿，柜台前排起了缴款长队。

首次向市民公开发行国库券取得了圆满成功，当天，上海振兴证券公司共销售了 85 万元。第二天,《文汇报》在第一版醒目位置刊登了我采写的通讯《长龙成阵购证券——1990 年国库券在沪首次上市发行记》。文章见报后，有更多市民来到振兴证券公司购买国库券，很快销售一空。原计划上海发行 2.7 亿元，由于市民购买踊跃，最后销售了 7 亿多元，超额完成发行计划一倍多。

寒冬里感受领袖的温暖

张黎明

流逝的岁月没有冲淡我的记忆，也许是这些充满硝烟的故事，融入了我的基因、我的血液、我的心灵……

2003年深秋的一天，我从北京一位好友的来电中获悉：中央决定将隆重举行毛泽东诞辰110周年纪念活动。就是这条重要的信息，令我在《新民晚报》安安分分当了6年编辑后，变得不“安分”起来。

作为一名新闻工作者，不应呆板地分“台前幕后”，而应面对重要机遇时不做旁观者，竭力使自己成为参与者。纪念领袖毛泽东，主流媒体理所应当要有自己的“声音”，有独家的报道。于是，在报社领导的支持下，我只身赴京开始了一次追寻伟人足迹的难忘采访。

当年11月下旬，整个北京雪花飞舞，寒气袭人。

我抵达北京后，明显感受到了毛泽东“热”在这里不断升温。次日，我即与中央军委办公厅、总政治部、中央警卫局等单位联系采访事宜。但反馈的消息令我有些意外。因为能称得上毛泽东的战友与爱将的，如今都已八九十岁，而且也屈指可数。许多老同志都因健康原因不能接受我的采访，张劲夫、彭冲等老同志还请秘书打电话向我表示了歉意，这真的让我这个晚辈感到诚惶诚恐。

为了完成这次不同寻常的采访任务，我不分昼夜地奔走于京城的“大院”和“胡同”之间，叩开了一扇扇“大红门”。尽管在北京的老同志不少，但真正与毛泽东有过交往的人却不多，能回忆讲述他老人家往事的人更是寥寥无几。

那些天，我通过各种渠道在京城寻求“目标”，还胆大包天地“雇佣”了一批大秘书为我“打工”。这样我终于畅通无阻地走近了在井冈山前委机关工作的欧阳毅将军；在“文革”中被毛泽东亲点的八大将军省委书记之一的谢振华将军；跟随毛泽东40多年的中央警卫团团长张耀祠将军……

黄昏时分，我在开国中将欧阳毅家里，聆听了他在井冈山与毛泽东一起挑粮的往事。将军回忆说：“1928年11月的一天，毛泽东身着单衣，脚穿草鞋，背着斗笠、米袋，跟随挑粮队伍从茨坪出发，到宁冈大陇挑粮。我和曾志等前委机关干部也跟着毛泽东去背粮。我没有米袋子，就把裤脚管扎紧装粮食，扛在肩上。我们回来的路上，途经黄洋界哨口大槲树时，都要稍微歇一会儿。”

毛泽东利用这点休息时间就要对战士们做思想工作。大槲树下，他一边用毛巾擦汗一边问大家：同志们，站在这里能看到什么地方？

毛泽东叉着腰说：要看得更远些！不仅要看到江西和湖南，还要看到全中国，全世界！干革命就要站得高看得远，不要被眼前的困难蒙住了眼睛……

中纪委有位领导同志的秘书帮我介绍了一位与毛泽东、贺子珍在井冈山关系密切的红军女战士彭儒。

当我见到90岁高龄的彭老时，立刻对她的传奇人生产生了兴趣。交谈中，我发现了她革命生涯的三大“亮点”。第一，她是红军初创时期如今唯一健在的女战士；第二，她经历了中国共产党武装斗争的全部历史；第三，她是一位秉公执法的纪检干部，曾任中央审查林彪、“四人帮”两案办公室副主任。她向我生动地讲述了许多关于毛泽东在井冈山上鲜为人知的故事，其中，有些已在我采写的特稿《咱们的领袖毛泽东》一文中披露。

我早就听父辈们说过，在党内毛泽东与罗荣桓战友情深。

1963年12月16日，罗帅不幸病逝。毛泽东悲痛逾常，一连几天夜不能寐，他还动情地写下了诗句：“君今不幸离人世，国有疑难可问谁？”

所以在这次采访名单中，我已将罗帅的夫人林月琴列入其中。但万万没想到就在我赴京采访的前一天，慈祥的林阿姨竟同我们永别了。

11月28日上午，我心情沉重地前往八宝山革命公墓，送别这位革命先辈。在近千人的悼念人群中，我发现了许多熟悉的身影。他们都是毛泽东战友的后代，都是共和国开国元勋的子女，都是当年毛泽东居住在中南海的小邻居们……

一种职业的敏感告诉我，如要写好一篇富有晚报味的特稿，就必须“抓”住眼前这些人。于是，就有了我用手机“追踪”刚刚访欧回国的陈毅元帅的长子陈昊苏；风雪夜登门拜访李富春、蔡畅的爱女李特特；会场上“劫持”谭震林的女儿谭泾远；闯入大楼办公室“打扰”邓子恢的儿子邓运；毛泽东的儿媳邵华将军在百忙之中还向我讲述父亲吃她丢在饭桌上的米粒……

时任中国人民对外友好协会会长的陈昊苏对我讲述了毛泽东主席抱病前来参加他父亲陈毅追悼会的情景：1972 年 1 月 10 日下午，毛主席在休息室里首先接见了我的母亲张茜。母亲说：主席您这么大的年纪，身体又不好，怎么也来了？主席很悲痛。他眼睛湿润地对我母亲说：“我是来送送井冈山的老战友……”他还对我们兄妹四人说：“你们的父亲一生为人民服务，这已经做了结论。你们要努力奋斗。你们年轻人现在还不懂得世事。总要经历 20 年的考验，准备跌许多跟头，然后才能懂得世事。”

当时我们都很激动，因为主席乡音太重，有些话听不太懂，也记不全，但大意是完全清楚的。当晚，母亲和我们兄妹一起把主席的讲话整理成文字稿，报送中央办公厅。

次日，新华社发表的消息把毛泽东主席的话概括为“要努力奋斗，为人民服务”。这就是他老人家给我们兄妹四人难忘的革命箴言。

正是这些大哥、大姐们在我采访时的密切配合，《新民晚报》领导胡劲军、徐炯、朱大建的全力支持，才有了我独自“烹饪”的特稿《娃娃们眼中的毛伯伯》新鲜出“炉”。此稿当月被报社评为红旗稿。

短短的几天采访很快进入了尾声。离京前，我手捧鲜花步履沉重地走进了解放军三〇一医院和北京医院，看望一些当年驰骋疆场、功勋卓著，眼下年事已高，疾病缠身的老同志、老将军，不禁感慨万千。

1993 年初冬，我在上海青年报社工作，为纪念毛泽东诞辰百年，也曾赴京独家采访了肖克、陈锡联、李德生、王平、陈士渠、莫文骅等一批共和国高级将领，如今，他们都已不在人世……

我还清晰地记得，这些伯伯、阿姨们接受我采访时的音容笑貌，还记得他们绘声绘色地给我讲传统、讲历史、讲故事的情景。因为他们是党的历史、军队历史和新中国历史的创造者、亲历者。我的每一次采访，都是一次聆听教诲、接受教育、重温党史的极好机会。因此，这条共和国的红色“人脉”，我追寻了30多年，发掘了30多年，守护了30多年……

流逝的岁月没有冲淡我的记忆，也许是这些充满硝烟的故事，融入了我的基因、我的血液、我的心灵……

歌声与微笑

——上海电视节的回望

陈晓萌

30多年前，上海电视节的成功举办，在中国大地上拉开了国际电视交流活动的序幕。上海电视节不仅因为它创办最早，对上海电视事业发展影响广泛，更主要的是上海电视节的发展历程始终贯穿了上海电视人坚持改革开放、追求发展、求新求变的精神。

1986年12月11日，《人民日报》发表了题为"上海国际友好城市电视节开幕"的新闻：我国首次举办的国际电视节——上海国际友好城市电视节，今天晚上隆重开幕，首届上海电视节荟萃16个国家19个城市的20家电视台的精彩节目。在为期一周的电视节期间，上海电视台每天晚上通过两个频道播放节目。它将使上海人民有机会了解各友好城市的人文风光、礼仪习俗、历史文化社会现状。如此集中播出这么多的外国电视片，在我国还是第一次。

改革开放的东风推开了上海电视国际合作交流的大门，成功开启了国际电视合作交流序幕。筹办首届上海电视节对一个成立28年的地方电视台而言，遇到了前所未有的困难和挑战，但在上海市委、市政府的领导下，在国家广电部和上海市有关部门的全力支持下，我们突破种种障碍，克服重重困难，电视节取得圆满成功。时任上海市市长江泽民同志在开幕致词中指出，此次举办国际友好城市电视节是上海国际文化交流的一件大事，它的举办，在上海与各友好城市间的关系史上又写下了新的篇章。它给上海人民的文化生活增添了丰富多彩的内容，为学习各国优秀文化提供了良好机会。它必将为增进上海与各友好城市间的相互了解和友谊、加强上海电视台与各友好城市电视台之间的友好合作，起到积极的推动作用。

“请把我的歌带回你的家，请把你的微笑留下。明天这歌声，飞遍海角天涯，明天这微笑，将是遍野春花。”《歌声与微笑》是一首旋律优美、广为传唱的优秀通俗歌曲，由著名词作者王健、著名作曲家谷建芬创作，产生在20世纪80年代中期，历经时间的磨炼，岁月的蹉跎，至今仍在电视、广播、文艺演出、聚会联欢时传唱。

上海电视节的创办与这首歌曲的诞生，有着特殊而有趣的故事。

1986年3月，上海电视台为即将到来的电视节在《每周广播电视》节目报征集主题歌歌词。不到两个月，先后收到全国各地作者创作的1500多件作品。

作曲家谷建芬拿到候选歌词后，对《歌声与微笑》情有独钟，欣然命笔，一气呵成。这首主题歌诞生后，1986年12月10日晚，在上海国际友好城市电视节开幕晚会上，由上海小荧星儿童合唱团唱响后，受到了中外来宾、电视观众和文艺工作者的欢迎。

按理说上海电视节闭幕，主题歌的故事也该结束了，但上海国际友好城市电视节结束后，1988年筹备第二届时，有人说，这首歌是很好，歌词切合主题，曲调优美动听，但它更像是一首儿童歌曲，而儿童歌曲作为上海电视节主题歌好像有点不合适。为慎重起见，组委会在筹备1988年第二届上海电视节时，再次组织主题歌的征集活动，将新征集的10首主题歌，通过专业团队演唱制成节目公开播出。没曾料想，最后收到反馈意见时，大家却一致认为：那首没被列入候选的“第11首”——《歌声与微笑》最佳。组委会决定，上海电视节的主题歌就是《歌声与微笑》。

20世纪80年代的上海电视台沐浴在改革开放的春风中，上海电视事业被全国风起云涌的改革浪潮推动着，从上到下，从新闻报道、专题纪录片、文艺电视剧，到体育、儿童、戏曲、音乐，从领导到专业人员，都在思想解放、改革创新。国际电视节是一个什么概念、怎么组织、包括什么内容、何时举行、几天合适、哪里去寻找突破口、地方电视台能否举行国际性的电视节等，我们也遇到了一系列的问题。

1986 年的上海电视台，已是全国最大、最早成立的地方电视台。在富有改革创新精神的领导人率领下，急需搭建一个国际交流平台。在与上海市负责对外事务的市外事办公室的领导沟通交流下，市外办负责人提出，上海与国外城市缔结友好关系的历史，始于 20 世纪 70 年代。从 1973 年起，上海已与世界上 16 个国家 18 个城市建立了友好城市关系，如日本大阪和横滨、法国的马赛、美国的旧金山、德国的汉堡等。利用现有的友好城市关系，就可搭建国际电视交流平台。那时国内没有一个城市具备这么广泛的联系。市外办领导的建议，瞬间打开了上海电视台领导的思路，上海广播电视局决定，就从友好城市入手，先创办“上海国际友好城市电视节”，成功之后再举行上海电视节。

然而，由一个概念变为一项实实在在的活动，接踵而来的挑战和困难，需要上海电视人去勇敢面对。首先挑战来自自己。在上海电视节之前，我们从事过大型电视活动的人很少，最大的活动莫过于 1985 年的上海国际女子马拉松比赛。国际体育赛事的一系列宣传思路，如主题海报、主题歌、logo、标志色、宣传推广活动等，都被移植到首届上海电视节，筹备工作以前所未有的速度进展。正是因为这样一种改革开放的魄力，正是因为这样一种积极探索的精神，正是有了这样一种敢为人先的闯劲，上海电视节才能横空出世，一炮打响。

《解放日报》1986 年 12 月 11 日头版发表的短评“人少也能办好事”写道：“这次电视节的吸引力，除了它的内容和形式之外，还在于它的工作效率。据介绍，从十一月二十八日进场置景，到敲响重场开锣戏，只花了十天时间。电视节的整个筹备过程中，全脱产的工作人员只有六人。”

20 世纪 80 年代的中国电视节目均是国家计划经济体制下，电视台自己制作的或与兄弟台交换的，而一个国际电视节应具备国际节目市场功能的观念，我们是在筹备过程中被动意识到的问题。整个筹备期，上海电视台一直将最主要精力投入节目的联络、制作和播出。观念上的差异、时空的距离、多种语言的翻译配音，把我们忙得不亦乐乎。直到开幕临近，众多外国代表团表示愿意面对面交流并希望有一个节目市场。当意识到这是电视节应具备的重要功能时，距电视节开幕只剩 3 天。时不我待，上海电视台迅速组织力量，仅仅 1 天时间，利用原上海国际俱乐部舞厅场地，建成小规模的国际电视节目市场。在仅有 7 间节目交流展播室里，上海电视台为各国来宾展示了 23 部电视节目，中央电视台和其他来自海外的电视台展示了 181 部电视剧、文艺专题节目。上海电视节仓促上马的国际电视节目市场，是中国大陆出现的最早国际电视节目市场雏形。

上海电视节成功举办得到了广大观众的欢迎和赞誉。有一位观众热情写道："这次电视节开全国之先，创电视之新。电视节不仅丰富了节目内容，更在于她在荧屏之外所作的贡献，让上海人民了解世界，让世界各国城市熟悉上海，开辟了世界各国文化交流的新途径。"

立于 312 国道上的见证

郑正恕

1995 年 9 月 18 日上午 10 时。上海，人民广场。

一辆崭新的面包车从解放日报社出发，驶入市中心人民广场的旗杆下。车上贴有鲜红的字样："312 国道行——中国东西部经济大扫描。"这是解放日报社党委领导下由该报国内新闻部精心策划的一次重大采访活动。我有幸与报社同仁顾玉祥、胡志刚一起参加了这次行程长达 5000 公里，横跨我国东西部八大省区的大跨度、全方位、多视角的采访活动。市委宣传部领导来了，报社领导来了，报社同仁和兄弟媒体朋友来了。他们来为我们送行，人民广场是 312 国道零公里的出发点，我们将在这里登车挥手与大家告别，沿着 312 国道一路西进。我们将在江苏、安徽、河南、陕西、宁夏、青海、甘肃和新疆八大省区进行扫描式的采访；聚焦沿 312 国道串起的城市、乡镇、农村在改革开放中的发展、崛起与巨变；了解和关注中国东、中、西部地区在不同地理地貌、经济基础和人文文化背景下，一起唱响中国特色"改革开放富起来"的宏伟乐章。从出发当天起，到 10 月 23 日我们顺利抵达 312 国道终点——位于新疆伊犁州的霍尔果斯边境对外开放口岸，历时 38 天，发回报道 43 篇，全部刊登在《解放日报》的重要版面上。这不仅在上海，而且在 312 国道横贯东西的各省区、各大城市的读者群中都引起了巨大关注与热烈反响。

沿着一条公路串起祖国东西部平原、高山、大江、大河的报道活动，一晃竟 26 年过去了！在迎接党的 100 周年纪念的重大日子里，回首往事，许多重大场景便一下子又扑回到了眼前……

312 国道行出发的次日，即 1995 年 9 月 19 日上午，在江苏省委大院内，时任江苏省委书记陈焕友接受了我们此行的首场专访。他说："1992 年邓小平同志视察南方，在南京火车站作短暂停留时，当面告诫我，要抓紧抓住机遇，要发挥沿海地区优势，加快江苏建设步伐。"他还说："我们确实做到了'思想要解放一点，胆子要大一点，步子要快一点'，事实证明党中央部署的沿海开放政策已在江苏取得巨大成功。"在轻松愉快的氛围中，陈书记还反复强调东部沿海发达地区在谋求自身发展同时，要关注并带动中西部地区共同发展、共同富裕。他说，从 1990 年起，江苏省就按中央部署对口合作支援陕西省。至今，江苏已向陕西 4 地市 30 多个县派出 140 多名干部，输出技术 500 多项，注入资金 6000 多万元，使陕西 600 多家企业完成了技术设备更新。在结束采访时，陈焕友书记亲自送我们到大院门口，叮咛说："请代我向陕西省领导问好，向在陕西工作的江苏省干部问好。"

是啊，从登上 312 国道起，迎面密集扑来的苏锡常、镇江、南京高新工业开发区繁荣景象以及陈书记一再强调的中西部应该联动发展等，都给我们留下了深刻印象。

在合肥，时任安徽省省长回良玉的一番谈话，使我们在紧张采访中发出了一阵欢笑声。他说，从地理位置上讲，安徽省既不"东"也不"西"，不是"东西"。但全省却东望上海，东邻江苏，向西依次可连接豫、陕、甘、宁和青海、新疆。这样的格局，安徽省既可作东部沿海发达地区的"接受站"，又能向西辐射当"发射站"。这样便可"承东启西，左右逢源"。当然，在合肥短短半天的采访中，目睹云集在中国科技大学周边的 94 家国家级、省部级科研所和 330 多家民营科研公司，开始向各大高科技领域大步迈进的景象，还是给我们留下了很深的印象。

接着，我们走进了中原大地。在河南，时任省委书记的李长春同志正在北京出席党的十四届五中全会。他专程打电话给其他省领导，说这次全会的重要精神之一就是要加快中西部地区的发展步伐，东部发达地区要带动中西部共同发展，联动发展，共赢发展。他一再叮咛省领导要接待好解放日报社记者，让他们好好看看华夏大地的巨大变化。

当汽车驶入兰考境内时，人民好书记焦裕禄的形象立刻浮现在我们的眼前。这是兰考吗？昔日的沙丘地、盐碱地、内涝地已无半点踪影，笔直的公路直指天边，参天的泡桐、沙白杨密密麻麻排列成行，筑起了一道道“绿色长城”。广袤的大地上，新栽的花生秧苗一片葱绿，高粱红了，玉米金黄，大红苹果压弯了树梢。到处都是成片的茂林，明澈的水渠，绿色的田野，红色的瓦房，还有一片片新崛起的乡镇企业厂房。焦书记逝世后接任的第七任县委书记卢大伟专门穿上西装、戴上领带接待了我们。他说，要把老书记那篇未完成的文章“兰考人民多奇志，敢教日月换新天”做得更美更好。在开封，汇集北宋名胜风情的宋都老街开始得到修缮与保护。在洛阳，老工业基地依托科技进步，焕发了又一个“百花齐放”的春天。在郑州，“亚细亚”商城辉煌崛起，天下商品，八方涌来，一时成为中原大地的商贸物流中心。诚如河南省副省长俞家骅所说，河南的改革开放要打破“围城”，摈弃“古城意识”，要主动接轨东部沿海发达城市的开放步子，唱响我们中原大地的“东进序曲”。

从河南省的三门峡市驶入秦晋大地，312 国道的公里读数是 1200 公里，约占我们总行程的五分之一。

终于离开了一望无际的华北平原，看到了如丝绸般弯曲飘柔的九曲黄河。十二里铺、十六里铺……黄土高坡上的白羊群、窑洞里的灯光、黄河激流里的羊皮筏、青藏高原上缓慢移动的黑牦牛，都依次出现在我们的眼前。随后，祁连山脉、天山山脉的雄伟峰峦不停顿地在我们飞驶车辆的车窗前晃动。大西北，312 国道行的上海新闻媒体人——我们来了！

时任陕西省省长陈安东、甘肃省省委书记阎海旺、宁夏回族自治区主席白立忱、青海省省委书记尹克升、新疆维吾尔族自治区主席阿不来提·阿不都热西提先后会见并接受我们的采访。五位领导讲得最多的就是要坚持解放思想，坚持改革开放，要在接受东部沿海发达地区的开放辐射中，把各省（自治区）的经济发展搞上去。他们异口同声地对我们说：“对此，我们充满信心！”

是的，西部大开发的景象，像一幅幅壮丽的画卷依次展现在我们的眼前。在陕西，洛川苹果园覆盖了昔日荒凉的黄土高坡，而延安炼油厂高耸入云的炼油塔正和城里的宝塔山遥相呼应。在银川，绿色植被开始镇住了昔日黄沙蔽日的沙坡头，田野里的大片塑料大棚依次铺天盖地排列在 312 国道的两侧。在甘肃，大批乡村亮出了“现代农业大有作为”的大幅标语，他们从以色列引进“滴管”技术，暖棚里大南瓜、大白菜、西红柿等，正装车待运，奔向市场。在青海，年产十万吨的钾肥项目已接到大批订单。而新疆自治区领导则真诚告诉我们说：“新疆产有世界上最优质棉花，我们引进了最先进纺纱机，拥有一流纺纱厂，欢迎沿海发达地区来疆投资生产品牌服装！”

38 天奔波，38 天日夜兼程，38 天连续发稿的 312 国道行！1995 年 10 月 23 日，我们终于来到了 312 国道终点站——霍尔果斯边境口岸！一晃就是 26 年过去了，至今还清晰地记得霍尔果斯部队官兵为我们解放日报社三名记者举行的欢迎仪式；至今还记得时任伊犁地委书记张国梁说的那句话：“不到新疆，不知中国之大；不到伊犁，不知新疆之美！”而对我们上海三名记者而言，最刻骨铭心的是，目睹了祖国在改革开放中所发生的巨大变化，中国巨龙正在抬头，正在准备腾飞！

如今的 312 国道，早已在全线建成了高速公路。而在 312 高速公路周边，网格化的高速铁路、高速公路、高等级公路已全覆盖祖国大地。中国已拥有了全世界公里数最长、路况最好、通讯设施最先进的高铁与高速公路。

退休以后，我有时还会在 312 高速公路途经的地方去旅游。相比之下，真正体会到了在以习近平同志为核心的党中央坚强领导下，中国全方位的巨大变化正让全世界啧啧称奇。

是的，中国就是一座大花园！这里，承载着 14 亿中国人民的中国梦！这里，在中国共产党的带领下，正在改革开放中富强起来。中华民族正在实现伟大的民族复兴！

在纪念党诞生 100 周年的日子里，仅站在 312 国道上，就能把锦绣神州看个够，但怎么看，也看不够哦！

“敬礼，护卫国旗的战士”报道的前前后后

俞松年

1985 年 7 月 30 日，“八一”建军节前一天的《文汇报》发表了一篇报道:《敬礼，护卫国旗的战士》。

文章虽不长，社会反响却较大，多家报纸杂志转载。次年年初，中央电视台将天安门的升旗仪式作为每天晚上电视节目的片头，伴随《义勇军进行曲》那高亢的旋律，三名武警战士从天安门中门走上金水桥，中间那名战士手擎国旗，威风英俊，用 138 步，一步不少，一步不多，走完从金水桥、穿过长安街到旗坛的 103.5 米的路程!

此后，中央和全国各大媒体屡有关于天安门国旗班的大篇幅报道。首都新闻界在一次好新闻作品研讨会上，高度赞许《敬礼，护卫国旗的战士》(以下简称《敬礼》)一文，并被评为优秀通讯稿，收入《中国新闻通讯选》。有新闻学家指出，天安门广场每天清晨升旗，已有几十年，路过天安门广场的新闻记者数以千万计，为什么都“熟视无睹”，独有上海来的记者，对此灵感大发，立即写就这篇《敬礼》，足见这位记者新闻敏感性很强，报道责任性很强，从《敬礼》看出，他采访能力和文字功底很强。

五星红旗是新中国的象征。从毛泽东主席在新中国诞生之际升起第一面五星红旗，到联合国大厦前第一次飘扬的五星红旗；从第 23 届奥运会会场 15 次升起五星红旗，到南极考察队在极地升起五星红旗；从中国登山健儿在珠穆朗玛峰之巅插上五星红旗，到香港回归祖国升起五星红旗……多少年来，五星红旗每天迎

风飘扬，光耀环宇。

现在，每当共和国的天边露出一道红霞，天安门国旗班威武非凡的武警战士就会一身戎装，手捧国旗正步走到旗杆下，伴随着威严的国歌声，一位武警战士把手一扬，鲜艳的五星红旗和太阳一齐升起，迎来新的一天。那些早起的鸽子在红旗和太阳间翩翩飞过……

人们把天安门广场的国旗，称为新中国第一旗。在这面旗下，发生了多少可歌可泣的动人故事。

很长一个时期，对于国旗的升和降，没有一个正规、庄严的仪式。在 20 世纪 50 年代和 60 年代的大部分时间，升降国旗的任务是由几名供电工人担负的。每天早晨，他们中值班的就肩扛国旗，从宿舍来到广场，将国旗升起，傍晚再降下，随便一卷，收起。有时，一觉睡过了，太阳已升起老高，工人们才将国旗升起；有时，夜幕已降临很久，才将国旗降下；有时，升降国旗时工作服上满是油污，显得很不庄重。1969 年冬季，在不少群众的反映下，国旗升降的任务移交给了执行天安门地区警卫任务的北京卫戍区某部官兵，也仅仅是一人扛旗，一人护卫，升降旗的时间固定了，但国旗的升和降仍显得很不庄严。与此同时，国旗作为一个主权国家的象征，国旗意识在一些人的心中却并不浓厚。在天安门升（降）国旗时，不少过路人若无其事，如同看热闹；有的斜靠在金水桥栏杆上，三三两两、指指点点。某机关国庆节升起的国旗一直没有取下，风吹雨打，日晒雨淋，几个月后，崭新的国旗变得有些破旧。

……

1982 年 12 月 28 日，武警部队成立，在天安门守护国旗的任务由卫戍区移交给武警部队。由于上级并没具体规定每天必须有升降旗仪式。天安门中队成立后想到的第一件事，就是成立国旗班，认为天安门广场要有一个庄重、规范的升旗仪式，以便更好地表达人民群众对国旗的敬仰之情。

大家设计了一个又一个方案，夜深人静的时候，在天安门广场一遍遍地演练，一个简洁、庄重的升旗仪式产生了；三名身穿司礼服的战士，迈着庄严的礼步护卫着国旗行进，升降国旗时，国旗卫士行军礼；为了表现祖国与日月同辉的意思，每天让国旗与太阳同时升起和降落。根据精确的测算，太阳从地平线上升起需要两分零七秒。所以，国旗从地面升到旗杆顶端也必须是两分零七秒的时间，经过多次调节后的升旗按钮机关，恰巧使两个时间完全吻合。

国旗班的战士是千万士兵中最优秀的士兵。我在采访国旗班时，才知道，挑选国旗班战士，要求五官端正，四肢匀称，胖瘦适中，站姿端正；身高要求在 1.75 米左右，富有阳刚气质。我几次去天安门营房采访，见到的战士，人人有礼貌，个个是帅哥。被选入国旗班的战士，都要进行十分严格的训练。除了武警战士训练科目外，还有站立训练，有时一站就是两小时。新入伍的战士陶卫革告诉我，为了练站立姿势，他常用笔在水泥墙上画一道水平线，贴墙一站就是两小时；为了矫正腿形，有人用背包袋将两条腿捆起来睡觉，为了使胸脯挺起来，有人睡觉不用枕头，并在后背绑一块长木板；为了使脖子、头颈立得正，有人在衣领四周插上大头针……

北京的夏天酷热难当，三伏天的太阳当头高挂，无遮无掩的水泥地像一块烧红的钢板，可训练时却必须着装整齐；冬天，常常是寒风夹着沙尘铺天盖地，气温在零下 10℃，可训练时又不能穿大衣。因此，夏天，战士们里外都是汗水；冬天则先是汗水后是冰碴。国旗长近 5 米，宽约 3.3 米，扛着国旗在大风中走，脚步乱了，姿势也容易变形。战士们就专门拣大风口练，一个月刚刚过去，有的就已踢破了一双皮鞋，双脚、双手都是血泡，两条腿肿得穿不上裤子。

一般地说，一个新兵入伍，起码训练六个月，才能成为一名旗手。

其实，全国各界要求改革和完善国旗升降仪式和将清晨升国旗仪式作为爱国主义教育内容的呼声日趋强烈。中共北京市委、市政府，经过认真的规划和论证，决定对国旗杆和基座进行改造。旗杆由原来的 22 米增加到 30 米，使国旗飘得更高，与周围的建筑物相映显得更加协调，旗杆由不锈钢制成，阳光下银光闪烁。基座周围有 56 个铜制隔离栏杆，用钢链连在一起，象征着我们国家 56 个民族手拉手心连心，紧紧团结在国旗下。里面一层有 4 块绿草坪，一年四季常青不败，象征着我们国家欣欣向荣。草坪里面一层是赭红色大理石石带，象征我们国家的江山万代红，大理石里面一层是汉白玉栏杆和汉白玉基座平台，象征着我们国家洁白无瑕，纯洁和高尚。基座四面开口，都有三级汉白玉台阶，象征着我们国家的改革开放。国旗旗杆顶端镀钛的金黄色小圆球，能保持20年不褪色，它是我们国家光明前程的象征，同时也是我们炎黄子孙的象征。

北京市政府将《关于天安门广场国旗举行新的升（降）仪式的请示报告》呈送中南海，国务院领导作出批示：“护旗队员应增加些，乐队能否跟着走，节日伴奏是否太少了。”

遵照国务院领导的指示，方案又作了改进。最后，终获通过。国旗护卫队由38名身穿毛料礼服、腰扎新式武装带、肩挂金色绶带的武警官兵组成，其中，掌旗员（旗手）1名，升降旗手2名，领队警官1名，护旗兵34名，新的升降仪式包括节日和平时2套方案。每月逢旬的第一天，即1日、11日、21日；逢重大节日，元旦、春节、国际劳动节、建党节、建军节、国庆节，由武警北京总队军乐队60名队员集体行进奏《歌唱祖国》乐曲，升旗时奏《义勇军进行曲》。平日则播放国歌录音。

1991年5月1日清晨6时05分，东方的晨辉为大地披上了一层橘红色的薄翼，喷薄欲出的太阳又在孕育着又一个黎明。北京天安门广场东西长安街的车辆被挡在广场两边，一万多双眼睛望着天安门。

天安门广场从未有过的寂静。一种注定要发生什么的寂静。

“来了！”这是一个抑制不住激动却压得很低的声音。一万多双瞪得很大的眼睛，一个个摄影机、照相机的镜头支起，一队武警战士迈着矫健的步伐从天安门走来。走在最前面的掌旗手双手紧握五星红旗，两边各有一名紧握冲锋枪的护旗兵，两米之后是一名腰佩手枪的带队警官和4列纵队，纵队由32名持自动步枪的护卫队员组成，最后是60名军乐队队员，《歌唱祖国》的旋律从军乐队的方阵中飘出，在广场上空回荡。这支队伍的每一个人均身着橄榄色马裤呢的武警制式礼服，肩挎、腰扎深褐色的武装带，肩披金色真丝绶带；个头均在1.75—1.78米之间。队伍一过金水桥，蓦地由齐步换成正步前进，36双皮鞋踏在了一个点上，如空谷中的足音，清脆铿锵！

138步，队伍从金水桥行至广场上的国旗基座围杆。6时12分，掌旗手郑重地将国旗交给升旗手，护卫队散开守卫在基座四周，一声“敬礼”的口令响起，升旗手摁动电钮，护卫队行持枪礼，军乐队高奏国歌，国旗沿着30米高、崭新的银灰色旗杆徐徐升向顶端。此刻，东方的太阳亦正在升起，缀着金星的五星红旗，与火红的太阳交相辉映，令人热血沸腾。

太阳高高升起，升旗仪式早已结束，可聚集在国旗下面的观众却久久不愿离去，作为中国人，他们久久地回味着，一种并不陌生的感觉在今天这个早晨，突然强烈升腾！

这是一个焕发精神的时刻；这是无愧于时代的瞬间；这是一个获得尊严的地方。这里盛产爱国主义、英雄主义精神！

我在国旗班采访，时时为护旗战士爱国、爱旗的精神所感动，就撰写了报道《敬礼，护卫国旗的战士》。

站立着，他的形象威严、热情；扫视着，他的目光透出无限机警。冬天，他们迎着风雪严寒；夏天，他们经受日晒雨淋。他们虽没有惊天动地的伟业，但时时护卫着庄严的五星红旗。他们的英姿，使雕塑家也为此灵感大发。

敬礼，护卫国旗的战士！

连续追踪报道平民英雄陈燕飞

俞新宝

在新闻事业的改革发展中，始终贯穿着一条红线，那就是与时俱进，勇于创新，突破思想禁锢的思想大解放，是新闻改革的前提。20 世纪 80 年代初，改革开放方兴未艾之时，新旧思想发生了激烈的碰撞。作为一名年轻的新闻工作者，我亲身经历了一次新旧观念的撞击，那就是对上海一位“身怀六甲下苏州河救人”的普通青年女工陈燕飞英勇壮举的系列跟踪报道。

对陈燕飞，大家肯定不会陌生。1982 年 4 月 30 日，她身怀六甲下水救人的事迹通过《解放日报》连续追踪系列报道，迅速传遍了全国，成为商品经济大潮中，上海人民精神风貌的突出典型。然而对于这一壮举的跟踪系统报道，却有着一段难忘而曲折的经历。

1982 年 4 月 30 日夜晚，在上海苏州河畔，发生了一件震撼人心的新闻事件，一个身怀六甲的普通青年女工陈燕飞，下苏州河救起一个溺水女青年，当天夜里 11 时左右，上海市水上公安局的通讯员，分别向《解放日报》和《文汇报》，发了简单的文字消息。当时《解放日报》夜班编辑部已经把第二天见报的版面排好了，但是独具新闻慧眼的时任《解放日报》副总编辑陆炳麟决定重新排版，把这一条消息编排进去；当时我恰巧在夜班编辑部发图片新闻稿，被陈燕飞用两条命救一条命的英雄事迹深深打动，当时我就认为，陈燕飞必定是个雷锋式的人物，平时肯定也做了不少好人好事，值得为之大书一笔。于是我回自己的办公室里打上地铺，连夜构思第二天的采访方案。

第二天的五一国际劳动节清晨，天空还下着绵绵的春雨，我站在汉口路 274

号门口抬头看了看天空深吸一口气，祈祷今天的采访能够顺利成功。很快，我伴着小雨满怀敬佩之心来到了陈燕飞的工作单位——上海汽车修理四厂。刚到门口便迎面碰上兄弟报社的夜班责任编辑王老师，只见他脸上满是失望和遗憾；当他得知我也是来采访陈燕飞时，他主动告诉我，他们昨天深夜也收到了这条通讯员送来的短消息，当时就打电话联系了厂值班室，想了解陈燕飞的平时表现如何，但是当时值班的厂党总支副书记说，陈燕飞平时表现电话里不大好说，明天你来了再说；所以这个稿子就搁浅了，没有刊登。昨晚报社负责夜班的副总编辑还特意叮嘱他说，如果陈燕飞是个像雷锋那样的杰出青年，就大篇幅地报道。谁知到了工厂后，厂领导对陈燕飞评价是“平时表现一般”。于是心中早已拟好的“伟大出于平凡”的主题和构思便落空，文章写不成了！厂领导告诉他，他们也对陈燕飞的救人行为感到惊讶和赞赏，但似乎并不希望对这样一位“平时表现一般”的女工大加褒奖。听了这些情况介绍，当时的我就像被迎头泼了一盆冷水一样，来时那股热情立刻凉了半截。心想，人家是受报社副总编辑重托并有版面保障而来，王老师又比我年长更富有采访经验；我呢，一无领导安排二无版面保证，纯属为自己的热情而来，现在看来没戏了，因此便没有进厂而是随兄弟报社王老师各自回家了。但在回家的路上，我一直在思索：陈燕飞身怀六甲下水救人，分明是一次见义勇为的壮举，但平时又为什么未能摆脱“一般”，闪现亮点呢？尽管比不上雷锋，但她不惜冒着以两条命换一条命的巨大风险奋勇救人的惊人之举，难道不也很伟大吗？我的内心充满了矛盾也陷入了一时的迷茫。

回到家里，本该好好休息一下，但是我一直烦乱不安，心里五味杂陈。午饭后，细心的妻子察觉到我有烦恼，询问我有什么心事？我就向她叙述了事情的经过和困惑，谁知，她听后，立刻用略带责备的口气说：“你们这些记者呀，厂领导的一句话就奉若神明，像这样的人物不深入报道，你们还要老百姓看些什么呢？你们男人没生过小孩不知道，一个身怀六甲的女工，能不顾苏州河水的脏臭，下水救人是多么了不起的事！”妻子的一席话语，促使我茅塞顿开。可不是吗？实践是检验真理的唯一标准！在现实生活中，评判真善美的标准就应该是看实际行动而不应该根据某某领导的主观评价。我下定决心，在突发优秀新闻人物报道方面，更是要改变过去那种“高大全”的模式，只要是闪光的行为，就值得报道，就应成为我们歌颂的对象！妻子质朴的话语实际上正是千万读者对进一步深入报道陈燕飞英雄行为的一种渴望。

有广大读者的期待，让我顿时勇气倍增，我顾不得休息，再一次赶到汽车修理四厂进行采访。我坦诚地对该厂值班的领导说：“陈燕飞是领导眼中表现一般的普通女工，但我想这个‘一般’是相对的概念，不是一成不变的绝对数；平时工作表现上的一般并不能代表她身上的所有一切都没有闪光点，在他人生命危急紧要关头，她能挺身而出，冒着自身两条生命的危险，奋勇救人，这不恰恰展现出平凡人的非凡一面吗？陈燕飞在拯救他人生命的重大关键时刻的表现非同一般。今天没有领导指派我来深入采访，但作为一名党报的年轻新闻工作者，我有责任向广大读者进一步深入报道陈燕飞。”也许是这一席话打动了厂领导，他便把陈燕飞的住址给了我，我立马赶去上门深入访谈。一边走一边思，心想陈燕飞并不是人们心目中的“高大全”，她的思想亮点究竟在哪里呢？不知不觉地来到陈燕飞家。我小声敲了两下门，陈燕飞的婆婆很快就打开了门，她告诉我，陈燕飞昨天回来很晚，现在估计已经起床。老人家领着我来到陈燕飞的房间，只见她披着衣服坐在床上，神情略显疲惫。

一开始的采访显得有点拘谨，确实有点小紧张，因为平时采访厂领导指定的先进人物都有厂领导或者办公室主任等陪同而来。我一时并没有完全想好切入点是什么，于是就向她提了一个采访英雄人物的惯用问题，问她为什么在自身怀孕之时还能奋不顾身下水救人，您当时心中想了些什么？陈燕飞的回答确实是“一般”，她说：“我看到水里的人还有一口气，总不能见死不救，这是做人的起码道德！”然而就是这样一句轻描淡写，似乎缺乏崇高思想境界的话语却使我深受感动，了不得，陈燕飞是一个质朴无华的女英雄。多少年来，人们对英雄人物那一番激烈的思想斗争，早已习以为常，然而陈燕飞这一句平平淡淡、实实在在的话语却让人感到那么亲切，那么真实，那么震撼灵魂！顿时，我明白了，新闻访谈就该平平常常的聊，就像谈家常。陈燕飞娓娓道来事情的前因后果，昨晚苏州河两岸数百名围观者的世态炎凉，确实毫无“惊人之处”，但正是这些平凡的素材让我捕捉到了陈燕飞壮举的闪光点。

激动地回到报社后，我马不停蹄地写好“访陈燕飞”的本报专访。当天就交给了夜班编辑部副主任邬国维（是我新闻人生成长道路上的恩师之一）。他看了我的文字稿开心地跳了起来，立刻向陆炳麟推荐说：“老陆，侬看这个小家伙没人布置他任务，自己倒把访问陈燕飞的报道写好了。”老陆迅速地看了稿子，当场连着说了三个好字，并作了修改，定了标题，马上安排排字。老陆当即为“访陈燕飞”的专访配写了著名的“冰临灯下随笔”。他还让夜班编辑部青年领导俞远明（后担任《解放日报》副总编辑、《新闻报》总编辑）陪我去拍一张陈燕飞肖像以及当时溺水女子与丈夫和谐相处的照片。

第二天一早，上海人民广播电台播音员声情并茂地全文播报了本报头版的“访陈燕飞”人物专访和“冰临灯下随笔”。引起了全城轰动，满城都是在议论这位了不起的平民英雄陈燕飞。朴实之中见风采的陈燕飞成了上海20世纪80年代家喻户晓的一位新闻人物，弘扬了中华民族精神文明。

我先后收到了400多封读者来信，广大读者对这位平凡而伟大的见义勇为者表达了深深的敬意。有一位故事大王汤笔花在信中说，我在解放以前就开始讲故事，只讲过男人下河救人不容易，女人下河救人了不起，却从来没有听说过“身怀六甲下河救人”的故事，因此陈燕飞确实是伟大，因为她是用自身两条生命去救人的。

之后，为了进一步传播和发扬陈燕飞的动人事迹，我在时任党政部主任陈迟（后任《解放日报》副总编辑，是我新闻人生成长道路上的恩师之一）的关心和支持下，又跟踪报道了市总工会开大会表彰陈燕飞的消息和图片，陈燕飞被授予上海市先进工作者的光荣称号。在我拜访上海市妇联时，市妇联有的领导表示，陈燕飞平时表现一般，是否能评上上海市三八红旗手还有待商榷。当时我就对她们说，陈燕飞能在人生的关键时刻有这样无私无畏的献身精神，这也是上海妇女的光荣，应当把她评为市三八红旗手。陈燕飞后来被上海市妇联命名为光荣的上海市三八红旗手，我为此也进行了相关报道。陈燕飞被有关部门安排去杭州疗养，我到火车站为她送行并进行了跟踪报道。后来，陈燕飞被评为全国三八红旗手。

陈燕飞于1982年9月14日16点19分，在上海仁济医院顺利生下了一个又白又胖的女儿。得知陈燕飞将要分娩的信息后，时任《解放日报》夜班编辑部青年领导李尚智（后担任上海市人民广播电台台长）放弃自己的休息时间，与我一起到仁济医院妇产科慰问陈燕飞，衷心祝愿她喜得千金。我对医务人员说，苏州河的水是黑的，但是陈燕飞的心灵是纯洁无瑕的，所以苍天赐给她一个又白又漂亮的小天使，她们都笑了。

陈燕飞的英雄事迹可谓是一石激起千层浪。之后，正是这位“平时表现一般”几个字引发了一场关于如何正确看待先进人物的讨论，使人们的思想观念受到了一次空前的冲击。后来团中央全国政治思想工作研讨会的领导们到上海时，还专门看了我对陈燕飞的一系列跟踪报道。他们谈论道，对于一个平时并无突出表现，而在关键时刻能舍身救人的这一英雄人物的全方位跟踪采访报道，挑战了英雄人物必须“高大全”的传统模式，是思想领域的重大进步。

这以后，我并未舍弃这位平民英雄，而是锲而不舍地几十年如一日地继续进行跟踪采访，连续报道了陈燕飞为市二中学同学们作精彩演讲、帮助他们树立正确的人生观、价值观和世界观；陈燕飞读高中、上大学；陈燕飞走上新工作岗位、当好引进外资的“红娘”、成为上海市侨联一名称职的处级干部；陈燕飞关心孤残儿童、与上海市儿童福利院的孤儿全贤结对帮扶；陈燕飞送女儿上大学；等等。2012年4月，我以上海市慈善基金会“俞新宝与您同行”专项慈善基金和上海市慈善之星、全国信息安全系统领军人物唐荣喜共同出资组团，邀请陈燕飞和著名老劳模杨富珍、杨怀远、吴佩芳、朱志豪、刘海珊、马桂宁、瞿蕙钧、李素兰、程德旺、朱可安、凌爱芳及许克敏、张国恩和部分陪同家属20余人一行访问祖国宝岛台湾。访问团一下飞机，前来欢迎大陆老劳模和先进人物首次组团访台的人群中，不少人一下认出杨富珍、杨怀远、朱志豪、吴佩芳、马桂宁等外，不少台湾同胞指着陈燕飞说，她就是当年“身怀六甲下苏州河救人”的女英雄，挺精神的……

很多年过去了，旧的思维模式、陈腐观念早已作古，思想领域的解放早已完成。然而，对当年发生在自己心灵中如何突破英雄人物“高大全”模式的那一次新旧观念的猛烈撞击，我却始终铭刻在心。

“龙陵”，我心中的丰碑

恽甫铭

1995年7月9日，《新民晚报》“五色长廊”专版上，发表了我和朱国顺合作撰写的长稿《且为忠魂舞——上海市龙华烈士陵园新成巡礼》，一个起点高、功能全的新颖烈士陵园建成，引起了社会的广泛关注。这是我报道龙华烈士陵园（以下简称“龙陵”）重建消息的第4篇。

我是“半路出家”的新闻工作者。1990年8月，我从空军政治学院转业到《新民晚报》，纯属是对新闻事业的热爱。这次跟踪“龙陵”建设，连续写了有关报道，得益于报社领导和有关部门的支持，于我，则是一次很好的新闻实践。

涉足“龙陵”报道，既是偶然，又是缘分。

我在空军政治学院任学员大队长工作时，训练部副部长李永贵是我的直接领导，1990年我们同时转业，他担任上海市民政局副局长。后来，“龙陵”建设上马，市里委任他为龙华烈士陵园筹建现场总指挥。李永贵希望“老战友”帮助做一些媒体宣传。有一次，他打电话给我说，“龙陵”指挥部举行主题雕塑策划会，不少国内知名雕塑家云集于此，你可以来会会老朋友潘鹤先生。

第一次走进“龙陵”筹建指挥部，让我见了世面。在龙华原国民党淞沪警备司令部遗址，低矮的一排平房就是“指挥部”。这里除了实物模型，就是简陋的办公用具。李永贵陪着我参观了关押革命志士的牢房和烈士就义的遗址，介绍未来“龙陵”的规模和前景。在主题雕塑策划论证会上，我见到了老朋友——著名雕塑家、广州美术学院潘鹤教授，上海油画雕塑院院长陈古魁，还认识了中央美术学院叶毓山教授等国内顶尖级专家。这些都让我精神振奋，一股写作报道的冲动涌上心头。

我把这个想法向时任报社领导丁法章、李森华和孙洪康作了汇报，他们鼓励我好好采访，这可是独家新闻呢。

1994 年 5 月 12 日，我采写的消息《各地艺术家学者今聚沪 共商建造烈士雕塑大计》，首次独家报道了“龙陵”建设的新闻。5 月 16 日，我在文化新闻版发表了《当年烈士挥洒热血　今朝表弟精心塑像》的消息，披露了潘鹤教授意外发现表兄杨匏安烈士就是在龙华牺牲的。潘教授担纲设计的《无名烈士纪念雕塑》艺术灵感就来源于此：先烈的身躯倒下与大地融为一体，脸部看不清是谁，但高高的胸脯上覆盖着用红花组成的旗帜。他说：“能够在表兄牺牲的地方留下作品，是自己雕塑生涯的光荣。”5 月 17 日，我发表了对潘鹤教授的专访《让英魂永驻人间》。

在随后多次走访“龙陵”的采访里，李永贵详细介绍了龙华烈士陵园的前世今生。他告诉我，从 1927 年到 1937 年，数以千计的革命志士曾被关押在此地的国民党淞沪警备司令部。恽代英在上海被捕后也关押于此，之后被转押苏州，最后牺牲在南京江东门国民党陆军监狱。罗亦农、彭湃、陈延年、陈乔年、赵世炎、李求实、柔石、殷夫、胡也频、冯铿等革命志士都就义于龙华。“一定要建设好‘龙陵’，因为它在中国共产党历史上有着重要的地位，它见证了苦难和牺牲，见证了光荣和梦想。”

“然而，‘龙陵’的建设并非一帆风顺。”李永贵说。早在 1950 年龙华地区挖掘出“龙华二十四烈士”遗骸后，老一辈革命家就萌发了建立龙华烈士陵园以告慰先烈的心愿。上海市委、市政府于 1957 年向全国有关设计院、大学征集了“龙华烈士纪念公园”总体设计方案，并作了筹划。1963 年，上海市委重拟建造龙华烈士纪念公园，在原龙华公园的基础上征地、围墙、绿化，在公园入口处矗立“红岩石”。1966 年，因“文化大革命”中断。

事情拖到 1983 年，赵世炎夫人夏之栩 12 月致函中共中央，建议在龙华建造烈士陵园，邓小平、胡耀邦作了批示。此后成立了由上海市民政局、园林局、文物管理委员会、规划局和市委党史征集办公室组成的龙华烈士陵园筹建领导小组。陵园建设工程于1994年5月27日开工，1995年4月5日完成土建工程，7月1日对社会开放。

“‘龙陵’集纪念瞻仰、旅游、文化、园林名胜于一体，为全国首创。”李永贵介绍说：龙华烈士陵园建有纪念瞻仰区、烈士墓区、遗址区、烈士就义地、碑林区、青少年教育活动区、干部骨灰存放区和游憩区共8个功能区。纪念碑矗立在陵园主轴线上，其正面镌刻着江泽民题写的“丹心碧血为人民”7个大字。纪念馆分8个展厅，以1000余件文物和大量照片、图片，展示自鸦片战争以来，为“独立、民主、解放、建设”而战斗和牺牲在上海的200多位革命先烈的光辉业绩。烈士纪念堂安放着500余位烈士的骨灰，堂内设有一幅题为“碧血”的大型瓷版画，是先烈崇高精神的生动写照。陵园内有全国著名雕塑家塑造的10座大型纪念雕塑和集当代书法大成的龙华烈士诗词碑林。

这么“高大上”的龙华烈士陵园，突破了对一般烈士陵园格局的认知，这本身就很有新闻价值，值得回应读者的关切，启迪烈士陵园规划和建设者同行的思路。因此，我向报社领导建议，写一篇长稿，向读者详细介绍建成后的龙华烈士陵园。此举得到报社分管领导、总编助理孙洪康的首肯，并指定记者朱国顺协助撰稿。

经过走访，实地考察，这篇由我和朱国顺主笔，画家蔡一鸣配图，我摄影的《且为忠魂舞——上海市龙华烈士陵园新成巡礼》长篇通讯，在“龙陵”建成一周后见报。文章分“高山仰止”“丹心碧血”“兰蕙其芳”三个部分，详细介绍了“龙陵”的宏大主题和壮丽景观。

确实，漫步“龙陵”，人们可以看到，公园主题、主轴线、主体建筑相交融；昨天、今天、明天相交接；建筑、园林小品、雕塑艺术相辉映。突出地把园林建筑、纪念碑、纪念馆三组特定纪念建筑群与植物配置结合起来，以相应的植物风姿来烘托景区的主题内涵，园内大草坪及大面积松柏、香樟、红枫、桃花、桂花、杜鹃，使陵园呈现出“春日桃花溢园，秋日红叶满地，四季松柏常青”的怡人景色。

由烈士纪念堂和烈士墓地及无名烈士墓组成的烈士墓区、烈士纪念堂造型别致，圆形的顶部是斜面几何形钢架玻璃天棚结构，墙面内外共有三块“百年英烈历史浮雕”，纪念堂内有一幅瓷版画，主题为“碧血”，取材于春秋的碧血丹心。墓地分东西两区，内植草皮。这里安葬着1600余名烈士。

纪念馆以四层素色花岗石阶梯与金字塔形的蓝色玻璃幕墙和谐组合，于庄严凝重中透出明朗开阔的意境。这些建筑成功地营造出陵园独特的纪念氛围，并以其庄重大气、中西合璧、富有时代气息的建筑风格，使龙华烈士陵园成为上海标志性纪念建筑。

让我欣慰的是，我的堂伯父恽代英烈士的墓也安放在“龙陵”的烈士墓地，烈士儿子、大哥恽希仲的骨灰安放在离休干部安息堂。每年清明，我们来自上海、北京、长沙、武汉、常州的亲友都要来这里为亲人扫墓。每每看到上海各界人士和市民自发来这里祭扫长眠于此的革命先烈，尤其看到排着队戴着红领巾的少先队员，手捧鲜花为烈士祭扫，心里就特别感动。我们党奋斗百年流血牺牲换来的朗朗日月，永远照亮中华大地，开创的民族复兴伟业后继有人将千秋万代传承下去！

“龙陵”，在我心中高高地树起了丰碑！

“一切以人民为中心”是新闻工作者的历史使命

袁家福

1992 年，东方广播电台在改革开放的滚滚春雷中宣告诞生。“传递百姓呼声、追踪社会新闻”，东方广播电台开播后，推出一档以直播形式反映听众呼声的舆论监督类节目《东方传呼》，以其独特舆论监督视角，出现在黄金时段的早新闻中。节目力求以点点滴滴平凡举动，践行对党负责和对人民负责的高度一致性。这给当时正在改革中的传统媒体送去了阵阵春风。本人有幸加入这一改革行列并得以锻炼成长。

维护政府形象与对人民负责的高度一致

《东方传呼》将听众热线电话首次引进广播，通过直播与主持人直接沟通，形成信息双向传播与反馈机制，使老百姓有一个比较顺畅的传递渠道，使舆论监督真正成为人民群众的社会监督。

《东方传呼》选播的内容，必须有一定的新闻典型性，同时又必须做到对政府负责和对人民负责的高度一致性。

记得 2000 年底，节目组接到动迁居民来信反映：他们为市政建设让路，从市中心搬到了虹梅西路。刚到这里没有菜场、没有超市，连公用电话都没有，建设工地日夜施工，噪声搅得周围百姓无法休息，正常生活受到严重影响，希望政府部门管一管。

节目组将居民来信迅速转给闵行区政府。一个星期后，节目组接到闵行区政府信访办回信。信中讲了三点：第一，听众反映的问题是不可能解决的；第二，希望你们今后来信质量高一点；第三，如再有这类信件，我们不再回复。

拿着这封来信，我们深感忧虑和气愤：政府部门少数工作人员盛气凌人不作为的官僚主义作风，置群众安危于不顾，违背了党和政府为人民服务的宗旨。征得台领导同意后，我们在早新闻的《东方传呼》节目中公开进行了批评报道。

节目播出后，该区区长立即打来电话了解情况并负责调查，当天下午召开了全区干部大会，举一反三作出处理并承诺一星期后予以答复。一星期后，临时菜场搭建了，小超市开启了，公用电话线架设了，噪声也得到控制……原本可能引发的群体性矛盾投诉事件，得到了妥善化解。不少听众打来电话说：《东方传呼》有力的舆论监督，从根本上维护了老百姓的利益、维护了政府部门的形象，收到了较好的社会效果。

牢固树立大局意识、政治意识、责任意识

积极发挥广播特长，通过声音对接体现舆论监督的更直接更有效，以公开或内参等多种形式反映群众呼声，使舆论监督更具权威性、公正性、实效性。

腐败历来是老百姓关注的热点。当改革进入深水区时，有听众来电反映徐汇区一家医院动用公款组织中层干部出国旅游。由于涉及面广且敏感，记者通过暗访的方式，并进行多渠道核实情况，做到正确无误后才播出。播出时还将听众的声音进行了技术处理，既反映了问题，又保护了举报者，取得了较好的社会反响。此后，市区两级卫健部门对有关问题进行了严肃处理。

舆论监督政策性强，不能光抓眼球，还要考虑社会效果，对此不能有丝毫懈怠。2002年儿童节一早，有听众向电台反映：当天上午，龙华殡仪馆一辆接尸车工作人员与接儿童去游玩的巴士驾驶员在瑞金医院附近发生摩擦导致扭打。现场情况恶劣，在社会上产生了很坏的影响。

从新闻学的角度说，这绝对是条抓眼球的社会新闻。在准备播出前，我们权衡再三，最后放弃了公开报道，采用内参形式向有关部门进行反映。我们在兼顾新闻事件的同时，一举一动必须牢牢守住底线：增强大局意识、政治意识、责任意识。本着对社会、对人民高度负责的精神把控新闻价值取向。

真诚为听众服务

不仅实施舆论监督，维护听众的正当权益，同时对听众所遇的难事急事也竭尽全力予以帮助。

一位名叫钱燕的听众，丈夫患胃癌去世了，时隔不久，自己也被诊断为肺癌晚期。身边有刚上小学的孩子和一位年迈多病的老母亲。这一年春节前夕，在医院治病的钱燕向医生恳求放她 10 天回家过年，用不多的时间再陪陪家人，医生同意了。钱燕回到家，白天一人躺在床上，望着丈夫的遗照，心里很不是滋味。而唯一能陪伴她的是一台 14 吋的黑白电视机且还有故障。钱燕想到了东方电台《东方传呼》节目组，于是就写信请求能否帮助联系厂家维修。

接到来信，节目组同事心情十分沉重，迅速与当时的上无四厂取得联系并说明情况。该厂领导很重视，维修师傅当天就上门取走了需要维修的黑白电视机，同时还借了一台彩电给钱燕先看。

三个月后一天，钱燕母亲到广播电台等了一个多小时才遇上刚采访回来的记者，当我向老人家问起钱燕的情况时，老人顿时泪流满面说，钱燕前几天去世了，她临终前对母亲说，在她与丈夫患病期间，得到社会上许许多多好心人帮助，特别要感谢在她生命最后一段日子里，得到了东方广播电台《东方传呼》节目组的关心。为了表示一点心意，钱燕拿出了身边仅有的两张百元人民币，要母亲转交给东方广播电台，希望能帮助资助一位像她一样困难的听众，以了却她临终前的一桩心事。于是，我们陪着钱燕母亲来到一位患鼻癌的听众家里送上 200 元钱，实现了一位癌症患者生前爱心传递的遗愿。

一桩真真切切的新闻事件，一份沉甸甸的爱心奉献，10 年了，一直激励和时刻唤醒着我们“不忘初心，牢记肩上的重任”。

《东方传呼》关心老百姓衣食住行细碎琐事，然而这些琐事对老百姓来说都是一道道需要迈过的坎。新闻记者有责任帮助老百姓排忧解难、共度时艰。《东方传呼》的新闻实践，让我们深切感受到，“一切以人民为中心”是人民广播电台的使命，也是新闻记者的职责所在。

追寻邓稼先们的足迹

曹家骧

20年前，为庆祝中国共产党成立80周年而采写的《历史将永远记住他们——记“两弹元勋”邓稼先和他的同事们》，在我新闻从业的生涯中留下了难以磨灭的记忆……

那是20年前的一个初夏，我来到了川北明珠绵阳科学城。我踏上这片英雄的土地——中国工程物理研究院，是我一生的荣幸。因为，这是一座科学的城，英雄的城。我在这里采访的切入点，正是从中国工程物理研究院，那座耸立在人们面前的雕像开始的。

我来到邓稼先的纪念铜像前时，正值这位为中国原子弹、氢弹的发展作出了杰出贡献，长期甘当无名英雄，把自己的青春之光融进了中国核防御力量的“铁脊梁”“两弹元勋”，离开我们整整15个年头的时候。而当我踏上他工作并为之奉献了一生的这片热土，我的耳旁总会响起一个亲切的声音：“我们的邓院长。”而有关邓院长的一个个故事，也在这里传颂着……

1945年，21岁的邓稼先从西南联大物理学系毕业。1948年秋，邓稼先通过考试进入美国普渡大学。不到两年时间里，邓稼先获得了博士学位。这一年，邓稼先刚满26岁。取得博士学位仅9天后，邓稼先便踏上了回国的轮船，和其他200多位专家、学者和学成的游子，一起回到了祖国。在美国普渡大学获得了物理学博士学位的邓稼先，带着当时最先进的物理学知识涉洋归来。

一到北京，邓稼先就同王淦昌教授以及彭桓武教授投入到中国近代物理研究所的建设之中，开创了中国原子核物理理论研究工作的崭新局面。

我曾采访过中国工程院朱建士院士。他在回忆中国第一颗原子弹理论设计的那段历史时告诉我说，当时进行总体力学计算的，只有3个学力学、3个学数学的大学生和一些科研辅助人员。他们在4台半自动的电动计算器上，开始了数值计算。经过20多天的奋战，取得了第一次计算结果。由于缺乏经验，虽然没有体现出特点，却从中发现了一些新的物理现象。大家分析后认为这些新问题出现是合理的。于是，又提出了三种解决的方法，为此又进行了三次计算，即第二、三、四次计算。三次计算所得结果十分接近，但其中一个很重要的数据却和1958年7月苏联专家说的不符合。经过反复验证和讨论，又提出了3个重要的物理因素，建立了3个数学模型，进行第五、六、七次计算。结果出来了，和前三次的结果一样，这促使中国科学家对苏联专家的那个数据产生了疑问，但大家又不能轻易去否定它。

这时，搞爆轰物理状态方程的同志提供了高低压两套重要数据，大家选出一个最佳的数学模型，又不厌其烦地进行了第八、九次计算，结果仍然一样。1961年，年轻的物理学家周光召调任理论部第一副主任，他仔细分析了九次计算的结果，运用炸药能量最大功原理，从理论上证明苏联专家数据不可能，证明中国科学家所做的九次计算的结果是正确的。

“九次运算”历时半年，计算稿纸一麻袋一麻袋地堆满了房间，我国科学家终于摸清了原子弹爆炸过程的物理规律和诸多交叉作用因素的交互影响，为理论设计奠定了基础，为武器设计培养和锻炼了人才。在获得了关于爆炸力学、中子传输、核反应和高温高压下的材料属性方面的大量数据后，准备进行原子弹的实际设计和造型。

1963年9月，我国第一颗原子弹理论设计完成后，九院理论部立即组织科研人员转入了探索氢弹理论问题的研究领域。1965年2月，在朱光亚、彭桓武的主持下，邓稼先等专家组织科研人员制定了突破氢弹原理的工作大纲：第一步继续进行探索研究，突破氢弹原理；第二步完成热核弹头的理论设计。为了寻求最佳的方案，邓稼先以及于敏、周光召等，便分兵几路，分解课题，多方探索。提出设想、讨论，提出新的设想、进行新的讨论，集思广益，使方案更加完善。

在这次采访中，我了解到中国国防现代化的进程中，有两个永留青史的日子：1964 年 10 月 16 日 15 时，我国第一颗原子弹在新疆罗布泊爆炸成功；1967 年 6 月 17 日 7 时，空军徐克江机组驾驶 726 号轰炸机从我国西部某机场起飞，成功地完成了第一颗氢弹空投试验。

从第一颗原子弹到氢弹原理的突破，美国用了 7 年，前苏联用了 4 年，英国用了 4.5 年；而我们中国的科技人员只用了两年零两个月的时间！这是一个让世界为之震惊的速度。

是的，邓稼先和那个时代奋战在中国国防科研现代化第一线的所有专家们一样，夜以继日地出现在核武器研制的第一线：在北京郊外的高粱地里参加研究所兴建的有他们；在罗布泊国家试验场的土路上颠簸的有他们；在云遮雾罩的山区指挥着原子弹研制的有他们。邓稼先为我国的核武器研制事业兢兢业业、呕心沥血、孜孜不倦、默默无闻地奋斗了 28 年，从原子弹、氢弹原理的突破和试验成功及其武器化，到新的核武器的重大原理突破和研制试验，都作出了重大贡献，为我国第一颗原子弹和第一颗氢弹试验成功立下了卓越的功勋。

邓稼先在核武器试验基地年复一年地忘我地工作，很少过问自己的事情。那几年，他在工作现场多次晕过去，但都没有当一回事。人们看到他的体质越来越差，多次催促他能好好检查一下身体。有一年秋天，他从基地来北京开会，肛门痛得坐不住。在老伴许鹿希的一再催促下，邓稼先才进了医院。不幸的消息传了出来，邓稼先患的是肠癌，需要立刻做手术。

邓稼先与病魔作了坚决的斗争，前后两次住院、三次手术。中国工程物理研究院的工程技术人员们永远不会忘记的是，他们的老院长邓稼先在他生命的最后时刻，为中华民族所作出的最后贡献：1986 年 3 月，重病中的邓稼先和他的老战友于敏、胡仁宇、胡思得等几位科学家向中央提出了一份重要的建议书，提前规划完成了我国核武器发展的目标。正是这一建议，推动了核武器小型化的进程，为确保我国自卫核威慑能力的有效性作出了重要贡献。

5年前，我又一次来到川北绵阳。火红的杜鹃花，把绵阳市中心最大的公园映得通红。每天从四面八方赶来的人们，总要到广场中矗立的邓稼先半身铜雕像前，悼念这位为了新中国的国防现代化而奋斗了一生的民族精英，缅怀他为祖国和人民所创建的丰功伟绩。

历史将永远记住“两弹一星”的功臣：于敏、王大珩、王希季、朱光亚、孙家栋、任新民、吴自良、陈芳允、陈能宽、杨嘉墀、周光召、钱学森、屠守锷、黄纬禄、程开甲、彭桓武、王淦昌、邓稼先、赵九章、姚桐斌、钱骥、钱三强、郭永怀……

上海电视台升起了一面巨幅党旗

葛乾巽

2001 年 7 月 1 日，是中国共产党建党 80 周年的光辉节日。这天清晨，在灿烂的阳光下，位于市中心的上海电视台大厦升起了一面高 80 米、宽 56 米、面积达 4000 多平方米、面料重达 1 吨的巨幅中国共产党党旗。这是有史以来国内最大的一面党旗。

上海是中国共产党的诞生地，对中国历史发展产生过重要的影响。

宏伟壮观的党旗，寓意着中国共产党 80 年来走过的伟大历程，凝聚着中国共产党在 80 年的峥嵘岁月里领导人民追求真理所创造的辉煌业绩。

而眼前这面鲜艳夺目的巨幅党旗，代表了我们上海电视台全体党员和职工，乃至全上海人民对建党 80 周年盛大节庆的一片赤诚心意。

这一“升巨幅党旗活动”是在上海电视台时任党委书记宗明和时任台长朱咏雷领导下，在时任副台长、新闻中心主任姜澜指导下，全体新闻中心编辑记者鼎力相助的成功之作。作为新闻中心办公室主任，我有幸自始至终参与了这项光荣任务的策划与实施，有幸见证了这一难忘历史事件的诞生。

车队出发了，我们一度陷入了“困境”

2001 年初，为庆祝建党 80 周年，上海电视台组成一支由新闻、卫视、专题、文艺等节目部门年轻党员和青年电视人组成的“党旗飘飘中华行”联合报道组，开展大型系列采访报道活动。

采访车队4月10日从上海中共一大会址出发，在历时80天时间的采访报道中，沿着中国共产党英勇奋斗、日益壮大的光辉足迹，走过了东西南北22个省、市、自治区、直辖市，行程上万里，发回新闻50条，拍摄了社教、文艺专题24集，和广大观众一起重新感受了中国革命80年的辉煌历史。

大型系列报道采访车队将于7月1日回到上海电视台，届时将举办一个大型的欢迎仪式。

用什么样的仪式来完美呈现这个具有特殊意义的隆重典礼？这项光荣而艰巨的任务交给了上海电视台新闻中心，由我们来具体策划、实施整个典礼活动。

大型采访车队出发了，我们中心各部门却陷入了“困境”，多次编前会，策划了十几个方案，总觉得难以符合建党80周年和“党旗飘飘中华行”隆重典礼的要求。

不断地开会策划研究，绞尽脑汁，想尽办法，终于有了一个我们自己也不敢相信的“办法”，在上视大楼外面挂一面巨大的党旗，请美术设计师精确地计算了一下，上海电视台大厦北外立面与巨幅党旗尺寸的匹配度浑然天成。

“准备起吊”犹如响彻云霄的春雷

美好的计划只是宏图的初稿，实现目标必须要付诸切实的行动。

受新闻中心筹备活动组指派，我多次与上海茂丰旗篷有限公司的设计人员协调整个生产过程，在巨幅党旗生产、印制、运输过程中，解决了无数个未曾想到的问题和困难。

上海茂丰旗篷有限公司全体职工，深感能为建党80周年出一分力、为上海庆祝党的生日贡献一分力量是一项非常光荣的任务。

4000平方米的巨幅党旗，相当于半个足球场的面积，旗篷公司为此专门挑选了经验丰富、技术出色的师傅担任党旗的缝制工作。负责党旗设计制作的同志说：“党旗采用横向拼装的制作方法，中间不能断线，特别是高80米、宽56米距离之间，必须确保拼缝无误，否则就会‘失之毫厘，谬以千里’。”

为了解决党旗的悬挂和抗风雨能力，设计人员还走访专家请教，最后研究决定在党旗的背面采用牛筋布加固，这样的话，巨幅党旗就可以在悬挂大楼上承受5—6级的风力。

为确保万无一失，车间里几十位工人分工合作、齐心合力地完成各道工序。整个生产过程，既要保证党旗正面的拼缝牢固，旗面不会起皱，还要考虑悬挂在上视大厦墙面上，经得起大风的吹刮，不断线，不开裂，又要保证党旗背面的衬料，紧紧护卫好正面的拼缝，形成一个整体。

巨幅党旗在工厂里拼接完成之后，用一辆载重2吨的卡车，将党旗运输到附近一个学校的足球场上，铺开以后晾晒，进一步再喷绘党徽。巨幅党旗上一个直径14米的党徽，工人们用了整整100公斤的涂料。

6月30日早上7时不到，帮助我们进行升旗的吊装公司就开始安装准备。

整体吊装设计考虑到上视大厦外墙是玻璃幕墙，在升旗的过程中，一定要做到不损伤一块玻璃。架在上视大厦28楼平台上的3台5吨升降力的卷扬机，作为升旗时承重的主设备，钢架、卷扬机等设备都由特邀的专家设计制作，光搬运这些吊装设备就动用了3辆8吨重的大卡车运输。

原定30日晚上22时正式起吊，但因风力超过3级，突破了吊装的安全要求，暂停了吊装动作。

我在28楼平台上与总指挥反复沟通，商量如何应对吊装过程的问题。总指挥考虑再三，决定延后吊装时间。他说，如果晚上12时以前，风力能够减到3级以下，就可以安全地执行升旗任务。

令人焦虑的等待，时间显得无比的漫长，总算到23时40分，或许是我们的诚意感动了老天爷，风力明显地减小了，一声“准备起吊”的喊声，对我来说仿佛是一句响彻云霄的春雷……

当晚，上海电视台时任副台长陈金有，上海电视台办公室时任副主任孙国平，我们三个人坐在上视大厦对面的花坛上，目睹巨幅党旗一点点的往上提升，那真是一厘米、一厘米的提升，紧张到让你几乎透不过气来。

在北广场的忙碌现场，我们无比紧张和担心地度过了整整6个小时的漫长时段。7月1日清晨，深蓝的天空一点点地亮了起来，我们见证巨幅党旗一点点地升起到了预定的位置，梦想终于变成现实，心中的兴奋与激动交织在一起。

2001年6月30日，这一个晚上，经历了今生一次最大的考验，注定那是一个心潮跌宕的夜晚。

2001年7月1日，这一个白天，“党旗永远鲜艳”令人激动不已，注定那是一个终生难忘的早晨。

难忘党旗下重温入党誓词

2001年7月1日早上，上海电视台大厦楼下宽阔的广场上、整片大草地上，我们汇聚在绚丽的阳光和鲜艳的党旗下，举行了隆重的“党旗永远鲜艳”——庆祝建党80周年暨党旗飘飘中华行凯旋仪式。

当天一早，“党旗永远鲜艳”系列报道中介绍过的40多位优秀共产党员，上海电视台下属《霓虹灯下的哨兵》《陈毅市长》和《江姐》剧组的部分演员，文广影视集团的领导、老干部和劳模党员代表，上海电视台全体党员、职工，聚集在这面巨幅党旗之下。仪式上，他们庄严地举起右手，入党誓言在空中回响。大家心潮澎湃，场面非常壮观，一些老党员更是激动不已，浮想联翩。

在《没有共产党就没有新中国》的旋律中，无数个彩球飞上天空，簇拥着鲜艳的党旗，久久盘旋，展现着一个伟大节日的盛况。

当晚，闻讯赶来观看巨幅党旗的观众朋友们，聚集在南京西路青海路口，抬头仰望，无比赞叹。记得有一位市民骑着自行车带着女儿赶来，他说：“这么大一面党旗，我要带着孩子来看看，接受一次教育。”一位武警战士说：“面对党旗心情万分激动，对自己今后工作这是一个有力的激励。”

第二天晚上，我们新闻节目里播发了一个特辑，那是我们频道全体摄像环绕上视大厦周围，站在所有的制高点拍下的闪亮时刻，夜幕下，巨幅党旗更加靓丽醒目，令人震撼。

红领巾成为孩子们的“特殊礼物”

2001年9月3日一早，新学期开学的第一天，闸北区青云中学的操场上，正在举行一个“党旗映衬领巾红，星星火炬代代传”的仪式。红领巾是中国少年先锋队队员佩带的标志。它以三角形的红色领巾象征革命红旗的一角，意味着用革命烈士的鲜血染成。红领巾更是一个时代的象征。

在这个会场里，上海电视台组织了十几位青年编辑记者、主持人到现场，一起参加了这个具有历史意义的活动。在蓬勃向上的《中国少年先锋队队歌》的旋律中，少先队员郑重地解下小号的红领巾，细心地珍藏起这份童年的财富。随后，他们又从上海电视台的大哥哥、大姐姐手中接过了一条条大号红领巾，庄严地系在自己的脖子上，在这庄严的时刻，红领巾被映衬得分外鲜艳。孩子们感到，肩上的红领巾大了，自己的志向也大了。

上海电视台升起过的那一面长80米、宽56米的巨幅党旗，化作了数千条大号红领巾，孩子们在新学年的第一天收到这份特殊礼物，感受到了一种不同寻常的意义。稚嫩却昂扬的声音里，彰显着理想的崇高：我们要用自己的行动维护红领巾的荣誉，不断为红领巾增光添彩。

宣传“抓斗大王”包起帆的台前幕后

董文俊

在我们党的百年发展史上，每个时代都涌现出了一批杰出的模范人物。而宣传和弘扬先进劳模精神，则是我在数十年的记者生涯中，一直致力于此的责任和抱负。其中终生难忘的一例，便是1994年3月我撰写和宣传被赞誉为“抓斗大王”包起帆的模范事迹经过。此时此刻，令我回忆起了发生在当年的许许多多台前幕后故事……

包起帆，是原上海港装卸四区工具队的管理员。20世纪80年代时，上海港的生产方式还比较落后，机械化程度不高，特别是在许多高难度作业任务方面，大部分还是处于人机混合作业。因此经常发生安全事故。小则手伤脚断，重则机毁人亡。而当时的上港四区就是其中的重灾区，平均每年都要发生数起死亡事故，职工们畏之如虎，称之为“木老虎”。

当时，作为四区工具管理员的包起帆，看在眼里急在心里。他积极参与试制木材抓斗的技术攻关，并从圆珠笔的使用原理中得到启发，成功设计开发并制造出一种专门用于木材装卸的抓斗式工具，从此彻底摆脱了人工装卸木材的历史，使工人们彻底战胜了令人望而生畏的“木老虎”。之后，他又连续奋战，刻苦攻关，设计制造出了多种型号和各种功能的装卸专用工具，不仅大大解放了上海港的劳动生产力，保护了装卸工人的生命安全，还先后夺得了日内瓦国际发明金奖9枚、银奖2枚、特别荣誉奖1枚，比利时“军官勋章”1枚。国家级发明奖7项，部市级发明奖17项。先后获得全国五一劳动奖章、全国劳动模范、全国优秀科技工作者、国家有突出贡献的中青年专家等荣誉，为我国的港口和交通战线作出了杰出贡献，也为伟大的祖国争了光添了彩。

作为记者和《上海海港报》总编辑的我，从20世纪80年代起对包起帆就给予了密切的关注和连续的跟踪报道，不失时机地宣传和弘扬他的优秀事迹，在上海港和交通战线产生了较大的影响。这也引起了中共中央宣传部与国家交通部的关注和重视，1994年初，交通部和中宣部先后把我召到北京听取汇报。时任中宣部领导就如何写好、宣传好包起帆的事迹作了详细的指示。记得刘云山动情地说：“从包起帆的事迹中，感受到了工人阶级大公无私的优秀品质，优秀科技工作者奋发进取的报国情怀，新型企业领导者勇于开拓创新的时代精神和优秀共产党员全心全意为人民服务的高尚情操。包起帆的精神，突出体现了新时期青年一代成长的时代特征，即在本职岗位上奋发成才，在发展生产中革新创造，在市场经济中开拓进取，在改革大潮里无私奉献！”他还要求我们进一步整理好、宣传好包起帆的模范事迹。

从北京回来后，遵照中宣部和交通部的指示精神，在上海港务局党委的统一领导下，在上港四区党政工领导的全力支持帮助下，我组织抽调精兵强将，写稿、设计、配图……仅用了一个多星期的时间，便在北京军事博物馆成功举办了包起帆事迹展览会。刘云山副部长，时任交通部部长黄镇东，以及有关方面领导都参观了展览。其间，我又不失时机地采访了黄镇东。黄部长深情地说：“我们常说时代造英雄。改革开放的伟大时代造就了包起帆这个典型。包起帆正是在邓小平建设有中国特色的社会主义理论武装下，自觉磨炼自己、净化自己，在本职岗位上艰苦奋斗、勤俭创业、无私奉献，成为交通系统加强职工队伍建设，提高思想道德素质的一面旗帜。”黄部长还指出：包起帆事迹和精神具有很强的现实性和针对性，很好地回答了在新形势下一些同志感到困惑和尚未得到正确解答的问题。这些问题集中概括起来就是在深化改革、扩大开放、发展社会主义市场经济的新形势下，还要不要坚持和如何坚持正确的理想信念；在按照市场经济价值规律办事的情况下，还要不要坚持党性原则；在实行社会主义按劳分配制度条件下，还要不要发扬和如何发扬无私奉献的精神；随着生产的发展和职工生活的改善，还要不要保持和如何保持艰苦奋斗的优良传统。包起帆的事迹正是以他爱国主义、集体主义、社会主义的高尚精神和实际行动圆满地回答了这些问题。这对加强社会主义精神文明建设，培养社会主义事业的可靠接班人，具有极其重要的现实意义并将产生深远的影响。时任国务院副总理邹家华闻之欣然题词：“平凡岗位，辉煌业绩。无私奉献，崇高理想。”老一辈革命家宋任穷题词：“学习包起帆，做改革开放的带头人。”老革命家袁宝华更是激动地题词：“奉献精神万岁！”

1994年的3月2日，中宣部和交通部还联合在北京中共中央警卫局礼堂召开了“新时期创业精神报告会”，由包起帆在会上作了“我的理想、信念和追求”的报告，刘云山副部长代表中宣部对学习宣传包起帆模范事迹活动作了部署，在全国掀起了“学起帆精神，创岗位业绩”的热潮。

对身边的英雄模范人物和事迹，中共上海市委和市政府更是予以了极大的关心和关注。我从北京刚一回沪，在时任市委宣传部部长金炳华的直接指示下，上海港务局党委指定我会同《解放日报》记者邱怀友、《文汇报》记者郑蔚一起在最短的时间内写出宣传包起帆事迹的长篇通讯，要求准确把握好时代脉搏，挖掘人物思想深度，写出一个看得见、摸得着、活生生的先进人物形象。

时间紧迫。在上海港的全力支持下，记得我们三人集中在金陵东路一号上海港的东方饭店10楼，连夜突击写稿，由《解放日报》一位副总编（名字不记得了），《文汇报》副总编茅廉涛坐镇修改审稿。大家各抒己见，畅所欲言，谈思路，立标题，细至每个小标题，研究如何用哪些实例，如何更好地写出以包起帆为代表的中国工人阶级敢作敢为、敢闯世界领先的精、气、神……为了保持在文风和笔触上的基本一致，我们三人在初稿完成后再分别统稿一次，取长补短，润色加工，最后由我再次对长篇通讯稿中的每一个事实每个细节进行核对。我们的原则是必须保证事实的真实，并经得起历史的检验。

经过连续奋战，终于完成了稿件，立马交给了已等候在会议室里的两位副总编。顾不得寒暄，他们立即开始修改润色和审稿，并不时地询问我关于事实的出处和根据。夜晚，早已是万家灯火，而我们却浑然不知，终于赶在两家报纸最后截稿前完成了任务。1994年3月7日，《解放日报》《文汇报》同时在头版和四版以整整两个版面的篇幅刊登了这篇题为《平凡岗位，辉煌人生——记新时期劳模包起帆》的长篇通讯，并分别配发了评论员文章。广播电台的早新闻节目也详尽地播出了这篇通讯。一时间“在岗位尽职，为事业奉献”的号角响彻了申城每个角落。在市委宣传部的统一部署下，一场声势浩大的学先进、赶先进、争当新时期创业先锋的热潮在上海蓬勃掀起。

完成这篇长篇通讯并刊登后，我又接到北京人民交通出版社的任务，继续突击奋战，仅用了一个星期的时间便撰写编辑完成了《抓斗大王包起帆》一书在全国发行。之后又多次再版，及时满足了广大职工学习的需要。

榜样的力量是无穷的！我这段难忘的经历，也见证了这段难忘的历史！

追寻党报的历史足迹

丁凤麟

在中国共产党百年华诞即将到来之际，本人作为党教育培养起来的老新闻工作者，在异常兴奋之余，总在思索自己能为纪念党的百年华诞奉上一点爱心。这篇回忆文稿，便算是年过八旬的我的一点小小奉献。

众所周知，党报，尤其是党的机关报，是党的喉舌，是宣传贯彻党的大政方针，沟通上下、指导实际工作的重要渠道。我的工作单位《解放日报》，作为中共中央华东局和中共上海市委机关报，它所肩负的责任更是不言而喻的。如何追寻它的历史足迹，也是颇有意义的事。在20世纪出来的年轻新闻战士，20世纪90年代，我有幸参与了这一工作。当年，恰逢迎接《解放日报》在上海创刊50周年，我便抓住这一机缘，组织了报社资深老同事，展开了《解放日报五十年大事记》的编纂工作。老同事中包括史东、金尚俭、潘慧南、黄嘉生、张士楷、丁康、王绪生、朱关敏、李一权等十多位成员。采取包干的方式，将每年的编纂任务具体落实到人，每人分担数年的编纂，而且都要在特定的时间内完成。经过数个月的努力，终于各自完成了自己承担的任务。50个年头的初稿，叠加在一起，超过了一公尺高，真够辛苦的。

大事记如何取材？经过再三研究，商定既要翻阅每天的报纸，更要查阅文档资料，从中寻觅素材。主题是围绕两个视角，一个是“宣传的大事”，一个是“大事的宣传”，前者指的是报纸版面上的重要内容，后者是版面以外为保证做好宣传报社内部积累的有关资料，也就是为保证宣传工作报社内部的重要工作。经过全体成员的再三辛勤劳动，一本兼顾党报版面内外的大事记初稿终于完成了。初稿清样排出后，再一一分发给报社的历任领导王维、陈念云、冯士能等同志认真审读，予以补正。经过反复修正，这本《解放日报五十年大事记》终于在 1999 年 4 月正式付印，全书长达 800 多页，计 68 万余字，总算了却了全体编纂者的心愿。

这本大事记是按年编排，每年一个章节，逐月陈述，但在某件大事牵涉时间较长的情况下，又采用纪事本末体集纳补充在一起陈述，旨在如实纪录《解放日报》在半个世纪的难忘岁月中所走过的艰辛而又曲折的历程，使其成为记述党委机关报 50 年历史足迹的实录。

值得关注的是，每年记载的文末，都有两条数字：一是本年本报平均期发数，二是本年盈亏数。其中，《解放日报》1949 年的平均期发数为 10 万多份，以后逐年增长，1960 年为 27 万多份，1970 年为 44 万多份，1980 年达 83 万多份，1990 年则回复到 60 余万份。至于盈亏数据，《解放日报》于 1949 年亏损 19 万元，到了 1951 年开始扭亏为盈，该年盈余 34 万余元，1960 年盈余 92 万余元，1970 年盈余 27 万余元，1980 年盈余 461 万余元，1990 年盈余 2386 万余元。这两则数据的变化，更从另一侧面，反映出《解放日报》在党中央和市委的领导下，在上海这一远东大都市成长壮大的历程。

抚今思昔，这部大事记是作为纪念《解放日报》创刊 50 周年丛书之一问世的。如今又过去了 20 余年，更使我心潮起伏，难以平静。想当年在编纂此书时，我虽然名列主编，但实际上不过做些统筹工作而已。此书的问世，主要是我前面提到的十来位本报老报人辛勤耕耘、无私奉献的成果。当年，他们大都是年逾古稀的老人，但都能起早摸黑地积极工作，求同存异，终于在较短时间内顺利完成了这一较为烦难的编纂任务。其中，最使我难以忘怀的是数年前已驾鹤西去的史东同志。他是我们党在解放战争时期培养出来的年轻新闻战士，为人正直，德才兼备，早在 1949 年春天，便奉命奔赴苏南丹阳，参加上海解放后的党报筹组工作，是名副其实的创办《解放日报》的元老之一。在接到编纂修订 50 年大事记的任务后，他主动承担了十几年的编写任务，而且都能保质保量按时完成。尤其是创刊时的初创几年，虽然资料难觅，但他终于理清了个中脉络。比如，关于《解放日报》的得名问题，他在详细调研后，大笔一挥，写下了大事记开宗明义的第一章："一九四九年四月二十三日，中共中央华东局致电中共中央，请示上海、南京党报的命名问题，提出可否命名为《解放日报》或《人民日报》上海版、南京版，或用其他名称，并请毛主席为两报写报头。二十四日，中共中央电复华东局，指示'上海党报决命名为解放日报，南京党报决命名为新华日报。毛主席已允写报头，即可带来，在带到前可暂沿用旧报头。'周恩来在北京招待即将南下工作的一批知名文化界人士的谈话和宴会上宣布了上述决定。本报范长江在座。"

这段大事记的开场白，明白无误地写清楚了《解放日报》的名字由来及毛泽东主席为其书写报头的详情，不仅为报社内外的许多人解了惑，更体现了党中央对上海这份党的机关报的高度重视和厚望，为《解放日报》的成长和壮大提供了深厚的精神动力。接着，史东同志又翔实介绍了《解放日报》创刊时期报社领导班子的组成经过，对于当年5月27日，也就是上海全部解放的当天，他这样写道：南下的范长江、恽逸群、魏克明等同志与先期进入申报馆出版《上海人民》报的上海地下党陈虞孙等同志会师，一起投入《解放日报》的创刊工作。28日，《解放日报》正式创刊，创刊号共出8版，发行10万多份。读到这里，读者终于明白了《解放日报》创办的翔实经过，倘若没有史东同志踏实细致的内查外调，是很难厘清的。为此，我对史东同志的辛劳付出，更从心底里由衷地敬佩。他真不愧是党培养的优秀新闻战士！饮水不忘掘井人，我们在欢庆党的百年华诞的日子里，丝毫不能忘却曾为党的新闻事业作出无私奉献的新闻前辈。这，就是我书写此文的初衷！

珍藏 28 年的圆珠笔

王　霞

2018 年 10 月 30 日晚，我在家里看央视《新闻联播》，突然，一张熟悉的脸庞带着黑框出现在屏幕上，主持人用深沉的声音播道：中国现代民族工商业者的优秀代表，著名的社会活动家，中国民主建国会和中华全国工商业联合会的杰出领导人，中国共产党的亲密朋友，第八届、九届全国人民代表大会常务委员会副委员长，中国人民政治协商会议第六届、七届全国委员会副主席，中国民主建国会第三届中央委员会常务副主任委员，中华全国工商业联合会第五届、六届执行委员会副主席，第七届、八届执行委员会名誉主席，原中国光大（集团）总公司名誉董事长王光英同志，因病在北京逝世，享年 100 岁。

至此，中国"一代红色资本家"已经全部离我们远去。被冠以"红色资本家"头衔比较知名的是以下这三位：

荣毅仁先生，原国家副主席、中信集团创始人。2005 年 10 月 26 日逝世，享年 89 岁。

经叔平先生，原全国政协副主席、民生银行创始人。2009 年 9 月 14 日去世，享年 91 岁。

王光英先生，原全国人大副委员长、光大银行创始人。2018 年 10 月 29 日谢世，享年 100 岁。

三生有幸，这三人，我先后采访过其中两人——经叔平先生和王光英先生。当时我在上海电视台担任《名人访谈》栏目编导、制片人。

看完新闻，我的心情久久不能平静。此时，我有一种莫名的哀思，一种难以抑制的思绪不断涌上心头，让我浮想联翩……

我小心翼翼地从书桌抽屉里拿出一只笔盒，里面放着一支旧圆珠笔，这是当年采访王光英时，王老送我的礼物。

整整28年过去了，笔芯已经换了不知几根，笔杆却依然完好无损，我先后搬过5次家，但这支笔却一直珍藏着。这支圆珠笔陪伴我度过了不平凡的记者生涯，我用这支笔记录下的中国发展的一些历史瞬间，为我获得了不少国内外电视新闻节目类奖项。

睹物思人，往事历历在目。1993年10月8日至12日，第七届中国工商联代表大会在北京召开。我受命带领摄制组专程赴会采访。

开幕式当天晚上，我们去了位于北京东城区的王光英家采访。采访整整进行了两个小时。王老精神抖擞，侃侃而谈，眉宇间不断闪烁着智慧的火花。历史已经印证，王光英既是“中国现代民族工商业者的优秀代表”，也是“我国民营经济发展的创导者和守护人”。

采访结束后，王老让太太应伊利女士给我们摄制组几个人每人准备了一份小礼物。我收到的就是这支圆珠笔。王老语重心长地说，送你这支笔，是希望你能够妙笔著文章，铁肩担道义，为国家和人民写出更多更好的新闻报道。

回到上海，我把全部精力用在节目制作上，整整一个月坐在机房里，一遍又一遍地修改完善节目，在节目组同仁的积极配合下，一气呵成，把12集系列节目全部制作完成。其中第一集为《我家的红色表叔——访第七届全国工商联名誉主席王光英》，第二集《上海滩烟老板——访新当选的第七届全国工商联主席经叔平》，其他访谈节目还有：联想集团总裁柳传志、万科总裁王石、希望集团总裁刘永好、东方集团董事长张宏伟、贵州神奇集团总裁张芝庭、广东昂泰总裁黄学敏、广西喷施宝集团总裁王祥林、江苏悦达集团总裁胡友林、大连韩伟集团总裁韩伟。

这12集电视专题节目《我们的脚步——民营企业家访谈录》，每集30分钟，每周1集，前后共播了3个月。

这也许是中国民营企业家第一次以专访的形式在中国电视媒体上集中亮相，社会反响热烈。当时反应最为热烈的是上海工商联。节目预告播出的第二天，上海工商联领导致电上海电视台领导，称赞这个节目做得太好了。那么多成功的私营老板一一登台，他们既是改革开放的积极参与者、开拓者，又是最大的受益者，为私营企业家树立了很好的榜样。从他们身上，让大家看到了前进的方向，也为后来人扫清了障碍，中国的民营经济发展开始步入快车道。

“从台后走到台前，从商业走向社会”，这可能是这个系列节目最大胆的尝试，也是媒体参与国家建设作出的最大贡献。

虽然民营企业家有了一定的社会地位，但民营经济的持续发展的路既漫长也很曲折，为此，王光英投入了极大精力，广泛深入调查研究，积极为民营经济和中小企业管理法治化奔走呼号。

全国工商联研究室研究员黄文夫认为：“王光英先生有两大功绩将载入史册，一是由他一手创办的中国第一家由民营企业主导的光大实业成功登陆香港；二是在他的大力支持下，私产入宪成为震惊世界的事实。”

1983年4月11日，光大公司宣告成立，王光英解释道：“光大者，光明正大做生意也。”从光大公司在北京宣告成立，到在香港宣布开业，只有半个月，王光英就把公司推向了世界。境外媒体因此称他为“王旋风”。

王光英把第一步棋下到香港，应该说很有远见。香港商业发达，对训练干部是个很好的机会，能够帮助他们尽快学会以市场经济的方式做事。这一步对改革开放也起了很好的示范作用。所以说，王光英是个有战略眼光、有感召力的人，既掌握中央精神，又了解实际情况。

1997年末，全国工商联的主席团会议上，保育均提议应“依法保护各类财产的合法权益”。王老听完他的表述后很是赞同，并鼓励他们以提案的形式向上报送。于是，大家开始筹划将保护合法财产的思考与想法具体化、文本化，并在1998年3月召开的全国政协九届一次会议上，全国工商联将题为“关于健全财产法律制度，依法保护各类财产的合法权益”的提案作为第一号团体提案递交全国政协。

王光英是这份提案的坚定支持人，那份最早关于私产入宪的提案被誉为“开共和国历史先河”。这也是王老对社会主义现代化建设作出的一大贡献。

广播剧《凝聚》背后的故事

王小云

1992 年春，邓小平同志在上海视察时提出，上海要“一年一个样，三年大变样”。由此，上海城市建设进入了快速发展时期。在邓小平“解放思想，实事求是”理论的指引和推动下，上海广播也进入了一个发展的鼎盛时期，而我也有幸成为一个见证者。

1988 年，我由工厂进入上海电台广播剧组工作，1994 年底被任命为上海电台文艺中心总监。自 1995 年起，中宣部决定将广播剧列入全国精神文明建设“五个一工程”奖的评选项目范围，这对我而言，作为主业的广播剧，自然就倾注了更多的关注和参与。

在确定 1996 年广播剧创作计划时，我们了解到以长宁区华阳街道党工委为代表的本市部分社区党组织正在开展“凝聚力工程”建设。当时，他们的口号和工作内容是：“叩百家门，知百家情，解百家难，暖百家心。”上海市委组织部在总结他们的先进事迹时指出，街道党的工作在及时了解和解决居民群众具体生活困难时，更重要的任务是要关心人，凝聚人心；通过“凝聚力工程”建设，要使我们党和政府与人民群众的利益联系得更加广泛和紧密，并且要把这项工作作为上海城市建设和党的执政基础建设的重要组成部分。

由此，我们敏锐地觉察到，在国家经济建设正突飞猛进的形势下，高速度的除旧布新，面临着地区发展不平衡、政府政策配套有差距、领导执行能力有高低等问题，可见在党的基层组织建设中开展“凝聚力工程”建设意义非凡。它不仅对整个上海，乃至对改革开放中的全国“两个文明”建设都会产生非常广泛和深刻的影响。

带着这些想法，我们开始实施创作计划。从1996年初，在时任上海市委常委、组织部部长罗世谦的亲自关心和指导下，广播剧科的同志和编剧乔谷凡、陈慧君等，多次深入到长宁区华阳街道，党工委书记陈建新、副书记陈雅华详细向我们介绍了社区“凝聚力工程”工作开展情况。

对于街道居民生活，我们原先以为并不陌生。印象中的街道居委会干部工作，无非就是管管苍蝇蚊子垃圾桶、水管电线下水道；收发水费电费救济款，送送蟑螂老鼠药……家长里短，婆婆妈妈。通过采访和深入了解，我们明白了，街道办事处是一级政府派出机构，凡政府管的事，街道都要管；政府不管的事，街道也要管。采访中，陈建新书记一口气准确地报出街道里有多少特困户，多少下岗工人，多少精神病患者，多少“两劳”释放人员，多少精神贫困户……对于这些困难人群、弱势群体，街道干部没有把他们当作包袱，而是视为社区大家庭中的一员，像亲人般了解他们，关心他们，帮助他们，温暖他们。在后来创作的广播连续剧《凝聚》中有这样一段描写：一对“一老养一老”的老夫妻——李阿康和陈小妹，靠每月150元的劳保工资度日，老太拾菜皮烧菜粥，为了节省几只煤饼，烧一锅还要吃几天。患肝硬化的丈夫，不仅因无法报销医药费而不去医院诊治，生了褥疮，千疮百孔的破席子上沾满了脓血，还因老伴手受伤无法照料，连擦身洗澡也不可能。

应该说，我们社会的发展进步和建设成就是生活的主流，一般作者不会把上述“阴暗面”写出来，至少不会特别关注，因为说不定还会有人发出“丑化改革开放，给大上海抹黑”的责难。但广播剧《凝聚》中大胆地作了直面现实的反映，在剧中的“新阳街道”里，类似这样的困难户就有89户、108人。剧中主人公、新阳街道党工委书记周晓东，不顾妻子的反对和同事的阻挠，毅然通过媒体将调查报告向社会公布。

《凝聚》之所以敢于这样反映现实生活，一是出于广播剧主创人员通过深入采访，对街道居民生活的真实感受。我们多次到华阳街道听取详细介绍；大年初四的早上，寒风刮脸，广播剧科长祖文忠和编剧乔谷凡、陈慧君等一行到街道办事处登门采访；大礼堂里，我们和几百个居委干部一起联欢；穿街过巷，和社会帮困志愿者们一起拜望特困户……二是出于我们对华阳街道在党工委两位主要领导带领下，干部们真诚务实工作作风的了解和敬重。他们自自然然地背起老人在轮船码头上飞步走；自自然然地为孤老送终，双手恭敬地捧着骨灰盒，心甘情愿地做人民群众的孝子贤孙。同时，我们相信中国共产党为人民服务宗旨的坚定不移，相信党的政策终将引领社会迈向进步，相信以《凝聚》中周晓东为代表的共产党人以百折不挠、坚韧不拔的努力，一定会把曾经积贫积弱的国家和人民引向光明，迎来繁荣富强。

在 1996 年度中国广播剧奖（政府奖）的评选中，广播连续剧《凝聚》获得了一等奖和最佳编剧奖。同时，《凝聚》还获得了中宣部第七届精神文明建设“五个一工程”奖。在政府奖评选中，评委和专家一致认为，该剧题材重大，立意新颖，创作人员以敏锐的目光，抓住了城市现代化建设中加强党的领导、关心困难群众、密切党群关系的重大课题，以高度凝练和艺术的笔触，塑造了一名党的基层干部和真正的共产党人形象，在思想上和艺术上具有很大的震撼力。

1997 年 11 月 20 日，在得知广播剧《凝聚》获奖的消息后，罗世谦同志和时任市委组织部副部长周鹤龄亲切接见了上海电台文艺中心和广播剧科负责人祖文忠和我。罗世谦向电台同志进一步介绍了街道工作的重要意义和开展情况。他说，广播剧《凝聚》能抓住这方面内容，向广大听众展示社区工作中的先进事迹，塑造全心全意为人民服务的党的基层干部的形象，做了一件非常有意义的工作。他向上海电台及剧作编创人员付出的辛勤劳动，表示非常感谢，并指示组织部的同志要把这一情况在《组织人事报》上发表，并且要把上海电台配合组织部所做的工作和取得的成绩，在将要举办的上海党建工作展览中展现出来。

当年华阳街道居民的窘况，如今已一去不复返了。经过近 30 年的努力，上海的城市建设比当年已上了几个台阶。国家强大了，但人民群众中今天仍有很大数量的低收入群体；日益增多的养老问题、社保问题，还有群众关心的医疗、教育负担等问题，都是有关民生的现实课题。在迎来中国共产党成立100周年的重要时刻，我们无比欣喜地看到，我国脱贫攻坚战取得了全面胜利，9899万农村贫困人口成功脱贫。在2021年2月26日中共中央政治局集体学习会上，习近平总书记又发出了“完善覆盖全民的社会保障体系，促进社会保障事业高质量、可持续发展，保障和改善民生，维护社会公平，增进人民福祉”的号召。

未来，全民共同富裕的宏图正在展开。我们有理由相信：中国共产党本着“人民对美好生活的向往就是我们的奋斗目标”的全心全意为人民服务的宗旨，在党的带领下，全国人民、全体干部群众，上下同心，凝心聚力，再大的难关一定能渡过，再多的困难一定能克服，理想的生活一定能实现。

漫画是条船

天　呈

漫画是一条船，想象是船上的帆，展帆而行的船，坐在上面的人和看着船破浪而行的人都很快乐。我在《文汇报》创作漫画 30 多年，以报刊为舞台、以新闻为剧本、以漫画为演绎，眼观社会万象，笔挑天下风云。有时如匕首、投枪，鞭笞丑恶，大快人心；有时如春风暖流，扶危助弱，仗义执言；有时又不乏幽默，善意温情，令人会心一笑。在漫画创作中，不乏一些轶事趣闻，今撷取一二以飨读者。

参加亚洲漫画展

1997 年，我接受《人民日报》的邀请，代表中国漫画家参加第三届亚洲漫画展。这次展览由 9 个国家的 10 位漫画家组成，每位画家参展 10 幅作品，题目为粮食。

我专门花时间对粮食这个主题进行了深入研究，翻阅资料，了解粮食政策，寻找切入的角度，画了大量的草稿，终于完成了 10 幅“粮食”的漫画。没有什么审稿，作品完全代表作者的观点和思路，也完全体现了作者的绘画选择。这让我感到非常有劲。

7 月，展览在东京举行。开幕式那天，来自中国、日本、印度、菲律宾、马来西亚、印尼、泰国、越南、缅甸等国的漫画家欢聚一堂，将各自的作品呈现在观众面前，漫画也各自陈述了漫画家对粮食问题的看法。

中国漫画放在了最前面，第一张就是《国徽的构成》，画面反映了中国农民踊跃交售公粮、肩挑人扛、马拉车载，将粮食交售给国家，铺就了国徽上的稻麦纹饰，成了我们国徽的重要组成部分。有位印度漫画家看了这幅漫画问我，这是出自 Computer（计算机）？我说，这是手绘的。他又凑近仔细看了看，竖起了大拇指。开展的那天，许多日本的报纸上登载的是我的一幅《无题》，画面上一位中国农民在收割麦子，高高的太阳下，麦浪翻滚，但麦穗上的麦芒却是一条条的条形码。他们说，这是反映中国的农民已经将粮食视为商品。

在聚会交流中，日本漫画家卡米子说，为了这次创作，他与粮食部大臣交谈了一个下午，又与总理大臣讨论了粮食方面存在的问题，真是不容易啊！他的作品《丰收后的灾难》反映了“谷贱伤农”。粮食多了，丰收了，汹涌的粮食像巨浪一样将农民的小船冲得东倒西歪，但“灯塔”上的“老爷”却无动于衷，任凭农家悲戚。这幅作品得到了大家的好评。所以当我向大会讲述，中国政府已宣布今年国家收购粮食制定了保护价时，会场上响起一片掌声。

在日本期间，大展主办方安排了各国漫画家住进日本市民家里。我住进了一个很普通的日本家庭，男主人上班，女主人持家，有 3 个孩子。他们都很欢迎我住在他们家里采风。我住了 3 天，看到了他们的日常生活，和女主人一起开车送孩子上学，到超市去买菜，去小区的图书馆、健身房参观，看孩子们如何分冰激凌；晚上，又与他们一起接待邻居串门，给他们作画留念，很是开心！

在中东画漫像

2006 年 2 月，我与时任《文汇报》党委书记吴谷平一起访问了中东地区的两大报社——黎巴嫩画报社和埃及金字塔报社。黎巴嫩是个非常美丽的国家，旅游资源十分丰富，有基督教的尖顶教堂、伊斯兰教的圆顶清真寺，有纱裙裹身仅露出一双明眸的女性和身罩白色长袍与西装革履的绅士，一派独特的中东风情。

我们下榻的宾馆在贝鲁特的市中心。我住的房间窗户下不远处有一个巨大的炸弹坑，足有一个篮球场这么大，据说是当年黎巴嫩总理哈利利遇袭之处，让人心惊。我问，为什么还不填整，回答说因为“案子”还没有侦破。一天夜晚，我们在贝鲁特街上闲逛，步行街上熙熙攘攘的人流，路边咖啡店飘出沁人的芳香。有个黎巴嫩艺人在街边画像，我们走过去，与他闲聊。吴谷平书记怂恿我给他画一个漫画肖像，反正他正闲着。很快，两三分钟漫画就画成了。行人看到一个“外国人”在画画，都围拢了过来，看到画好的漫画都笑了起来。

还有一次，我们在散步时走进了路边一家卖手工艺品的小店，老板是位 50 岁开外的黎巴嫩人，淳朴憨厚的脸上露着微笑。我们一边挑着小礼品，一边和他开着玩笑、砍价。我拿起两个铜制的皮鞋形状的烟缸，小小的，只有 10 公分左右，上面的鞋带也是用铜丝做的，很招人喜欢，3 美元一个，店里只有 2 个了。我对吴谷平书记开玩笑说，你买不合适，你买回去送人，不是给人“穿小鞋”吗？我买下了，对那店主开玩笑说，看你的鞋，分不出哪个是左脚，哪个是右脚，你的鞋是一顺边的，应该便宜点。那老板无论如何不肯降价，在计算器上打着 6 这个数字不松口。我指着旁边的花瓶说，这上面的图案画得有风格，老板得意地说是他自己画的。吴谷平书记说，哇，你们是同行！说着要我给他画个像。那老板将信将疑地看着我。我说也没有纸呀，那老板来劲了，马上去找来了一张纸，又拿来了一支笔。我说慢——我画可以，但画好以后，您的小店里得让我挑一件礼品，老板笑笑似乎答应了。我用线条勾画了他的脸型，又夸张地画了他那厚醇的鼻子，几下就把他的特征勾勒了出来，旁边的人都笑了。在我题写日期和签名时，老板已弯身在货架里取出一个铜球子，中间有一棵黎巴嫩的国树督松，大约 4 美元。他用包装纸包起来送到我面前。我开玩笑说，你不是答应让我自己挑一件嘛？大家听了又都笑了起来，我则马上对他的赠送表示感谢。他笑呵呵地送我们到店门口，挥手与我们告别。

66 岁的卡拉姆是国际记者联合会副主席，是中东地区非常有影响的《黎巴嫩画报》的创始人。听说我们来访，他抱病前来与我们见面。在会见时，听说我是中国的漫画家时，十分高兴地答应我给他画个漫画肖像。他微秃的圆脑袋，有一个显示倔强性格的大鼻子，说话间透露出刚毅之气。我用粗粗的油性笔在裱好的宣纸板上画出他的脸庞线条，眉头紧锁，目光炯炯。我把画好的漫画给他时，他不顾自己的手臂上有伤，拉着我们和中国驻黎巴嫩大使刘向华女士一起照了相，又叫办公室的秘书把以前其他漫画家画他的漫画像复印给我，还笑呵呵地说，他们都夸大我的大鼻子。

第二天刘向华大使邀请我们到大使馆去做客，提出请我给她画一幅漫画肖像。那天我正好没有带绘画工具，于是答应回到国内再作画。后来，《文汇报》出了一期画刊，其中就有刘大使的漫画肖像，我将原稿及报纸都寄到了贝鲁特。

这期的画刊，中央是一个雕塑的图片，一座高楼满目疮痍，一支支坦克炮筒穿插而出，十分震撼。黎巴嫩曾经是中东的一颗耀眼明星，特别是在金融经济和工农业方面，占据了一个超级地位，远远领先于许多欧洲国家，被称为“中东瑞士”。可就是这个被誉为东方巴黎的美丽国家，现今却成了战争之都，战乱连连。

紧接着我们又来到埃及，一个有着美丽的尼罗河和雄伟金字塔的古老国家。我们拜访了埃及《金字塔报》总编辑欧赛迈。推开包裹着皮革的木门，穿过一个房间，走进总编辑的办公室，咖啡色的家具古典风格，书橱里摆着大部头的成套书籍。他是一个很忙的人，在接待我们时，不时有人来请示他，又不断有电话打进来。在向他赠送了“丝绸文汇报”礼品后，吴谷平书记说，我们的漫画家将为他画一幅漫画肖像。他有点为难，似乎没有那么多时间。吴书记说，不会用很长时间的。在他们继续交谈时，我细细地打量了他：谢顶，耳朵很大，鼻子翘翘的，又是“阿胡子”，是个很有漫画特点的对象。我拿起笔来，一条线勾画出脸型，几笔就肯定了眼神，加上用蓝色晕上胡子，就活脱脱地画成了。我刚把画像举起来，旁边的翻译就叫了起来，How nice，just a minute! just a minute!（太妙了，只有一分钟！一分钟！）当我落款写上丙戌年元宵时，吴书记在旁边说，这是一个中国人团圆的欢庆的日子。欧赛迈高兴地接过漫画肖像，与我们合影，还与我拥抱，行了个阿拉伯礼——左边亲了下腮帮，右边亲了下腮帮。出了《金字塔报》大楼，刚坐进轿车，坐在前面的翻译——一位埃及小伙子就急着对我说，什么时候为他画个漫画肖像，我说可以。看着这个有着一头小鬈发，黑黝黝的脸，厚厚嘴唇的阿拉伯小伙，我记住了他的特征。回到宾馆，我“默画”了两幅。在我们即将离开埃及时，我把画送给了他，小伙子高兴地用刚学的上海话说：“谢谢侬，谢谢侬！”

把红色基因一代代传下去

尹学尧

截至2020年10月，全国已经建成了389所红军小学。这些建造在红军当年战斗过、长征经过的地方和革命英烈家乡的红军小学，如同一颗颗红色火种，又一次播洒在孩子心田。如今，遍布华夏大地的红军小学以独特的命名，串起了中国工农红军英勇奋斗的历史，成为中国一张著名的红色名片。

有30所红军小学的延安，是全国红军小学最多的城市。在这里，孩子们常年坚持讲红色故事、读红色书籍、听红色报告、唱红色歌曲。他们还开展红色远足，走进革命旧址、烈士陵园等地，重温长征精神、延安精神，将红色基因根植于心。

红军小学建设十多年来，习近平总书记十分关心红军小学的建设和成长，他多次到红军小学视察，多次为红军小学学生复信。2018年5月30日，习近平总书记在给陕西照金北梁红军小学的学生们回信时勉励道："希望你们多了解中国革命、建设、改革的历史知识，多向英雄模范人物学习，热爱党、热爱祖国、热爱人民，用实际行动把红色基因一代代传下去。"

新中国成立后，虽然各项建设取得了很大成就，但在老少边远地区仍欠发达，不少群众的生活还很艰苦。这些地方的学校非常简陋，部分学校更是十分破败，还漏雨水。学校设施很不健全，有的缺少课桌椅，有的缺少操场，有的缺少厕所，有的缺少体育设备，更别说缺少图书、电脑等。

2007年，正值中国人民解放军建军80周年和工农红军长征胜利70周年，由贺龙夫人薛明，谢觉哉夫人王定国，毛泽东女儿李敏、李讷，邓小平子女邓朴方、邓楠，贺龙女儿贺捷生、贺晓明、贺黎明等一批老红军的后代，在北京发起捐建

“红军希望小学”活动，计划在红军当年战斗过、长征经过的地方和革命英烈的家乡，建造100所红军小学，改善校舍的办学条件，缓解孩子们读书遇到的困难，用实际行动托起明天的朝阳。

当建造到第八所红军小学时，消息传到上海市希望工程办公室。希望办的同志想配合北京，在上海同步开展这项工作。2007年8月的一天，我在“希望办”听闻后说，好啊，我们一起干。当时，我担任《新民晚报》第十一党支部书记，便和“希望办”党支部以两个党支部的名义，共同在上海发起捐建红军小学的倡议，我们当即在“希望办”起草好了倡议书，号召上海的党团员开展一次特殊的捐款活动，感恩老区历史贡献，改善老区教育条件，传承红军精神，为孩子们的健康成长贡献一分力量。

倡议刚见报，“希望办”的电话就响个不停，有人询问如何捐款，有的直接就过来捐款了。有着57年党龄的方耀熊老人和老伴商量后，将100万元捐了出来，要求在红军长征路上建造3所红军小学，在他工作多年的西藏建造1所希望小学。83岁的浦幼源为了实现当过老师的夫人的遗愿，将卖房子所得25万元送到了红军小学筹建办公室。一位孤老留下10万元，她的遗愿是：“把我的钱用来帮助穷人的孩子。”94岁的老党员桑绮云让保姆从银行取出了5000元，捐献给“红军小学”。江苏省吴江市震泽实验小学六（3）班钮佳怡小朋友也送来了200元。还有一些参加捐款的人留下了心意，却不愿留下姓名。一位女团干部捐出了25万元，她说自己“只是尽一份力”；一位离休干部捐了1万元，留下的名字是“祝福”。

倡议发出仅5天时间，上海就募得建造8所红军小学经费。许多捐款人士表示，中国革命的胜利是无数先烈用生命换来的，在红军长征路上捐建红军小学，就是要永远铭记历史、铭记先烈。同时，为沿途老少边穷地区的孩子改善学习环境，让他们用知识改变命运，改变家乡面貌。

在《新民晚报》和其他媒体持续报道下，捐款数节节攀升，一些党团组织和企事业单位也积极参加捐建红军小学的活动。原卢湾区机关大院内，有200多位老红军老干部老党员及机关系统的党团员参加了捐款，共募得11万余元；上海自然堂生物科技有限公司送来了 45 万元捐款，中国太平洋保险（集团）有限公司和闵行区工商联也分别捐款 25 万元，各建 1 所红军小学。在党团员和热心慈善人士的努力下，仅用了一年多时间，上海就筹得了建造 100 所红军小学的善款。

在捐建红军小学硬件的同时，上海“希望办”还组织了多批红军小学的老师到上海进行师资培训，加强软件建设。“希望办”聘请了上海各学科的特级老师为他们传授教学经验，组织他们参观中共一大会址、外滩、浦东新区等地，开阔红军小学教师的视野。经过培训的老师都说，培训太有价值了，对他们提高教学质量很有好处。

上海开展捐建红军小学不久，习近平同志此时正在担任上海市委书记，他作出批示，希望继续努力，把实事做实，好事办好。

2021 年，辛丑牛年初一，我又一次陪热心慈善人士来到上海市希望工程办公室捐款。工作人员告诉我，红军小学建造已完成 389 所，远超当年建造 100 所的计划，后续的红军小学建造已完成设计，马上就要继续开建了。

2007 年，第一所红军小学——“第一红军小学”在贵州省遵义市娄山关落成。从此以后，以开国领袖、开国将帅、著名革命烈士名字命名的红军小学，相继在长征经过的地方和他们的故乡诞生。

已命名的 389 所红军小学的校名涵盖了新中国开国元勋以及不同时期的革命英雄，如井冈山毛泽东红军小学、邓小平红军小学、周恩来红军小学、彭德怀红军小学、杨靖宇红军小学、叶挺红军小学、狼牙山五壮士红军小学以及一批用英雄名字命名的红军小学。

红军小学诞生后，如同星星之火，穿越时空，照亮了无数孩子前行的道路，为他们的成长起到了巨大的促进作用。在红军突破湘江战役中，时年 29 岁的红 34 师师长陈树湘，率领部队负责中央红军总后卫。他指挥部队连续战斗 18 天，最后弹尽粮绝，身负重伤后断肠英勇牺牲。在他的故乡湖南长沙福临镇建立的陈树湘红军小学，就是为了纪念这位身经百战建奇功的陈树湘烈士。这些用烈士名字命名的红军小学，让孩子们在潜移默化中受到了红军长征英雄故事的熏陶。

10年前，我在江西省吉水县八都镇，参加了上海市委老领导胡立教红军小学成立仪式。孩子们传承红色基因、争做时代新人的饱满精神状态，让我看到了革命传统和红色基因得到了广泛的传播。12年来，已有近百万名学生从红军小学毕业，走向新生活，成为建设新时代的栋材。在建设红军小学工作中，我也贡献了一点微薄的力量，每念及此，总有一股幸福感流出。

“慈善大叔”赶上了好时代

司徒伟智

每逢有人问及，“慈善大叔”做成许多好事，当上公益界名人，他挺有钱吧？我的回答是：“嗨，也是工薪族，有啥钱？就是老人家一片热心，又赶上了好时代。”

凝聚“洋夫人”爱心

最早，是1995年春，上海社科院经济所的黄来纪来我们解放日报社，推荐说南市有位老教师张景棣，联系一群“洋太太”给困难群体捐赠，故事很多，有兴趣吗？好呀，解困助贫，社会急需，我没犹豫就接受了。

由此，采访、写稿、审定，继以联系、交流、参观……我结识了一位“忘年交”。

高大，爽朗，笑呵呵，热心肠，在我印象里，是这位1923年生人、海光中学退休外语教师的明显标志。

张景棣的故事，始于1985年赴美探亲时经友人介绍，返沪后与几名驻沪外国客商、专家及其夫人的交往。一开头，不过是教教“洋夫人”汉语，偶尔陪同上街购物兼当翻译，聊尽地主之谊。渐渐地，她们信赖起这位诚实忠厚的“大叔”辈中国老人，就什么事情都找他商量。有一回，驻沪企业家专家夫人联谊组织内就慈善捐助对象发生争议，有人又找张景棣老师咨询上海的情况。张景棣家住南市，对附近的儿童福利院倒是了解一些，他照例实事求是地介绍了该院几十年的发展与现今的困难。不料，这竟成了消弭她们分歧的催化剂——“既然眼前就有值得帮助的人，何必舍近求远”“把钱寄给发达国家的慈善组织，其实那里并没有多少迫切的需要”。好了，她们的慈善目标就此转向，向着脚下这片还相当陌生的土地。

这个特殊人群，或曰经由张景棣联络而就地慈善的“金主”群，日益壮大。“洋夫人”们一般都是随夫远来，中文不会讲，对上海也不了解。她们大都住不长，丈夫任期一满就得走。这班去了那班来，熟识的走了陌生的来，够张景棣忙的。但是，介绍慈善需求，磋商慈善项目，为慈善而忙，忙得高兴！“好多欧美国家的女士也像他们的先生，做慈善不吝啬，可是极为认真。每一笔捐赠都要亲眼看到落实，切忌低效、浪费，”张景棣对我如此说。于是为了将每一笔捐赠落到实处，张景棣陪同洋夫人前往被捐赠单位参观不算，总还要预先额外跑一遍，将情形考察透彻，哪怕远在崇明、嘉定，来回跑上一天。结果是每一回捐赠都无“跑冒滴漏”。例如，1994 年 12 月陪葛黎爱辉等人前往儿童福利院，送上的春节新衣，恰好一人一件；1995 年 2 月，与特丽克丝等一行前往坐落在西郊的第一精神病院，捐赠的是 550 条腈纶毛毯，正好给该院 520 名伤残、精神病人一人一条，另外 30 条备用。

认真负责，不厌其烦，绝无私念，张景棣以高效率的志愿工作，换来洋太太们的信任，凝聚了她们的爱心，集合起她们的力量。前后经他联络，洋太太们捐赠上海弱势群体钱物约 500 万元。

新时代为他壮胆

如果说，在张景棣一路行善的故事里，有啥悬念的话，当就在开头。

初次会面交谈，他本人表露一个心结。因为向学生悉心讲授外语而在“文革”中被打成“洋奴”“里通外国”的经历毕竟太令人寒心，如今帮助洋夫人搞捐赠，会不会又蒙上“资产阶级人道主义”恶名？虽说前几年为儿童福利院联系捐赠事项而专门请示，得到过上海市民政局社会福利事业处党委书记王瀛年的表扬：“外国友人愿为我们的社会福利事业出力，这是件大好事。请张景棣老师不要有顾虑，我们支持他！”但此刻，要进一步，登上报纸，广而告之，会生事吗？

我也想到：会生事吗？写这文章，似有两道坎。一道坎，弱势者生活保障是否该由政府包揽，拒绝民间慈善参与？其实，两条腿走路，终究胜过一条腿。好在此前不久，上海慈善基金会于争论中胜出、登场，开始号召凝聚社会力量帮扶贫困，我想这思想问题也就近于化解了。再一道坎，即外国人参与慈善、济贫救困，行不行？这曾经更有禁忌。我知道，新中国成立后，50年代初即取消了各国在华的慈善事业及其机构。甚至1976年唐山地震时，困难非常，压力山大，我国仍是谢绝人家帮忙。然而，今夕何夕？时移事易，新时期我们党确立了一切工作的检验标准，是人民满意不满意，满意的就干，废弃一切僵化教条。既然改革开放后已经允许有关国际机构组织人员来华帮助救灾，那么洋太太们的个人捐助，就大同小异，性质相通，无理由拒绝。

为慎重起见，我电话打到民政局社会福利事业处请教。工作人员接的，回答干脆：“张老师联系外国友人，为本市的社会福利事业出力，我们知道，我们支持。你问领导态度？每一任领导都是完全支持的！”

听，这就是政府机构的声音。时代在进步，上上下下的领导机构及官员也在成长、成熟。张景棣的工作因此始终获得民政机构积极呵护。张老师，你赶上好时代了！进入新时期，世界上各种热心朋友、各种建设性力量，统统欢迎。改革开放，就意味着为发展人民利益，中国要面向世界，融入世界，要开放再开放。有党和政府为您撑腰，有党的新时期新思想护航，尽管放心大胆往前走！没有悬念，无须顾虑。

我也放胆，写就通讯3000字，并给他起了个外号曰“慈善大叔”，题为《在洋夫人义举的背后（肩题）“慈善大叔”道不完的故事（主题）》，清样送上去，一路绿灯，一字未改。遂于1995年4月11日《解放日报》发表。当晚评报，编前会上一片赞许，评为“红旗稿”。

政府支持，党报发声，各家报刊乃至电视电台纷纷加盟参与。嗣后，年年岁岁，“慈善大叔”张景棣都是媒体盯牢的对象，连外地媒体也来采访。有时他会来电问我有没有空一起应对访谈，我总是抱歉没空，却为他高兴。“电台有声，电视有形”，大叔成为上海精神文明建设的一张名片。

全体人的注目礼

“慈善大叔”益发出名了。譬如，仅报纸所载，据不完全统计，就看到1998年9月揭晓的上海十佳优秀志愿者中有他；2000年度上海社会主义精神文明十佳好事提名，20名中又有他；2004年1月公布的上海首届“慈善之星”中还是有他，如此等等。甚至，在他谢世后的2012年，公布2011年度“上海好心人”奖，仍是有他。但是他没有为声名所累，依然不忘初心，脚踏实地，跑前跑后，带着一批批洋夫人踏勘、落实慈善项目。有几次，我应邀参加他们的活动，无餐饮，无招待，无报销，纯奉献，快速度，高效率……唯有敬佩不已。

我平素主要是写作言论杂感的。偶尔撰写的很少的人物通讯中，竟然有一篇获得媒体同行关注，引发共鸣，真从内心感激大家。尤令我感动的是，年龄不饶人，当张景棣老师进入晚岁衰病期，仍坚持一边抗病魔一边做慈善时，亲爱的新闻同行们既不忘报道他的善事，又积极帮助他治病。记得就在本报，为他的行动维艰，老大姐沈全梅请来了小针刀专科医师为其诊治；为他手术输血，可他血型是俗称“熊猫血”的Rh阴性AB型，十分稀少，青年记者毛锦伟发表《救救“慈善大叔”张景棣》呼吁特殊人群献血。

又记得，考虑到“慈善大叔”20余年的无私奉献，以及眼下治病的具体困难，经与本报总编办公室邱丹凤商议，我于2010年1月写出“内参”作了专题反映，获时任中央政治局委员、上海市委书记俞正声批示，黄浦区、半淞园街道、市慈善基金理事会等领导都到场予以关心和帮助。

还记得，“慈善大叔”病逝后备享哀荣。2011年8月13日开追悼会。翌日，报纸刊出新华社千余字电讯《“慈善爷爷”张景棣溘然长逝，上海举城而恸——这天，数百市民自发为他送行》。

仍记得，同年稍后，滨海古园感动于张景棣精神，无偿为其建造铜像和事迹纪念馆，举行隆重落成典礼。张景棣夫人葛慧英来电嘱写点文字，我不计工拙，寄去一副对子：“引领学子开眼看世界，平生是外文老师；帮扶弱者舒心享太平，晚岁称慈善大叔。”

上下一致，全体向张景棣行注目礼。透过现象，可见是对于其民间慈善模式的致敬，是对于模式所蕴含的奉献民众精神的致敬。

我们党没有特殊利益。我们党的宗旨，时代的旗帜，就是为人民服务。“慈善大叔”的桩桩件件解贫济困实事所以获尊崇、受推重，惟其合乎宗旨，依循宗旨。他听党的话，民众赞扬他，势所必至，理有固然。

“慈善大叔”赶上了好时代！

注一：见《让慈善走进人们心中》，载 1999 年 6 月 12 日《人民日报》。该文披露：“据说 5 年前上海市慈善基金会在酝酿之时，人们对在中国能不能、需不需要搞慈善事业尚有疑虑和争论。本报‘人民论坛’刊登的一篇《为慈善正名》的文章使大家坚定了这样的认识：以仁慈善良为本意，蕴含着同情、关爱之心的慈善是没有种族、没有国界的，社会主义的中国同样需要慈善事业。”

注二：这是一节真实的历史。见徐书云《见证负责任大国的崛起——记我在联合国经历的难忘片段》，载 2015 年 9 月 24 日《参考消息》。该文披露：“ 1976 年夏，我从纽约到日内瓦出席第 61 届联合国经社理事会，住在中国代表团驻地。7 月 28 日傍晚，当地电台和电视台播出了中国唐山发生大地震的消息，大家震惊不已，彻夜难眠。第二天早上 9 点，总部设在日内瓦的联合国救灾署署长伯尔柯，打电话紧急约见中国驻日内瓦代表团大使衔代表安致远。联合国救灾署表示，联合国可以立刻动员国际社会，向中国提供紧急人道救灾援助。安大使将此事以特急电报请示国内。国内回复很快，总的意思是感谢好意、中国人民有信心取得抗震救灾的最后胜利，婉拒了外援。”

为了记载“见证荣光者”的荣光

吕怡然

常言道“盛世修志”，然而我从未将这句耳熟能详的话与自己关联，更不会想到在“后新闻职场”上俨然成了“修志专业户”，持续 8 年，参与三部，甜酸苦辣，五味杂陈！

2013 年夏天，“发挥余热”时段接近尾声，打算一身轻松告老还乡之际，突然接到通知说，文新报业集团推荐我参加上海新闻志书的编纂工作。于是，不知深浅、懵里懵懂地进了编纂组，修志的担子多重、费时多久，心里全然无数，以为干几个月便可大功告成。逐渐进入角色后方知，这可是一个浩繁庞大的工程，甚至是一件烦不胜烦、苦不堪言的差事！

当时，作为全国第二轮修志的一部分，《上海市志（1978—2010）》的编纂已然全面展开，市志新闻出版分志之一“报业卷”的编纂亟待启动。而此前编纂成稿的《上海新闻志（1993—2002）》，有待审核修改后出版。因此，对这部书稿的打磨，便成为对我们初涉方志领域的一群退伍“老报人”的启蒙和培训。始料未及的是，其间我遭遇了一次“自讨苦吃”，就此“套牢”。

记得那是 2014 年 3 月在东方绿舟举行的一场讨论会上，我实话实说，对这部书稿找茬多多，提出一系列修改意见。中场休息时，一众正副主编和顾问们开了个碰头会，随后宣布，指定分级负责的“统筹人”，由我担任“一级统筹”，对全书通稿，统一修订。猝不及防，惊讶不已，顿时后悔“言多”而自找麻烦。倒不是怕多做事，实在是力不从心，战战兢兢。会后当即“请辞”，未遂。不得不赶鸭子上架，对 50 余万字的书稿开始“咬文嚼字”。

与此同时，“报业卷”的总体规划、大纲拟定、篇章设计也已开锣，我几乎是“脚踏两头船”，全身心地同时参与两部志书的修订和编纂。而紧接着健康“红灯”频闪，遂萌生退意，然辞职报告每次都即刻被驳回……

在无奈、纠结和苦恼的交织中，硬撑着逐渐投入，倒是对修志工作从毫无头绪，到有了一些朦胧感觉，思路在聚焦中慢慢清晰，历史感、责任感也悄然累积。

我们这群“老报人”，原先都是和新闻、版面打交道，对文字工作应该驾轻就熟。但殊不知同样是吃“文字饭”，志书和新闻的体例、规范、表达、语境，乃至遣词造句，区别甚大，风格迥异。如果说“新闻是历史的草稿”，那么志书就是把“草稿”转正为“文档”；如果说记者编辑是时代进步、社会发展、国家昌盛的荣光记录者、见证者，那么我们的新闻志、报业卷，不啻是为这些记录者、见证者记录和见证，为新闻业立志，为报纸工作存史。而以1978年中共十一届三中全会为起点的这30多年，正是中国新闻和报业革故鼎新、蓬勃兴旺的黄金时期，能为这段空前绝后的历史草稿“归档”存世，助力“修志问道，以启未来”，不正是欣逢盛世的我们之莫大责任与荣光吗？

人真是需要理想，需要梦想，这才会有精神动力。虽然大家都年届“花甲”“古稀”，但诚如一位哲人所言，“只要一个人还有所追求，他就没有老”。眼下，修志就是我们的新目标、新追求。鉴此，在主编、副主编们的率领下，我们敬畏历史，满怀谦卑，殚精竭虑，同心勠力，为“挖宝”寻寻觅觅——收集各种历史资料；为“蓝图”绞尽脑汁——十易其稿拟就编纂大纲；为“篇章”呕心沥血——将史料碎片连缀成文；为“字眼”苦思冥想——拒绝花里胡哨但求平实；为“数字”追根寻源——每个数字和日期都有据可查；为“真相”一丝不苟——不放过任何一个疑窦；为“挑刺”不厌其烦——反复考究避免差错；为“打磨”韧性十足——无数遍地通读润色文稿……孜孜矻矻，心心念念，梦里梦外都是“志、志、志”，且祈盼早日杀青。一次去北美探亲，某日黎明时分似醒未醒间，竟为“报业卷”的“后记”构思谋篇，起床后一鼓作气将“腹稿”拉出，通过微信飞越太平洋，以期“抛砖引玉”。

这些年，我们这群养老金领取者几乎是“全年无休”，尤其后期在“拼命三郎”式的统稿组长统领下，“全天候”劳碌，节假日的概念也变得模糊。拜赐于移动网络，尤其是微信，让我们随时在线，即时沟通。“报业卷”编纂期间，微信工作群从“报业卷”，到“蓝皮书统稿组”，再到“最后冲刺”“微友”，从多到少，工作状态则愈来愈趋于紧张。不曾想，如今这些微信群，不经意间居然成了一部不完整不规则的“修志备忘录”，打开重览，便能回望我们一路走来的足迹，再次慨叹“事非经过不知难啊”！

2018年夏天，近150万字的《上海市志·新闻出版分志·报业卷》终于问世，60余万字的《上海新闻志（1993—2002）》也同时出版，一心以为就此能歇搁啦，毕竟“奔七”后，身心疲惫，眼力不济，而自由自在自得其乐的时光余额日显不足，必须赶紧及时行乐了。孰料窃喜之际，通知突如其来：参加《上海市级专志·文汇新民联合报业集团志》的编纂！

心太软，难回绝，遂再入新团队，又砌新炉灶，为“文新报业”书写一部“集团史”，打造一座“文档库”。尽管“文新”续存16个年头的历史戛然而止仅5年，但资料的散落遗失状况却比想象的严重得多。幸亏由“文新”的老领导挂帅，有“文新”的老兵参与，人脉广，特认真，难关一一突破，节拍一一踏准，搜集、甄别、筛选、梳理、整合……环环相扣，节节推进。即便新冠肺炎疫情乍起，居家工作，在线开会，进程也未曾中止。我们写改革、记发展、叙创新、述跨越，无需慷慨激昂，文采飞扬，只须如实记叙，述而不评。其间，我们千方百计集全历年各类各式“光荣榜”，让每一个荣誉和奖项获得者入志。“资料长编”“合成初稿”“征求意见稿”“评议稿”“审定稿”“验收稿”……3年间，有过苦恼，有过纠结，有过牢骚，有过埋怨，有过厌倦，但目标如一，矢志不移，80余万字书稿，眼下已通过“大考”，付梓在望……

我把自己的肺腑之言，写进“文新志”编后记：我们深知，限于学识、能力、资料和历史眼光，这部志书难以做到完美无缺，遗憾和不足客观存在，期待读者不吝指教；同时我们有着油然而生的获得感、满足感，毕竟我们为之付出过、操心过、尽力过。我们这些昔日的办报人、管理者，作为亲历者、守望者，在“后职场时期”还能为文新报业的十六度春秋创建“文新卷宗库”，制作“集团备忘录”奉献余热，殊为荣幸，甚为自豪。

8年过去了，甘为“见证荣光者”修志存史，虽达不到“无怨无悔”的境界，“有怨无悔”却是做到了。原本，这段“修志史”大概率会随着流逝的光阴悄然泯灭。感谢上海老新闻工作者协会的这次征文活动，让我有机会扼要写下这篇亲历记，既是重在参与，更是藉此向见证和创造荣光的同行们致敬！

为农村改革鼓与呼

朱瑞华

2021年2月21日，指导“三农”工作的中央一号文件由新华社授权发布。文件总体要求：实现巩固拓展脱贫攻坚成果同乡村振兴有效衔接，加快推进农业现代化，大力实施乡村建设行动，加强党对“三农”工作的全面领导。这是自1982年1月1日，党中央发出第一个关于“三农”问题的“一号文件”之后，21世纪以来第18个指导“三农”工作的中央一号文件。

党中央认为，新发展阶段“三农”工作依然极端重要，须臾不可放松，务必抓紧抓实。要坚持把解决好“三农”问题作为全党工作重中之重，把全面推进乡村振兴作为实现中华民族伟大复兴的一项重大任务，举全党全社会之力，加快农业农村现代化，让广大农民过上更加美好的生活。

这使我想起了32年前我撰写的一篇新闻稿《奉贤江海公社三个生产队试行一年初见成效，“大包干”使昔日缺粮队翻了身》。

那时，我刚进解放日报社，在农村部当记者联系农口条线。其时，安徽凤阳农村土地“大包干”正搞得红红火火，原来的“讨饭县”已经变了样。但在上海，媒体报道沪郊农村时，还从未出现过“大包干”字眼，一律以“联产到劳”的口径进行报道。因为当时的上海市政府有关领导对农村家庭承包经营生产责任制，提出了不准包产到户、不准分田单干、不准搞口粮田的“三不准”规定。这自然也成了上海农村改革新闻报道中的一个“紧箍咒”。

那么沪郊农村究竟有没有搞“大包干”的生产队？职业的敏感驱使我要探个明白。记得1982年10月的一天，我去市农委经营处，悄悄地问时任处长吴海：

“沪郊农村究竟有没有搞‘大包干’的生产队?”吴海处长对我说了实话。他告诉我:“奉贤县江海公社有搞‘大包干’的生产队,效果显著,但是以联产到劳进行上报的,因为,上海是不准搞‘大包干’的……”听到这个讯息,我很是激动,恨不得马上就去采访,弄个明白。

当天,我赶回报社向时任农村部领导吉景峰同志汇报。老吉是位老干部,思想解放,改革开放意识很强,政治敏感度很高,他多次赴安徽凤阳农村采访“大包干”,写了许多有分量的报道。一听我的汇报,他顿时眼睛一亮,十分赞成我迅速赴奉贤采访。当晚,我即联系了奉贤县委宣传部的宣传干事高克严同志,请他安排采访之事。

第二天,我心急火燎地赶回了家乡奉贤,与高克严同志一同前往江海公社采访。时任公社主任王安石接待了我们,高兴地向我们介绍了跃进大队、树园大队搞了“大包干”,昔日缺粮队翻了身的情况。他说:“三年两头完不成国家征购任务,甚至靠挖储备粮装门面的跃进十队、树园二队和树园十三队,去年三秋试行大包干后,今年早稻一季超额完成国家征购任务,结束了近几年来欠产靠挖储备粮维持局面的状况……”

我深知,在那个时期写“大包干”的报道,必然会触碰“紧箍咒”,记者是要担政治风险的。正值壮年的我,对记者生涯充满憧憬,只要新闻真实性没问题,其他什么也不怕,因为我已经有过在“文革”中被造反派当作所谓“走资派”的经历,心想:“大不了再被批斗一次。”为此,我深入采访,掌握第一手资料。为了确保秋粮亩产的真实性,我又深入到跃进大队、树园大队实地了解情况。我要求大队、生产队干部介绍的情况必须是真实的。他们表示以党性和人格担保,反映真实情况。凡是搞了“大包干”的生产队,每家粮食产量,都是由大队、生产队干部与这家社员一起称重的,数量绝对正确。为此,我们随机向种粮社员核实求证,得出的“大包干”后粮食产量结论,与公社、大队、生产队介绍的相符合,我的心中有底了:一个真实的新闻事实摆在我的面前,奉贤县江海公社三个生产队,“大包干”试行一年初见成效,昔日的缺粮队翻了身。

在当时的政治气候下，撰写“大包干”报道，运用数据一定要正确可靠，经得起检验，文字朴实无华，叙述务求客观，这一条我坚持做到了。此外，为了说明发达地区的上海农村也有不平衡性，出台政策措施要从实际出发，我在稿件中特意引用了江海公社一位同志的话：“发达地区有不发达的地方，高产地区也有低产穷队，各队情况不同，责任制形式应当有别。我们公社三个生产队搞‘大包干’，是在学习考察了浙江的慈溪、江苏的宜兴、安徽的凤阳后，根据干部社员的要求才试行的，这是群众实践的结果。”以此来说明江海公社三个生产队“大包干”是从实际出发，符合队情民意的。

奉贤县江海公社三个生产队，“大包干”试行一年初见成效，这篇独家又烫手的稿件写成后，如何通过奉贤县委的审稿成了一大难题。如果直接请县委书记陆嘉书同志在送审稿上签字，显然会让他很为难，怎么办？心里很是忐忑。于是，我想了个不让县委书记为难的办法，问时任县委办副主任沈楷明同志：“县委办是否有公章？”陆嘉书同志说：“这个稿子还要盖公章？”我说：“这是报社的规定……”陆嘉书同志思索了一下，便在送审稿上写下了这样一段话：“此稿经陆嘉书看过，发表与否，由报社酌定。”然后，县委办副主任沈楷明同志在送审稿上盖了县委办章。陆嘉书同志在送审稿上写下了这一段话，让我十分感动。敬佩这位农民出身的县委书记，熟悉农村，熟悉农民，他的心与农民的心是相连的。他作为县委书记，面对当时的市委“三个不准”（不准搞包产到户、不准搞分田单产、不准搞分口粮田）的规定，已经让他冒政治风险了。

拿到这样的送审稿，我已经十分满意了。然而，回到报社后能否在《解放日报》发表又是一个大问题。面对“三个不准”规定，作为市委机关报的《解放日报》敢不敢发表？部领导吉景峰同志对《“大包干”使昔日缺粮队翻了身》的稿件十分重视，他与我在讨论时一致认为，这既是篇上海新闻界的独家新闻，又是篇政治风险很大的新闻稿件。他将稿件送时任解放日报社党委书记、总编辑王维同志审阅。王维同志是位在新四军时期就办报的老革命，有丰富的驾驭政治局面的能力。他认为农村搞“大包干”符合党中央精神。深思熟虑后，他指示吉景峰同志直接将稿件发夜班编辑部。我们知道王老总的苦心：市委机关报《解放日报》刊登“大包干”的稿件，有悖“三个不准”规定，如果市领导要查究责任，他出面作检讨，同时还能保护编辑记者，倘若由他直接签发，一旦要查究责任，作为报社党委书记、总编辑的王维同志必将要承担政治责任，届时无法自保的自己又何以保护编辑记者？

《“大包干”使昔日缺粮队翻了身》的稿件，发夜班编辑部后不久，于1982年11月15日《解放日报》第二版中间位置刊登。稿件不放一版，位置在第二版中间，作为一般稿件处理，但标题在二版中字体最大，处理突出且醒目。见报后在当时的上海农村激起了强烈反响。其实，当时任夜班副总编辑的陆炳麟同志、夜班编辑部主任金福安同志、第二版责任编辑俞远明同志，为处理编排此稿不仅动足了脑筋，还都承担了政治风险。

“大包干”的稿件刊登后没多久，事情来了个180度转变。一天，市农委宣传科的一位同志兴奋地打电话给我说：“朱记者，告诉你一个好消息，陈副市长（陈宗烈时任市委常委、市政府副市长，分管农村工作）从北京打电话过来，说市委‘三不准’已成为历史，上海农村‘大包干’不是好搞不好搞的问题，而是如何搞好的问题……”

1982年12月中旬，上海市委召开党员干部会议，市委常委、副市长陈宗烈在会长宣布，上海取消“三不准”规定……

听到这个消息，我由惊诧变为欣喜。心想，要是“三不准”已成为历史，这个消息早点来，那么，“大包干”这篇沪上独家新闻，还可上《解放日报》一版头条呢！

事后，我从市农委了解到市委取消“三不准”的原委。原来，当时陈宗烈副市长在北京参加全国中央农村工作会议期间，他向中央汇报上海农村不能搞“大包干”的情况，中央主要负责同志当即明确指出：“上海也可以搞‘大包干’嘛！”我由衷地为之叫好！正是中央农村工作会议作出的实行农村土地经营承包责任制的历史性决定，才使上海真正废除了沪郊农村“不准包产到户、不准分田单干、不准搞口粮田”的“三不准”规定。

一本有着顽强生命力的党刊

任卫国

上海党员基层干部爱把上海《宣传通讯》叫做“不是红头文件的红头文件”。

上海《宣传通讯》创刊于1979年7月。当时，正值党的十一届三中全会召开不久，解放思想，拨乱反正，用党的理论、路线、方针、政策统一干部群众的思想，是宣传思想工作面临的重要任务，为此市委宣传部创办了《宣传通讯》。《宣传通讯》及时传递党内权威信息，“上情下达，指导工作”，受到广大宣传干部和基层党组织的欢迎。

1992年初，邓小平同志视察南方发表重要谈话，在党内外引起极大反响。中共中央下发了邓小平同志视察南方的谈话全文，极大地坚定了全党全国人民坚持“一个中心、两个基本点”的信心。《宣传通讯》作为党的内刊，想刊登邓小平南方谈话全文。为此，编辑部请示了分管《宣传通讯》的时任市委宣传部副部长龚心瀚同志。龚心瀚问编辑部的意见，时任《宣传通讯》主编朱大建说：“应该刊登。登是一种态度，不登也是一种态度。”龚心瀚副部长明确表示：登！同时关照，做好技术处理。《宣传通讯》在第一时间刊登邓小平同志视察南方的重要谈话全文，上海的基层党组织大都是从《宣传通讯》先睹为快的，后来，《人民日报》、新华社及全国主流媒体公开发表了邓小平视察南方谈话全文。

在《宣传通讯》创刊15周年的纪念会上，时任市委副书记陈至立对《宣传通讯》的重要作用作了精辟的概括。她说，《宣传通讯》把需要贯彻的、基层党组织想要了解和掌握的党内重要精神，通过《宣传通讯》这个渠道传递下去，起到了大众媒体难以替代的作用。“不是红头文件的红头文件”的说法，其实是《宣传通讯》权威性、指导性、内部性的一个概括和诠释，也是受到基层党组织欢迎并有一定影响力的原因。

《宣传通讯》在上海有影响力，还与长期以来《宣传通讯》和基层党组织保持着密切联系有关。在纪念建党 80 周年的时候，《宣传通讯》发起、并与市委组织部基层处联手，在全市开展了“纪念建党 80 周年知识竞赛”活动。知识竞赛以党史和党的知识为题，以区县局为单位，通过初赛、复赛，最后进入决赛。决赛在上海电视台实况播出，时任市委常委、组织部长罗世谦和时任市委常委、宣传部长金炳华出席，并为获奖单位颁奖。知识竞赛促进了基层党组织学习党史和党的知识的活动，也进一步扩大了《宣传通讯》在基层党组织的影响力。

随着改革开放的深入，新经济组织和新社会组织（简称两新组织）大量涌现，上海的党建格局发生了很大的变化，《宣传通讯》的读者对象也有了相应的变化。一天，分管《宣传通讯》的时任市委宣传部副部长郝铁川高兴地对我说，“中央主要领导同志表扬《宣传通讯》啦!”我一愣，心想不至于吧。原来，当时静安区在“两新组织”在党建中提出“把支部建在楼宇上”，中央主要领导同志在这个党建材料上作了指示，充分肯定了“把支部建在楼宇上”的经验。在这个材料中，楼宇党支部书记多次提到，给小白领做工作、上党课，他们很爱听。小白领问支书，这么多的信息是从哪来的？支书说我有《宣传通讯》。

根据党建格局的变化，《宣传通讯》及时调整栏目，在保持原来权威栏目的基础上，增加了许多新的栏目，如“形势分析”“政策选编”“舆情解读”“国际参考”等。基层干部这样评价《宣传通讯》：“一册在手，大局在握。”这些内容传递的是党内的权威声音信息，起到了“上情下达、指导工作”的作用。当时，时任市委常委、组织部长沈红光还要求“两新组织”党支部都要订阅《宣传通讯》。

40 年前，《宣传通讯》创刊后，全国各省市的党委宣传部也相继办起了类似的宣传刊物，现如今这些刊物都先后停刊了，唯独全国首创的上海《宣传通讯》犹如一面不倒的旗帜，屹立在基层党组织中，承担着新时代举旗帜、聚民心、努力为宣传思想工作服务的责任。《宣传通讯》作为事业单位，不花国家一分钱，没有财政拨款，靠的是自收自支。8 年前，《宣传通讯》已由市委宣传部划转到解放日报社。2021 年 2 月，上海《宣传通讯》出版第 1000 期，依然是深受基层党组织欢迎的一份党刊。40 年风风雨雨，尤其是在纸媒不断受到挑战的当下，上海《宣传通讯》表现出顽强的生命力。

新闻监督引发的一次变革

阮莉珠

纵观世界，新闻记者历来是时代的推动者、参与者、记录者。回顾自己近30年的记者生涯，与社会同呼吸、共脉动，为改革开放的伟大时代鼓与呼，留下了颇多深深的印记。

2000年2月，我写的一篇组合报道《上图，让我欢喜让我忧》见报后，上海图书馆闻风即改，在一周多时间内便落实了改进方案，将原来每天下午17时的闭馆时间延长到了晚上20时，足足延长了3个小时，为上班族畅游知识海洋，享受优质资源提供贴心服务，此举获得了上海各大媒体的一片“点赞”，获得了上海市民、广大读者的广泛好评。

这是一次批评报道的成功范例。

遗憾经历，引发思考

2000年1月的一个周日，因为要写一篇有关机器人方面的报道，我亟须了解国外机器人研发的有关态势。然而问了上海几家机器人研究所或有关单位，均没获得想要的资料或信息。现在有问题只要上网查询即可，但那时网络不发达，最便捷的或许就是电话了，记者获取信息的主要途径还是靠两条腿去跑来的。

“上海图书馆或许会有相关资料。”心里如此想着，看来只有这一条途径了。由于工作节奏紧张，单位、家里距上海图书馆都较远，平时难得去一趟，这次决定趁双休日挤点时间到上海图书馆去查阅。

坐落在淮海西路上的上海图书馆，以其雄伟的气势、博大的胸怀，每天吸引着成千上万的读者，站在这座知识圣殿前，让人无不感叹书海浩瀚，学海无涯。这里的一切都让人感到赏心悦目，宽阔的台阶、宽敞的大厅、宽大的阅览室。坐在如此气派的图书馆看书阅报，不啻是一种富足的精神享受。

那天下午，我从浦东赶往浦西，趁办完事的空隙，匆匆赶到上海图书馆。辗转了几个展馆，在三楼科技期刊阅览室，果真找到了需要的杂志，心里不由一阵欣喜："到底是上图，不虚此行。"我掏出笔，快速在采访本上摘录起来。然而，一页尚未看完，室内便响起了铃声。我不知其故，没去理会，仍埋头做笔记。一工作人员走过来催促："关门了，关门了！"

抬头见读者纷纷离座而去，一看表才17时。不禁疑惑地问："这么早关门？我上次来看到很晚才关门呢。"

"那是二楼社科阅览室，我们这里开馆以来天天17时关门。"工作人员看着我有点不耐烦地回答。

想不到好不容易挤出时间，大老远赶过来，已经到手的资料，还没来得及看，就要被放回书架，自己就要被"驱逐"出去，心里真有点火急火燎的。"能否让我把这几本杂志借到二楼看，明天让那里的工作人员还给你……"我絮絮地向她诉说着自己急迫的工作需求，并拿出了记者证，希望对方能通融一下。

"不可以！要看明天来。"服务员看也不看我递过去的记者证，语气生硬地一口拒绝。

我无奈地、不舍地离开科技期刊阅览室，心里真的挺懊恼的。平时报社工作忙，家里孩子小，每天时间紧张得陀螺似的停不下来，好不容易大老远赶来一趟，还是没能完成任务。其实，上海图书馆开馆以来，曾去过几次，但却不知道它是17时关门的，我自责自己的孤陋寡闻。

没像以往来去匆匆地离开，走到底楼大厅特地去仔细观看图书阅览时间排片表，一看还真是吃惊不小：其一，馆内林林总总的阅览室有30多个，品种之全，内容之丰富，几乎无所不包，让人吃惊；其二，除了中文、社科类4个阅览室开放到20时30分，其余几乎都是17时结束，并且大部分阅览室周日闭馆。这种日落而息的时间安排同样让人吃惊，如此上班族何能享用上海图书馆的优质资源？

走下上海图书馆高高的台阶，抬头看天，天还那么亮，心里不免溢出深深的惋惜：一流的、现代化的图书馆，这么早闭门谢客，这不是资源的极大浪费么？在知识经济、科技创新的时代，人们对知识的渴求比任何时候都强烈。上海要建成国际一流大都市，市民文化素质的提高不是重要基础吗？然而，这里知识的海洋却早早关闸断流，大部分时间都在酣睡。这和生机勃勃、日新月异的城市似乎不那么和谐吧？

“组合拳”报道，厚重有力

回来后，我越想越觉得应该把这件事报道一下，引起关注，这不仅仅是因为自己一次抱憾而归，而是代表读者、代表市民表达的心愿和呼声。舆论监督，不正是记者的使命？看到问题、报道问题这不正是记者的职责？为此，我专程到上海图书馆去做了采访。又凭借自己长期联系高校、人大的人脉关系，选择了几个有代表性的教授、研究员、人大代表等，对他们进行了采访，请他们就上海图书馆17时关门的现状谈点看法想法。因我知道，仅凭自己个人的感受写的报道分量太轻，很容易被忽视，溅不起浪花。当时，我所在的《上海科技报》正在转变新闻报道思路，提倡记者写深度报道，写大特写。因此，我准备用组合报道的形式对此事进行报道，这与报社的改革方向是吻合的。在新闻部召开的每周例会上，我汇报了这一选题，大家都觉得这是一个非常棒的选题。

采访很顺利，几位居然都有类似经历，都有共同的感受，他们谈得都很有见地，有的还提出具体可行的改革建言。

华东师范大学发展与规划办公室主任唐安国教授说：“几次想到上海图书馆去查资料，都因为快临下班时间而放弃……上海图书馆作为政府重点投资的文化事业单位，理应提供一流的服务。一流的标准自然包括方便读者在下班以后也能查到资料，这是社会向服务部门提出的并不苛刻的要求。我认为，社会事业单位应建立起一种新机制，一种促使他们主动、优质服务社会的机制。就上海图书馆而言，应积极创造条件，去满足读者要求，吸引读者前去借阅、查询，考核部门工作实绩应与提供服务的时间的量和质挂钩。其次，上海图书馆可适当提高收费标准，目前10元一年的阅览证，25元一张参考阅览证可看遍全馆，确实低了些。如适当提高些，相信读者也是能承受的，也可补充上海图书馆的服务成本。”

时任上海市教委学生处处长黄晞建副教授认为：“上海图书馆是社会文化活动场所，应不断满足人们日益增长的文化知识的需求。对于大多数人而言，文化活动主要在下班、放学后的闲暇时间。所以图书馆不同于各单位自备的文化活动场所，上班开门，下班关门……要找准自己的定位。”他还说：“上海图书馆还是个特殊的文化活动场所……它所储存的尖端科学技术信息，只能被少数掌握这方面知识的人所利用……很难想象，离开图书馆丰厚知识的浸润，会造就马克思这样的伟人。”黄晞建也看到了如果延长服务时间，图书馆将增加大量人力、物力，因此他提议，除了政府、社会各界支持，如果人手不够，可与高校联手设立大学勤工俭学岗位或选择有一定层次的志愿者，培训后上岗。

上海市人大代表、中科院上海昆虫研究所研究员沈建华简述了自己到上海图书馆差点吃闭门羹，小跑步去找资料去复印去归还，来来回回弄得一身汗的狼狈经历。他说：“国家提倡科技创新，科技人员要迎接知识经济的时代，必须不断学习新知识。上海图书馆是一座知识的金矿，藏书种类非常齐全，我们非常需要它。政府花大钱造图书馆，硬件建设好，软件要配套上去，充分利用这社会财富，使之发挥更大作用。”

据此，我撰写了主标题为《上图，让我欢喜让我忧》一组文章，由一篇记者亲历及见闻作为主打文章，然后是以上3名学者、官员、研究员的署名短文。

重磅稿件，胎死腹中

然而形势急转直下。

原本一片叫好声的“组合拳”式的重量级专题报道，临上版面时被撤下了，听说是总编辑叫停的。

我一听说此事急了。为什么？我明明汇报过这一采访选题，主任、副总编和众编辑记者都很看好这组报道啊。我为这组报道前前后后奔波采访上海图书馆，电话联系沟通，再一个个采访专家学者官员，然后写稿、改稿、送审，花了10多天时间，投入那么多心血精力，全部写好了，也给几个作者审稿认可了，说不上就不上了？

我去追问缘由。

“你知道上海图书馆的上级领导是谁吗？”一位领导反问我。我脱口而出：“是市委宣传部，那又怎么样？”他朝我微微一笑，转身离去。我真晕了，就因为上海图书馆的上级领导是市委宣传部，而我们的上级领导也是市委宣传部，就怕了？这篇报道可是为了帮助图书馆更好地服务社会呀，刊登了会对报社有什么影响呢？太小题大做了吧？我一连串的质疑发问，像空气弹散去，没人理会。

这无疑是一篇批评报道。自己有过多次批评报道见不了报的挫败经历，然而碰到“大鱼、活鱼”，难免又心存幻想，“好了伤疤忘了疼”，可能是记者的崇高使命使然吧？这次从构想到汇报到采访到写作，一路都挺顺的，但最后关头还是胎死腹中。

部门里几个记者围在一起，对此文未能发表感叹不已。“到外面去发表。”有人建言。虽说自己以前也曾在《解放日报》《文汇报》等主流媒体发表过文章，可这回是批评报道，本报领导不敢登，大报的领导想必更谨言慎行了吧？我感到有些气馁。其中一女记者与《城市导报》编辑甚熟，建议给我拿去试试看。事已至此，为了不想心血之作变成废纸，我便随手把稿子给了她（当时都是手写稿）。

峰回路转，花香墙外

我的这篇专题报道在2000年2月11日《城市导报》头版发表，还配发了一张上海图书馆的仰视图。这是一份影响不大的报纸，又是在春节期间（初七）发表的，时间节点也不太好，大家都忙于过节，刚上班，会有多少人看到呢？虽然知道文章见报了，我也没多少可喜的，只是感到对所采访的3个教授可以有所交代而已。

让我感动的是，上海图书馆的领导还真看到了这组报道，而且闻风而动，立即整改。春节上班后没几天，上海市“两会”召开。那天一早我赶去徐汇组旁听人大代表讨论。徐汇组科技界代表较多，历年来采访人代会，我是必去徐汇组的。刚进门，时任上海图书馆馆长马远良便迎了上来，对我的报道表示感谢。说他们春节后第一天上班便召开了党委会，对报纸提出的问题进行讨论并准备以此为契机进行整改。他说，其实他们领导班子也看到这个问题，一直想解决，只是迟迟未下决心，因为延长开馆时间，牵涉到方方面面，比如，本来只需一个班次的工作人员就行，如果延长到晚上8时，势必要安排两个班次的人员，水电费用也要增加不少，很繁琐的，所以一直按兵不动。这次媒体督促了，就下决心要整改。我听了高兴极了。你看，上海图书馆被媒体点名“将军”，马馆长他们不但没有生气，反而认为这是促进了他们的工作。

以后几天，上海图书馆领导又多次召开党委会讨论，才一个多星期便作出决定，各馆室阅览时间大部分延迟到晚上8时。沪上各大报纸纷纷对此进行了报道。上海图书馆深化改革，提高服务能级和水平的做法获得广泛认同和赞誉。

这次批评报道的成功让我很受鼓舞，新闻监督是媒体的责任之一，也是社会改革发展的助推力。但更让我敬佩的是，上海图书馆领导闻过则喜的博大胸怀，有则改之的务实态度，雷厉风行的工作作风。

见证东方巨人家庭

李庭昆

不知不觉，姚明已跨过40岁的门槛，并俨然坐上了中国篮协主席和亚篮联主席的高位。

不知不觉，姚明妈妈方凤娣已从一个腼腆的小姑娘，进入古稀之年，升级当了奶奶。

把方凤娣领进篮球场

1965年初秋的夜晚，皓月当空，凉风习习。在威海路静安区第二体育场（今民立中学校址）的灯光球场上，正在进行一场篮球比赛。那时，社会上很少有娱乐场所，谁家有只9吋黑白电视机已成了稀罕物件。这虽然是一场普通的基层比赛，居然里三层外三层地围了上千观众。

突然，我看到人群中露出一张女孩的脸，足足比周围那些大男人高出大半截脑袋。起初，我以为她站在板凳上，走近一看，哇！竟是一个长脚小姑娘。当我问她今年多大，在哪里读书时，小姑娘只会地低着头摇着脑袋边的两条小辫子……

散场了，见她独自一人匆匆离去。出于老体育本能的我，意识到这可能是一个篮球好苗，怎肯把她轻易放过，急忙紧紧跟去。她脚长，步幅大，走路轻捷风快，穿过南京西路，又顺着西康路，一直走到康定路口拐进了一条弄堂里。

第二天清早，我打电话询问附近几所学校，寻找这个高个子女生。当我拨通胶州路康定路的培进中学时，胡校长随口回答说："没见过呀！"我就要她把体育室的陈老师叫来。电话那头的陈老师说："是有一个，但她身体瘦弱，不爱运动，连广播操也不肯好好做！"我放下电话，随即招呼少体校的两位篮球教练一同赶到培进中学。一看果然是这个姑娘。两位教练的眼力比我厉害多了，让她做了几个动作以后都感到十分满意。女篮教练宋丽璋还欣喜地对我说，一定要把她动员出来。就在这天晚上，我第一次走进了方凤娣的家。

方凤娣的妈妈是个地道的家庭妇女，生有三个孩子。大女儿即将成家，方凤娣后面还有个正在读小学的弟弟。一家子身材都不高，似乎把所有的高度都让给了方凤娣。我提起打篮球的事，她妈妈一百个不同意："伲凤娣人介长，身子很单薄，胆子又小，连到弄堂口拷酱油都不肯去，怎么可能穿上裤衩去打篮球呢？"碰了一鼻子灰的我接连三次家访，最后遇上了她爸爸，一位敦厚朴实的老工人。他说话不多，比较开通，还问我打球有饭吃吗？末了，他笑着说："阿拉凤娣人长，兴许这也是一个行当，就让她去试试看吧。"

第二天的下午，大方（方凤娣）穿着43码的新球鞋走进篮球场。宋教练立即欣喜地招呼她，并亲切地拉着她的手，又反复地抚摸着她的肩背，还悄悄地询问一些有关女孩生理的事。此刻的大方被宋教练揽在怀里，两颊绯红，面绽微笑，宛如一只驯服的小羔羊。接着，宋教练又让她顺着球场跑了两圈，做了几个简单的动作，高兴地对我说，她手大脚大，粘得住球，柔韧性协调性都很好。

方凤娣似乎真的是天生吃篮球饭的料，很快，她三步上篮，移动跳投，运球过人，防守策应等动作都学得像模像样了。不到半年，她身高从1米82长到1米85，被选入上海队。又过了半年，变成1米88，披上了国家队的球衣。正当方凤娣在篮球场上如沐春风之际，1966年的初夏，"文革"来临，国家体委被砸烂，运动员成了资产阶级修正主义的宠儿，统统被赶出训练场……

1971年，由于庄则栋与美国乒乓球队的交往，"小球带动大球"，为中国体育重新走向世界打开了一条缝隙。荒废多年的运动员才陆续重新回到训练场地。1974年，方凤娣首次出征德黑兰，参加第七届亚洲运动会女篮比赛，球队取得了第三名的好成绩。1976年，25岁的方凤娣已成为国家女篮的主力中锋和队长，球队在香港举行的第六届亚洲女篮锦标赛上首次夺冠。

须知女篮队员的黄金期是20—26岁。由于女性的生理特点，此后的体力、速力、反应等竞技状态，都将渐走下坡而退役。但是为了迎接第四届全运会，方凤娣不得不挑起上海女篮的大梁。频繁的赛事，艰苦的训练，真使她精疲力竭，终于熬到1979年底返回上海。此时她已芳龄30，成了一个大龄姑娘。

上海最高的一对夫妇

1982年2月20日，我曾在《文汇报》周末版与郭蓓（现任上海体育局副局长）合作，撰写一篇题为《上海最高的一对夫妇》的文章，披露了大方（方凤娣）大姚（姚志源）恋爱中鲜为人知的趣事。

当时与方凤娣同龄的穆铁柱身高2米28，妻子王专红1米72，稳占全国最高的头衔，所以大方与大姚只好屈居“上海最高”了。谁料此文很快被北京《中国妇女》杂志转载，尔后又为文汇出版社汇编入特写集出版。

记得1979年底我刚调入《文汇报》不久，大方妈妈就找上门来。她说话没有客套，劈头就说：“伲凤娣听了你的话，整天抱着个篮球，弄得浑身伤病，如今30岁了，连个对象还没有，老方让我来找你。”最后还说：“李老师，这事你可要负责的呀！”我急忙好言安慰，并一再表示一定想办法。第二天，我就拨通了上海市篮球队总教练王永芳的电话。

王教练在电话里恳切地说，我们也正在为此事着急。我建议应在篮排球队中为大方物色对象，他爽朗地连说：“是的，是的，急事急办，一有眉目，就会给你消息。”两个星期后，王教练在电话里笑嘻嘻地说：“男篮的大姚（姚志源）高度合适，不过年龄比大方小了些，现在双方队里都在做工作，让他们先谈谈看……”就此大方与大姚的恋爱史正式拉开了序幕。

先说说大姚吧，1952年出生，身高2米08，上海男篮中锋。很可惜，他错过了从娃娃抓起的最好时机，直到20岁才开始摸到篮球。至于他是怎样走进篮球场的呢？世事真的很奇妙，好多事情都是在偶然中结出了好果子。

这是发生在将近半个世纪以前的故事。一天，有位篮球教练远远地看到一个巨人的身影，他欣喜若狂地走近一看，竟是年近50岁满脸胡楂的老工人，令教练大失所望。老工人却笑着说："我儿子长得比我还高呢。"就在这幕戏剧性的偶遇中，大姚和篮球结上了缘。

再说大姚的家族。江苏省吴江县的震泽镇，是个有着两千多年历史的古镇。这里濒临烟波浩渺的太湖，又是景色宜人的江浙交界处，谁也没有想到，这里隐匿着一个巨人家族。姚明的爷爷身高2米02，有个叔叔2米04，据说还有个1米90的大姑姑呢。看来，这里才是姚明巨人基因真正的源头。

仔细想想，大方和大姚的结合，一切真的都是天意。过去，两人多年来在同一片球场上训练，在同一个食堂用餐，但双方从来没有搭过一句话，自然形同陌路人。如今要把他们揉在一起，起初，他俩恰似球场上的两只篮架，怎么也搬不到一块儿。走路总是一前一后，坐下就是一东一西，说来说去只会说篮球的事儿，怎么也说不到恋爱的点子上。难怪大姚私下里对人说："嗐，谈个恋爱，真比打篮球犯难多呀！"

那时住房都比较小，他俩塞在十来个平方的居室里，连转个身都感到困难。出去走走吧，也实在太招眼，有时背后还会跟着一大串穿着木拖鞋的小孩。一次，大方提议去看电影。他们刚坐定，就遭来后排观众的抗议："介长的两扇排门板挡在前面，让我们怎么看呀！"当他俩站起身来时，更是引起周围观众一片惊呼和哄闹。电影还没有开场，他们早已逃离影院了。

还是大方率先冲破坐"冷板凳"的局面。她对大姚说："我很凶，你怕不怕？"大姚嘿嘿一笑说："不怕，我从来吃软不吃硬的。"由于篮球的共同事业，脾气也合得来，经过几番攻防回合，双方终于把办喜事提到了议事日程了。细心的大方突然发现他们还没去办过登记手续和领取结婚证书呢。那时，大方是上海青年队的教练，训练工作很忙，就说："大姚，这件事你去办一下吧！"大姚像接了将令，兴冲冲地跑到婚姻登记处，才知道犯一个天大的错误。人家都是成双成对手牵手去，哪有像这样单枪匹马的，自然被打了“回票”。

市体委领导对大方大姚的婚事也极为关心，婚房安排在康平路95弄体育“功臣楼”。很快，婚后第二年姚明出世了，成了这个“巨人”家庭的新成员。

篮坛奇才的出生

1980年9月20日，姚明在上海市第六人民医院妇产科呱呱坠地。

大方在即将分娩前，由大姚陪着走进产房。可是正当大姚满怀喜悦和焦急的心情期待当爸爸的时刻，冷不防一辆小车疾驰到六院，车上跳下两个大汉，不由分说地把大姚塞进车子又疾尘而去。因为，这时正是九城市运动会篮球赛的夺冠之战，身为主力中锋的大姚必须披挂上阵呀！

姚明出生时，磅秤上清晰地显示出10斤2两的数字。瞬间把产房里几位年轻的小护士乐翻了，这岂不是创下了一项新生儿体重的最高纪录呀！

就在这同一时刻，九城市运动会篮球决赛的终场哨声鸣响，身披上海男篮战袍的大姚和队友们，高高举起了冠军奖杯。伴随着满场观众的欢呼，尽情享受着胜利的喜悦时，他的耳畔也似乎传来了儿子呱呱的啼声。带着赛场上浑身汗水的他，立即拔脚直奔六院，去抱抱刚刚诞生的儿子。

姚明来到这个世界，天生就是要和自己的父母一争高低。他一个劲儿地疯长，刚满16个月，身高达93公分，体重35斤，这可把刚做妈妈的大方忙坏了。姚明的胃口特别大，长得又很快，大方每天赶着织毛衣都来不及，常常织到一半儿子又长高了，只好一脸无奈地苦笑着拆了重织。

我有时去风雨操场看望大方，可以看到球场边独自玩耍的姚明。大方会亲切地招呼着说：“小明，快过来！叫一声爷爷。”我也会去抱他一下，真的好重好重呀！

4岁的姚明已接近1米30，连上公交车也必须买票了。小学一年级时已经超过 1 米 60，俨然成了大孩子。有一次，姚明在操场上与班上同学玩捉人的游戏，一位老师误以为是高年级学生在欺负低年级的小朋友，把他叫到五年级教师办公室训话，从而闹出一场笑话。

疯长的姚明，早已成了篮球教练们垂涎三尺的“猎物”。但那时的大方，不想儿子再吃篮球饭，希望他健康成长，好好读书，将来考个好大学，还从小就教他学英语。为了让儿子长得壮实一点，大方曾把他交给田径队教练。不久田径教练回话说：“他长得最高，跑得最慢。”

1991 年，11 岁的姚明已超过 1 米 80，又过了两年长到 1 米 96。篮球教练们早已踏烂了大方家的门槛，看来非得走上篮球这条路了。这年暑假他参加了上海市青少年篮球训练夏令营后，顺理成章地成了上海青年队最年轻的球员。1998 年 4 月，他以 2 米 26 的身高入选国家队，正式确立主力中锋的地位。从此，姚明在篮球场上一路高歌猛进，2000 年，还在亚洲全明星队上金榜题名。

跻身 NBA 世界篮球巅峰

NBA 是美国职业篮球联盟的尖端赛事，也是当今世界篮坛最高圣殿。

2002 年 6 月 20 日，NBA 选秀在纽约麦迪逊广场花园隆重举行，姚明喜获选秀状元，摘得桂冠。那时，我正好在美国，几乎天天泡在电视机前，还从报刊上搜集了有关姚明选秀的好多中英文资料。

这次选秀不仅是 NBA 有史以来首次有非美籍球员参加，更是破天荒地出现了中国人的面孔。从东部到西部，数以百万计的华裔华人，犹如过了一次狂欢节。其实那些欧美老外球迷的狂劲，更是狂得惊人可笑。在街头，常常会看到那些金发姑娘高举着姚明头像的照片招摇过市。据说，有一位女大学生竟然暗恋姚明 20 年之久。

这年秋天后我回到上海，应大方的邀请，去他们刚刚装修的新居做客。住房不大，两卧一厅，但很有姚家的特色，所有门框都高达 3 米，几乎与天花板齐平。

进门的玄关处放着 3 双大球鞋，那双 54 码当然属于姚明的。

我特地将姚明在 NBA 选秀时的资料带给大方，并一再说，这是千载难逢的好机会，更是造就姚明篮球才能的最佳途径。大方听了频频点头。又见她沉默片刻后，习惯地拢了拢头发说：“好！我准备明后天即去北京篮管中心洽谈。”

正当我即将告辞时，平素沉默寡言性格内向的大姚，突然张嘴说话了：“谢谢你，李老师，如果没有你，我怎么能找到大方呢？”大方听了扑哧一笑说：“大姚，你这句话早就该说了！”

自从姚明正式加盟火箭队后，大方一家就住在得克萨斯州的休斯敦。这是美国东南部墨西哥湾沿岸最繁荣的港口，被誉为全美第四大城市，更是美国航天研发中心总部的所在地，故又被称为“太空城”。由于我家住在旧金山湾区，与休斯顿两地相隔千余公里，那时手机通讯还没有如今普及，所以我与大方一家失去了联系。只有坐在电视机前看姚明打球的份儿。最令我看得惊心动魄的，就是姚明与奥尼尔那场巅峰对决。

奥尼尔是何人？他是当时 NBA 球场上绝对的霸主。他出生于 1972 年，身高 2 米 16，体重 300 多斤，浑身绽着黑色的肌肉群，活像非洲大草原上壮实的野牛。他的飞身扣球力沉势猛，还曾有两次击碎篮板的纪录。

战幕拉开，奥尼尔独霸篮下接连猛扣得分，姚明则以中投还以颜色，使双方比分始终处于胶着状态。这老奥一到篮下，即使用三个防守队员也难以撼动。但姚明毕竟比他高出大半个脑袋，手臂又特别长，接连对他使出三个漂亮的钉板盖帽绝招。须知老奥横行篮坛从未尝到过如此耻辱，顿时圆睁双眼，怒气冲天，使球场的火爆场面达到顶峰。激战已进入最后三秒钟的关键时刻，我看到姚明突然在奥尼尔贴身防守中猛然跃起，单手高举篮球迅即又反手将球灌入篮筐，而终场笛声也几乎同时鸣响，顿时全场一片欢腾。姚明这一精妙绝伦的进球，直令老奥瞠目结舌。

我很担心，奥尼尔退场后是否会对姚明耍泼动粗。谁料电视屏幕很快切换了一个特写镜头，见到两个大中锋并肩而坐，谈笑风生，奥尼尔还咧着大嘴夸姚明英语说得很好。

姚明在 NBA 火箭队效力 9 年，多次入选 NBA 全明星队最佳阵容，直至 2011 年 7 月 20 日正式宣布退役。2016 年，获得入选奈史密斯篮球名人纪念堂的殊荣，更为姚明的篮球神话画上了圆满的句号。

记得 2002 年春，正当姚明率领上海东方男篮勇夺全国冠军时，《新民晚报》体育版别出心裁地刊了一幅“姚明妹妹”的漫画。附文说，倘若当年姚志源夫妇再生一个女孩，那么上海东方女篮夺冠，岂不也如囊中取物？我认为从体育人才学和遗传学的角度来思量，这一图文颇有灼见和深意。回想起来 1982 年时我预见到姚明成长的趋势，也曾斗胆向有关部门建议，鉴于大方大姚优质的遗传因子，能否允许再生一个孩子？但得到的回答是：“计划生育是国家重大国策，谁也不可更动。”

如今轮到姚明和叶莉（1 米 92）了，这对夫妇真可堪称“全球最高”（总高度为 4 米 18）。他们 11 岁的女儿姚沁蕾也长势惊人。何况现在已开放二胎，能否再添一丁，已成为社会大众的热切期望。

行文至此，我真想能在莺飞草长的春日，去震泽古镇探究一下“姚氏世家”的奥秘和风水。细细数来，由于大方、姚明、叶莉以及姚沁蕾的先后加盟，壮大了这个“东方巨人家族”。如若让这支巨人队伍齐聚震泽的姚氏老宅，岂不成为世人瞩目的奇观。

一次飞越太平洋的新闻采访

何锦新

2001年10月15日至21日，亚太经合组织上海会议的第四次高官会、外交与外贸双部长会议、领导人非正式会议等在上海举行。

APEC是亚太地区级别最高、影响最大的区域性经济合作组织之一。当时拥有21个成员，总人口占世界人口的45%，国内生产总值占世界的55%，贸易额占46%，在全球经济活动中具有举足轻重的地位。承办2001年APEC会议，是我国跨入新世纪的一次重大外交活动，也是新中国成立52年以来，中国所主办的级别最高的外交活动。

我时任《新民晚报》总编办公室主任，虽然无缘参加APEC会议期间的“阵地战”，但有幸参加了APEC会议前夕的新闻“前哨战”。

根据上海市政府新闻办公室的安排，以上海东方电视台为主，并抽调部分媒体记者组成联合报道组，分六路对APEC21个经济体进行全方位的采访。这次被命名为“APEC之旅”的采访活动，除采访几个经济体政治、经济、文化、旅游、风土人情等方面的内容外，还要专访所在经济体的APEC高官，这是一项指令性的任务。我所在报道组采访的目的地是加拿大、日本和俄罗斯。

外交部小姐突然发问：“怎么会有晚报的记者？”

在加拿大的采访时间安排非常紧，要跑温哥华、渥太华、多伦多三个城市。采访加拿大的APEC高官约瑟夫·卡伦安排在7月26日下午1点半。7月25日，我们报道组在完成了温哥华的采访任务后飞往加拿大首都渥太华。谁知，到了渥太华机场取行李时，着实让大家惊出了一身冷汗：那最最关键的摄制组的设备箱不见了，而话筒、电池板、充电器、磁带等，都在这个箱子里。没有了设备，怎么采访？而且加拿大外交部的工作人员一再说明，约瑟夫·卡伦在接受完我们的采访后随即要飞往北京，这就意味着采访的时间是不可更改的。我们马上向机场查询，结果得知，由于温哥华机场工作人员的粗疏，这个电视设备箱被装上另一架飞机运到了蒙特利尔。

第二天一早我们就爬了起来，为了确保采访 APEC 高官，我们一行 7 人“兵分三路”：一路按计划到国会大厦，用仅剩的一块电池板拍摄皇家卫队交接仪式；一路到机场看看箱子运到了没有；还有一路到加拿大电视台，联系能否应急借用部分设备。上午 11 时左右，机场的一路人员传来消息：设备箱终于拿到了。三路人马马不停蹄，迅速汇合在一起。大家早饭也没顾上吃，离采访高官的时间又很紧了，午饭只好也“马马虎虎”，一人一罐可乐、一只汉堡包，10 分钟填饱肚子。然后，带上设备直奔外交部大楼。

加拿大外交部大楼坐落在花园般的环境里。APEC 高官约瑟夫·卡伦，对中国有浓厚的兴趣，在大学时，他就学习中文和中国历史。在采访前我们就得知，约瑟夫·卡伦已被任命为加拿大驻中国新任大使，即将赴任新职。

采访很顺利。约瑟夫·卡伦不愧是外交官，对着电视镜头侃侃而谈。从 1997 年 APEC 温哥华会议谈到今年的上海会议，从加拿大加强与亚太地区的合作谈到经济的全球化，从加拿大人的文化观念谈到跨世纪的人才培训……记者请他谈谈对中国的印象，他欣然应诺。他说：“中国申奥成功，赢得了 2008 年奥运会的主办权，我们都认为北京是非常值得敬重的获胜者，我们都很高兴。中国准备加入 WTO 的计划已有了很大的进展，很多障碍已经被克服，中国即将成为 WTO 的成员，毫不夸张地说，这对中国和世界都有深远的意义。”

被采访者的健谈，对采访者来说无疑是一个惊喜。然而采访结束时却又横生枝节：我代表《新民晚报》向约瑟夫·卡伦赠送纪念品，一枚《新民晚报》创刊

70周年定制的纪念银币。谁知，与我们联系的外交部的小姐突然发问："怎么会有晚报的记者？"我们也被她问得莫名其妙，不是事先早就联系好的吗？不是名单早就传给你们了吗？后来才弄明白，我们报道组发给外交部的函，只笼统地写采访高官，加方就理解为只是电视采访。后来经过反复交涉，总算同意可写文字报道，电视可出图像、声音，但必须要经过审稿、审片。

采访到了APEC高官，总算完成了任务，这点麻烦也就算不了什么。事后我才明白，其实在加拿大这样标榜自由的国家里，新闻也不可能是完全自由的，也有很多"条条框框"加以限制。

日本APEC高官："我们今天不谈经济"

为采访日本外务省经济局审议官、APEC高官盐尻孝二郎，我们事先作了较为充分的准备。为了使提问较为集中，电视台的记者和我们平面媒体的记者一起研究讨论了一份采访提纲。当时，中日关系遇到了一些波折，"日本教科书"事件尚未平息，又引起中日之间的贸易战。

从我们下榻的宾馆到外务省有好长一段路，东京的"塞车"是出了名的，就像10年前的上海。为了确保准时到达，我们不得不背着沉重的机器设备改乘地铁。采访准时进行，没想到，高官刚坐下就开宗明义："我们今天不谈经济。"对此，我们也理解他的难处，因为在中日贸易战的敏感时期，有许多敏感的话题不是他这个APEC高官所能"畅所欲言"的。他不说也就罢了，可把我们原定的采访计划打乱了，还好我们随机应变，调整了采访内容。

原定一个小时的采访，40分钟就这样例行公事般地结束了。采访结束，收起了摄像机，盐尻高官让服务员端来咖啡、冷饮，我们重新围坐在一起，一边喝咖啡、冷饮，一边聊天。其实，盐尻先生并不是像采访时那样严肃的，也很随和。他和我们聊天时说："我对上海有感情，因为父亲曾在上海留过学，以前一直很想去上海，可惜一直没有机会。这次参加APEC贸易部长会议到了上海，与电视上看到的完全不一样，上海很好，我被‘压倒’了。”盐尻先生又津津有味地说：“到上海我住在花园饭店，外面有很多小吃，味道好极了，也很便宜。”他跟我们比画着那种小吃，我们一看就明白，笑着对他说：“那是油条。”聊天是很轻松的，没有了专访时的那种拘谨，不知不觉聊了半个小时，也给我们的作品增添了不少鲜活、生动的内容。

俄罗斯“过关”一波三折，瓦西列夫十分健谈

在采访了加拿大、日本的 APEC 高官后，我们又按计划专程赴莫斯科采访了俄罗斯的 APEC 高官、现任俄罗斯 APEC 委员会秘书长的谢尔盖·瓦西列夫。

由于旅途中出了一点“岔子”，耽搁了 3 天，瓦西列夫的采访时间，被迫更改了 3 次，最后确定为 9 月 12 日下午 5 时。采访就在我们下榻的俄罗斯大饭店进行。瓦西列夫很年轻，看上去 40 多岁，据说毕业于国际关系学院，因而思路十分清晰，很健谈。我们提出了几个问题，瓦西列夫用流畅、动听的俄语一一作了回答，而且十分到位，只要记者稍加整理就是一篇精彩的专访。

瓦西列夫参加 APEC 高官会议时曾到过上海，他说：“上海发展很快，城市非常漂亮，是中国现代化的象征。普京总统继 2001 年 6 月参加‘上海合作组织’会议后，10 月又将赴上海参加 APEC 第九次领导人非正式会议。总统一年中两次到一个城市，这是很少见的，也说明了上海的吸引力。”瞧瞧，真会表达，又具体又富有新意，而且“滴水不漏”，让我们所有采访的记者佩服不已。采访结束后，我们邀请瓦西列夫在莫斯科的中国烤鸭店共进晚餐。

加拿大、日本、俄罗斯三国“APEC 之旅”采访结束后，除了在上海电视台、电台播出系列专题报道外，我也在《解放日报》《文汇报》《新民晚报》等发表了各类报道、照片 32 篇（幅），有的还入选《新华丛书》编辑出版的《走向新世纪》大型文集。这组报道得到上海市领导和 APEC 会议组织者的高度赞扬。

乒乓摇篮“无宝贝” 小球雄风何时再

宋丽珍

上海是中国乒乓球运动的发祥地，是中国乒乓球运动发展的重镇，也是乒乓球世界冠军的摇篮。海派技术作为主要技术流派之一，对我国乒乓球先进打法的成功孵化产生了重要的影响。1959 年至 1971 年的 12 年间，中国乒乓球队共有 12 名功勋战将首夺世界锦标赛全部 7 个项目的冠军奖杯！其中，上海就占了 6 名战将和 10 个夺金人次。在全国比赛中，上海男队在 1966 年前 5 次获得团体冠军和 3 次男单冠军，女队也多次夺得团体和单打金牌。

当国际奥委会决定 1988 年奥运会将把乒乓球列入正式比赛项目，这对处在世界霸主地位的中国队无疑是一大喜讯！然而，在喜讯的背后，中国乒乓界人士却有着几许忧虑。

乒坛为何忧虑？我一直在苦苦思索着。

时值我们报社编辑部提倡采写思辨性新闻，让报纸进一步起到鼓舞和宣传作用，做好党的喉舌。于是我多次下基层，参加听取体育界人士和乒坛专业人士意见的座谈会，探求实情。在谈到徐寅生、李富荣、张燮林、林慧卿、郑敏之、李赫男等都是上海出去为国争光的战将时，大家都兴致勃勃，引以为傲。但谈到近几年来上海男队竟然无一人进入全国前三名行列，女队虽在第五届全运会上获得团体冠军，但曹燕华等名将退役后，在全国比赛名次一再跌落，1986 年跌落至第 14 名，大家都深深担忧。

出现如此低谷，大家列举了不少现状，几乎都谈到群众基础削弱了。中小学生是乒乓球人才的主要来源，可是全市 400 多所中学几乎没有一个坚持长期训练的校队，这和60年代初期出现百万人打乒乓球的盛况落差太大。人才培养，社会基础，还有队伍的管理方法和训练手段，乃至理念等多个层次出现了屏障。一种时不我待的感觉，促使我立即写了一篇题为《乒乓球“摇篮”何时再摇起来》的报道，刊登在1986年8月4日《文汇报》头版头条。

这篇报道发表后，反响非常强烈。一些乒坛有识之士认为，这是全国报界率先提出了体育界人士和广大群众迫切关心的问题，关系着我国乒乓球技术的战略和人才培养的方向；还有的人认为这篇报道走出了单纯的运动场，使体育报道向更广泛的领域开拓……次年，《乒乓球“摇篮”何时再摇起来》被评为1986年度全国好新闻作品一等奖及上海市好新闻作品一等奖。

事隔3年后，中国队在1989年德国多特蒙德世乒赛上竟以0比5输给瑞典队，结束了中国男团垄断世界乒坛霸主的地位。于是在这场“大地震”之后，历经了6年的磨炼，中国乒乓球大打翻身仗，尤其是蔡振华执掌中国乒乓球队后，在打法上大胆改革，以攻对攻，以快制快，全攻略开始。从20世纪90年代中期至今，中国乒乓队重振往日雄风，再次成为国际乒坛的霸主，延续了长盛不衰的辉煌！

回顾我38年的记者生涯，真是感慨万千！当时女体育记者相对来说比较少，由于体育采访的特殊性，女记者往往比男记者付出加倍的辛劳。在我的笔下接触过多少名将好手，他们那种拼搏劲头和充满生命的活力也鼓舞了我，造就了我事业上的精彩。1987年3月，我随上海女篮赴香港参加亚洲城市女篮锦标赛，深圳电视台还把我采访的全过程拍成了一部电视专题片《一个女记者的出访日记》，先后在深圳和中央电视台体育频道播出，长达十多分钟。电视播出后，我收到了许多圈内外朋友的来信来电，着实让我高兴了一番！

我国体育界元勋荣高棠20世纪90年代初曾在我的采访本上写过这样两句话：“运动延年，欢乐延寿。”“生活之树常绿，体育事业长青。”这些话始终激励着我。

在我完稿之际，喜获国际乒联终身名誉主席徐寅生最新出版的《我的乒乓生涯》上下集的亲笔签名书。复旦大学原党委书记秦绍德以《乒乓与文化》为题作序。正如乒坛智多星徐寅生在书中写的：乒乓球在上海有着良好的氛围和环境，为冠军“摇篮”创造了很多有利的条件。当然，“摇篮”也存在一定的问题和不足。期待现任上海市体育局乒羽中心主任王励勤发“大力”，开创新局面。

知之非难，行之不易。

西渡口的奉浦大桥“情”

张巧巧

一坐上回南桥的虹梅路公交车，烦躁一扫而尽。那颠颠簸簸的汽车，好似一个大摇篮，让不少乘客眼困。可我的脑细胞却异常活跃，怎么也安静不下来。汽车快驶上奉浦大桥了！我努力睁大眼睛，视线向桥墩地面方向扫去，那星罗棋布、大大小小的褐色石块、青青翠翠的野草、零零落落的棚舍，还有那轻抚着岸边卵石的浦江水。汽车开上大桥，我又欣赏起两边绿意盎然的树木。此刻，一种亲切感陡然升腾……奉浦大桥啊，你犹如渡口的一道彩虹，成了西渡美丽的风景线，也是西渡建设事业的一大标志。但是，你却更忠实地记载着奉贤桥乡人“情圆大桥”的梦想，梦想毕竟成真了呀！

弹指一挥间，奉浦大桥已建成26载，我仍记忆犹新。

在那个年代，西渡渡口是奉贤人民来去上海市区的必经之口。烈日炎炎，大雪纷飞，或是狂风暴雨，渡口犹如“瓶颈”，人群密集。最令人心酸的是，冬天“浓雾锁江”的时刻，渡船停工，而一批批从南桥公交车下来的人群，蜂拥至渡口站，排队等待摆渡。寒风中体弱的老年人，一阵阵的咳嗽声不断，用床单包裹着幼儿背在背上的妇女，哄着哭闹的孩子，而双手却又提拎着物品，挤拥在那人人手提肩背、前胸贴后背的“人墙”里。浓雾散开，渡船启航。待到渡船靠上对岸，人群又涌动起来，为了赶上班车，年轻力壮的“嗖”地拔腿跑上闵行街，中年的快追快赶，而老弱及携儿带女的则在后面气喘吁吁地跟着急走。每个人几乎都是一次马拉松。

“为了人民群众利益，困难再大也要在黄浦江上建造大桥。”这铿锵有力的话语表达出奉贤政府各届领导的决心。于是，全区各界人士千方百计，想方设法，寻寻觅觅，有联系港澳同胞的，有联系海外亲友的，有联系海外投资家的……终于这天来到了！

1993 年 6 月 28 日下午，阳光分外妖娆，黄浦江边西渡口的土地上，奉浦大桥开工典礼正式举行。红旗飞舞，锣鼓喧天，银白色的鸽子与五颜六色的气球在蓝天白云里穿梭飞翔。随着“嗵、嗵、嗵”的一阵阵雄壮和谐的打桩声，人群沸腾了，掌声、笑声、欢呼声，满眼是一派欢乐景象。

那时我是奉贤广播电视台的一名记者，专管建设条线的新闻报道，台领导郑重地把建造大桥的宣传任务交于我。我与大桥就此结缘，成了渡口的“常客”。

常说“好事多磨”。这“磨难”二字竟让大桥未能如期动工。百姓群众心急如焚：“大桥是否不造了？”“政府怎么不想办法呀！”新闻采访办公室电话的铃声不断……我无言以对，一筹莫展。带着这些疑虑，我急忙去政府和建设部门采访，回答是一致的：突发新情况，造桥面临很困难、很复杂的问题，政府正在积极准备，你们新闻报道降温，暂时不要宣传。我一下懵了，但我没有放弃，因为我是记者，使命在身，如此大事，岂能搁置！再三斟酌，我决定采用现场录音的形式，以打下第一根桥桩为新闻线索，从而展示奉贤人民迫切造桥的愿望。我带上陈旧的采访录音机，马不停蹄地来往于农村、基层、企业，采访了农民、工人、虾农、法人代表和耄耋老人，又匆匆赶到渡口，挤上摆渡船，面对着滔滔江水，倾听乘客们讲述摆渡过江排队两三个小时的辛苦与无奈。群情激奋，一个信念：困难再大，大桥一定要造！我顾不上疲惫，连夜执笔，在感动中一口气完成了录音通讯《桥乡人情圆大桥梦》，拉开窗帘，已是黎明。稿件在本台和市台专题节目栏播出，听众朋友们纷纷“点赞”。

很快，政府运筹帷幄，果断决策：自筹资金，建造大桥！没有发文，没有动员。当全县人民群众听说建造大桥需要资金，柘林中学的两名女学生率先捐上了 10 元钱。她们在信中深情地写道：这 10 元钱是父母平时给我们的零用钱，舍不得用而积攒起来的。钱虽少，但这是我们对大桥的一片心意！一位生活简朴的离休老干部，80岁高龄，却亲自来到政府办，硬是送上1000元。政协一位领导默默地捐出2000元。全县干部群众踊跃参与，纷纷捐资。企业几千辆车每辆捐2000—5000元。受命于危难之际的大桥公司在市、县各级组织的大力支持下，仅两个月时间就筹集了11500万元。此刻，铁道部十二局承建大桥工程中标成功！

一切准备工作就绪，只待春天正式动工！

1994年3月18日，黄浦江边的西渡口，奉浦大桥建设的号角吹响了。工地上，机械声、号子声、车轮声、打夯声，此起彼伏，雄壮有力。奉浦大桥在建筑工人们的千锤百炼下，终于横贯两岸。

1995年10月26日，奉浦大桥正式通车。当第一辆披红戴绿的汽车缓缓从西渡口驶上奉浦大桥时，车厢里响起一片热烈的欢呼声：“感谢政府为百姓办好事”“共产党好！”桥上、岸边的人群也高举起手臂，齐声呼喊“共产党好！”这一阵阵高昂的呼喊声振奋人心，响彻天空，激荡在奉贤每个桥乡人的心头。

奉浦大桥啊，你是黄浦江上第一座拥有奉贤人捐资与民间投资而建造的大桥，你也见证了奉贤人在中国共产党领导下勤劳勇敢、不畏艰难、勇往直前的传统品德，而你更见证了“贤城”，这座城市在改革开放中物质文化日新月异的发展变化！

我觉得，作为一名记者，在奉贤改革开放中亲身经历奉浦大桥建设的采访过程，是我莫大的幸福和荣光！

初心·使命

张国平

腊月初八，正忙着给小孙子煮腊八粥，接到原上海电视台老台长盛重庆的电话，想约我写点当年电视剧制作人是如何做出贡献方面的文章。老领导的电话，让我记忆的闸门一下子打开了。上海电视台的电视剧创作，当年在中国电视剧初创时期，在上海、在全国都有过出色的成绩，可以说是名列前茅。

1983 年，我从新疆军区政治部文工团转业来到上海电视台。9 月 1 日是报到的第一天，领导就把我带到大演播室引荐给正在拍摄戏曲越剧电视连续剧《红楼梦》的制片主任赵慧娟说，这是新来的部队转业干部，分配到你剧组担任剧务工作。从这天起，开始了我的电视剧之路。

上海电视台的电视剧，诞生于 1958 年刚刚正式建台后的第 25 天，第一部电视剧《红色的火焰》就呱呱坠地了。当时技术设备和制作手段十分简陋，只能是在演播室里搭几台景直播。上海电视剧跨入全面发展时期，应该是从 1982 年至 1992 年这 10 年间。当时在上海电视台文艺部下组建了电视剧科，记得在南京西路电视台院内过街楼的二楼正对楼梯口的一间办公室，就是“上海电视台文艺部电视剧科”的大本营了。三位电视台的老剧务、我们三位刚刚脱下军装的部队转业干部在这里办公，其他的编剧、导演，及各工种还在文艺部，有拍摄任务再临时建组。由于当时电视台的经费有限，电视剧又是属于野战部队常年在外，电视剧部在台里从来就没有正规的办公地点。直到 1987 年上海电视剧制作中心正式成立，才在电视台大院内停车库的顶上，搭建了几排简易办公室作为办公场地。

简陋也好，艰苦也罢，上海电视剧终于踏上了征途，在局台领导的直接关心领导下，以黄允、黄海芹领衔的文学部，以郭信玲、张戈、李莉、富敏、薛英俊、许诺等导演为首，以及以部队文工团转业干部为主的制片班底组成了。这支队伍大部分是部队复转军人，大都是党员，但对电视剧制作是门外汉。摸着石头过河，是我们那一代必须面临的一场考试。

经过3年的拼搏与奋斗，上海电视台的电视剧初见成效，电视剧《家风》《陈毅与刺客》《镶玻璃的小伙儿》、8集电视连续剧《故土》、儿童剧《插班生》《窗台上的脚印》、戏曲沪剧电视连续剧《璇子》、戏曲越剧电视连续剧《红楼梦》等精品佳作，就接连在全国电视剧的评奖中获得各类奖项。初战告捷，让我们欢欣鼓舞，这其中的艰辛和困难只有亲身经历过来的人才最清楚。

1984年，上海电视台投拍根据苏叔阳的同名小说改编的第一部8集电视连续剧《故土》，编剧黄允、导演郭信玲并由她领衔的第二创作集体担任制作。剧情是在北京，全部的拍摄需在北京完成。听老同志们说，当年上海电视台似乎有个不成文的规定，由于经费有限，节目制作南不过杭州，北不过南京。而且我们还面临着巨大的竞争和挑战，中央电视台的电视小说《故土》也要在北京拍摄。在深化改革的浪潮中，上海电视台的改革也提上了日程。如何能够顶着压力完成任务，同时又为上海电视剧制作的进一步改革摸索出规律与经验，任务的艰巨与困难是明摆着的。最大的困难是制作经费的不足，那时电视剧制作主要是靠台里拨款，如何用好有限的经费来完成拍摄任务是每个制片主任首要难题。“二创”党支部认真研究了形势，分析了困难，大家表示，每一个党员在自己的工作岗位上起到先锋模范作用，充分发挥党支部的战斗堡垒作用。经过仔细分析研究，“二创”大胆地向局台领导提出，以每集15000元、8集12万元的制作经费承包，超支将扣除剧组工作人员的每月奖金，节约将提取节约部分的12%奖励剧组。现在看来这个承包方案有点幼稚，但在当年“大锅饭”计划经济的管理体制下，这可是迈出深化改革的大胆一步啊。要知道那个年代，我们每个月的奖金是5元钱，这个看似原始的承包方案，还是很有点吸引力的。面对的挑战就是央视的电视小说《故土》，出路只有一条，那就是谁先拍出来谁就胜利。统一了思想认识，感到了肩上的压力，从导演到每一个工作人员，全组憋足了一股劲，经过64个日日夜夜的奋战，以8天一集的速度完成了8集电视连续剧《故土》的拍摄任务。以每集1万元全剧8万元的制作经费完成了承包方案，剧组也第一次得到了4800元节支提成奖金。创下了当年上海电视剧制作的两项第一。

紧贴时代，讴歌英雄，是每一个电视工作者的神圣使命。1987年春晚上一曲《血染的风采》牵动着亿万中国人的心，根据局台领导的指示，张戈导演欣然领命，带领第一创作集体，约请了作家赵丽宏、作曲家沈传薪，奔赴老山前线去战场实地，拍摄音乐电视剧《血染的风采》在炮火中为英雄立传。在前线战士们“祖国万事连我心，无私奉献为人民”勇于献身的报国精神感召下，“一创”的全体同志经受住了真枪实弹的战火考验，克服了重重困难出色地完成了任务。音乐电视剧《血染的风采》受到了中央领导的大力支持，国家主席李先念亲自为该剧题写了剧名。该剧还荣获大众电视金鹰奖。

上海电视台电视剧制作中心儿童电视剧的创作是全国闻名、得奖最多、得奖最高的优秀集体。当年在身兼文艺部少儿科副科长、电视剧导演富敏带领下的第三创作集体在这片土地上辛勤地耕耘、无私地奉献，创作出了《好好叔叔》《小不点儿》《插班生》《窗台上的脚印》《十六岁的花季》《穷街》等一大批优秀的少年儿童题材的电视剧，数十次登上了全国电视剧评奖的最高领奖台，《穷街》还在国际上获奖。富敏导演得到了全国妇联、全国少年儿童协调委员会的表彰，集体受到了上海市少年儿童协调委员会的表彰，荣获白玉兰奖，上海电视台电视剧制作中心的少年儿童电视剧成为了全国的标杆。

上海电视台的电视剧制作从1982年组建电视剧科起步，1984年成立了上海电视台电视剧部，1987年成立了上海电视剧制作中心，逐步跨入了全面发展的鼎盛时期。为顺应上海文化影视业的改革，1992年上海电视剧制作中心与上影厂合并。第一代上海电视台电视剧制作人，为上海电视剧的开拓、开创付出了他们的青春和热血，作出了他们应有的贡献！

冰清玉洁的上海白玉兰奖

张晓然

每当一年一度的上海白玉兰戏剧表演艺术奖，在璀璨的舞台上绽放美丽、纯洁的“花朵”时，可能很多的观众与读者以及艺术家们都不知道，让白玉兰奖一片片“花瓣”如此晶莹剔透，是要硬碰硬地考验每位评委的思想、道德与品格的。而最终的成功，无疑是经历了一场灵魂的洗礼！

2006年初，《新民晚报》总编辑陈保平从白玉兰奖评审会回来，把时任《新民晚报》文化新闻部主任的我找去，布置了一个采访任务，去写关于白玉兰戏剧表演艺术奖创办十几年来，没有黑幕、没有丑闻的稿子。接受了任务，我马上向分管副总编辑朱大建作了汇报。说实话，当时我们对这个题目都有些沉思吟味。朱总问我，你是怎么看的？我思考片刻后回答，评奖当然应该是没有黑幕的，在少数人看来，有黑幕才是新闻，没有黑幕怎么把它写成新闻呢？不就是一个表扬稿吗？不过，在各种评奖多如牛毛、信誉度愈来愈差的社会现象下，如果白玉兰奖能守身如玉，不开后门、不徇私情，那倒也是件不容易的事情。朱总表示赞同，支持我先去采访，深入调查了解，掌握了真实情况再下笔。无论如何，都能写出一个扎实的新闻稿件出来。

于是，我带领文化新闻部戏曲条线记者王剑虹，开始了一次不带任何定论、倾向、感情色彩的客观采访。

上海白玉兰戏剧表演艺术奖诞生于1989年，旨在弘扬中国戏剧文化，推动戏剧表演艺术健康发展，激励戏剧表演艺术新秀，催生当代戏剧表演艺术大家。评奖剧目与演员，都必须在上海戏剧舞台上亮过相。评委会主要由戏剧专家组成，实行专家评选制。评委会首任主任是著名导演、戏剧艺术家黄佐临。黄老去世十多年了，我们采访时，评委会主任已是著名越剧表演艺术家袁雪芬。

那时受艺术市场大潮的影响，戏剧演出票房收入很少，上海戏剧院团的日子很不好过，跌入低谷。实力雄厚的上海两家报业集团托管了几家戏剧院团，让他们渡过了难关。在这样的背景下，艺术家们如何坚守自己的艺术情操，是一个非常严峻的考验。

跑了多年的戏曲条线，王剑虹对戏剧界非常熟悉，很快敲定了我们要采访的几位关键人物名单。那天我们得知，袁雪芬老师上午要来文新报业大楼 43 楼出席一个新闻发布会，便马上通过上海越剧院联络到了袁老师，提出要采访她。袁雪芬老师欣然答应。于是，第一个接受我们采访的就是袁雪芬。

新闻发布会刚结束，我们便把袁雪芬老师请到了 4 楼的新民晚报会议室，作了一次采访。袁雪芬老师朴素的着装，和蔼的神态，丝毫没有大牌名家的架子。只是倾听我们提问时的眼光十分锐利，可见当年明星气度。在交谈中，我们第一次听到了她的那句名言：“吃饭勿到，送礼勿要！”这是袁雪芬对所有评委的要求，在以后的采访中，几乎每个评委都会提到这一句朴素却又正气凛然的话。

在采访中，袁雪芬给我们讲述了不少白玉兰奖评选中发生的小故事。比如有一年，上海越剧院一位同事，带了几位袁雪芬浙江家乡剧团的客人来探望她，提到他们的戏和演员，希望袁雪芬能关照。谈戏，尤其是谈家乡剧团的戏，袁雪芬老师十分高兴，表示有机会一定去观赏。但评奖，她没有松口，要他们走正规流程。客人临走，递上来一条沉甸甸的金项链。袁雪芬老师勃然大怒，家乡客人被她骂了出去，再也不敢登门。袁雪芬还提及了担任评委的某位政府官员曾想影响评选结果，但同样遭到她的严厉批评，最后那位官员被撤销评委资格。袁雪芬讲述的“小故事”有些并没有用到稿子中，但正是这一个个“小故事”，让我们开始意识到虽然评奖理当保持公正，但要真正做到“公正”两个字谈何容易。

袁雪芬是戏曲界的前辈，面对各种压力比较容易应对，那么白玉兰奖的评委是否都能做到这样呢。抱着这样的疑问，我们接着又走访了其他几位评委，包括正在医院治疗的“元老级”评委、从第一届就开始担任白玉兰奖评委的原《上海戏剧》杂志主编赵莱静。赵莱静告诉我们，白玉兰奖从它诞生起，就有一套铁的制度，其中一条是：“送礼者取消参评资格。”评委看戏，不能到后台与剧组演员私自接触，不能擅自对外发表观后感，不能接受任何请客送礼。难道就没有一个评委有过“犯纪律”的事吗？在我们的刨根问底之下，赵莱静想起了一件往事：曾经有位评委在颁奖前泄露了评选结果，因此受到严肃批评，被警告，如再犯将开除！

白玉兰奖的纪律真这么严吗？此后在采访获奖者、淮剧名家陈德林时，他提起了这样一件事：在他获得白玉兰奖后，有圈子里的朋友认为他和评委一定很熟，托他打听评选情况，找评委递个话。“其实根本打听不到。谁是评委，我们一点都不知道。听说每届都不一样，专家评委库里随机抽选的，我们在外地小地方，哪里搞得清楚？”陈德林的话间接证实了白玉兰奖纪律严明。戏剧界的圈子不大，评委和参加评选的演员之间或多或少会有些关系，有的甚至可能是无话不谈的好朋友，至少也会有些共同的熟人，在这样的情况下，要做到“守口如瓶”的确是有些难度的。

在接下来采访其他几位评委、组委会成员以及演员时，我们发现为白玉兰奖的“冰清玉洁”作“陪衬”的，是当时评奖普遍存在的种种问题。一位并非白玉兰奖得主的演员在提到某戏剧奖项时，甚至表示自己决不会去参与那个奖的评选：“我不想让别人认为我去买了个奖。”而提及白玉兰奖，获奖的和未获奖的演员几乎都抱着一种敬意，更让人感受到在这样的氛围中白玉兰奖能保持“洁白”实非易事。

在走访了白玉兰奖的这些评委、组委会成员以及获奖演员之后，我们深切感受到了他们在保持白玉兰奖“冰清玉洁”的过程中，遇到的种种诱惑和承受的种种压力，但凭着艺术家的良知、职业操守，更主要是依托着一套完备的评奖制度，他们没有丧失底线，始终让白玉兰奖洁白无瑕。我们终于理直气壮地认定：这是个新闻！

朱大建副总编辑听了我们的采访汇报后，认为这是个重大题材，对当前的文艺界评奖具有清风廉洁的指导意义，要求我们马上写出来。王剑虹写了第一稿，我接力写了第二稿。2006 年 4 月 3 日，上海白玉兰戏剧表演艺术奖颁奖晚会的当天,《新民晚报》在头版头条位置刊发通讯《上海“白玉兰奖”冰清玉洁》。

在白玉兰奖的推动下，中国的戏剧迎来了姹紫嫣红的春天。次年，这篇通讯被评为中国晚报首届赵超构新闻奖一等奖、上海新闻奖一等奖。

2001 年 APEC 幕后的“广电人”

张景萍

21 世纪伊始，2001 年金秋之际，亚洲太平洋经济合作组织（以下简称 APEC）年会和第九次领导人非正式会议于 10 月在上海举行。这场集结了 21 国领导人的历史性盛会，是我国在新世纪伊始与世界对话的一次重大外交活动，备受举世瞩目。

作为当年负责 APEC“工商领导人峰会”（以下简称 CEO 峰会）技术保障项目执行人的我和我的团队，保证各国元首能在会议期间顺畅地交流，自然也成为对我们的全新挑战。如今距 2001 年 APEC 已经过去了整整 20 年，在庆祝建党百年之际，当年亲身经历的场景和片段，仍历历在目、记忆犹新，我也对当年的团队始终满怀着感激之情。

CEO 峰会的“入场券”

APEC 是亚洲–太平洋地区级别最高、影响力最大的区域性经济组织。2001 年的 APEC 会议，是我国向亚太各国对外开放和经济发展的重要里程碑，也是中国与 APEC 各经济体充分交流的难得机会。上海也可乘会议之机，对外充分展示和宣传自己，改善投资环境，使经济更上一个台阶。

会议在上海举行，对我和团队无疑有着极大的“诱惑”和挑战。我自 1978 年入行广电，1996 年带领团队实现向国际高端论坛技术保障转型后，自然不会放过这个能提升团队综合能力并历练自己的机会。

我 1978 年进入上海市文广局，当时被分配到扩声科。这是一个自新中国成立起，上海人民广播电台为保障领导人活动而设立的兼负政治、保密责任的技术部门。其专为上海市委、市政府高层领导及中央领导在沪重要活动提供技术保障。由于性质特殊，人员始终控制在 5—7 人的规模。

我的到来，可以说是打破了之前完全由男性为主导的先例。因为每次执行任务都要靠技术人员将设备带到工作现场，安装、调试、操控，任务结束再搬回单位，不失为一份“体力活”。当年有同事开玩笑地说：“你一个小姑娘跟着我们这些‘大老爷们’摸爬滚打能行吗?”我嘴上未说，内心却坚定地想：我不会拖大家后腿，也不会让你们失望的。之后，我无论历经文广系统多少轮改革、变迁，在这里一干就是 38 年。

到 20 世纪 90 年代初，中国已经从计划经济走向市场经济。而我也由当初的“小丫头”成长为主导部门工作、技术与管理并进的核心人物。自 1996 年起，我带领团队从之前主要承担高级别政治活动、文广系统主办的各类大型文娱活动的现场音响保障转型为主要向高端国际论坛提供全面的技术保障。我们由事业单位的管理模式转型为事业单位企业化运营的管理模式。当年的“扩声科”也更名为“会展部”。部门名字的变更也意味着我们不再有“皇粮”可吃！除了完成政治任务外，必须“找米下锅”。一路走来的经历逐渐在我心中构筑了一个“小目标”：努力将会展部打造成一个在国际高端论坛技术保障领域里极具综合能力和影响力的团队。这也成为我当时竭力争取 APEC 会议项目的动力之一。

要想实现参与 APEC 的愿望，我们从自身优势、劣势，实施的可行性、人员设备的调度等进行分析评估，最后达成共识：决定应对挑战，力争成为 CEO 峰会技术保障的“供应商”。

当时，中国已经进入市场经济，国家级的重大活动也不再以纯政治任务来指派服务方。我们也不会因为具备官方媒体机构的背景和其品牌效应，就能独占优势而成为项目的唯一指定供应商。CEO 峰会由当时的中国贸易促进会作为承办方，为选择优秀的技术保障团队，他们于 1999 年启动了筛选及商务招标流程。

机会总是留给有准备的人。为能拿下项目，我们在中国贸促会项目负责人唐云处长带队专程赴上海考察前，就预先拟定了缜密的整套预案。技术系统设计、设备、人员配备、消防安全所有方面都列出了有针对性的解决方案。考察团队到访时，我们以专业、严谨的风格，将曾经参与大型国际论坛项目的良好业绩一一展示，充分列举我们区别于其他供应商在本项目中的优势。考察结束后，他们通过对北京、上海两地的多家备选供应商进行从地域优势、技术水准、人员心理素质、抗压能力、现场应急处置能力、硬件设备等多维度进行评估后，向我们表示了明显的合作意向。

终于，中国贸促会认可了我们，并正式发文确定由我们提供CEO峰会的音频、视频、灯光、现场信号传输、同声传译技术、领导人演讲提示器等现场所有设备和承担全技术系统的保障。由此我们算是初战告捷，拿到了CEO峰会的“入场券”。

默默奉献的“幕后人”

整个APEC项目中，CEO峰会在浦东香格里拉酒店举行，涉及的大小会场共有14个，会议20余场。除了CEO峰会以外，我们同时还承担了APEC贸易部长会议、第九次领导人非正式会议的首脑宣言活动、中美元首双边会晤等多个活动的技术保障。会议场所分布于香格里拉酒店、和平饭店、西郊宾馆、上海科技馆等场所。我们核心团队一共就5个人，李振华负责主会场音频系统及主调音师，陈怡带队负责所有分会场音频兼西郊宾馆中美元首会晤，王威负责网络传输及视频协调兼领导人宣言活动，李德芬负责承办整个团队的政审与办证。

CEO峰会中，我们工作的一切重点都以主会场为轴心。因为江泽民主席将作为主办国元首于10月18日晚发表首场演讲，这是此次APEC会议全过程中江主席在上海的首次亮相。其后还有布什、普京、福克斯、霍华德、马哈蒂尔等国家领导人及各国工商界领袖人物共计42人要在此发表演讲。为此，从会议承办方到上海领导直至中办领导都高度重视并提出要求：必须保证技术安全的绝对“万无一失”！当时无论是我还是团队，每一位成员都承受着巨大的心理压力和技术安全的挑战。

我作为负责该项目实施的运营总监，毋庸置疑要对整个项目的成与败肩负最重要的责任。我将关注重点从前期迎接挑战转向组织团队根据会议方不断更新的要求及时调整、完善方案，并全方位去总体把控落实，平衡各系统之间在设备、时间、人力安排上的合理调度和有效衔接，每一个环节都不敢有任何疏漏。

为解决人员紧缺、设备不足、保障内容繁杂和时间周期紧等问题，时任文广集团分管技术的副总裁王玮、技术中心主任汪建强、副主任陶鸣成等领导，为支持项目的顺利进行，抽调文广系统内尚存（当时文广系统同时肩负新闻报道、文艺演出、烟火晚会等重要任务）的灯光、网络技术团队加入，其他人员和设备的缺口采取联合上海市同行业团队共同参与的形式，最终组建了近 80 人的多工种协同作战的技术保障团队。

在前期考察场地时，我们发现香格里拉酒店的各会场间是无法实现互联互通的，这将对会议的信号传输形成很大障碍。因为 CEO 峰会对主会场的音频、视频信号、多语种同声传译信号都要求实时传输至分布于香格里拉酒店的 14 个分会场及媒体工作区。能解决这个难题的最佳方案就是在香格里拉酒店内部从无到有，临时创建能实现互联互通的传输网络。负责会场网络传输团队的工程师们在酒店方的配合下昼夜赶工，在酒店范围内“穿墙打洞”、现场施工，硬是在短期内为 CEO 峰会的会议区域编织了一个功能强大的局域网，为会议的信号传输提供了坚实的保障。

为了确保江泽民主席在 2001 年 APEC 会议上发出坚强有力、音质完美的“第一声”，作为主会场主调音师的李振华，从系统搭建阶段就一个个环节、一个个接口仔细核对检查，又利用前期配合演练的机会反复对系统从音质到应急措施进行模拟演示。为了保证主会场不发生类似话筒无声、屏幕闪烁甚至变黑、灯光不亮甚至爆裂、传输断网等，每个工种无数次的熬夜至黎明。那段时间各团队骨干人员几乎每天工作近 20 个小时。

18 日晚上，是验证我们实力和前期工作的关键节点。虽然大家在体能上都已经极度疲惫，但为了使命与责任，为了不留遗憾。每个人都在默默地努力调整状态，打起十二分的精神。当江泽民主席走上演讲台的那一刻，当洪亮的第一声在会场响起时，我那急速跳动的心才缓缓放慢频率。直到整场演讲会议结束，大家都仿佛如释重负。首战告捷之后，其余每场高端论坛我们也都同样圆满完成。

从 1999 年接触项目直至 2001 年 APEC 全部活动结束，长达一年半时间里，我几乎没有睡过几个踏实觉，越是临近活动正式开始，越是倍感压力。尤其是对江泽民主席 18 日首场演讲的技术方案和场景，在脑子里无数遍地滚动，寻找任何可能被遗漏的细节点，时常在睡梦中误以为是现场出错而被惊醒。项目的成功，让我们经历的所有不眠之夜、所有的付出都变得那么有意义和价值。

雷声般的“巨响”

时任美国第 43 任总统乔治・沃克・布什（小布什）于 2001 年 1 月 20 日就任，9 月 11 日美国遭遇恐怖袭击事件。惊魂未定的小布什总统虽然最终还是如期来到中国，全程出席了 2001 年 APEC 系列会议，但刚刚经历了“9・11”事件的美国官方各类协调人员，对其总统所到之处的安防措施十分重视，格外地“吹毛求疵”。

白宫新闻处 CEO 峰会技术协调官员按惯例在峰会前期就到现场与我们进行技术对接。虽多年未见，他踏入会场便一眼认出了他的“老拍档”，和我笑着说：“你看，美国总统都换了 4 任，而我们俩还没换……”在之后的协调会议中，美方提出了一连串的要求，诸如：小布什总统在 CEO 峰会演讲时要用他们的标配品字形话筒（由三个话筒按品字结构组成）；现场观众席第一排的主持人画外音话筒要由他们提供；要为美方提供最稳定的信号、带宽最高的传输通道，以保证实时向白宫传送演讲内容；要在演讲台前加装防弹玻璃；等等。

早在 1984 年 4 月罗纳德・里根访华时，我们就曾经因为美方的各种要求有过交锋。这次，我方当然还是坚持当年的原则，有理、有据、有节地维护中国立场。首先，在中国的国土上，以中国为主导的领导人活动场合中，必须使用中方配置的设备。其次，国际传输线路必须由上海电信部门负责。至于装防弹玻璃，必须首先获得中国外交部及国安部门许可，且在不对我方技术系统造成安全隐患的前提下，由我们做好配合工作。经过一番“唇枪舌战”和多方协商后，美方于小布什总统演讲前一天，在讲台前加装了高于 1 米的防弹玻璃。

小布什总统正式演讲当天，在与会人员静坐等待小布什总统进入会场前 10 多分钟时，一切准备就绪，团队的每一个人都集中精力注视着主席台。这时，会场突然“砰”的一声巨响！瞬间全场气氛凝固，我们更是顿时神经紧绷，不明这突发状况从何而来。在常规状态下，重大会议进行中现场工作人员是不能随意走动的。此刻站在会场后区控制台处的我，无暇顾忌这一规定，快速奔向会场前区。经过一番迅速排查，我发现是白宫一名技术人员在未预先告知我方的情况下，走向观众席第一排主持人位置，贸然将我方已经装好的话筒拔下，换上了他们的话筒。这一拔一插之间必然产生强大的电流冲击波，从而导致了这声巨响。更可怕的是，这极有可能导致我们技术系统的全面崩溃！作为现场负责人，我顶着巨大压力让自己冷静下来，通过对讲机，与各技术岗位沟通了这一情况，并与他们逐一确认我方系统每个环节的工作状态。一切排查完毕，我们耳机里传来通知，小布什总统已经步入会场。

从一声巨响到小布什总统入场，那好像是我人生中最漫长也是最惊心动魄的 10 分钟。整个团队丰富的会场经验与默契无间的配合，最终让整场会议顺利落幕，我悬着的心也终于落了下来。

与江泽民主席合影留念

2001 年 10 月 21 日晚上，电话铃声响起。电话那头传来上海市委办公厅联络处人员急促的声音：明天一早赶到西郊宾馆接受江泽民主席的接见。给你两个名额，除你之外再选派一人，代表你们团队参加接见，并合影留念。

就在几个小时之前，我们刚刚结束了 2001 年 APEC 所有活动的保障任务，极度疲劳的身躯尚未得到调整。但能作为团队的代表前往接受国家主席的接见，机会实在难得。第二天，我与同事陈怡一起搭乘指定车辆早早进入西郊宾馆，在 3 号楼前的大草坪等待。当时除中央领导、上海市领导外，有近 70 名来自上海各领域、各工种参加 2001 年 APEC 大会保障的工作人员参加接见。新闻界参加接见的还有新华社的陈毛弟、《解放日报》的郭天中、文广影视集团的尹明华以及上海电视台新闻部负责领导活动拍摄的几位同仁。最引人注目的要数 30 名参加文艺演出的小朋友代表了，他们穿着盛装，在西郊宾馆大草坪国家领导人的前排席地而坐，现场气氛十分和谐暖人。

时隔 20 年，当时的场景依旧在我心中历历在目。当时我们二人被安排站在第五排右侧的位子。当所有工作人员站定就位，江泽民主席缓缓步入接见区域，在前排正中的 C 位就座。咔嚓一声，那便是我职业生涯中第一张与中国国家最高领导人的合影照片。这张老照片与我对 APEC 的特别情愫一起，被我珍藏至今。

继 2001 年 APEC 后，中国会展经济在机遇中腾飞。我们又共同经历了 2006 年上海合作组织峰会、2010 年上海世博会、2014 年亚洲相互协作与信任措施会议、2017 年金砖五国厦门峰会……某种意义上说，我们在重大活动保障中，每一次的成败都代表了中国形象、上海水平，不能因细节的失误造成技术事故，甚至进而引发成外交事件。为了每一次的成功，我们努力、流汗、流泪，但从未退缩。

作为媒体从业者的我，虽因工作岗位的特性，多次亲历现场并见证了很多重大国事与外交活动，也有幸获得多次与国家领导人同框的机会。但在这众多的经历中，2001 年 APEC 会议是我最珍视的一份回忆，也为我后来的职业生涯发展奠定了坚实基础。

上海广电技术人的使命和责任

林伟明

我国自 1958 年开启黑白电视播出到现在历经 63 年的发展，走过了从“黑白”到“彩色”，从“无线”到“有线”，从“模拟”到“数字”，从“地面”到“卫星”，从“标清”到“高清、超高清”，从“客厅固定电视机”到“手机移动终端”，从“传统”到“智能”的发展路径。每一步走来，都需要技术人先搭台，节目创作人员再登台唱戏。技术创新和内容创新，是广电媒体的双翼，缺一不可。对于技术人来说，他们扮演着两大角色：一是充当“推动者”，二是“守护神”。所谓“推动者”，就是技术人敢于率先使用最新科技，为内容创新打好前站，推动和引领广电发展；所谓“守护神”，那是因为广电媒体主要是依赖科技发展和系统平台这个载体，它的安全与否，决定着节目内容能否安全送达千家万户，安全播出运营成了广电的生命线。

2004 年底，SMG 旗下有三个电视主频道主播电视新闻，东方卫视频道《东方新闻》、新闻综合频道《新闻报道》、东视新闻娱乐频道《东视新闻》。由于三个频道均独立配备自己的前方记者、后期编辑、制作导播和技术系统保障，每遇到新闻事件，总可以看到三路大军齐头并进、蜂拥而来，拍的是同样的内容，新闻资源却彼此之间得不到共享和利用，人力物力投入巨大，也严重阻碍电视新闻的做深、做细。2004 年，SMG 提出要对电视新闻进行改革，对三个频道的新闻资源进行全面整合，组织结构和生产流程也需要进行革命性的重组，这是电视台历史上一次重大的改革，如何来实现这一改革的想法，首先遇到的难题就是我们没有一个新闻共享的技术平台。这是一个全新概念的网络化、无带化、数字化的新闻共享技术系统平台，这个平台必须打破以前分散采编播的格局，改变以前磁带化线性编辑的传统手段，前期新闻素材统一采访，使用网络化、无带化的技术系统，台里后期各频道各栏目素材共享，并根据自己频道和栏目的特色要求再进行精加工和包装。粗剪、精剪、配音、审片等工种在一个网络中一气呵成，不仅提高了新闻生产的效率和速度，同时又降低了生产的成本。

显然，这样一个新闻共享平台，是新闻改革的基础和关键，没有它，一切都是空谈。经过一年多的艰苦攻关，2006 年 1 月，全新打造的新闻共享平台正式启用，再加上东方卫视新闻演播室使用了全新的灯光、制景、虚拟包装、自动轨道机器人摄像机等最新技术，使上海电视新闻的生产水平一下子跨入世界先进行列。全国各地，包括中央电视台技术领导都纷纷前来交流参观。新闻共享平台的建设，为电视新闻的改革提供了物质基础。

广播电视媒体的水平，不仅体现在节目制作能力上，更重要的是节目的传输覆盖能力。早在 20 世纪末，互联网还没有普及的时候，上海电视的覆盖手段只有有线网络和电视塔无线发射，节目的覆盖面只局限在上海市，其影响面非常有限，与上海国际性大都市的地位极不相符。

1997 年年底，上海市委领导决定要扩大上海电视节目的覆盖面，成立上海卫星电视中心，并提出要求 1998 年 10 月 1 日前要开播上星，准备时间不到 10 个月。电视节目要通过卫星覆盖，它必备的前提条件是先要建设具备节目发射功能的卫星地球站，没有它，我们的电视节目就没有翅膀、无法飞翔，而当时上海还没有这样的技术设施。

白手起家建设一个规模庞大的卫星地球站，工作量非常庞大，包括站址选定、上星许可办理、技术系统设计选型和招标谈判、机房基建设计和施工建设、技术运维人员的招聘、培训、设备安装等。技术中心迅速组建了精干而务实的筹建班子。在以后的 300 多个日日夜夜里，大家天天吃住摸爬滚打在一起。在同志们共同努力下，我们创造了奇迹，在不到 10 个月的时间里，按时、优质、圆满地建成了卫星地球站。为上海卫视接上了腾飞的翅膀，大大推动了上海广电媒体走向世界的进程。

上海广播电视台技术系统庞大，任务繁重，技术中心拥有1000多名技术人员，不仅承担着广电技术系统研发建设的重任，更重要的任务，就是要充当好“守护神”的角色。我们承担着中央电视台和上海电视台的60多套广播电视节目的播出、传输任务，承担着为上海广电媒体各频道频率内容制作、为国家和上海的重大活动和重要会议的直播做好保障的任务。这些都是不能有丝毫差错，必须万无一失。

每年广播电视节目的播出总量超过80多万小时，广大的科技工作者7×24小时不间断地驾驭守护着价值20多亿元、上万台设备的庞大技术系统。不论是在广播电视的播出总控、卫星地球站、传输发射机房、网络信息安全机房，还是在新闻、财经、体育、综艺等30多个演播室，你都可以看到广电技术人坚守的身影。虽然我们很难保证机器设备永远不出突发故障，但是我们必须确保在机器出故障时，节目播出不发生一秒的中断差错，这就是技术人的使命和责任。

所有国家级或上海市重大活动现场，技术中心（SMT）的技术人员总是最早入场准备系统设备，却是最后离场收摊。不论是在APEC峰会、上海合作组织峰会、G20峰会、亚信峰会等国际性重大会议，还是全国和上海党代会、人大政协两会；不论是香港和澳门回归、上海世博会、进博会等开闭幕式的重大庆典活动，还是新年倒计时、上海国际电视电影节的开闭幕式等每年常规大型活动现场；不论是在青藏铁路开通仪式“巅峰之旅”的高原上、“5.12”汶川地震的瓦砾中，还是在各类奥运会、亚运会、全运会、网球大师杯等重大国际国内赛事的转播场馆；不论是上海—巴黎越洋双向电视直播，还是各类现象级大型综艺节目直播现场，都可以看到1000多名技术人员的身影，他们顶住巨大压力，经受了无数个保障“万无一失”的严峻考验。

几十年来，一代又一代技术人通过不懈的创新努力，取得累累硕果。据不完全统计，共取得专利47项，省部级科技奖项77项，我们可以自豪地说：目前无论是技术规模、还是技术创新能力，上海均位于全国广电媒体的前列。新时代，广大的科技工作者，将一如既往，继续践行自己的诺言，继续扮演好党的广播电视宣传事业“推动者”和“守护神”的角色。

感恩时代　感恩漫画

郑辛遥

2021 年是中国共产党建党百年，在党的领导下，我国改革开放已经走过 40 多个年头，刚好也是我从学校毕业踏上社会工作的 40 多年，回顾我的成长历程，自己就是一个改革开放的亲历者、见证者，也是受益者。

1978 年，中国的改革开放大幕刚刚揭开，华君武、张乐平、丁聪、方成等老漫画家的作品又开始再见报端。从小就十分喜爱画画的我，被点燃了漫画创作的火苗。我在工作之余倾心学习漫画创作，不厌其烦地向多家报刊投稿。直到 1979 年 12 月，北京的《工人日报》上发表了我第一幅漫画《勤“拣”持家》，从此开启了我的漫画创作生涯。

我的漫画之路得益于改革开放的大环境。当时我在上海电报局办公室工作，从事的业务与画画不相干，总觉得光靠业余时间创作漫画，时间不够用，于是萌生了一个大胆的想法，给单位领导打了“留职停薪”报告。未料，领导十分开明，竟然成全了我的请求。

1985 年元旦起，我在家干起了“专业”创作漫画。同年初夏，动画片导演、漫画家阿达策划筹备一份《漫画世界》报纸。他向老漫画家张乐平、特伟推荐我担任专职编辑。阿达向他们介绍说，上海有个年轻人喜欢画漫画，单位“铁饭碗”也不要了，心甘情愿在家搞漫画创作。就这样，同年 8 月我进了新民晚报社，当上了《漫画世界》创刊后的首任编辑，也尝到了“机会是留给有准备的人”的甜头。

自从我调入新民晚报社做《漫画世界》专职编辑，有幸接触到国内几位德高望重的老漫画家：华君武、张乐平、丁聪、方成、特伟，上海美影厂“三剑客”阿达、詹同、王树忱等前辈，他们自然成了我学习漫画创作的导师。每一次《漫画世界》编委会上，他们对漫画作品都有精彩点评，对我而言都是极好的学习机会，真是如鱼得水。耳濡目染下，我开始对漫画的构思、夸张、变形等有了开悟。

1987 年，我在国际漫画大赛中连中三元，分别在日本、比利时、意大利获奖。这是国门打开后中国漫画家首次在比利时国际漫画节获奖，我也成为中国漫画家出国领奖的第一人。当年自费出国去领奖，为节省路费，从北京坐上国际列车，花了一周时间途经五国才抵达比利时布鲁塞尔。沿途语言不通，我借助漫画这一“国际语言”与外国朋友交流。

随着改革开放的深入，国门越开越大。日本素有“漫画王国”之称，我又异想天开想去实地看看。那时还未兴出国旅游，我只好以求读生的身份签证去日本做一次漫画旅行。1988 年秋天，我到了日本，带着华君武、特伟、方成、英韬等漫画家的介绍信，逐个拜访日本漫画家和日本漫画协会，与漫画界朋友交流。这次赴日旅行大开眼界，了解国外的漫画现状，增强了漫画创作的自信心。1989 年春天，我在日本欣喜地收到保加利亚国际漫画比赛组委会的邀请函，请我担任第九届国际幽默讽刺漫画大赛的评委。我又幸运地成为中国漫画家在国际漫画比赛中担任国际评委的第一人。搭乘改革开放的航船，我的漫画事业不断得到发展，我也更加钟爱漫画编辑、创作的职业，愈加明白“作品是画家立身之本”的道理。

1992 年 10 月，我在《新民晚报》副刊《夜光杯》上开设了《智慧快餐》专栏，并以华君武先生告诫我的一句话：“幽默最高的境界是一种哲学道理。”作为自己漫画创作的标准，每周推出一幅新作，至今已发表了 1400 多幅。《智慧快餐》专栏先后获得第八届全国美术作品优秀奖、第三届上海文学艺术优秀成果奖。

2013 年，我又在《新民晚报》上开设了《漫条思理》新闻漫画专栏，观察现实生活，评议世象百态，作品三次获中国新闻奖二等奖，获中国新闻奖漫画作品银奖和三次上海新闻漫画一等奖。

1998 年，当我被评为上海首届德艺双馨艺术家时，时任上海市美术家协会副主席、秘书长徐昌酩语重心长地对我说："你今后一定要做好两篇文章，一篇是做人的文章——人要做得好；一篇是画画的文章——画要画得精。"我时常用这番话来鞭策自己。感恩身处改革开放好时代，感恩《新民晚报》给我舞台，让我漫画的灵感展翅飞翔。

2021 年新年伊始，我的心愿是：多出好漫画、好作品，让讽刺的鞭声和幽默的笑声传得更久远。

我为《人民日报》起草社论

胡志刚

中国 2010 年上海世博会已落幕 11 年了。上海世博会以 240 个国家和国际组织参展、海内外参观人次达 7308.44 万的规模，在世博会历史上谱写了令人惊艳的一笔。作为一个媒体人，自 2000 年 7 月起，我从《解放日报》借调至上海世博会申办工作领导小组办公室，负责上海世博会新闻宣传，连续 15 年直接参与了上海世博会的新闻宣传策划，历经了 2000 年汉诺威世博会、2005 年爱知世博会、2010 年上海世博会、2015 年米兰综合类世博会，成为新闻宣传系统全程参与上海世博会申办、筹办、举办和世博后总结的人员，见证了上海世博会的艰难和荣光。回顾难忘的经历，对 2002 年为《人民日报》起草申博成功的社论一事印象颇为深刻。

2002 年下半年，离国际展览局第 132 次成员国代表大会表决的日子越来越近了，申博办的工作人员也在夜以继日地工作，对当时国际展览局 88 个成员国一个一个地做工作，进行外交游说，向他们反复说明中国举办世博会的优势，中国若能举办，将对振兴国际展览事业起到积极的作用。

2002 年 11 月，领导交给我一个任务，要我起草一篇祝贺中国申博成功的社论，准备发表在 12 月 4 日的《人民日报》上。接到任务，我暗暗高兴：说明中国对申博成功有了相当大的把握了！当时我参与申博已近 3 年，我们就盼着这一天了。

写什么？给我布置任务的是时任上海市政府新闻办公室外宣处处长陈静溪，当时他兼任申博办的宣传部长。他对我说，你对世博会和当时的申博工作已有足够的了解，自己发挥吧！我虽然当了多年的《解放日报》记者，发表过通讯、特写、消息、言论等，但从未写过社论，而且这篇社论要在中共中央机关报《人民日报》上发表，并由新华社转发给各大媒体，是代表国家的声音。但我又想到，申博办的工作人员中，只有我一个人来自新闻单位，是记者。领导交给我这个任务也是对我的信任，申博成功也是我期盼的，这也是展示国家公关形象的重要时机。

当天晚上，我整理思绪，回想起 3 年的申博历程，思绪万千。其实，我当年调入申博办工作，自己对世博会的了解也不多。记得 1999 年，我曾采访过云南昆明世界花卉博览会，对世博会的了解也仅此而已。但经过 3 年的申博办工作，并直接到德国参与过 2000 年的汉诺威世博会，对世博会情况已有了解。中国如果没有足够的实力，怎么去申博？如何保证世博会的举办？想到此，就以此为主线，用了一个通宵，起草了一篇 1800 多字的社论：《为世界增添异彩——热烈祝贺我国获得 2010 年上海世博会举办权》。

社论首先“衷心感谢国际展览局的关心，感谢国际展览局各成员国的信任，感谢世界各国人民的支持！”

接着论述申博成功的意义：

一是我国的国际地位和影响力进一步提升的结果，是党中央、国务院高度重视和全国人民坚定支持的结果，是举办城市上海获得国际社会广泛认同的结果。中国政府是重信用、负责任的政府，一定信守承诺，确保遵守《国际展览局公约》的规定，保证采取一切措施为所有参展人员及展品提供优惠，保证在财力上给予 2010 年上海世博会以支持。中国拥有稳定的社会环境，拥有可靠的物质基础，拥有广泛的公众支持，完全有信心、有能力举办一届世博会历史上最成功、最精彩、最难忘的世界博览会。

二是中国取得世博会的举办权，实现了世博会历史上举办国的突破。在世博会 150 多年的历史上，2010 年世博会将成为第一次在发展中国家举办的综合性世界博览会，它将极大地扩大国际展览局在中国及全世界的影响，推动国际展览事业在中国及全世界的普及。可以预见，2010 年上海世博会将加强各国、各地区之间的相互交往与合作，为各国工商业界创造“共赢共荣”的巨大商机，推进世界的和平与发展。

三是将实现世博会历史上参观人数的突破。在世界上人口最多的发展中国家举办的这届世博会，参观者预计将超过 7000 万人次，为历次之最。上海市将精心制定一系列详细周密的计划，积极宣传推广世博会，主动吸引海内外参观者。可以预见，2010 年上海世博会将在更大的范围、更广的领域促进世界展览事业的发展，进一步增强世博会的吸引力。

四是将实现世博会历史上主题的突破。上海世博会第一次将“城市”作为主题。

再接着论述了举办上海世博会的重大效应。这是我国在新世纪、新阶段的一次重要机遇，将有力地促进全面建设小康社会，加快推进社会主义现代化；这是上海在建设国际经济、金融、贸易和航运中心进程中的一件大事，将大大推进上海的现代化和国际化；将提高城市集聚功能和综合竞争能力，扩大国内地区合作的一个助推器，将对长江三角洲、国内其他地区的经济建设产生巨大的推动力和影响力。

社论最后表示：“中国需要世博会，世博会也需要中国。获得了一份幸运的中国，一定会给世界增添一片异彩。2010 年上海世博会，必将在世博会历史上留下具有划时代意义的篇章。”

第二天交给领导审阅，领导十分满意，通过。现在读来，这篇社论中提到的中国申博的意义、对举办上海世博会作用的评价，对申博过程的评价，还是基本准确和恰当的，通过这篇社论，在国际社会面前，展示了中国的形象。

想不到过了两天，领导又交给我一个任务：再写一篇文章。因为 12 月 3 日是投票表决，既然是投票，如中国申博不成功，也要有个表态。这篇文章也是给《人民日报》写，但不是社论，而是评论。

这个难了。我刚沉浸在对申博成功的美好期盼中，却又要从截然相反的角度表态。我请示领导：怎么写？陈静溪也干脆：你自己想。

这样的评论我是不愿意写的。但又一想，这也是一个关乎中国公共形象的大事。当时有 5 个国家竞争，从理论上说，总是有成功和失败的可能。当初北京申奥不是也失败过一次吗？泱泱大国总应该有自己的风度，不管申博成功与否，都要给世界留下一个大国的形象。

当晚我又花了 3 个小时，写了一篇题为《中国将一如既往支持国际展览事业》的评论，800 字。我想了三层意思：第一，祝贺。对申博成功的国家表示祝贺；第二，表态。中国将一如继往地支持和参与国际展览事业；第三，展示。中国申办的过程就是向世人展示中国的魅力，中国能够有能力申办一届顶级的国际展览盛事——世博会，是改革开放的成果。

评论完稿后交给领导，领导又十分满意。两篇稿件同时发到《人民日报》，虽然角度不同，却有一个共同点：在世人面前树立中国的国际形象。

2002 年 12 月 3 日，在国际展览局第 132 次全体大会上，成员国代表经过 4 轮投票，中国最终以 54 票对韩国 34 票胜出，获得 2010 年世博会的举办权。上海成为承办 2010 年世博会的城市。我在摩纳哥蒙特卡洛现场，用手机向国内世博网传回现场文字直播，各大网站都同时转播。当深夜 11 时零 3 分传回中国申博成功的消息时，上海沸腾了，“我们胜利了”的欢呼声响彻夜空。通过转播，世界华人守候与盼望交织的心情全都释放。

中国申博成功，评论就作废。社论发表在 2002 年 12 月 4 日的《人民日报》上，新华社统发，国内各大媒体转载。

此事已过去 19 年了，但一直萦绕在心。能为《人民日报》起草社论，亲历世博盛事并为之付出，我的自豪感油然而生。

那一天，中共一大会址响起了笛声歌声

洪崇恩

整整20年，该是一代人的时间了，那天的情景却还宛在眼前。

那是在一个特殊的地点——中共一大会址纪念馆，上海著名话剧表演艺术家乔奇，原上海海运学院党委书记顾计，“江南笛王”陆春龄，原华师大教授、中国工程院院士陈吉余，上海乐团著名男高音歌唱家金钟鸣，这五位特殊的“老兄弟”在这里，“与党一起”过了一个特殊的生日。

“五老”中的前四位有一个共同的名字：“党的同龄人。”他们都生于1921年。唯有金钟鸣不够格，差了一岁，只能充当大哥们的“小跟班”。他是听老搭档陆春龄说起要到中共一大会址“与党一起过生日”，主动要求加入队伍，来瞻仰中国共产党起步的地方，专门向党献唱“山歌”。

一向肃穆静谧的纪念馆，这天破了不少例：特许陆春龄带着笛子在展馆里吹奏，允许这群老人在纪念馆里大声朗诵、纵情歌唱，听任在馆中参观的许多青少年观众围观喝彩、拍照留念。还破例让《文汇报》的摄影记者郭一江进入警卫线里，便于把这一幕幕动人画面以最佳角度录入镜头。

当时的情景，都在次日见报的消息《特殊的“集体生日” 五位八旬老人昨联袂瞻仰“一大”纪念馆》中作了反映。但也有些细节，被篇幅“限”掉了。在这里把还记得起的内容补一下：

那天，纪念馆的两位馆长亲自陪同老人们参观了馆中的重要文物、图片，如会址80年前的石库门建筑布局和周边环境，中共一大会议时的室内摆设和各人座位，国内最早翻译、印刷的几个《共产党宣言》版本，按实景复制的“南湖红船”，毛泽东等代表用过的衣物，等等。之后，几位老人被请到一个小会议室进行了座谈，介绍了自己与党的关系和感情，其实也就是他们的革命生涯。

80年沧桑，多少风雨；几多考验，心志弥坚。脑海中自有波澜起伏，眼前的一切对他们来说又都是那么亲切，一如报道中所写“叙当年、话今朝，谈党史、说家事。”乔老爷子依然是一口磁嗓，他的发言就像在台上演出那样，声音浑厚、字斟句酌。陈吉余教授也像在讲台上给学生授课，慢条斯理、有板有眼。顾书记操着浓重的苏北音，像向党汇报似的，讲述了他人生中最重要的一件事：整61年前，即1940年的6月28日，刚20岁的他正在国民党军中做地下工作，奉上级指示，带着一支“国民党军队”举行了战地起义，粉碎了顽军对新四军根据地的进攻，从此就一直在军队里南北征战，后又转到教学阵地做党的政治思想工作至今。现场最兴奋的，是陆春龄和金钟鸣两位艺术家。他们一个吹起随身带的笛子，一个唱起《唱支山歌给党听》，其他人都跟着和唱。或许是这声音在小会议室里显得太响，也或许是因为已经惊动了室外的观众，纪念馆负责人干脆请这些老人到外面展厅再唱奏了一遍。这样就引来了更多的跟唱者，还有不少观众纷纷拍照留念……

第二天新闻见报后，引起了广泛的社会反响。上海和外地都有媒体作了跟踪报道，有的请几位老人复述在中共一大会址过“特殊生日”的感想，有的报道了这几位老模范党员的事迹。几位老人后来还都曾被请去各种场合，介绍各自的经历和对党的深切情怀。陆春龄、金钟鸣老人还都打来电话要照片，说朋友们很想看到他们在中共一大纪念馆里吹笛子、唱“山歌”的样子。郭一江特意印了一批7寸大小的照片送给他们。

回忆当年这次报道，起因是领导布置的一则“命题作文”。拿专业语汇来说，可算是一次典型的“策划新闻”。

当时本报有一个知名度颇响的栏目《新闻点击》，以某一新发生事件为新闻主体，加上一些背景材料和权威专家的解读或评述，做成“拼盘”一起端上版面，给读者一个通透的感受。6月上旬，眼看党的80寿辰就要到来，分管副总编茅廉涛给我布置任务：围绕党的生日，给该栏目搞一些报道，最好能够把文章做到中共一大会址里去，“不妨先列出几个具体题目，商量一下”。

于是我们进行了精心策划，如组织一些环保界人大代表一起去瞻仰会址；邀请市“关心下一代工作委员会”的老革命与少先队员一起“看一大、讲一大、记一大”……最后才策划出这个角度比较独特的妙招：邀请一批与党同龄的老人，到中共一大会址纪念馆里“与党一起过生日”。

题目报给老茅，一下就认可了。当时刚上任的总编辑吴振标也觉得是个独家报道的好主意，但还是专门叮嘱了一下：中共一大会址是很严肃的地方，千万要遵守那里的规矩，不能出洋相。

领导特地关照的要点，自然要不折不扣地执行。但倘若只是找些老人到馆里转一圈、瞻仰一下，那还是平淡，说不上生动。于是在“对策”上又动起脑筋：找什么人、搞哪些活动，才能既不破“严肃”的传统，又有点特别的鲜活味？

首先确定的，是去的人一定得是文教界的，那是《文汇报》的传统服务对象。其次，得有一定的社会知名度，便于产生社会影响。第三，尤其要搞出一些有动感的动作，能让读者留下印象。

先是费劲找主角。我们请市委组织部帮助找市里年龄“够格”的文艺界老党员。孙道临、秦怡、乔奇是最先找到的一批对象。但孙道临身体不好，在家休养；秦怡有要事在外地，赶不回来。只有乔奇爽快地答应，还推荐了他的同岁老友“江南笛王”陆春龄。

敲定陆春龄有点小麻烦。开始听是这么回事，他就说：“好格，格档事体我勿好勿参加的。”接着，他又问是哪一天？我说要先约好人，才能与纪念馆定时间，总归是节前两三天。于是他说，要先问问“伙计”“七一”前是否有到外地演出的计划，次日再回话。第二天，他果真打电话来说，不仅自己可以参加，还想再带一位“小弟”一起来。问他“小弟”叫什么名字？他说：“大名鼎鼎的金钟鸣，伊才是第一个唱出《唱支山歌给党听》的人。不过伊年龄还差一点点，不知来事勿来事？”

陆春龄这一说，让我的心灯大亮：把陆春龄、金钟鸣、乔奇一起请到中共一大会址纪念馆里，给党吹笛子、唱山歌、表心声，那还愁现场不精彩吗？

有了这三位大腕，我心里定了许多。如果说他们是主角，还需再找两个“配角”。首先想到了华师大河口海岸实验室老主任陈吉余院士，我与陈老师称得上是“忘年交”。他是1921年尾出生的人，标准“党的同龄人”，也是我国著名的地理生态学家、河口海岸学的奠基人。上海近些年不少大事与他有关，如到九段沙“种青促淤”“引鸟长江口”腾出场地建设浦东国际机场，发现、开发“青草沙”水库，为上海人提供清洁新水源等，都是他的杰作。老教授曾多次为这些题目接受我采访，是真正本报独家新闻的权威消息来源。当我去华师大三村陈家当面邀请陈先生同去中共一大会址参加“庆生”活动时，老人欣然答应，并且郑重推荐了与他同年纪的老朋友——原海运学院党委书记顾计，他俩的专业与工作都与海洋有关。

角色齐备后，回头再去中共一大会址纪念馆联系，具体敲定活动计划。到了纪念馆当面把活动计划给两位馆长一介绍，询问能否让老人们在馆里唱支“山歌”时，他们竟然满口答应，还作了个保证：一定要让老人们在馆里与党一起过个愉快的生日！并当场根据纪念馆具体工作任务安排，把活动日期定在了6月28日。

回到报社又对计划反复推敲作了修改后，再向茅廉涛副总编辑作汇报。老茅拍板同意，但加了个“码”：对几位“同龄人”分别作专访，争取同时发表。

那一天终于到了。下午4时左右，四位“党的同龄人”加上一位“小弟”，一起来到兴业路中共一大会址纪念馆，与党一起过了个热烈而富有意义的特殊生日。由于事先准备充分，晚饭后我就发出了新闻稿，对其中三位“同龄人”乔奇、陆春龄、陈吉余的专访稿，也一并完成交了卷。篇名分别是：《表演艺术家、上海人民艺术剧院话剧演员乔奇——艺界不老松“恋曲”永向党》《艺术演奏家、上海音乐学院教授陆春龄——笛韵悠悠诉衷情》《中国工程院院士、华东师大教授陈吉余——像祖国河海那样永远奔腾》，分别介绍了他们的传奇经历和事业生涯。只是因“七一”前后版面紧张，那三篇人物通讯被压后几天，在7月5日以专版形式发表，并配以题为《年已耄耋　奋斗不已——记三位“党的同龄人”》的“编者按”。

20年倏忽已逝，当年五老现均已作古。值此中国共产党百年华诞吉日来临之际，修缮装扮一新的中共一大会址纪念馆里，不知是否还有多少党的同龄人能在那里“和党一起过生日”？不知那里是否还会飘扬出现代语境的《唱支山歌给党听》？

感动上海的“文汇人物”

姚诗煌

20 世纪 80 年代，《文汇报》在一版开辟了《献身四化的人们》专栏，时任总编辑马达要求通过这个栏目，推出《文汇报》树立的人物典型，以发扬文汇的优势和社会影响力。报社领导尤其重视报道优秀的科技人员，作为在第一线采访的科技记者，我深感责任重大，力求在采访中增强发现先进人物的敏锐性。

1985 年 8 月初，中船 708 研究所的气垫船专家华怡因积劳成疾而英年早逝，我向张煦棠副总编报告后，张副总编辑要求我们立即去该所了解详情。当天下午我和辛光琪就赶往这家从事船舶设计的大所，所内的科技人员正沉浸在悲痛之中，他们告诉了我们许多华怡的事迹：华怡长期从事气垫船的设计和研究工作，曾三次获得“上海市三八红旗手”，被评为研究所“优秀共产党员”。她参加过我国第一艘全垫升气垫船的设计工作。她主持编写的“气垫船模型适航性试验方法”至今对气垫船的适航性研究起着指导作用；她的研究成果，两次在国际学术会议上发表。作为我国气垫技术领域的专家，她殚精竭虑，年仅 43 岁就离开了我们。

回报社汇报后，张副总编辑十分重视。不久前，全国刚开展学习英年早逝的“知识分子优秀代表”、光学专家蒋筑英的活动，张副总编辑认为，华怡是上海的“蒋筑英”，要求我们深入采访。当晚，我们赶赴华怡的家，得到了她爱人的支持和帮助，对华怡的生活和事业有了更多的感性了解。第二天上午，我们又到医院，在华怡所住的病房采访了医生、护士。

回到报社我就开始写稿，回想着这两天的采访，尽管没有见过生前的华怡，但她的音容笑貌、举止神态，却渐渐浮现在眼前：她以瘦弱的身体，担负着繁重的科研、设计任务；研制气垫船离不开海上试验，她有严重的晕船病，有一次船艇在海面上试航近半年，剧烈的晕船反应使她脸色发白、不停呕吐，但她仍坚持不肯下船："知道了摇摆的难受滋味，就会更努力改善适航性。"室内其他同志技术上遇到困难，她会全力相助，有时为了帮人核对几个数据，晚上回家查资料、重新推导公式，直到深夜。人们评价她："给予人的很多，取之于人的却很少。"

铺开稿纸，我以这行文字开了头："她，生命的烛光行将熄灭，然而却顽强地闪动着火苗，将最后的一点光亮贡献给人间。"顷刻，笔随心驰、情溢字间。傍晚6时，我写下了最后一行："告别了，华怡同志！人们似乎看到她，迈着蹒跚的步子，正在走向太阳、走向大海，去试验新型的气垫船、去迎接祖国新的一天！"

第二天8月3日，《文汇报》在头版刊发了我们饱含深情的长篇通讯《她有颗水晶般的心——记我国气垫船专家华怡》。当天，报纸全部售罄，报栏前站满了读者。华怡的感人事迹，引起了上海市委领导的重视。中共上海市委追认华怡为上海市优秀共产党员，市委、市政府发出通知，号召在全市开展向华怡学习的活动。

华怡，是中国知识分子为夺回被"文革"耽误的岁月，以无私的奉献精神投身于事业，而感动人们的典型一例。在20世纪这一充满激情的年代，涌现出许多这样的优秀人物。作为新闻工作者，我有责任传播他们的先进事迹，感动社会、鼓舞人心。

1990年，上海市科协评选出首届上海市十大科技精英，我当即到市科协了解。翻阅了10位科技精英的材料后，最吸引我的是宝钢副总工程师曾乐。宝钢工程是国家的重点项目，是上海的骄傲，宝钢人为建设这一改革开放后的标志性项目，创造中国钢铁史上的奇迹，有许多动人的故事，而曾乐就是他们的代表。我向张煦棠副总编作了汇报，他要求我深入宝钢，不仅采访曾乐本人，还要采访他同事，并跟随着他，观察、体验他的工作和生活。

确实，曾乐非常忙，根本不可能坐下与记者详谈。我首先从"外围突破"，请曾乐的同事尽可能地介绍曾乐工作、生活中的故事，包括印象深刻的琐事，从中了解到许多动人的情节。譬如，曾乐对每项焊接工程都有包括详细的技术、工艺准则的“技术指导文件”：首页左上角复印着他的名片，右上角是编号，内容极为具体，有明确的可操作性，最后是他的签名。这种独特的“曾乐文件”，在宝钢工地，乃至他负责技术指导的北京、深圳、上海的一些重大工程上，都是铁的指令。他说：“照这样做，有事我负责！”他走路大步流星，每分钟150步，常让结伴而行的人疾呼：“曾总，慢点走。”宝钢厂区方圆12平方公里，为了能快速到现场，他干脆买辆电动自行车，有时骑到半途没电了，他就踏着前往。他的办公室兼宿舍，房间的地下、桌上都堆满了工具、器材和装着各种焊剂的瓶瓶罐罐，连双层床的上下铺都放满了器材，他自己就睡在床架顶端自搭的“上上铺”，离天花板还不到60厘米。一次，爱人从北京来沪看他，推开虚掩的门，不见人影。“曾乐！”她喊道。“在这里”，正卧在“上上铺”查阅资料的曾乐赶忙应声，腰刚直起头已撞到了天花板。

一个个细节、情节，生动地勾画出曾乐的精神风貌。我还跟随着曾乐到车间、工地、实验室和家，直接目睹他的工作、生活，在他家最引人注意的是书桌旁墙上贴着一张“大字报”：毛笔抄成的8条医嘱。他苦笑着说：“这是夫人的‘杰作’。”原来，他患有肝病，医生要他遵守8条注意事项，但他常忘了遵守，爱人不得已抄成大字，贴在醒目之处。久病和劳累，使原来强健的身体变得瘦弱了。桌上有一张他年轻时的照片，英俊、潇洒，他说自己酷爱足球，当年还曾是鞍山队的一员，“是足球炼就了我不怕摔倒、勇往直前的性格”。

两周后，我从宝钢回报社汇报，两位领导十分重视，认为这次采写曾乐，就是要有血有肉，用大量生动的细节、情节、故事，来体现曾乐的精神，才能感动读者。时任《文汇报》总编辑张启承还亲自去宝钢，看望了正在车间忙乎的曾乐后，又拜访了宝钢总指挥黎明。黎明十分赞同将曾乐作为《文汇报》推出的先进典型人物进行宣传，并向我们介绍了曾乐对宝钢的贡献，谈到他敢于负责、不怕得罪人的精神和个性，说：“这正是当前迫切需要提倡的精神品性。”

1990年4月11日，《文汇报》从头版起刊发了我和《宝钢报》记者合作的长篇通讯《“焊神”的奉献》。曾乐的感人事迹引起了强烈反响，在全市各行各业广泛传播。中共上海市委、市政府号召全市党员、干部向曾乐同志学习。市委宣传部组织了专场报告会，曾乐发自肺腑的话打动了全场："作为一个中国人，自尊、自信、自强的心理，始终是我奋发进取的动力。""我的人生哲学，就是尽量多给人家一点，多帮别人一点，有责任自己多承担一点。"我帮助曾乐整理了他的报告稿，第二天《文汇报》以整版刊发了他的报告《奉献，就在我脚下的这片热土》。一场学习曾乐的活动在浦江两岸如火如荼地展开。《"焊神"的奉献》还获得了上海市好新闻一等奖、首届中国新闻奖通讯二等奖。

财经报道：我新闻生涯中最宝贵的财富

贺宛男

从事财经报道，是我新闻从业生涯中最宝贵的财富。

在中国，“财经”长期与“新闻”无缘。不要说大学的财经专业很长一段时间内被取消、被停顿，就是在新闻领域，也是只知有“经济”而不知有“财经”，财经报道真正走上新闻舞台，是在1992年邓小平南方谈话以后才开始的。邓小平明确指出：“证券、股市，这些东西究竟好不好，有没有危险，是不是资本主义独有的东西，社会主义能不能用？允许看，但要坚决地试。看对了，搞一两年对了，放开；错了，纠正，关了就是了。”

正因其崭新且历史短暂，财经新闻给从业者提供了太多的学习和挑战机会；从事财经新闻容易出成果，也极易犯错误；以前谁也没有学过，进入这一领域的媒体人只要舍得下功夫，便有可能成为某一方面的专家；当然，也因其专业门槛相对较高，很大一部分人往往会知难而退、浅尝辄止乃至半途而废。

如何成为一名出色的财经记者？是我日夜思索、孜孜以求的梦想和夙愿。

创办全国第一个《证券市场专栏》

1990年5月间，经朋友介绍，我认识了刚刚从北京来到上海的尉文渊先生。当时30岁刚出头的尉文渊已内定为上海证券交易所首任总经理，尉文渊来找我们的目的很明确：想尽快推出一份证券报刊。他说，1990年内他要做三件事：筹建上海证券交易所、创建证券业协会、创办一份证券报。我当时怎么也弄不明白，为何交易所尚未开办，作为首任总经理工作千头万绪，最先想做的竟是办报，而且两年多后创办的《上海证券报》尉文渊还要亲自担任总编辑？后来在实践中才越来越深切地感受到，证券和媒介竟是如此的天然不可分割——证券交易最重要的就是信息，而信息分分秒秒离不开媒体！

当时我只是根据自己在报界多年的经验，认为要在半年时间创办一份公开发行的报纸几无可能，比较可行的是在现成的报纸上开辟一个证券专栏。这份报纸发行量不能太大（因为邓小平尚未发表南方谈话，证券还是极为敏感的领域）；但也不能太小，最好在金融界有一定影响，我建议放在我从业的《新闻报》。

我之所以对创办证券媒体情有独钟，还是因为我通读过《资本论》。记得马克思在《资本论》中曾有这样的论述，其大意是：生产社会化与生产资料私有制是资本主义社会的主要矛盾，而股份制以股票为纽带，闲散的个别资本转化为社会资本，因此，股份公司制度能够与社会化大生产相适应，从而成为资本主义向社会主义过渡的桥梁。

尉文渊同意了我的看法。就这样，在总编辑熊永石先生的支持下，1990 年 7 月 3 日，全国第一个证券专栏在上海出版的《新闻报》诞生，比当年 12 月 9 日开业的上海证券交易所早了近半年。专栏每逢周六出版，2 角钱一份的对开《新闻报》居然排长队卖到 2 元。直到 1992 年邓小平视察南方，由新华社上海分社和上海证券交易所合办的《上海证券报》正式创刊，公开出版的报纸中只有我们《新闻报》一家开设有证券专栏。

办证券培训班　当起了班主任

专栏是开出来了，但当时懂证券的人极少，没有作者怎么办？1990 年 10 月、11 月，报社与申银、海通两家证券公司合作，借用附近的一间中学教室，接连办了两期证券培训班，在学生放学后晚上 6 时半到 9 时上课。鉴于教室限制，每期招收 60 名学员，共安排了 10 堂课程，由来自上海金融办证券科、中国人民银行金融研究所等人士，证券公司老总，以及日本野村株式会社驻上海首席代表等出任教师，每位学员收费 40 元，以作教师讲课费和油印讲课教材之用。我们《新闻报》证券专刊的编辑记者负责刻蜡纸，油印教材，我出任“班主任”。

通过两期培训班培训（后来被证券界朋友戏称为“黄埔一期、二期”），我们从中挑选了 20 多位略懂证券、且有一定写作技能的学员作为专栏作者。他们中有教师、医生、干部、司法工作者以及普通工人，等等。有的以后进了交易所、证券公司等成了专业人士，有的则成了股评“大 V”和股市大户。

我自己则坐在第一排认真听课，10 堂课下来，并托人买了台湾《天下杂志》出版的“天下人理财丛书”12 本，融会贯通，于 1991 年 3 月出版了全国第一本证券专著《证券投资技巧》。该书连续 7 次印刷、共 17 万余册，定价 2.25 元。

“招股七人谈”引出股票认购证

我们的证券专栏开设有“投资者剪影”“股市百家言”“真娟”（证券的谐音，由证券交易所的专业人士撰写）、“投资技巧”“上市公司财报分析”“一周股评”等栏目。人称杨百万的杨怀定，就是《新闻报》率先推出的，当时他给了一张“平民投资者”的名片，我们就以此为题，在“投资者剪影”专栏中介绍了他。

1991 年上半年起，股市牛气冲天，当时上海股市只有“老八股”，每有公司招股、增发或配股，成千上万的人，通宵达旦排队，交通瘫痪，预售网点被挤得水泄不通。当年 8 月，我们在“股市百家言”栏目中推出了一篇“招股七人谈”的专稿，包括银行人士、投资者以及我们专栏的编辑与记者，针对招股中出现的问题焦点进行讨论，献计献策。专栏建议采用“百元认股储蓄单”，即由银行向居民发行“百元存单”，以后每有新股发行便在存单号码中抽签，中签者认购新股（不想买股的，认股权还可转让）；未中签者作为银行储蓄领取本息。这样既吸收了大量存款，又可避免一有新股发行，市民遭受通宵排队之苦。后来上海市场两次发行的股票认购证，很大程度上就是采用了“百元认股储蓄单”的建议，只是每张认购证金额30元，也不再作为存单，这笔认购证的钱后来成为建造南浦大桥的主要项目资金。

上海股市头两年，上市公司是不公布财务报表的，直到1993年3月，13家上市公司才披露了1992年年报。我自己边学边干，凭着粗浅的财务知识，开辟了“我看财务报表”专栏，13篇专栏写完，股价居然按业绩高低“排排坐”，从此我就认准了价值投资的理念。这个专栏开始每周一篇，后来每天一篇，久而久之我居然成了所谓的“财报专家”。

我个人由此一头扎进了证券报道领域，且一发而不可收。从买股票、债券普遍被称作投机倒把的“黄牛”，到登堂入室成为投资者、股东，直至小小股民多次上了中央文件、进入法律条文，我都亲历亲闻，几十年来为之奔走呼号，疾言直书，写下了上千万字，从手写、到电脑写作，直到微信公众号。

30多年过去了，值此中国共产党百年寿诞之际，我庆幸自己赶上了好时代，衷心感谢改革开放的总设计师邓小平，衷心感谢这个时代！

改革开放带来的文艺繁荣

聂梦茜

我退休已 21 年。2019 年夏天，我感冒发高烧，到医院去看急诊，遇到一位中年医生，他看到我的名字后说："哟，你是《成长的烦恼》的监制嘛。"我听了后没说什么笑了笑，但我内心却十分感动。《海外影视》由于形势需要已停播了 20 年，然而观众还记得我们的节目。回想走过的人生旅程，我觉得自己真是个幸运的人。这辈子我做了我想做的事，干了我梦寐以求的事业，而且干得是那么欢、那么带劲、那么有滋有味。

上小学时，我希望长大了当人民演员，上高一时，俄语老师让每个同学起个俄语名字，女同学大多起名卡嘉或是娜塔莎，唯独我站起来说："我叫玛列茨卡亚。"老师问："为什么叫玛列茨卡亚？"我回答："因为她是苏联的人民演员，电影《乡村女教师》中的女主角。"上高二时，我和校话剧队的同学去看电影《奥赛罗》，看着看着就被女主角苔斯特蒙娜的声音深深吸引，她的声音是那么圆润甜美，生动流畅，后来才知道为苔斯特蒙娜配音的是上海译制厂的姚念贻老师，由此萌发了想当配音演员的愿望。1988 年元月，我从部队文工团转业进入上海电视台，并有幸加入译制部，在我 45 岁那年，终于梦想成真。

1981 年，上海电视台译制了第一部海外影视剧——日本电视连续剧《姿三四郎》。这部由老导演毕克、苏秀、黄其执导的首部海外译制片播出后轰动上海，播映期间，就连上海的盗窃案件数也下降了。有了这个好的开始，上海电视台同年成立译制科。1987 年，随着改革开放形势的不断发展，上海电视台领导决定成立译制部。

当时，上海电视台有意用栏目的形式定期播出一些优秀的海外影视剧。经过与外方多次友好的商谈，《海外影视》专栏于 1987 年 10 月 21 日与申城观众见面。首播美国电视剧《两代夫人》，反响强烈。1988 年元月，我刚加入时，译制部已逐步走上正轨。此后 10 年间，我们译制播出了《家族的荣誉》《埃利斯岛》《神探亨特》《鹰冠庄园》《东京爱情故事》《根》《荆棘鸟》等一大批海外连续剧，播出后收视率极高，风靡一时，成为人们街谈巷议的话题。《海外影视》刚开播时主要播放美国影片，此后我们拓宽了选片渠道，选择了世界各国的连续剧，同时配合一些纪念日和活动选择影片，如为纪念世界反法西斯战争胜利 50 周年播映《战火珍珠港》《烽火情缘》《暗杀希特勒》等。暑期学生放假时，挑选播放适合孩子们观看的电视剧，如《成长的烦恼》《幸运狗》等。此外，我们还为国际部举办的电视周、上海电视节等活动译制外国影视剧。

上海电视台是一个坚决执行党的路线方针政策的传媒机构。我们《海外影视》不管是选片还是审片，均按海外节目必须贯彻“于我有利”的原则，借鉴海外优秀文化促进中外文化交流，丰富本台荧屏为两个文明建设服务。由于严格的审片制度，12 年间从未出过政治事故。记得有一次老领导龚学平曾亲自参加 8 集电视剧《模特儿之死》的审片，他仔细、认真地给了许多具体指示，让我这个进台不久的新兵受益匪浅。

至今回想起来，我依旧难忘那段初进译制部学习配音的日子。虽然我曾在部队文工团里演过话剧，但中年才开始接触配音，一切都要从零开始，要比别人付出更多的努力，才能勉强跟上大家的水平。经过不懈的努力，我终于可以参加部里的配音了。其后，我导演过很多部片子，其中印象最深的莫过于美国电视剧《根》的译制。在选片时，这部讲述一个黑人家族六代人在美国争取自由的真实故事深深吸引了我。时任译制部主任的孙重亮和我决定接下这部片子。要译制好这样一部片子，我们深感压力之大。为了更好地把握作品的神韵，我们尽可能搜集素材，重新阅读阿历克斯・哈利的同名原著，并把小说和电视剧进行对照。在选择演员时，我们遇到了一些小麻烦——作为译制导演，我们以往总希望配音演员的音色美一些，再美一些。而这次当我们为过着非人生活的黑奴们选择配音演员时，却惊奇地发现，我们演员的声音都太圆润、太漂亮，有的甚至太华丽了，这样就无法更好地表现黑奴们“沙哑、粗糙”的音质。为了更好地贴近人物，更合乎规定情境，我们不断提醒演员们改变习惯的发声方法，“残酷”地要求录音师动用技术手段破坏演员的优美音色。配音时，演员们全身心糅进角色，塑造了一个个生动的黑奴形象。记得演员刘彬所配的老黑奴费德勒和主人公小昆塔有一出对手戏，剧情讲的是费德勒看到昆塔被打得遍体鳞伤时，不禁悲从中来。开始配音时，只见完全融入角色的刘彬很是动情，现场鼻涕、眼泪唰唰地流了下来，一度哽咽难语，但这反而影响了创作。于是，我要求他既要控制情绪，又要投入感情，有放有收，后来刘彬出色地完成了这场戏，塑造了一个善良的老黑奴形象。《根》的播出在社会上引起强烈反响，得到了广电部的表扬。上海有的中学还规定学生必须观看《根》，以此来教育孩子们。

我编导的另一部日本电视连续剧《东京爱情故事》是一部深受观众，尤其是青少年观众喜爱的青春片。该片播出后首先在上海地区引起强烈反响，观众纷纷来信来电要求重播。上海外语学院来我部实习的一个女同学告诉我们，每当《东京爱情故事》的片头曲响起，上外的学生就会一股脑地挤在电视机前，跟着片头曲忘情地边唱边看。在全国其他地区播出后，外地很多观众纷纷来函询问有无该片的录像带，甚至索要剧本和铃木保奈美的地址。这部片子讲述了现代日本社会中几个年轻人的感情故事，风格清新浪漫，节奏明快流畅，给人耳目一新的感觉。我很喜欢这部片子。值得一提的是，为女主角赤名莉香配音的梅梅，是一个不可多得的配音演员，听她的配音真是一种享受。她准确的人物感觉、清晰的吐词、银铃般的声音，将铃木保奈美扮演的莉香配得活灵活现，贴切传神，为整部片子增色不少。

12 年来《海外影视》的定期播出，丰富了市民的文化生活，开拓了群众的眼界，打开了通往世界的窗口，成为连接世界文化的桥梁。《海外影视》栏目 1991 年被评为上海广播电视局“优秀栏目”，1992 年被评为上海市观众最喜爱的电视栏目。我们译制的外国影视剧多次获得全国电影电视声音一等奖，全国“飞天”译制片一等奖，并在全国第一届、第二届译制片评奖中高居榜首。

《海外影视》的制作培养造就了我们这支“高质量、快节奏”的配音队伍，形成了平实自然、贴近生活的风格，涌现出一批在全国具有一定知名度的配音演员，在全国译制研讨会上受到专家同行们的赞扬。1993 年，译制部被评为“上海市培育青年艺术人才先进单位”。

回顾走过的历程，个中的甘甜，只有我们这群深深爱恋着译制配音的电视工作者才能体会。12 年来“海外影视”的播出是改革开放的成果和象征，是执行党的文艺路线的硕果，是上海广播电视局、上海电视台老领导高瞻远瞩、有着开拓意识的体现，是广大观众的支持和厚爱以及电视工作者对译制片的爱恋和付出，这才有了译制片的十年辉煌。目前，译制片的全盛时期已过去，国产电视剧已像当年我们所预言的那样，越来越繁荣，但在艺术的百花园中，译制片仍将是一朵灿烂的花朵。

三块矿石一座银都

倪　平

1982年秋，国家科委召开一年一度的科技工作会议，我作为《文汇报》“向科学进军”专刊负责人，应邀出席会议采访。会上，时任中共中央政治局委员、国务院主管科技的方毅畅谈几大共生矿，如数家珍，娓娓道来。我听了至为感奋。时任国家科委政策局长吴明瑜坐在旁边，见我甚是动情，鼓励我实地采访，我表示乐于前往。随即，方毅亲切地约我谈话。他说，我国长期缺镍制约国民经济。现在我国在甘肃金川建成了一个规模宏大的镍基地，由于镍的提炼过程技术复杂，不便过早宣布，而今技术上有重大突破，请你深入采访，写出振奋人心的报道来。他老人家交给我的采访任务，可谓使命光荣，责任重大。我当即表示，一定尽力而为。于是，我立即向时任《文汇报》副总编辑陆灏汇报，他喜出望外，连说好的好的，要我不负领导期望。

临行前，我查阅了镍的简要资料，镍是有色金属中的名门望族，使用范围很广，约有3000种合金钢以镍为必要原料，而今盛行的不锈钢少不了它。军事上的飞机、火箭、舰艇、枪炮无镍不行，民用上的电子元件、仪器仪表、钟表、自行车等无不需要镍，一吨镍可以使一万辆自行车闪光锃亮。我国长期来缺镍，虽说四川的会理、陕西的商洛、东北的红旗岭有零星的镍矿，但产量不高，仅几十吨而已，微不足道，不成气候。镍呀镍，你在哪儿啊，不知你沉睡在何方？

科学是启明星，一道喜讯划破长空，我国大西北甘肃金川发现了特大镍矿，经党中央批准，地质部、冶金部、甘肃省人民政府很快组织一场颇具规模的会战。

甘肃金川，位于腾格里沙漠南缘，是茫茫戈壁滩上一个小小的村庄，住着十几户人家，驯养几匹骆驼，以运输为生。先前堪称荒凉，也许是时来运转，1959年，有位找煤矿的地质队人员路过这里，在乱石堆里发现了三块略带翠绿色的石头，他觉得这可能是铜矿石，当时提倡群众报矿，他就近向永昌县人民政府报矿，写明发现于何地，以及报矿人的地址姓名，事隔数月，一支专门探查有色金属的地质队在队长汤中立的带领下来到永昌，汤中立慧眼识宝，惊喜万状，认定是铜镍共生矿，后经层层上报，经专家陈鑫化验，结论是这种矿石含22种化学元素，极具开采价值。于是大规模钻探开始了，地质队员起初是筚路蓝缕，风餐露宿，没有房子就搭窝棚，没有水喝就化冰块，渐渐道路通畅，电力供应紧紧跟上，有了电机声隆隆，灯光明亮。密密麻麻的钻探，总共打了18万多个探孔。种种数据探明，金川属世界第二大硫酸铜镍矿，可开采100年。镍的藏量达575万吨，铜343万吨，黄金73吨，铂（白金）120吨，此外还有锇、铱、铑、钌等，开采前景是何等的令人神往！

很快各路建设大军云集金川，采矿的掘进队伍来了，设计队伍来了，建筑施工队伍来了，从事有色金属的科技队伍来了，一座座工厂拔地而起。大卡车车轮滚滚，车马奔腾，也不乏驼铃声声，运输矿石。20世纪60年代镍基地渐具规模，电解镍、电解铜获得成功。1966年，中央领导同志视察金川，他们看到金川欣欣向荣的景象，高兴地说：“抱了一个金娃娃。”

但起始阶段镍的纯度不高，方毅组织了清华大学、北京大学、上海有机化学研究所等几十家科研单位几百位科学家联合攻关，对矿石层层分解，或萃取、或熔炼，水、火两法各有突破，电解镍的纯度大幅度提高。从铜镍共生矿中提取了17种化学元素。镍产量成倍提高，分解出来的元素分门别类，都各得其所。金川十里厂矿，入夜灯火辉煌，昔日丝绸之路上升起了璀璨明星。镍、铜、黄金闪闪发光，金川已成镍都。

从三块矿石到一座镍都，使人感奋异常。1982年12月25日的《文汇报》，发表了我写的长达7000字的调查报告《闪光的金川》。文章发表后，受到金川建设者的一片好评，并蒙方毅录贺知章句惠赠条幅：“不知细叶谁裁出，二月春风似剪刀。”其使我受到莫大鼓舞，毕生难忘。

光阴荏苒，于今迎来中国共产党百年华诞，感慨良多。中国共产党为国家富强、人民幸福而奋斗，有巨大的号召力，能调集各方力量搞建设，能集众人之力办大事，这也是我国的制度优势。其始也朴，而后壮美。哲人云：“合抱之木，生于毫末；九层之台，始于垒土；千里之行，始于足下。”

变革年代的胆识

章成钧

40年前采访见到冯恩洪老师，第一眼：高瘦，白净，说话轻言悄语，很谦虚。总叫我别写这、别写那。最初印象：此人胆子小。

我采访他的长篇通讯《探索者的新里程》刊于1980年6月27日《文汇报》。那个年代，别人见自己的名字上报会可着劲儿乐，可我当天接到他的电话，语气却满是惊恐："麻烦了！有点怕……"

印象中的冯老师"胆小"，此后又得到多方佐证。比如说，20世纪末开始，《人民日报》曾6次以整版篇幅发表了《中国，呼唤明天的教育》等专题报道，介绍他的教育理念，但每次他都显得怕兮兮：搞大了，树大招风……

显然，关于冯老师"胆小"的强烈印象，在我脑海里已有增无减。即便后来教育界给了冯老师一个如雷贯耳的荣耀称号，也没能让我马上改变看法。相反，还觉得这称号有过誉之嫌。

在社会大变革的年代，人的观念的嬗变和对一些问题的认识，有时真的不知"从何说起"。尤其20世纪80年代伊始，报道触及的又是思想政治教育领域的敏感题材，我对采访对象的思想境界自然有个认识的过程。去学校采访，发现冯老师这人还真有点意思，他在如何根据新时期青少年学生特点，不断提高思想教育的成效方面，确是做了一些新的与众不同的尝试。不过，也正因为他有点"与众不同"，又招来众人评价各异，褒贬不一。其人其事，让我很难把握，说直白点，是"好人"，并非"好事"。

当时，冯恩洪还是上海市黄浦区培光中学的一位班主任。"文革"后，他颇为困惑地发现，学校的德育工作很难走进学生的心灵。为什么会这样呢？冯恩洪决心找到解决问题的途径。

有一次，学校一位语文老师布置学生写一篇作文，题目叫“手表的回忆”，目的是想让学生通过新旧社会的对比，体会到社会主义社会的优越性。不料有一位学生却这样写道：我们家每个人都有手表，并不稀奇，从来没作过回忆对比。而我想的却是，中国的手表何时能赶过日本、瑞士的技术水平？

语文老师有些哭笑不得，冯恩洪却大受启发：让学生面对世界飞速发展的手表工艺，去讲我国50年代的老手表如何有优越性，这样的教育显然是过时了。他认为，德育只有根据变化了的情况，把思想政治教育渗透到学生日常真实和喜闻乐见的活动中去，才能收到实际效果。

更多的现象，引起了冯恩洪进一步的思考。80年代生活条件好了，手表、录音机、计算器已经越来越多地进入学生的生活，可学校却把这些视为“资产阶级生活方式”。当时《青春啊青春》是青年们很喜欢的一首歌曲，可有关教育部门却要求学生，把其中的“爱情”二字改为“热情”。为什么每当一个新奇的东西最初出现时，我们总要先站在其对立面指责一番，甚至干脆下个禁令，而不是先对“新奇的东西”本身作一番分析研究，然后再作提倡或反对的结论呢？

有一次，电视台预告要放映《红与黑》，一些家长和老师怕学生受影响，不主张让学生看。冯恩洪思忖：禁锢只会激起学生的好奇心，既然电视台可以公映，为什么青少年就不能观看呢？他便对学生说：“这是一部世界名著，可以看。”

第二天，冯恩洪利用晨会时间同大家谈观后感，并及时引导说，在这些行为背后，你们看到了什么？他对学生说，影片形式上描写的是于连和贵族夫人、小姐的感情纠葛，实际上揭示了当时平民、青年一代的希望被毁灭的遭遇。经过讲解，学生们对这部作品的社会历史意义有了正确的认识。

采访渐进深水区。直到此时，我仍然认为冯恩洪想的还是如何创新学校德育工作，一切与他的“胆量”无涉。可是在初稿送审翌日，冯恩洪突然又面露难色，央求我说：“稿件还是撤了吧，压力太大了。”原来，压力竟直接来自学校领导。

与顶头上司对着干，那时他还没有这个胆量。

而在同时，与此形成极大反差的是在我这边，报社领导看了我写的初稿后，觉得很有意思，认为我提出了一个值得探索的新问题，决定发表。只是有同志建议，为慎重起见，再听听多方面意见。

不料，不听则已，一听则如炸开了锅。其中，反对声浪最高、争议最为激烈的，当数冯恩洪所在的培光中学，该校还以师生名义向文汇报社连续递交了若干封“抗议信”。

稿子一波三折，引得我倔脾气上来了，竟径自跑到总编辑面前请愿，要求此稿照原样发，如果删改有争议的部分，我宁可撤回不发！

也是当时的报社领导高明又开明，竟然同意了我这位小记者的要求，对通讯稿中有争议的关键部分，几乎一字不改地发了。只是在见报那天，同时配发了一篇长得有点怪异的“编者按语”，并将按语加了一个标题：《一篇有争议的通讯》。这标题，当时在我看来，真有点“不伦不类”。

说它“不伦不类”，我看主要是破了报纸历来的“常规”。按报社惯常做法，有意发些有争议的文章引起讨论，是常有的事。但有意让一篇观点有很大争议，且当事方领导对稿件持异议的通讯报道类型的稿子见报，几乎是件不可思议的事情。连当时的总编辑也笑说，这是开了一个“先例”。

果然，当时这篇通讯稿一见报，读者的信件和来稿就像雪片一样飞到报社，反响之强烈远远超乎预想！报道发表后第 4 天，《文汇报》开设了通讯《探索者的新里程》引起的讨论的专栏，将读者先后寄来的 1000 多封信稿挑选整理发表。这场影响全国教育界和各地读者的讨论，沸沸扬扬地持续了近 3 个月。读者的意见分成鲜明的两方：一方认为，冯老师的探索精神难能可贵；另一方则认为，对学生就是要管要禁。

这场讨论，也惊动了当时的国家教委。1985 年召开全国中小学德育工作大会时，冯恩洪作为国家教委特邀的基层教育代表，在会上谈自己的德育教育改革体会。他当时是唯一一个不经小组推举而直接在大会上发言的代表。时任国家教委副主任彭珮云表示，面对改革开放后的德育教育现状，冯恩洪交了一张极好的答卷。

事后我听说此事，顿感诧异：出席那会的都是些什么人？举座皆是各省市教育厅局长，全国教育精英云集，都只听冯恩洪在那里“满嘴跑火车”？真想笑问他一句：你这胆子，何时变大了？

后来在他的办公室墙壁上看到一张条幅：“行正无愧天地，褒贬自有春秋。”方有所悟：这正是他人格的精准写照，也是他多年来坚持走教育改革之路的自勉。原来，他有的是过人的胆识。

他的胆，是激情，是智慧，更是他的一颗忠于党的教育事业的赤诚之心！

生逢其时“王小毛”

葛明铭

1987年5月10日上午，上海牛庄路中国大戏院，座无虚席。这座曾见证过中国京剧四大名旦璀璨艺术的红色建筑，这天云集了1700多位广播听众、新闻记者、文艺界和企业界人士。他们将共同见证上海广播一个值得书写并铭记的事件——一个新奇独特的广播艺术形象的诞生。

10时整，随着“笑也是乐，乐也是笑，我是滑稽王小毛……”诙谐歌声响起，由滑稽明星王汝刚、林锡彪、姚勇儿、沈荣海扮演的“王小毛”正式登台亮相，并通过“王小毛见面会”这一发布形式，现场直播，电波把风趣幽默、热心善良的“王小毛”送进大街小巷，送进千家万户，演绎着一个又一个人们喜闻乐见的有趣而感人的故事。

作为“王小毛”艺术形象的设计者、广播系列小品《滑稽王小毛》的编导、《王小毛信箱》的主持人，很多人好奇地问我：葛明铭，侬脑子灵光额，“王小毛”迭个人物是那能拨侬想出来额？侬为啥体要起“王小毛”辩能一个名字？侬是那能拿“滑稽王小毛”节目办成上海滩人人皆知的名牌节目额？

碰到这类问题，我坦诚回答：勿是我脑子灵光，是我生逢其时，在我三十而立额辰光，碰到了一个灵光额年代，那就是改革开放额年代。

20世纪70年代末我在一个街道纸盒生产组上班，为一天挣8毛钱在硬纸板上刮浆糊。纸盒生产组处在典型的72家房客的环境。直到今天我仍然没有搞清楚那幢石库门里究竟住了多少户人家。总之是热闹异常，每天笑声、哭声、相骂声声声入耳；香味、臭味、油烟味味味扑鼻。在这嘈杂喧嚣中，每天总能听到有一位妇女用韵味十足的苏北话呼喊她的孙子：“小毛哎——乖乖。”糯软，脆亮，喊得如此亲切，带着如此厚爱。

改革开放，恢复高考，让我走出生产组，成为一名大学生和中学教师；改革开放，上海广播事业局史无前例地向社会公开招聘编辑记者，让我踏进了北京东路2号，成为一名戏曲曲艺编辑；改革开放，上海人民广播电台史无前例的行政体制改革，实行分台竞争机制，让我在台领导的鼓励下，构思孕育出了《滑稽王小毛》这个创新节目。

在《滑稽王小毛》初步构思形成后，我为节目中主人公的名字绞尽脑汁，想了很多个，都觉得不理想，不知怎的，灵光一现，那石库门里的一声喊：“小毛哎——乖乖”，突然浮现脑海。对！就叫“王小毛”。“王小毛”终于呱呱坠地。一个逗人喜爱的广播明星便在弄堂天井里那一声亲切的呼唤中降临人间，走进了千家万户，成为上海人的“众家伲子”。

1987年，已经是改革开放进入第9个年头，汲取时代丰富营养的《滑稽王小毛》生机勃勃，一播成名，成为上海人民广播电台收听率最高的名牌节目之一。上海市统计局每月一次的收听率调查表上，它摘取了“十连冠”。上海市广播电视局授予它创新特色栏目奖，全国戏曲广播节目评比中又荣获一等奖，还荣获“上海人民广播电台十佳栏目”和“中国媒体40强”称号，我也被评为“上海电台十佳节目主持人”“中国十佳曲艺广播编辑”和“全国优秀新闻工作者”。

演播“王小毛”的王汝刚、林锡彪、姚勇儿、沈荣海等也成了上海滩大名鼎鼎的笑星。当他们走在大街上时，人们往往不再喊他们的姓名，而是亲热地叫他们：“王小毛！王小毛！”而扮演“王妈妈”的吴媚媚老师也因其精彩的表演、可亲可敬的艺术形象而被誉为“上海第一好妈妈”。

很多听众纷纷给我写信，询问“王小毛”的各种信息，因为来信太多，白天没时间拆阅，下班后总拎上一马甲袋信，回家请妻子帮忙处理。

听众来信是有趣而令人感动的。许多怀着感激之情的年轻父母写信给我，说他们的孩子因为迷上了《滑稽王小毛》，不得不早上6时30分以前起床收听这档节目，从此改掉了爱睡懒觉的坏习惯，而《滑稽王小毛》的主题歌也成为很多学生的起床号。

一位身患绝症的听众，本来对生活失去了信心，一直有轻生的念头，但《滑稽王小毛》节目给他的生活带来了一线生机。每天电台播《滑稽王小毛》节目时，便是他一天中唯一感到快乐的时刻。

在成千上万封热情洋溢的来信中，我也发现了一些批评“王小毛”的信，有的甚至表达出义愤填膺、怒不可遏的情绪。有一封信指责“王小毛”讲苏北上海话，就是故意丑化、嘲讽苏北人。其实这位听众不知道我虽然出生于上海，但祖籍是江苏扬州，就是苏北人，岂肯数典忘祖丑化老乡？

还有一封上纲上线的“批判信”，用练习簿纸写了6张，什么“《滑稽王小毛》是大毒草”，“是在反对精神污染中应该清除的垃圾”，等等，信末还用粗笔写了5个字“打倒王小毛”。说真的，我倒很愿意和这位“棍兄”当面交流，遗憾的是，那是一封匿名信。

更有一封信言简意赅，惜墨如金，“葛明铭，你再敢编王小毛，哼哼！当心给你点颜色瞧瞧！！！！”句尾竟用了4个感叹号。

我当时只是一个资历浅薄的小编辑，碰到这样的情况，虽不至于胆战心惊，但心理压力还是蛮大的，我向台长作了汇报，把这些信也交给领导们看，台长笑笑说：“剧本和录音部领导和科室领导都审阅、审听过，呒没问题，放心大胆去做！”

我心中暗自庆幸，生逢其时啊！要不是这样一个改革开放、解放思想、实事求是的年代，说不定“王小毛”就此给“毙”了。

眼睛一眨，“王小毛”今年已经34岁了。现在经常有人问我，到底有多少位“王小毛”，第一代“王小毛”是王汝刚、林锡彪、姚勇儿、沈荣海四人，第二代也是四人，他们是钱程、张克勤、小翁双杰、龚仁龙，第三代“王小毛”我也想物色选拔四位，但时不我待，最终只选拔了青年滑稽演员钱懿。

在编播了1234集《滑稽王小毛》小品，主持了1300期《王小毛信箱》以后，我退休了。

但是，一档接地气、讲正气的好节目，一个可爱可敬的艺术形象，人们是不会忘记的。直到今天很多“70后”“80后”的人看到我总会感动地说：“葛老师，我是听着你的节目长大的，谢谢你为我的青少年时代提供了那么好的精神食粮。”

我感慨，我欣慰，听着《滑稽王小毛》长大的他们和我一样，也和“王小毛”一样，都是生逢其时的幸运儿。

我难忘的入党 10 周年纪念日

董之一

2021 年是中国共产党诞生 100 周年。我回想起 25 年前的 1996 年 12 月 26 日。那天，我在江苏省南京市美术馆，举办“’96 董之一钟馗画义卖展”，并将全部义卖款，捐建一所希望小学。这一天，也是我光荣加入中国共产党 10 周年的纪念日。

这是一个让我难以忘怀的日子。

20 世纪 90 年代，江苏盐城市滨海县陈涛乡是顾正红烈士的家乡。有一次，我应邀去江苏盐城参加书画交流，会议期间我们参观顾正红烈士故居。但是，让我万万想不到的是在陈涛乡有许多失学儿童，因为路途遥远而上不了学。当我听到当地领导说到这一情况时，我心里好像被钢针刺了一下。在那个年代，滨海县是江苏盐城最贫困的县，陈涛乡又是滨海县最贫穷的乡。在当地有句话：“早上浮云走、晚上晒死狗。”如果一个地方穷到没有学校，下一代受不到教育，那么，他的贫穷就一直翻不了身。我脑海里突发奇想：“我要办希望小学。”要让陈涛乡受苦受穷的顾正红烈士家乡的后人不再上不了学。回到家里，我把历年来画的钟馗画整理了一遍，把画得最好的作品，拿出去展览义卖，争取获得多一点的办学资金，贡献绵薄之力。

“’96 钟馗画义卖展”得到时任新民晚报社党委书记兼总编辑丁法章的赞赏，丁法章亲笔写了一封贺信。他在贺信中说：“我要表达一种祝贺之情。由于您对新民事业情有独钟，也由于您对自己所酷爱的绘画艺术执著追求，一句话，由于您的辛勤播种，终于迎来硕果累累的秋天。”画展当天，江苏省委宣传部和南京市等领导到现场祝贺，著名上海配音演员李梓专程到南京为我义卖展主持开幕式，我的钟馗画义卖展获得圆满成功。

江苏省希望工程办公室要以我的名义冠名为“董之一希望小学”。在征询我的意见时，我认为，还是叫“知益希望小学”为好。我的寓意是：“知识有益于人类，知识有益于扶贫。”经过两年时间的筹建，1998年11月20日，在盐城市滨海县陈涛乡顾正红烈士的家乡，“知益希望小学”终于落成。

陈涛乡的乡亲们为了落成典礼，也为了今后学校的发展，专门开通了一条宽阔的公路。据说，这条路是乡亲们齐心协力、不讲报酬，昼夜奋战完成。当天，知益希望小学落成典礼上，200多位师生员工，在宽敞明亮的教室楼里开始崭新的学习生活。

为了提高新校教育质量，由我牵头，请上海市第六师范附属小学与知益希望小学结成教学对子。知益希望小学的老师分期、分批到上海来培训实习。六师附小还以图书、教材甚至师资支援知益小学的教学活动。六师附小与知益希望小学先是签订了8年期合同，后又续签了8年。尽管，上海六师附小校领导换过多任，但每一届新校长到任后，都将结对工作放在重要议程。

知益希望小学，也得到文新报业集团的鼎力支持。有一年，报社电脑设备更新，经集团领导特批，将换下来的电脑送到了希望小学，为提升学校的教学水平发挥了重要作用。报业集团团委发动青年团员捐献图书，年轻人踊跃捐献了一卡车的书籍，并帮助知益希望小学成立了图书馆。

我为了鼓励同学们学习的上进心，对品学兼优的学生，邀请他们到上海参加夏令营。当这些农村的孩子们登上东方明珠塔，俯瞰上海国际大都市；当他们走进上海科技馆、自然博物馆；当他们亲眼目睹那些原来只有在书本上读到的科技知识时，他们个个高兴雀跃；当他们纷纷表示，要加倍努力学习，长大要为祖国富强而贡献力量的时候……我看到如此生动活泼的场景，心里感到很幸福、很欣慰。

25个春秋过去了，昔日希望的种子，早已成为耸立的大树。当年的牙牙学语的孩童，已是青春年华。知益走出了希望，希望造就了知益，一批又一批的有用之材，在希望的田野上生根结果，在祖国的大地上遍地开花。如今，滨海县早已脱贫，陈涛乡早已翻红。可是，当地政府和乡亲们仍清清楚楚地记得："981120。"知益希望小学落成典礼的那一刻！他们一直以来，感激我，敬重我，记得我捐建的希望工程。

"'96 钟馗画的义卖展"，它既有我在绘画艺术上趋于成熟的体现，当然，也蕴含我的执著追求。传说中的钟馗具有扶正祛邪、侠肝义胆、知恩图报、济贫帮困的民族精神，所以我喜欢画钟馗，也正如丁法章在贺信中所述："借助钟馗，直抒胸臆；呈祥祛邪，与人为善。"此后，我不定期举办钟馗画义卖展，热忱投身到慈善事业中去，表达了一个共产党员的赤诚之心。

“见证荣光”二三事

蔡来艺

午后，灿烂的阳光透过落地的玻璃幕墙，洒满了小荧星会议室，让人倍觉温暖、惬意。“庆祝建党100周年文艺晚会”的节目策划会正在这里进行。

会议热烈讨论着晚会的命名，组织过多次大型活动的总导演不紧不慢道：“各位，这台晚会叫《红星照耀我》怎么样？”年轻的撰稿人发话了：“我看么，还是《党旗飞扬》！”突然，不知是谁来了一句：“《见证荣光》是不是更贴切？”

小荧星的成长、发展与壮大，离不开阳光雨露，我们小荧星如同一滴晶莹的水珠，鲜活灵动，五彩斑斓，折射出党的荣光，好一个“见证荣光”！我的思绪顿时活跃起来，一件件往事浮现眼前……

一张上海的城市名片

那是新世纪的第一个夏天，小荧星接到上海市APEC组委会的指令，要创排一个少儿歌舞迎接当年10月在上海召开的APEC峰会。说心里话，我有点紧张。因为APEC演出的规格之高，是此前的小荧星还从来没有遇见过的，而一个几分钟的节目要组织近300名小演员历经长达两个多月的排练，这在小荧星过往的演出史上也是破纪录的。

上海市委宣传部、电视台、市里新组建的APEC指挥小组联合召开动员大会，这一年的暑假，我和老师、孩子们都是在排练厅里度过的。

“哆咪嗦、嗦咪哆……”“好一朵美丽的茉莉花……”每天清晨，悠扬轻快的钢琴声，和着孩子们清亮婉转的演唱声不间断地从合唱教室里缓缓流淌出来，好似阵阵沁人心脾的清风，驱赶着盛夏的热浪。

舞蹈房里，踢腿、下腰……上百个小演员齐刷刷地重复着这些看似简单、其实却最能体现舞蹈功力的基本动作，然后就是一遍、十遍、几十遍地排练着节目的队形和动作，只要有一个孩子没有“吃”在节拍上，那结果肯定是全体再重来一遍。

整整一个暑假，参加排练的老师和孩子们很少有人缺席。有时候，孩子们会抓紧排练的间隙趴在地上或伏在钢琴上完成暑假作业；有时候，他们实在练得累了，就在休息时一字儿排开，席地而坐，后面的一个用小手为前面的那个敲背，这样敲着、说着、笑着，转眼就把辛苦和劳累遗忘在游戏中了。

功夫不负有心人，APEC 的演出获得了巨大的成功。当开场歌舞那委婉动听的旋律、绚烂多姿的舞美灯光，与 300 名小演员纯净甜美的童声、活泼优雅的舞蹈、天真热情的笑脸交织在一起，展现到各国元首和贵宾们的面前时，宴会厅里响起了长时间的掌声。

从此，APEC 的上佳反响成为一道亮丽的光环笼罩着小荧星。在这荣耀和光环的背后，我看到了老师和孩子们的付出与不易，看到了各级领导的关爱和重视，更体会到了自己能为党和祖国做那么一丁点儿事情，是多么的自豪与开心。

当年 APEC 的总结会上，时任上海市委副书记龚学平说，你们就是一张上海的城市名片，要向党、向祖国和人们交出满意的答卷，再辛苦也值得！

是的，不忘初心，做上海的城市名片。

此后，小荧星又参加了亚行年会、日本爱知世博会中国馆日、联合国和平卫生组织青少年夏令营、2008 年北京奥运会、中法建交 50 周年、国家广电总局庆祝新中国成立 70 周年、浦东开发开放 30 周年等多台国家级大型晚会的演出。2014 年、2015 年、2019 年还分别跟随上海市主要领导出访克罗地亚、美国等国家。

还世界一片精彩

2010年4月30日晚8时，新落成的上海世博文化中心灯光璀璨、座无虚席，时任国家主席胡锦涛向全世界宣布：中国上海2010年世界博览会开幕！在场的100多位小荧星和全场千余名成人演员一起振臂高声欢呼着，奔向舞台载歌载舞……

当时，正在现场执行着舞台监督任务的我，和每一个中国人一样心中充满了激动和骄傲，这不仅仅因为，这场开幕式是我职业生涯中所参与的最辉煌、最隆重的庆典；更因为，我们等待这一天已经很久了。

2002年的初夏，国际展览局在法国巴黎举行第131次会议，时任国务院副总理吴仪率团赴会，作关于中国申办2010年世界博览会的陈述。会后，中国驻法大使在巴黎著名的伽勃利埃尔饭店举办宴会，款待国际展览局主席、与会的91国代表和法国知名人士。为此，SMG受命组建的“上海市少儿演出团”要在巴黎的这场盛大酒会上作申博演出，我和12名小荧星有幸加入其中。我们的演出以中国的民族民间风格为特色，独唱、舞蹈、器乐合奏，赢得了台下一片惊叹和阵阵掌声。特别是演出结束前，小主持人用一口纯正、流利的法语，热情地说道：“我们带来了上海的问候，也带来了对2010年世博会深深的期待，各位贵宾，给上海一次机会吧，我们将还世界一片精彩！”台下贵宾全体起立，经久不息的掌声在宴会大厅的上空缭绕。这次申博活动的成功，对中国上海获得2010世博会举办权，起到了至关重要的作用。

此后，我又有机会多次参加了与世博相关的活动，印象最为深刻的，是2002年12月3日——中国申办世博出结果的日子。

当晚，华灯初上，我和同事们带领着百余名小荧星早早集结在南京东路世纪广场，只等“成功”的一声令下，就开始我们的狂欢。天气很冷，还下着雨，路边高楼上五光十色的霓虹灯反射在湿漉漉的柏油马路上，映衬出那一夜上海的不平静，似乎所有的一切都正在准备着要为举办世博会而呐喊、助威。终于，零时，前方传来了成功的消息，上海沸腾了！孩子们的情绪一下子上足了发条，从心底里流淌出来的喜悦，伴随着迎风飘扬的五星红旗、绚丽升腾的喜庆烟花，和全世界一起，见证了中国申博成功的历史性时刻。

回首朔望，从2002年到2010年，从申办世博会到举世瞩目的成功，“还世界一片精彩”，我们说到做到了！几段时光闪回，仿佛让我看到了中华民族完成伟大复兴百年梦想的里程丰碑；看到了党领导下的改革开放正在向世界主动打开国门的宏伟壮举；看到了新中国城市文明发展进程中划时代的标志蓝图。身在其中，留下的唯有感恩和感动。

这首歌世世代代永不落

2015年，退休离岗多年后，我作为一名有着30多年党龄、已经“奔七”的老电视人，因为事业的需要又重新回到了小荧星的平台上。

小荧星的现任领导层是一群有情怀、有追求、有事业心的青年人，他们对我说：“小荧星需要你，回来吧，发挥你的光和热，我们拧成一股绳好好干！”我被这火热的话语激励着，下决心“重操旧业”，辅佐这个锐意进取、特别能战斗的集体砥砺前行。

这一干吧，又是五六个年头。为庆祝建党百年，小荧星要演唱《唱支山歌给党听》《红星照我去战斗》《打虎上山》……真的，跟随小荧星风风雨雨一路走来，我已经记不清自己陪伴着孩子们演唱过多少首脍炙人口的优秀歌曲，参加过多少次声震海内外的大型演出了。我要用自己难忘的亲身经历，来讴歌伟大的事业、讴歌我们的党。

登高“中华第一楼”眺望城市新版图

潘新华

2020年，是举世瞩目的浦东开发开放30周年。浦东开发开放取得的成就，是在中国共产党领导下取得的重大战略成果，它向世人展示了时代辉煌、百年荣光。华灯初上，我漫步外滩，举目眺望浦江东岸陆家嘴高楼林立，只见灯光相继点亮，一片流光溢彩，绚丽的灯光秀让人目不暇接。其中被人喻为“三件套”的上海中心大厦、上海环球金融中心大厦、金茂大厦，挺拔矗立，直插云端。我不由回想起24年前的一个风雨天，我登上了当时正在建设中的“中华第一楼”最高处现场采访。当看到一项高楼建筑工艺技术首创成功，听到了身边建筑工人发自内心的欢呼：“掌声响起来！”我和周围所有的工人师傅们不由热烈鼓掌、久久不停……

“你看！东方明珠塔就在我们的脚下。我们现在的高度为382米，比东方明珠塔上的小球还要高30米。”1997年8月26日，在当时戴着“中华第一楼”桂冠的88层金茂大厦实现结构封顶的前夕，记者跟着金茂大厦项目总经理范庆国等，在密密不停的雷阵雨中，气喘吁吁地登上了金茂大厦顶部。眺望四周，团团白云缓缓飘来，云层几乎与身同高。因上海环球金融中心大厦和上海中心大厦当时尚未建成，一旁的市建一公司建设功臣钱定章插话说：“我们现在是全中国登得最高的建设者啊！”

为了现场采访中国建筑史上的一项重要纪录终于被打破的精彩瞬间，时任《新民晚报》浦东记者站站长的我，那天兴奋地来到金茂大厦工地，先穿好雨衣雨裤，戴上红色工作帽，然后乘人货两用电梯上楼。电梯以每分钟90米的速度直升金茂大厦的86层。黄豆大的雨点从透风电梯的护挡网眼中打进来。只见电梯外的新上海国际大厦、招商大厦、中国船舶大厦等幢幢高楼迅速变矮变小。不远处94层上海环球金融中心大厦工地清晰可见。有人开玩笑地说："电视剧里的'夺子战争'刚刚播完，浦东大楼建设又上演一场'夺高战争'！"

谈笑间，电梯戛然停在332米的86层。我一看手表，只花了3分多钟。

从电梯能达到的现有层面，至那天要进行混凝土一次泵送的382米，还有50米高度，没有现成的楼梯。我们往上攀登的是一条特殊的楼梯。它仅有手掌的两虎口宽，靠一根根仅几厘米粗的钢筋临时搭起来。两条腿往上面一步一步小心抬，大风在耳边呼呼作响，真有"高处不胜寒"的感觉。

大约爬了110多级钢筋搭成的临时扶梯，终于登上金茂大厦的最高层。范庆国一边用手机和对讲机与地面保持密切联系，一边对记者说："我们要将混凝土从地面一下子泵送到382米的高空。这在中国建筑史上前所未有。这混凝土就要像糯粥，如果太干，泵送到一半，就卡在管子里面出不来；如果太稀，上面得到的只是水，也不行。我们为此进行了反复的试验，甚至对黄砂、石子都做了筛选。我们有信心让混凝土一次泵送万无一失！"

正在这时，我们脚下的一根125毫米的钢管突然发出声响。原来，这是混凝土从地面打上来的冲击声。几分钟后，响声越来越大。"啪！啪、啪""啪！啪、啪、啪！"来自南通的一位工人充满诗意地说："这叫掌声响起来！"他话音未落，钢管中啪地喷射出混凝土。工人们不由大声欢呼鼓掌，庆祝这项新纪录的诞生。

刚才雷雨阵阵，此刻云开雾散。透过工人们的身影，记者只见他们背后的下方是比玩具汽车还小的车辆，正在外滩道路上排队蠕动；黄浦江中点点船影几乎不动。

然而，420.5米高度的金茂大厦"中华第一楼"的桂冠，以后就被2008年8月29日竣工、楼高492米的上海环球金融中心大厦夺走。2016年3月12日，总高632米、有119层的上海中心大厦建筑总体全部完工，则当仁不让地戴上"中华第一楼"的桂冠。

"中华第一楼"有了新高度！2018年的一天，记者来到上海中心大厦，乘坐超高速电梯，55 秒后抵达第 118 层的“上海之巅”观光厅。那一天，阳光明媚，云蒸霞蔚。眺望上海。浦西大变样和浦东再出发的改革开放“城市版图”尽收眼底。向东北方向望去，长江入海口清晰可见，黄浦江像一条玉带蜿蜒向东，上海自贸试验区外高桥保税区、杨浦大桥、世博园区如珠玉点缀。近处，东方明珠广播电视塔、金茂大厦、上海环球金融中心大厦各展风姿。浦江西岸的外滩历史建筑和浦江东岸的摩天大楼见证了百年中国的巨变。接待员说：“我们不只是盖一座建筑，而是打造一座绿色、智慧、人文的‘垂直城市’。我们的高度，代表上海的高度，中国的高度。”参观者的掌声不由响起来。

环顾四周，我不由想起唐朝诗人杜甫所写《望岳》中的两句：“会当凌绝顶，一览众山小。”登上了“中华第一楼”，放眼眺望，真是一览众楼小啊！ 2010 年夏天，我来到美国纽约曼哈顿第五大道的帝国大厦，乘电梯至大厦顶层观光阳台。阳台四周架着长筒望远镜，供游客眺望纽约远景。记得帝国大厦建成后，当时公认的顶级摩天大楼建筑商两兄弟中的一位——威廉·A. 斯塔雷特，写了一本书《摩天大楼和建造它们的人》。书中这样评价建造摩天大楼的艰辛：“建造摩天大楼是和平时期最接近战争的事情。”书中含有大量详细的建筑过程和施工照片，提供了这幢 381 米摩天大楼详细到每一步骤的建造过程。联想到上海的建设者们，改革开放后建起的高层建筑不下数百幢，其中哪一幢楼不是经过拿地、勘测、设计、打桩、封顶、装修、最后建成运营等建设过程？哪一次经历艰辛、面临成功喜悦的那一刻，不是掌声响起来？

看一百年的中国，去上海。建于 1934 年的国际饭店曾以 78 米的高度，在沪上称雄半个世纪。直到改革开放后的 1983 年，才被 92 米高的上海宾馆所代替。至 2018 年，中国超过 200 米的高层建筑已达 638 幢，上海摩天大楼有 126 幢，最新数字至今还在变化。

上海是中国共产党的诞生地，是一座始终拥有着开放胸怀和坚定信念的城市。建筑的魅力和影响超越时间。继续攀登步步高，上海这座现代化国际大都市的天际线一定会不断刷新、更加亮丽。

老照片里的中国故事

王　岚

2012 年，上海市委党史研究室领导决定向全社会征集老照片，并把这一艰巨的任务交给了我。我时任《党史信息报》“党史文学”“史苑书摘”“镜像历史”等版面的编辑，领导的意图就是要利用“镜像历史”版面征集社会上曾经极具影响力并给一代人留下深刻印象的经典老照片。如上海解放时一排排怀抱枪支在户外席地而卧的战士，著名演员赵丹、张瑞芳、王丹凤等在船厂大合唱的照片，10 万名上海知青去新疆的珍贵影像，第一艘万吨轮下水，南京路上好八连的亲民形象，粉碎“四人帮”后兴高采烈走上街头的市民，改革开放后渴求知识、争分夺秒读书的年轻人，国门打开后在美国大使馆门口排起长龙申请留学探亲签证的人们，手拿现金挤在柜台前抢购股票的股民，上海石库门弄堂里的 72 家房客，第一次航拍建设中的浦东大道，邓小平在上海逛市百一店、访旗忠村的珍贵历史瞬间……这些照片的作者是谁？又是在什么情景下拍摄的？

既然接受了任务，我就开始准备。摆在面前的第一个难题就是怎么找到这些照片的拍摄者。根据照片拍摄年份推算，这些摄影家们基本上都是八九十岁高龄的老者了。幸好当时单位里有另外一个课题，已经联络到几位老摄影家，而我则多方打听又联系到几位。

在编辑“新书介绍”时，我发现有复旦大学新闻系教授舒宗侨编著的《第二次世界大战画史》《中国抗战画史》，后一本是与著名战地记者曹聚仁合编的。因为之前我采访写作《电影往事》，和曹聚仁女儿曹雷有过多次交往，于是请她帮我介绍舒宗侨的子女。很快，我和舒教授的子女取得了联系，并来到陕南村他女儿家采访，他的儿子舒达远给我送来了上海解放时他父亲拍的许多照片。在聊天过程中，他还给我提供了《青年报》原摄影记者金桂泉的电话。我感觉工作开始慢慢渐入佳境。我按照电话号码打过去，是一位女士接听的，我以为是金老的夫人或者女儿，可她说我打错了。

不久，领导决定召开一次老摄影家座谈会，我问到场的施志勤老师是否认识金桂泉老师？他说，老朋友了，怎么不认识！我大喜过望，连忙向他打听金老的电话。施老师从包里取出一个小本子，我一对照电话号码，是后面两位数字颠倒了。接下来的惊喜是，施老师的小本本上，还有我想找的那些老摄影家。

自从和金桂泉、施志勤两位老师认识后，我的工作一下子打开了局面。金老德高望重，在摄影界是元老级人物，他出面给我介绍了好几位重量级人物。施老热心奔走，主动到一些行动不便的老摄影家去拿照片再给我送来。他们的行动感动了我，我决心一定要把这件“艰巨”的事情做好。

2013 年起，连续 3 年，《党史信息报》“镜像历史”栏目推出了征集到的老摄影家们的作品，杨缚涛、王义、方幸根、尹福康、金桂泉、施志勤、贾振福、左家忠、吴四一、胡秀珍、洪南丽、薛宝其、唐载青、夏永烈、杨志明、陈春轩、周孟春……在征集编辑过程中，发现改革开放后有许多经典照片出自相对年轻的摄影家的镜头，于是有了雍和、张蔚飞、崔益军、陈卫中、徐裕根、龚建华等当今摄影界领军人物的作品。

在陆续推出摄影家经典作品的过程中，获得了摄影界的好评和社会各界的高度关注。那些照片，对经历过那段历史的人来说，是一次温暖的回忆；对没有经历过那段历史的人来说，则是一次了解上海历史的好机会。

“镜像历史”栏目以完美收场，但是，时任市委党史研究室主任徐建刚认为，摄影家们无偿提供了这么多珍贵的历史老照片，如果仅仅发表一次就收进资料室，是对资源的浪费，我们要尽可能地利用好这些资源，这也是对摄影家们的一个交代。在重新梳理摄影家和他们的代表照片过程中，发现原卢湾区文化馆专职摄影师薛宝其有个良好的习惯，就是坚持记录每一张照片的拍摄日期，更重要的是记录了照片的创作动机、过程、拍摄对象以及当年拍摄时的感受。从退休开始，他精心整理了《知识青年上山下乡》《五七干校》《读书热》《天下父母心》《夕阳颂》《街头巷尾》《公园是个小社会》等十余本自制主题相册。他的镜头始终对准基层的平民生活，这使他的摄影作品更具有历史的样本意义，能够经受历史的考验。在此基础上，我们单位为他出版了由我主编的《上海印记：1960—1980年代薛宝其纪实摄影精选集》，书中选取的作品所反映的时代，从20世纪60年代到20世纪80年代，正是上海历史变迁的重要时期，政治变幻，风云激荡。薛宝其镜头中的上海平民生活，使我们对变革时代上海平民生活的状况，有了更多的了解，这些作品真实记录了改革开放30年来的变迁史。

3年时间里，征集到了上万张老照片，如何让那些将被时光隐没的老照片发挥更大的作用，领导决定再出一本《我在现场：摄影家口述》，将那些照片背后的故事记录下来，让人们知道，正是这些古稀、耄耋老人，用手中的相机，记录了新中国从站起来到富起来再到强起来一路走来的历史。为加快进度，特邀《解放日报》资深记者郑正恕老师和我一起，争分夺秒地拜访老摄影家，认认真真地记录他们的口述内容，整理好后再请他们确认签字。遗憾的是，在采访出版过程中，好几位老先生仙逝，没有看到飘着油墨香的新书。

2019年8月7日，市委党史研究室“口述上海”系列丛书之《我在现场：摄影家口述》出版座谈会在上海报业大厦举行。时任市委党史研究室主任徐建刚、上海教育出版社副社长刘芳、时任上海老新闻工作者协会会长孙洪康及部分摄影家出席会议。孙洪康认为，该书聚焦上海，记录并见证历史，留下珍档，对当今报业、现代传播具有现实和借鉴意义。刘芳介绍说，该书的出版受到国外出版界的关注。

《我在现场：摄影家口述》征集了上海近百位摄影家数以万计的照片，从中选择23位摄影家进行口述采访，他们既是历史事件的参与者，又是旁观者和记录者。徐建刚在发言中介绍：这部口述史涵盖的历史时间上起1949年新中国成立，下至改革开放新时期，时间跨度近70年，基本囊括了上海重大历史事件和重要历史变迁的轨迹。所拍摄的对象既有重要的历史人物，也有大量的市民百姓；既有政治运动的瞬间，也有寻常百姓的生活百态，但无一不折射历史的重大时代主题，并表示今后将一如既往，协调各方建立健全图库，不断推进老照片抢救工程，以推出更多作品的方式宣传好、利用好老照片。

记《劳动报》老总编辑马达的一次讲话

王旦华

马达是一位杰出的新闻工作者。他 1941 年加入新四军，同年加入中国共产党，次年即从事新闻工作。在长达 60 年的办报生涯中，马达共办过 9 份报纸。进入上海后，他先后担任劳动报社总编辑和社长，解放日报社党委书记、总编辑，文汇报社党委书记、总编辑。

当年，《劳动报》是全国总工会华东办事处和上海市总工会的机关报，创刊于 1949 年 7 月。

马达在《劳动报》工作 7 年有余。在他的主持下，不过短短几年，《劳动报》就脱颖而出，发行量位居全市榜首，成为上海、华东地区乃至全国一份有权威、有特色、有影响力的报纸。

1995 年 9 月，《劳动报》复刊后新建的报业大楼在昌平路落成。这是《劳动报》报业发展史上的大事、喜事。应时任总编辑顾行伟邀请，马达偕 50 年代老劳动报人 20 余人，兴致勃勃地来新址参观指导。此时马达已从采编和管理的领导岗位上退居二线，有相对充裕的时间，可以对长期的办报实践进行系统的回顾梳理及理论上的思考。所以当我们以热烈的掌声期盼老总编辑指导工作传授经验时，马达慨然允诺，即兴演讲。

马达深情回忆了当年创办《劳动报》的经历。他说，新大楼很漂亮，各种设施也很完善，但办报、从事新闻记者和新闻编辑工作，是要有很多艰辛付出的，因此艰苦奋斗的作风千万不能丢。《劳动报》初创阶段挤在外滩的上海市总工会大楼内办公，写稿编辑晚了，开会商量事情晚了，同志们就打地铺睡办公室，也有的就把椅子拼拼和衣躺一宿，第二天照常工作。

马达说，党领导下的工会是党联系工人阶级的桥梁和纽带，党领导下的工会主办的报纸，必须承担准确、生动、通俗地宣传党的路线方针政策，团结和教育职工群众的使命，这是第一位的。当然，作为以基层企事业单位劳动者为主要阅读对象的报纸，《劳动报》在报道的内容和形式上，要追求自己的特色和个性。

马达的体会是，党的群众路线是办好报纸的生命线。

首先，汲取战争年代解放区群众办报的经验，开展工人通讯员运动，这是当年《劳动报》独特的做法，它为《劳动报》迅猛发展夯实了基础。《劳动报》在工厂发行到班组，全市大中型工厂都有我们的通讯员，不仅厂部有，有些大厂的车间也有。通讯员中有工会干部和工会积极分子，也有店员、车工、钳工、挡车工、火车驾驶员等一线工人。我们的新闻版编稿时优先刊发通讯员稿件，在报纸副刊上也经常发表一线工人的摄影作品、美术作品以及他们创作的散文、小说、诗歌。这批通讯员中的优秀分子，有些成长为记者编辑，有些成为有影响的工人作家。其次，报社要求记者编辑沉下去，深入一线，做工人和通讯员的知心朋友。许多记者在节假日到工人、通讯员家里串门，了解他们的生活，倾听他们的诉求。

注重报道工厂企业劳动模范的先进事迹，引导全社会了解劳模、尊重劳模是《劳动报》特色之一。杨富珍、裔式娟、盛利、李福祥、朱恒等，正是通过《劳动报》的报道，成为家喻户晓的明星人物。

马达回忆说，当年《劳动报》人员来自各个方面，有披着战争硝烟过来的老同志，有在城市从事工人运动、学生运动的地下党员，还有一部分青年学生以及从通讯员队伍中选拔出来的工人和工会干部，大家经历各异，水平参差不齐，但同事间和睦相处，为办好报纸团结一心，那份战友情谊，至今令人难忘。

马达离开劳动报社后，走向了更广阔的新闻舞台。

他长期在办报一线担负繁重的领导工作，曾不无遗憾地说，我办工人报刊创造了一些新鲜经验，但至今没有写出一份全面的总结。他这次回劳动报社所做的即兴讲话，看似即兴而为，但不是应景式的泛泛而谈。

马达是一位长期奋斗在采编一线的新闻老战士。他是我国新闻界的一位奇才。他说，是党和人民给了我智慧和力量。值此纪念中国共产党诞生100周年之际，特回忆整理这篇即兴讲话，奉献给新闻史研究者，奉献给新老新闻工作者。

采访“煤炭大使”背后的故事

王立华

1996年1月12日，我和《新民晚报》经济部副主任何锦新合写的《煤炭大使杨松年》在该报头版头条刊发，以后《中国物资报》等报刊又进行了转载，在业内和社会上都引起了较大的反响。

在20世纪八九十年代，当时燃气还未普及，煤炭是上海须臾不可离的重要能源，发电靠煤炭，化工、冶金等行业靠煤炭，民用燃料大部分也依靠煤炭。那时，上海煤炭的年需求量是2000万吨左右，但国家计划分配还不到一半，煤炭资源紧缺，有时甚至达到捉襟见肘的程度。我是20世纪80年代中期调到上海市物资局办公室的，后又任市物资局（集团）办公室副主任，兼任《中国物资报》《中国商报》上海记者站副站长，并担任《解放日报》《文汇报》和《新民晚报》的通讯员多年，亲眼见证了物资系统的各级干部和调运员跋涉千山万水，吃尽千辛万苦为上海调运工业“粮草”——煤炭的故事。

我曾去山西大同采访过杨松年，他是上海燃料公司调运员，当时驻扎山西已14年，这期间他走遍晋北大地的40多处矿发点，经他手调运来的煤炭，占上海工业用煤的三分之一，计划内兑现率高达94%以上，居各省市调运之榜首。自他当调运员起连续14个春节都是在矿上过的。他对我说，春节期间各地调运员都回去过年了，铁路的车皮计划就相对空一些，我要利用这个空当多往上海发煤。为了多调煤，就连父亲病故了，他也未能及时赶回上海送父亲最后一程。有一年冬天，晋北天寒地冻，他冒雪在口泉站发完一批上海急需的优质大同煤后已是半夜了，他拖着疲惫的身子骑车回宿舍，天黑路滑，连人带车跌进了1米多深的土沟，鲜血顿时从左眼角流了出来，他只到镇上医务所里缝了几针，第二天又踏着积雪赶到了矿区工作点，一行行雪地脚印，凝聚着这位“煤炭大使”的许多艰辛。

杨松年仅是上海燃料公司众多调运员的一个缩影，在他背后又有许多动人的故事，诠释出上海市从市、局各级领导到煤炭调运人员为上海不“断炊”，上下同心，辛勤操劳的精神。

那是1986年12月11日，针对国家下拨的“皇粮”减少、原材料供需矛盾突出的状况，时任上海市市长江泽民亲临市物资局现场办公，当他听到时任市物资局局长傅忠耀汇报上海煤炭储备量最低时仅够两三天的消费时，连忙说：“老傅呀，煤炭千万大意不得，以后在遇到这种情况，就是半夜里也要打电话。”江泽民市长身体力行，这年冬天他带领包括傅忠耀在内的上海市代表团到内蒙古等地筹集到煤炭、有色金属、棉花等一批物资，解了上海用料之急。

在朱镕基担任上海市长时，包括煤炭在内的国家计划资源进一步减少，为了让市领导能及时了解煤炭供求形势，上海物资部门建立了煤炭调运、供应、储存日报表制度，每天向朱镕基市长汇报。市府办公厅编印的《每日动态》经常有煤炭供求形势的报导。为了筹集到更多的计划外资源，朱市长还通过他的努力，向国家有关部委争取到了连续3年（1989—1991）将全国煤炭订货会议定在上海召开，这在上海的历史上还是从未有过的。3次的订货会都安排在虹桥宾馆，朱市长还热情会见了国家计委、国家经委、煤炭部、铁道部、交通部的领导。即使是这些部门的司局级干部，他也到房间一个个去拜访。作为东道主的虹桥宾馆挂出了“朱市长请来的客人，我们一定要服务好”的大横幅，会议的接待服务工作十分出色，受到各地与会代表称赞。

上海的煤炭有三分之二来自山西，由于陆路运输车皮紧缺，所以大部分通过秦皇岛港中转海运抵沪，山西和秦皇岛是筹集和发运煤炭的两个重镇，为此朱镕基市长决定成立上海市政府驻山西和秦皇岛办事处，以加强同晋、秦两地联系。朱市长还倡议，每年元旦、春节假期，由上海派出慰问团，包括一些著名演员在内，到山西、河北、内蒙古等地的煤矿和铁路部门去慰问演出，以增强上海同当地的友好往来，有利于煤炭等物资的调运工作。

上海市政府驻秦皇岛和山西两个办事处，分别于1989年和1990年成立，我都去采访过。驻山西办事处主任杨德治是一位老物资人，他到任后提出“多调一吨煤，多为上海工业增一份效益”的工作方针，亲率办事处工作人员不仅跑遍了山西境内的众多矿发点，还深入到偏远的内蒙古、宁夏等地的煤炭调运区，努力为市燃料和电力燃料两家公司疏通渠道，多争取些计划外资源。在保证调运总量的情况下，又花大力气优化上海的存煤结构，多调优质煤、紧缺煤。办事处成立5年来，协助上海两家燃料公司调运煤炭6000万吨，计划调入率达81%。

市政府驻秦皇岛办事处主任蒋延龄是一位新中国成立前入党的老同志，我去采访那天，他正在港区码头上忙碌，他对我说：“最近市里向国家有关部委争取到一批计划外煤炭、解今冬用煤之急，但订到不等于拿到，这批煤前几天已从山西抵达秦港，傅忠耀局长不放心，他作为市政府的特派代表专程来到秦皇岛，我陪同他一起拜访港区的局长、装卸公司的经理，请求他们尽快往上海发煤。我还随他到码头区慰问装卸工人。”老傅的真情感动了“上帝”，港区答应对上海的煤炭实行优先发运。老傅连夜打电话给分管市领导，提出每天至少派4条船来秦皇岛，火速抢运这批煤炭。两天后，上海海运局的万吨轮抵达秦港，老傅在码头上迎候，看着输送带上煤炭源源不断进入船舱，他脸上露出了欣慰的笑容。回程时，蒋主任特意安排我登上装满煤炭的“泸州号”万吨轮，随船采访回上海。万吨轮渐渐驶出渤海湾，这时我看到了动人的一幕：船员们顾不上装卸的劳累，在船长带领下拿起扫帚、铁锹清扫装卸时洒落在各处的“地脚煤”，汗水和煤灰弄得他们浑身乌黑，不一会，甲板上扫起的煤就聚成了堆。船长对我说：这是一批优质大同煤，上海急需的，可不能浪费掉。晚饭后，船上开“航例会”，我也去旁听了。政委在会上说：“从上海到秦皇岛，这个月我们要连续几次往返，未雨绸缪，我们现在辛苦点，上海今冬的用煤就有保证了。”坐在我一旁的一位年轻船员告诉我，他家在上海郊县，为了运煤他已将近一个月未休息了，家中孩子小，家务重，但想想上海这个大家，牺牲点个人小家也是值得的。多好的船员啊，为了上海的大局，他们都在默默地作着奉献。我心里一阵激动。

一晃几十年过去了，现在燃气已普及，用煤紧张的年代早已过去了，但是当年的那些人和事总会在我心中萦绕，因为那年代上海的资源配置正从计划向市场转型，上海的物资人向市场筹措资源，为上海工业不“断炊”作出了不可磨灭的贡献，他们见证了那段时期的荣光。

20 年前，亲历中国足球闯入世界杯

王君武

2001 年 10 月 7 日晚上，中国沈阳五里河体育场。五星红旗在看台上飞舞，中国球迷们的欢呼声、呐喊声、锣鼓声响彻体育场上空……

中国足球队凭借于根伟的进球，1 比 0 击败阿曼队，提前两轮晋级世界杯决赛圈，圆了中国足球的世界杯梦，成功获得了 2002 年韩日世界杯的入场券。这也是中国国家男子足球队历史上首次闯入世界杯决赛。

执教中国足球队的是世界著名教练——博拉·米卢蒂诺维奇，他在赛后的新闻发布会上说的第一句是："这是我执教生涯中最幸福的一天。"

从 8 月 25 日到 10 月 7 日，世界杯亚洲区 10 强赛硝烟弥漫，中国足球队发扬拼搏精神，凭借顽强的意志，以不败战绩提前两轮进入世界杯决赛圈。

44 年冲击世界杯的历程，几代足球人的梦想和努力，把中国足球推进了一个新的时代。作为媒体人，能够亲历世界杯征程——这一千载难逢的机会幸运地落在了我的身上。抚今追昔，回想当年受解放日报社派遣，作为特派记者奔赴阿曼、阿拉伯联合酋长国采访客场比赛，无比兴奋，格外激动，那情那景，仿佛就在眼前……

2001 年 8 月 31 日，阿曼首都马斯喀特。

赴阿曼的行程颇为曲折、复杂，几经周折，我抵达马斯喀特机场。打车前往阿曼足球协会办理注册登记，申请比赛当天的采访证。阿曼足协办证官员告知我，采访证要第二天（8 月 30 日）下午才能领取。于是，我打车赴中国队入住的酒店，欲捕捉一些新闻素材。中国队已先期入住花园酒店，领队和新闻官在大堂告诉在场的中国记者，不能上楼采访球员。对此，记者们也独出心裁，有的守在电梯门旁边，有的在餐厅外等候，还有的在四处晃悠，一旦有球员出现，立马有记者蜂拥而上，提问加追问是免不了的，哪怕球员回复一两句话也好。真的，好辛苦呵！

8 月 31 日晚上 7 时，中阿之战。

比赛开始前，我在卡布斯体育场遇见中国驻阿曼大使赵学昌夫妇，他得知我来自上海解放日报社，非常热情地介绍了本人所关心的情况与当地风土人情。他说，为了这场比赛，使馆格外重视，组织工作人员以及近千名球迷前来观战，为中国队助威，他们中有当地华人，也有来自迪拜等地驻外中资机构的员工。

当地时间晚上 7 时（北京时间晚上 11 时），中国队首个客场比赛准时开战。主教练米卢以前锋谢辉代替有伤在身的郝海东首发上场。上半场第 42 分钟，李玮锋在禁区内犯规，阿曼队获得点球，江津奋力扑救，将球挡在门柱上。躲过一劫的中国队在下半场迎来了转机，第 70 分钟，中国队右路传中，祁宏从中路高速插上，停球后起脚劲射，球从出击的阿曼门将和一名后卫之间窜入球门。15 分钟后，中国队获得点球，范志毅主罚点球命中，为中国队 2 比 0 锁定胜局。此战，来自上海的 3 名球员立下大功。

当主裁判吹响终场哨声，我看到，在球场主席台两边的看台上，近千名中国球迷欢声雷动，五星红旗在人群中飞舞着，喇叭声、欢呼声此起彼伏，久久回荡在体育场上空……

那晚，对中国足球队，对中国球迷，是一个不眠之夜；对随中国队采访的记者，何尝不是一个不眠之夜？写稿，发稿，对记者而言再正常不过了，但两地时差 4 个小时，当地时间晚上 7 时开赛，北京时间已是晚上 11 时。一场比赛加中场休息约两个小时，以及赛后新闻发布会时间，最快也要晚上 9 时半开始写稿。但是，此时北京时间已经是第二天凌晨 1 时半了。日报早已过了截稿时间，为了世界杯比赛，报社编辑部给予最后时间是，最晚凌晨 2 时，后方编辑必须看到最后一篇稿件。由此，留给我写稿、发稿的时间所剩无几，最多半个小时。

那是一次拼脑力、拼体力、拼时间的特殊经历，在我的整个采访生涯中绝无仅有，记忆犹新。

按照事先的约定，我每天需要采写多篇消息，至少 3000 字以上，以充实体育新闻版面。赛前，已经发回《阿曼想拖垮中国队？》《来自马斯喀特的火线报道》《米卢会再出奇兵吗——写在国足出战阿曼之前》《谢辉有望首发出场》等消息。比赛当天下午 4 时前（北京时间晚上 8 时），必须发回一批稿件。比赛后，应发回 3 篇稿件，比赛消息可简短一些，由后方记者帮助补充，还有两篇是比赛观感或球评，以及赛后双方主教练谈赛果。

要完成如此艰巨的采访任务，最后阶段的写稿过程，必须设计好时间，决不能有任何闪失，到时间必须完稿，必须把稿件发回报社。那是对自己意志的考验，对自己能力的检验，我做到了——在终场哨声响起，写完了比赛观感；然后奔向新闻发布会现场，采访完双方主教练谈赛后感，稿件也随之写就。发布会结束，拔腿跑向球场新闻中心。

刚进入新闻中心，一时傻了眼。所谓的新闻中心，其实只有一台传真机，两部电话而已，更别说电脑了。尽管这样，已有不少记者等待发稿。怎么办？没有时间了，如果不能按时发回稿件，写就的新闻稿等于一堆废纸，整个采访任务前功尽弃。时不我待，我拔腿奔出体育场，心里盘算着尽快找一家高级酒店商务中心，把稿件发回报社。

然而，体育场外人山人海，均是观战的球迷们。找出租车谈何容易，幸好有一位名叫阿卜杜拉的球迷指点，他说左边不远的一幢楼就是酒店，在谢过他后我向那家酒店跑去。大约 5 分钟后，我疾步跨入酒店，找到商务中心要求发送传真，遂把 4 页 A4 纸递给对方。少顷，传真发送完毕。我的心稍微安稳一些，但还不放心，得打报社编辑部电话确认一下是否收到？字迹是否清楚？是否有疑问的地方？当我听到电话里当班编辑说，4 页稿纸收到，已发排了，放心吧。你辛苦了！一瞬间，眼眶湿润了，紧绷心头的那根弦终于松了下来，总算完成任务了，无憾了！

往事如烟，挥之不去，难忘世界杯征程，谨此记念！

“送亲情，陪老人聊聊天”

王明国

新民晚报社群工部曾被时任上海市市长徐匡迪称为“市政府第二信访办”。我想，一则是因为新民晚报社群工部每天要接待和处理群众来访、来信、来电的数量之大，仅次于市政府群众接待室；再则是因为新民晚报社群工部不断开展的各类社会公益活动，客观上成为市政府帮助和解决各类困难群体工作的一个补充。

新民晚报社群工部2004年年初开展的“陪老人聊聊天”，就是一项社会公益活动。

早在1994年，上海就进入了人口老龄化的城市。据统计，上海60岁及以上的老年人已达250万人，占全市总人口近两成。据了解，虽然大部分老年人有稳定的养老金收入和医疗保障，晚年生活安宁，但也存在一些“特困老人”。他们丧失劳动能力，没有固定经济来源，没有子女赡养照料。有的老人虽有子女，可子女因为下岗或病残，亦无能力赡养老人。这些特困老人尽管得到民政部门的若干补助，却仍生活在城市居民最低生活线以下。仅上海市10个中心城区，就有社会特困老人3000多名。

新民晚报社群工部常常会接到老年读者的来访、来电、来信。这些老年读者对《新民晚报》有着深厚的感情，不断地向《新民晚报》倾吐心声、反映问题。对于部分老年读者反映的生活困难问题引起了我们的重视。

为了弘扬中华民族尊老、敬老、助老的传统美德，解决部分老年人的困难，新民晚报社群工部在1994年年底率先提出了倡议，并联合上海市老龄委、市老年基金会，动员和依靠社会各界力量，开展助养特困老人活动，向全市特困老人提供定期的经济帮助，被助养的老人每人全年可获600元助养金。

这一倡议通过《新民晚报》向全市发出后，很快得到社会各方广泛响应。上海大众出租汽车公司、上海振华汽车服务公司、上海工商界爱国建设特种基金等20多家单位率先加入助养的行列中，另有30多位社会人士也自愿捐款助养特困老人。

仅仅3个月，全市首批就有800余名特困老人喜获助养。一年后，获助养老人就达到近2000名。到1998年，全市共有数百家企事业单位和众多热心人士，向近3000名特困老人提供定期的经济帮助，有效缓解了他们生活困难的情况。

在此基础上，助养特困老人的工作又扩大到市郊10个区县，将近1000名农村特困老人也先后得到助养。同时，随着助老工作的深入，及时调整了助老的重点和方式，采取定期和临时相结合。对遇到临时性困难的老人，实行临时性应急帮助；助老帮困的对象实现城市和农村相结合，以农村为主。毫无疑问，助老帮困是对政府最低生活保障制度的补充，成了社会救助制度中不可缺少的内容。

到了2003年，坚持了8年之久的“助老帮困”活动，已基本解决了上海“特困老人”的问题。统计显示，得到助养的“特困老人”累计有2万多人次，600多家企事业单位和300多位个人参与了助养活动，共筹集和支付助老助医金高达1500万元。

新民晚报社群工部作为这项活动的发起者，始终给予充分的宣传报道。8年来，群工部以消息、通讯、图片等各种形式宣传和报道了助养特困老人活动。上海市很多新闻单位对这一活动也纷纷作了报道。《支部生活》还发表了《雪中送炭显真情》长篇纪实文章。

“助老帮困”解决了特困老人在经济上的困难。那么，接下来还能帮助老人做些什么事情呢？或者说，老年人还盼望解决哪些问题呢？带着这样的想法，群工部主动派出记者，对全市485家养老院、上千名老人进行了广泛调查和研究。

调查发现，生活在养老机构里的老人最为盼望的是能有人和他们聊聊天！

原来，一些老人的子女工作繁忙，很少来探望老人，使得老人的孤独感十分强烈。于是，在物质生活得到满足的同时，老人想与人进行心灵交流的愿望很迫切，他们渴望丰富多彩的精神生活。

为了帮助老人解决这个问题，2004 年新年伊始，新民晚报社群工部协同上海市民政局、上海市老龄办、上海市社会福利行业协会，推出了全市性的大型志愿者活动——“送亲情，陪老人聊聊天”。旨在新春佳节里，用真心真情温暖老人寂寞孤独的心灵。

活动启事在《新民晚报》刊登后，立即在全社会引起强烈反响。许多市民读了《新民晚报》的报道后，或是赶到宛平南路上的社会福利中心大厦，或是通过电话、传真、电子邮件，报名参加活动，表达了关怀老人的美好心愿。他们中有武警总队医院、455 医院的官兵；有放弃运营的出租车司机；有春节里不回家过年的外来打工者；有整整穿过 28 条横马路，从闸北区走到徐汇区报名的老人；还有想尽一份孝心的孩子……几天里，1000 多位志愿者捧出了炽热的爱心。

报名处人流不息，电话不停，感人的故事时时刻刻发生着。有几位大学生和武警总队医院官兵听说报名处工作繁忙，都赶来相帮，常忙到半夜时分。

按照计划，活动是从大年初一开始，到正月十五为止，有 1000 多位志愿者分赴上海 29 个养老院，陪老人聊聊天。年初一大清晨，志愿者们冒着严寒，带上各式礼品、礼物，赶赴各个养老院，给老人们送上了暖意融融的新春祝福。

在聊天中，老人们倾吐了心底的话语，找到了心灵的慰藉。他们有的与志愿者说上了英语，谈起了电脑；有的和志愿者在一起拉京胡，唱京戏；有的还认了“乖孙女”“好儿子”……养老院里充满了欢声笑语。

许多志愿者通过“送亲情，陪老人聊聊天”活动，也深受教育和感动。志愿者们表示，敬老爱老的优良传统一定要发扬光大。有的志愿者说，已经和养老院的老人约定了，以后定期来和老人聊天。有些志愿者说，以后要多花点时间陪陪老人说说话。更有志愿者是带着孩子来到敬老院陪老人聊天，为的是从小培养孩子树立敬老爱老的思想。

群工部的全体记者也跟随着志愿者，深入各个养老院采访，当天就联合采写了长篇通讯《初一，敬老院满是欢声笑语》，刊登于《新民晚报》2004 年春节大年初一头版头条。《人民日报》也在当天报道了上海开展的这项活动。

乐为“三农”鼓与呼

王崇德

1978 年年底，党的十一届三中全会胜利召开，吹响了中国改革开放的号角。农村改革是中国改革开放的发端。

小小喇叭头，心系百姓家。1982 年，改革开放的第一个关于“三农”工作的中央一号文件——《全国农村工作纪要》正式出台。它如农村改革的进军号角，给我们战斗在县级广播站的宣传改革提供了斗志和动力。

当时，我们青浦县广播站共有 4 位采编和 4 位播音员，党的十一届三中全会的精神，激发了我们“乐为‘三农’鼓与呼”的坚定信念。为了加强和提升县级小台为“三农”宣传的凝聚力和战斗力，时任副站长兼编辑部主任的李训义、副主任林茂春、编著组长唐志荷等，解放思想，凝聚力量，尝试了县级小台“采、编、播”合一的内部改革，以充分调动大家智慧与积极性，为县级广播站宣传“刚性效应”打下了很好的基点。10 年间，完成了 3 个层次的广播为“三农”问题宣传服务。

大讨论，“三农”宣传见成效

1980 年，青浦县广播站开展《农民怎样尽快富起来？》广播大讨论，扩大农村改革的参与率。当时，党中央号召“允许一部分人通过诚实劳动合法经营先富起来”，而这时的农村农民普遍持有“想富不敢富”“要富不能富”“愿富不知怎样富”等各种疑虑和难处。为此，我们在经过广泛的走访调研、讨论座谈的基础上，按阶段分别列出了十大讨论专题，从演播室走向坊角、地头，让干部、群众都来参加讨论：“想富，疑虑在哪里?”“要富，门路在哪里?”“敢富，尺度在哪里?”“怎样富，突破口在哪里?”……在实践中，充分发挥了县级小台的“五大优势”，即“第一报道的先发优势”“广播宣传的大容量优势”“受众传授便捷性优势”“广播讨论双向传播优势”和“小众化优势”，达到了广播“三农”宣传的参与性。对每一个层次专题大讨论中发现的问题与倾向，都编写成“内参”及时呈报县委、县政府全体领导班子成员，并转发各乡镇党政领导。在半年里，先后收到农民参加大讨论的来信来稿 2500 多篇，编发“广播内参”12 期。为青浦农村、农民、农业坚定贯彻执行和落实中央精神，推动农村联产承包、分工分业、勤劳致富、发展经济起到了积极的引导作用。

1982 年，青浦县广播站副站长兼编辑部主任李训义代表上海郊区广播战线，出席了“第十次全国广播工作会议”，并在华东大组上作了《青浦广播为农村改革“鼓与呼”》的交流发言。

破畏难，勤劳致富树典型

1988 年上半年，随着农村经济第二步改革的深化发展，国家加强对个体户、专业户的管理。这时，群众中出现了一种“怕富”的思想苗头，已经致富了的不想再富了，刚要想富的又缩回去了，农村改革中“怕”字出现了回潮。

编辑部发现了这种现象后，便立即集思广益，分工合作，撰写了 6 篇系列性“广播评论”:《坚信政策勇于富》《富了还要更加富》《依靠科学能致富》《正确对待大家富》《不走邪道守法富》《众手扶贫共同富》。把党的方针政策宣传到干部群众，及时消除农民们的顾虑。在此基础上，我策划选题，组织了一组反映“当代农民”的人物新闻。紧紧围绕中央一号文件精神，从转变农民观念入手，先后组织宣传了《率先进入流通领域的石坚强》《不断增添投入的顾正栋》《有超前意识的殷林渡》《用法律保护自己的陈林根》《敢于让贤的俞在清》《注意市场信息的王如意》等。

为了随时抓住“三农”宣传中的活鱼，编辑部4位同志，常常骑着自行车，抱着80多斤重的录音设备，赶到偏远地区的新闻采访现场，先后采编了《示范户买书》《古镇集市换新貌》《科技养鱼满鱼塘》《失信村庄里的守信人》《从异想天开到异军突起》等鲜活稿件。不仅在本地“三农”宣传中获得好评，还先后被《解放日报》《新民晚报》和上海人民广播电台等市级媒体录用。

贴民心，节目改革上新路

“三农”宣传上台阶，采编播内涵须创新。在10年间，我们在不断调整节目设置和宣传形式上求突破，从农村、农业、农民与地区经济发展的需求出发，停办了一些缺少特色、影响力减弱的节目与栏目，先后创办了融知识性、新闻性、服务性、趣味性为一体的《水乡之声》《广播大观园》等。加强了在受众中颇有影响的专题节目，如品牌节目《阿福宝谈农经》、信箱节目《王燕与听众》、服务性节目《庄其话农事》、生活类节目《孙华的菜篮子》等。

与此同时，为提高“三农”宣传的持久性、连续性，尝试采用章回采访记的形式播送全县勤劳致富的典型，用《李琳舟巡访记》这一名称，像章回评话一样，每周播送一回，共播出120多回，宣传了近百名典型人物。

为提升社会新闻报道的透明度，加大《记者透视》《社会视野》等节目的报道量，播出一批好作品，如《赵屯开辟劳动市场》《渔民村出现“文化热”》《贫困的万元户说明了什么？》《青浦养鸭滑坡的启示》等。

时光如梭，30多年过去了，在投身农村改革为“三农”鼓与呼的日子里，有许多宝贵的东西值得回味，这段可贵的经历，使我深深地爱上了新闻工作岗位。

在樊锦诗身边 5 小时

文玉芳

为便于经常阅读，樊锦诗院长赠送的自传《我心归处是敦煌》一直放在我的书桌上，我不仅喜爱它的常读常新，还爱品味扉页上樊院长工整娟秀的赠书签字，见字如见人，曾与樊院长相伴 5 小时的情景常常会浮现眼前……

那是 2017 年 10 月 30 日，我有幸被活动组委会安排全程陪同敦煌研究院名誉院长樊锦诗参加“上海老新闻工作者协会喜庆十九大暨重阳大联欢”。从中午 12 时樊院长坐上迎送她的专车，我便零距离陪伴在她身边。让我意外的是，我们俩没有寒暄便进入了交谈，我们聊敦煌、聊生活、聊感悟，樊院长关心我、关心老记者、关心老记协，她亦庄亦谐，知性而接地气，但其间蕴藏着的风轻云淡是最感染我的。

在前往杨浦大剧院的车上，樊院长最先聊起的是她的丈夫彭金章：“今年春节还没过完，老彭检查发现身患肿瘤，就来上海住院治疗，医生告知年纪大了别手术了，住院后到他人生最后阶段，共 6 个月。我就在医院附近租房，照顾了 6 个月。老彭去世后，医生说，你起码得调理半年。”樊院长接着又说：“我在上海待了两个月就去敦煌了，后又去了日本，是关于数字技术问题。然后老记协约我，正好我回到上海有几天空暇，后天回敦煌。”看似平静的叙述，但那份对丈夫彭金章的怀念之情仍是浓得化不开。

我好奇地问：“您刚去敦煌时很艰苦吧？”樊院长笑笑说：“在敦煌 54 年，刚去的时候没有电灯，没有自来水，住在土房子里。点煤油灯或蜡烛，过了 20 年，才搬到现在这种有电有自来水的房子里头。”

“没有电灯，对需要看大量文字的敦煌研究人员来讲很不方便吧？”

“那时年轻嘛，年轻都好办。慢慢就习惯了。”

“您大概用了多少年习惯生活？”

“有些慢慢就习惯了，有的没法习惯。甘肃人爱吃辣、酸、苦、咸，我慢慢去习惯，但吃不了辣就不吃呗。开始时没大米，只有面条，玉米面做发糕、馒头，年轻时我肠胃还可以，就这样慢慢习惯，年轻嘛，都好习惯。”

“习惯”二字从樊院长口中简单轻松地说出，其背后是54年的铺垫。

接着，她说：“在敦煌待下也就待下了，我也不知道会待一辈子，我也想走，因为我有自己的家，丈夫在南方，我肯定要和丈夫在一起。说工作吧，确实很需要，也应该做好，但另一方面自己有家，很矛盾，最后，甘肃省委、省政府下决心不让走，再说我对那里也越来越有感情了。我就是比较听话一点，傻一点嘛。”说完她无声地笑了。“结果把我丈夫调到了敦煌，所以我说老彭是打着灯笼不好找的。”

我一下子觉得樊院长“傻”得可爱。说起傻，我记得我跟樊院长说：“我看过您年轻时候的照片，娃娃脸，有点婴儿肥，笑得非常灿烂，现在的笑还是那个样子哎。”她脱口而出：“傻嘛，傻笑。”我被逗乐了，但我眼里却噙着泪花。

聊着聊着已到了剧场。按照程序，樊院长要先到贵宾室休息，并与市里老领导、媒体老领导及参加联欢的演员等会面。他们纷纷与樊院长拍照留念，她笃定悠然地一一合影并亲切交谈。

庆祝联欢大会开始后，为了产生“惊喜”效果，活动组委会策划先把樊院长“藏”在二楼包厢里，就我们俩。樊院长坐定后就入神地观看大会的每一项内容。樊院长是受活动组委会特意邀请，作为沪剧《敦煌的女儿》的原型与演员茅善玉同时出现在庆祝联欢大会的舞台上，这是大会给到大家“惊喜”的设计初衷。樊院长在丈夫彭金章去世刚3个月，在上海、敦煌、日本奔忙的空隙间欣然接受我们上海老记协的邀请，这源于樊院长与上海媒体有着特殊的感情。在剧场，她不顾腿脚不灵活，上楼下楼地来回走，脸上一直洋溢着真诚的微笑。与演员茅善玉相聚在台上后，全场一片欢呼，樊院长用上海话向老记者们问好，倍感亲切。在与主持人和茅善玉对话时，樊院长真诚而灿烂的笑特别有感染力。

从舞台下来后，我们坐在了组委会安排的座位上。由于大家对樊院长的敬仰，也顾不上讲究了，不时有人站在樊院长的座位背后要求合影，只见 79 岁的樊院长有求必应，从座位上站起，而且为了不遮挡站在后面的老记者，她就屈着膝盖站着，并手捧鲜花，面带笑容，让每个人拍到满意为止。散场后，又有很多老记者要与樊院长合影，她都一一满足了。

在回家的路上，我们俩又聊了很多。此时，我眼里的樊院长已不同于刚见面时的樊院长。车到了樊院长家门口，下车前，樊院长把老记者们献她的两束鲜花送了一束给我，并找了个颇有说服力的理由："我后天就回敦煌了，还是你养在家里合适。"在我看来，与其说是一束花，不如说是一份缘的象征，我接受了。

我注视着樊院长走向家门的背影，她身材娇小，但步伐大而稳健。这娇小的身躯里居然有如此大的能量，可以在极其艰难的环境下为保护敦煌莫高窟而作出举世瞩目的贡献。她视敦煌莫高窟的安危如生命，智慧地平衡了文物保护与旅游参观的关系，她潜心石窟考古研究和创新管理，完成了敦煌莫高窟的分期断代、构建"数字敦煌"等重要文物研究和保护工程。面对这些，樊院长很接地气地表示："这是我该做的，心里头觉得该做的事我做了，很踏实，高兴的是，哎，这事我把它做成了！"然而，生活上她很简单，常年吃食堂，穿着朴素，不化妆，不穿戴名牌，但敦煌的风沙将她铸成了一个大名牌——"敦煌的女儿"。她始终风轻云淡，是一位真正的大家。

我与民营经济宣传的不解之缘

石坤云

弹指一挥间，29 年过去了。2021 年 7 月，在庆祝建党百年的喜庆日子里，位于青浦区练塘镇的华东首个私营经济开发小区“上海富民私营经济开发区”迎来 29 岁生日。其使我这个怀有深厚“富民情结”的退休老人，心潮澎湃，觉得很有必要写写我几度投身个体、私营、民营经济宣传的“情结”或者说是情感。因为也是巧合，1992 年至今的近 30 年间，我先后在蒸淀、盈中、大盈、赵屯、白鹤五个乡镇的广播电视站工作，退休后又被区工商联聘用发挥余热，担任《青浦总商会》执行主编，继续奋斗在非公有制经济的宣传战线上，可以说是口不离个体、民营、非公有制经济宣传这个曲，写写这方面，也算是对青浦个体、民营、非公有制经济的发展提供一个侧面见证。

寻找最佳契合点，形成“爆炸”效应

1992 年 7 月 25 日，当年地处偏僻的青浦县蒸淀乡（现并入练塘镇）在大上海干成了新中国成立以来从未有过的一件新鲜事。这一天，蒸淀乡领导向沪上 20 多家新闻单位的记者发布新闻：上海富民私营经济小区宣告成立。从此，我与个私、非公有制经济的宣传有了不解之缘，也使我这个农村最基层的新闻工作者有了用武之地。

新闻学、传播学上讲宣传要有“轰动”和“爆炸”效应。蒸淀镇创办华东地区首家私营经济小区，宣传“爆炸”效应就尤为重要。当时第一次新闻发布会是以上海富民私营经济开发区的名义举行的，我就向领导建议，并且与其他3位同志组成一个宣传班子，从7月3日起，在一个星期内草拟4份材料，初步形成宣传报道私营经济小区的轮廓。青浦县党委、政府选择在7月下旬召开新闻发布会。那个时候，正是邓小平南方谈话发表半年左右，顺应社会各界大胆试、大胆闯的氛围，我们除了邀请上海三报、三台的新闻媒体之外，还邀请了全上海相关的20多家新闻传媒。新闻发布会后，《新民晚报》就在7月26日的头版显著位置刊登消息："上海市民想创业，已经有了好去处，青浦富民私营经济小区开门迎客。"之后不到一周内，沪上各新闻单位相继报道了"上海富民私营经济小区"成立的消息。如此集中报道，好比一声春雷，整个上海都"惊"动了。前来咨询投资办厂的私人老板络绎不绝，热线电话铃声不断，上海、青浦两个办事处也应接不暇。第一次新闻发布会后，达到了"爆炸"和"轰动"效应。港澳媒体也作了报道，说："陈云家乡成了中国民营经济的发祥地。"时任青浦县委宣传部领导对我说："你们的宣传是成功的，望今后还要继续加大新闻宣传的力度。"

细水长流，形成"品牌"效应

由于"上海富民私营经济开发区"在沪上宣传声势的不断加大，上海的"小温州""富民模式"正式得到上海社会科学院、复旦大学等科研机构专家学者的肯定，上海郊区纷纷仿效青浦区"富民模式"的做法，掀起创办私营经济小区热，不到一两年功夫，市郊已有七八十家这样的私营小区。如何打造品牌，也成为各私营经济小区的主攻方向，我就提出新闻宣传"细水长流"形成品牌效应，不断拓展它的报道面和向全国乃至港澳台地区延伸。为此，我们把报道触角伸向北京的全国性报纸与私营经济发达地区的报纸。《人民日报》《农民日报》《华声报》《中国妇女报》等报纸，先后在头版显著位置刊登"富民"的消息，香港《文汇报》《大公报》等也先后发布富民私营经济开发区的消息。另外，在上海的报纸上，则注重深度报道，先后在《文汇报》推出"采访札记""开发区里的老板们""文人老板众生相”“女老板风采”等系列报道，全方位宣传富民开发区。

1994年5月，我调离蒸淀乡后，开发区进行了一次无形资产评估，那一年，“富民”品牌的无形资产高达2600多万元。在青浦庆祝私营经济发展10年之际，2003年8月由区工商局、统计局编辑的《重大的突破、重要的贡献》一书中，刊登了一张我的工作照以及收录了大量我采写的新闻报道及文章，可以说，这也是对我个人在宣传私营、非公有制经济发展上的贡献作出客观的肯定。我闻之，感到很高兴，因为我的工作没有白忙。

1994年5月，我调回老家盈中乡，任党委秘书，兼任经济城副总经理。此时，我又为该经济城精心撰稿，用新闻语言来说，“青浦盈港兴起一座经济城”，沪上的报纸又出现宣传“盈港经济城”的报道。在上海颇有知名度的腾富经济城跃入我的视线，虽然刚调到赵屯文广中心工作，承蒙腾富经济城领导器重，有幸为《腾富天地》这张小报写稿。2000年初，赵屯、大盈撤二建一，赵屯镇党委、政府决定把《腾富天地》改版，主办单位由原来的1家扩大到4家，读者群也扩大到二城二区的投资者和管理层。我被调来担任责任编辑，我如鱼儿得水，在个体、民营、非公有制经济的宣传领域得以再次施展自己。“乡下狮子乡下调”，改版后，我撰写了《宁波四兄弟飞捧五祥》《浩瀚天宇，无限索求》以及“腾富十周年”系列报道等好几篇通讯、消息稿。出报后，得到读者和领导的颇高评价。

投身《青浦总商会》为民营经济再唱赞歌

光阴似箭。2011年底，我退休了。本想这辈子忙碌了一生，该好好歇歇了。想不到，在2012年元旦后的一天，时任青浦区工商联党组书记李金荣打来电话，要我到区工商联面谈。2012年1月11日，我来到区工商联，李书记向我说明来意，我想了想一口答应，因为做非公有制经济的宣传，太配我胃口了，采访企业家与他们交朋友并写他们，我真的意犹未尽太喜欢。于是第二天就上班，着手《青浦商会》(2016年第一期更名为《青浦总商会》）创刊号的策划组稿工作，很快进入角色。我退而不休，继续发挥余热，都是因为“富民情结”，自己觉得应该像年轻时候一样，全身心投入，才对得起领导，对得起自己，对得起企业家朋友。在领导的关心支持下，确立办刊思想、约稿、采访、写作，天天很忙，但我乐意。《青浦总商会》是双月刊，至今已办了54期，到2021年底我在区工商联也进入第10个年头了，这近10年的时间里，我收到的反馈信息，读者朋友还是喜欢的。我想刚退休忙一点，对身心健康有好处，想不到这发挥余热也一发不可收，庆祝建党百年，我也虚岁71岁了，用上海地区的说法过了古稀之年。但是，我的心态还年轻，还有强烈的求知欲望和工作欲望。投身《青浦总商会》，使我为个体、民营、非公有制经济发展再唱赞歌提供了新的舞台。我要在有生之年，在这个平台上好好干、认真干，真正给社会留下一点什么，也为自己留下一点什么，有千百名读者关注着我采编的文章，一个封面人物专访，一个灯下随笔，也是我主打的品牌栏目。这近10年里，区工商联也把我写的企业家人物专访以内部汇编的形式编辑出版了《我的中国梦》和《青浦企业家风采录》两本书。随着时间流逝，白纸黑字将成为历史，这就是我最大的愿望。

难得当一回舞台总监

包明廉

在40年的职业生涯中，我基本上一直从事新闻采编工作。其间，由于政治运动原因，我当过9个月的郊区农村四清工作队员，当过3年多新闻出版五七干校种菜农民。到20世纪90年代，我居然有机会当了两个月的一台重要颁奖晚会的舞台总监。这三项非新闻业务的职业担当，最令人难忘的，是那次仅两个月的舞台总监一职。

临时改行当舞台监督

大家知道，中国电影界的评奖大大小小有几十项之多，但基本上是颁给创作人员的。让中国电影飞入千千万万寻常人家生活的电影发行放映工作，却长期受到不应有的忽视，从业人员没有国家级奖项。其实，新中国成立后，正是数十万放映大军长年累月的辛勤劳作，才使电影获得了每年数以百亿计人次以上，堪称世界之最的观众量。中国电影事业的成长壮大，这个群体功不可没。

1990年7月，中国电影发行放映总公司和《文汇报》《文汇电影时报》联合发起全国首届“金翼奖”双十佳全国影院经理和农村放映员评奖活动，并宣布隆重的颁奖典礼定于同年9月1日在新落成的上海商城剧院举行。消息一出，电影圈内欢呼雀跃，上至国家主管电影的领导，下到全国16家电影制片厂的厂长，无数的电影艺术家和从业人员无不表示赞成和支持。人们说，中国的电影事业，创作和发行放映，犹如一鸟之双翼，缺一不可。只有双翅同展，才能行稳致远。许多知名艺术家纷纷表示要专程来沪，为放映战线的无名英雄授予和影界最高奖“金鸡奖”“百花奖”一样分量的“金翼奖”。

为了这项重要活动能顺利进行，报社的几位主要领导非常重视，经过几次开会研究，报社内部有关部门作了分工。领导决定让我暂时放一下采访工作，利用我多年采访文艺界、影视圈的有利条件，抓住两个月筹备时间，担纲一回颁奖晚会的舞台总监。

舞台总监，是一项什么样的工作呢？虽说平时看戏不少，说明书上常常印有这几个字，但真做起来，我觉得很茫然。至于这项工作的经费开支呢？当时中国电影发行放映总公司的负责人胡健，经主管部门许可特批了 10 万元。这笔费用主要用于支付剧场的租金和其他接待开销，至于晚会的演出经费，文汇报社的金字招牌即是我赖以依靠的最大无形资产，当然再加上我的努力和其他人脉资源了。

我领了任务后，当即去求教一位演员出身、后又活跃在舞台和影视圈的制作人。他听了来意，哈哈大笑：“包明廉，你这两个月不再是无冕之王了！从现在开始，你要放下身段，以诚恳的态度加耐心面对邀请对象，以你心换他心。总之，晚会演出的事，事无巨细，你即是一个不管部部长！”朋友一番话，如醍醐灌顶，给了我巨大震撼和压力，但我下定决心要去闯一闯这块陌生的领地。

陈道明：我难得当一次捧场人

一台晚会，主持人是至关重要的。我首要的任务是及早落实晚会的主持人选。

北京之行时，我心里有几个主持人选。先去拜访了一位正当红的知名演员。虽说彼此关系可以，但当我说明来意后，对方马上脸色骤变，迟迟不肯言语，一时场面十分尴尬。我暗暗着急，虽好言争取，但无奈因酬劳关系卡住了。那时，演艺圈的市场大幕已冉冉升起，对方的要求也是合理的，无可厚非。出师不利，我好生懊恼，但并没泄气，因为京城里大腕众多，不怕挑不着。其实我心仪的人是演员陈道明，由他出山当这台晚会的主持人，才是最理想的人选！不过他愿意吗？

陈道明当时因主演电视剧《围城》中另类的知识分子方鸿渐而备受好评。学者钱锺书，《围城》的作者，称赞他把这个人物演活了。更早之时，他主演的《末代皇帝》也是可圈可点。陈道明已成为国内影视圈的一流大腕！又听说他当时已接受了一部根据高阳小说改编的电视剧本，正积极酝酿拍摄，忙得分不开身。

采访影视的记者都知道，陈道明是娱乐圈里的一股难得的清流。他不爱出风头，不喜欢扎堆；陪伴家人，琴棋书画，构成了他恬静的业余生活。中央电视台春节文艺晚会曾两度相邀他担任春晚主持人，都遭到他婉拒。我和他交情不浅，这次的颁奖晚会相邀，不知他是否会给我面子？

我鼓足勇气向他说明来意，没承想，他一脸轻松，笑盈盈地说："这次我义不容辞，一定要来当颁奖晚会主持人！"真是踏破铁鞋无觅处，得来全不费功夫！我喜出望外，陈道明又继续说道："我们和放映战线的弟兄们，是唇齿相依的关系。没有他们年复一年默默地在放映机前替我们宣传，我们同样不为人知！我认为，他们的忠诚，是很少有人企及的！我难得做一回捧场人，哪有推却之理！"

陈道明啊陈道明，你真是一个明事理，讲艺德的好演员哪！我高兴地跳了起来，随即表示，这次主持是无报酬的。他摇摇头，"这不要紧，金翼奖意义重大，我一定去！"

接着我征求他意愿，希望和谁联合主持，他脱口而出："巩俐！"我提了其他几位知名女演员姓名，他拼命摇头，表示女主持非巩俐不可！

李媛媛：深明大义紧急救场

巩俐能来和陈道明搭档当主持，那是再好不过了，可我不存奢望。她主演电影《红高粱》之后，作为一颗国际影坛新星，片约档期排得满满，身价不菲，说实话，已请不动她了！再说，彼时她正在张艺谋执导的新片《大红灯笼高高挂》中担纲女主演，此片也准备参加国际著名电影节的。对她，我没把握，只得安慰陈道明，我要向报社领导汇报，想尽一切办法说服巩俐出山。

为了充分满足陈道明的合理要求，同时也让颁奖晚会增添又一重量级贵宾，报社领导可以说是为此也使出了浑身解数。

除了打感情牌，晓以大义外，我们特别请出了北京电影学院表演系著名教授、也是本届晚会特邀贵宾马精武老师。马精武是一位德艺双馨的好老师，他和夫人都是北京电影学院表演系的中坚骨干，培养了一大批优秀电影人才，在第五代电影人中口碑极好。他们夫妇一起出面帮我们做张艺谋、巩俐工作。一开始时间充裕，张、巩也给足马老师夫妇面子，说等到8月中旬看影片拍摄进度才能决定巩俐能否成行。

这件事当时对我真是一种折磨。到8月中旬后，时间越来越紧，这台晚会的演员和节目基本都有了眉目，唯独女主持人选悬在空中！坏消息终于传来，巩俐实在来不了了！那时张艺谋的摄制组已转场皖南徽州地区某乡间小镇，比不得如今畅通发达的交通，那时当地既无高速公路也无便捷的高铁动车，从拍摄地到上海，路上要走好几天！巩俐是该片女主角，天天有戏份，如她赴上海，摄制组要停工一周左右，经济损失谁来承担？对方既已摊牌，马老师表示，再强人所难也不好，要我们赶紧重新物色新女主持人选。

这个结果我其实是有心理准备的，只是时间紧迫，离颁奖晚会只剩一周时间了，选谁好呢？

我思索再三，考虑选李媛媛。一是我和她熟，交情不浅，请她救场，她会同意的。再是她主演的《上海的早晨》中的三姨太打动了观众的心，《围城》一剧中她也有不俗的表演，和陈道明合作很般配。她那时是上戏青年教师，我赶忙去李媛媛家，尽管她已出名，但当时主演的酬劳并不高，依然住在学校分配的一间狭小的屋子里。那台晚会她本要和严翔表演一段男女声二重唱《夫妻双双把家还》，听说要临时救场兼当女主持人，又是和陈道明联袂主持，她爽快地满口应允，让我大大舒了一口气。

和现在的影视圈许多演员天价的酬金、奢华的生活相比，那时的影视圈许多演员经济上并不宽裕。我顺便看了看她准备那天上台穿的衣裙，看了几件我都不满意。我说你上台当主持人，衣服无论款式、质地，都要靓丽可人！她面有难色，我赶紧说，还犹豫什么，赶快去买！一定要买件让你增光添彩的漂亮礼服！

这边摆平女主持人选，那头还未见分晓呢！对陈道明的脾性我还是比较了解的。他家祖籍浙江绍兴，爷爷那辈得社会风气之先，留学日本，回国后即在平津等地发展。父亲也是高级知识分子，家中只有他喜爱表演，考上中戏。祖孙三代百年来工作生活在平津，虽说家中保留了许多浙江老家的饮食和风俗习惯，但也长期沐浴着燕赵大地豪放慷慨的朝晖雨露。我曾对陈道明说过："你的仪表、外形、谈吐、为人，是南人北相互相结合的典范。"他颇以为此话中肯。当时陈道明已知晓报社领导和马精武老师诚恳相邀巩俐的经过及最终结果。我说："陈道明，现在我替你物色了一位女主持人李媛媛。她和巩俐都出身于山东，两人均很优秀，各有千秋。她可是北人南相互相结合的典范，你们联袂主持应该搭调，般配！"陈道明听了，爽朗地莞尔。此事就这么顺利地解决了。

胡慧中：顾全大局破涕为笑

这台重要的颁奖晚会，还有一位特殊的来宾将亮相，她就是台湾金马奖影后、第 25 届亚太电影奖影后、著名演员胡慧中。她是应"金翼奖"组委会邀请，特地从广西电影制片厂和香港合作的新片《奇情异恋》摄制组所在地乘飞机赶到上海的。当时她 1978 年主演的处女作《欢颜》正在大陆热播，所以颇有人气。更令她感到兴奋的是，她刚获中国大陆电影"百花奖"影后尊贵荣誉，这是改革开放大门打开后，海峡对岸电影界台湾籍演员第一次获此殊荣。

然而令人猝不及防的是，不早不晚，就在她和香港导演吕小龙、广西电影制片厂厂长高鸿鹄同机抵达上海虹桥机场的那天，广播和电视里同时播报了有关主管部门宣布取消胡慧中百花奖影后资格的重磅新闻。突然听到这一消息，胡慧中进了下榻的宾馆房间后立即把房门反锁，在里面嚎啕大哭。我和高厂长、吕导演等都对取消资格表示不解，并深切同情胡慧中，为之扼腕。我尤其焦急万分，此事影响极大，如处理不善，恐将带来严重不良后果。

30年后的今天，海峡两岸影视圈的交流，大陆创作人员得台湾金马奖，港台主创得大陆金鸡、百花奖，早已不是新闻了。可30年前，跨出这第一步还是步履艰难的。我向领导作了紧急汇报，决定还是要千方百计安抚胡慧中，让其冷静下来，一切按原定计划进行。吕小龙导演主动配合我，拿了把椅子坐在胡慧中的房门外，隔着门，一句一句耐心地疏导胡慧中的情绪。经过一个多小时坚持不懈的努力，房间里的哭声终于停了，再过了一会，胡慧中终于向我和吕小龙打开了房门。

房间的橱柜里，挂着她花了好几千港币，特地为本次晚会定制的粉红色曳地晚礼服。我真诚感谢她为晚会所付的满腔热忱和心血，告诉她，颁奖晚会是直播的，届时上海会通过卫星直播让海内外观众看到这台精彩而重要的晚会！请她抓紧时间休息，以饱满而优雅的姿态在晚会上和观众见面。我把这个情况也悄悄告知了上海电视台采访新闻的同行俞大明，请他帮忙在特写镜头上照顾一下胡慧中。一向乐于助人的大明兄心领神会地向我表示“有数”！

那天的颁奖晚会热烈精彩的程度也是空前的。尽管外面大雨滂沱，但剧场里座无虚席。最突出的一点是，舞台上的“红花”是那些原先默默无闻，从几十万电影发行和放映大军中千挑万拣，层层精心评选出来的20位全国优秀影院经理和全国放映战线的优秀个人！而为他们颁奖和热情献演一台精彩晚会的“绿叶”，则是平日里电影圈德高望重的电影艺术家和领导。电影局领导包同之，著名导演谢晋，著名艺术家白杨、张瑞芳、孙道临等，纷纷上台发表了热情洋溢的讲话并为他们颁奖；胡慧中作为港澳台影视界的代表也作了一番发自肺腑的感谢词。陈道明和李媛媛珠联璧合的主持，让晚会高潮迭起，欢呼声不断……

时间如白驹过隙！1990年9月1日上海商城剧场夜晚，那台欢快热烈隆重圆满的“金翼奖”颁奖晚会的情景，至今仿佛还在眼前，让我久久难以忘怀。

我写电影《今天我休息》马天民原型马人俊

吉建富

2017 年盛夏，上海老新闻工作者协会准备出一本上海劳动模范口述史，我被邀请参加座谈会，30 多位与会者就是未来的作者，当场确定被写作的对象，我“认领”了马人俊，因为我看到一句提示：“马人俊为 1959 年鲁韧导演的电影《今天我休息》中民警马天民的原型。”就是这句话，我决定要去采写生活中的“马天民”。

翌日，我如约前往马人俊家，这是一处闹中取静的新式里弄，马师傅早在小区门口等着了。拐了两个弯，进入马师傅位于底楼的住宅，他的妻子说：“伊已经到弄堂口去过几趟了，怕侬寻进来麻烦。”

我心头一热。没过多的寒暄，我们直奔主题。马人俊指着茶几上一叠报纸杂志说：“吉记者，侬先看看登过我文章的材料。”马人俊所说的“材料”，或剪报原件，或复印件，或整本杂志。我迅速浏览了一遍，主要内容：1950 年 10 月，为充实上海公安队伍，市军管会决定从中学挑选一批优秀青年加入警察队伍，还在七宝中学读书的马人俊看到通知报名进了公安学校，有幸成为新中国培养的第一批人民警察。1952 年毕业的马人俊当上了户籍警，曾抓获 80 多名不法分子，其中 10 多名还是负有血债的反革命分子；侦破了偷盗 600 两黄金大案。1955 年被授予上海市治安劳模（上海 1 号劳模奖章获得者）、1956 年被公安部授予全国一级英模称号，是一个多次受到毛泽东主席和周恩来总理接见的全国英模、模范户籍警。

我抄录了一段文字：在 1956 年召开的“全国人民警察、治安保卫功模”大会上，时任公安部部长罗瑞卿在大会讲话中说道，上海的模范民警马人俊同志几年来工作很有成绩，他难道有三头六臂吗？不是的，他也是一个普通人，因为他能够关心群众疾苦，得到群众的支持，群众向他提供了400多条线索……我们人民警察要想不脱离群众，不被群众所讨厌，要想受到群众喜爱，那就请你学习马人俊。

我要写马人俊，都是往事行吗？肯定不行。我在众多的“材料”上发现好几篇通讯中有“他侦破了偷盗六百两黄金大案”，奇怪的是，也就是引号里的这一句，并没下文，究竟是如何侦破的，一字未提。于是我追根刨底，要搞清楚“侦破过程”。马师傅被我“缠”得没办法，讲了那段往事，也讲了他原先的顾虑，自认为不是他一人的功劳，还有派出所领导，所以从未展开讲过。但我觉得是马师傅太谦虚了，经我做了思想工作，马师傅才说：“麻烦吉记者自己把握。”在2018年4月，由上海人民出版社出版的《时代领跑者——上海劳动模范口述史》一书中，我写的《老马识途永向前》一文中，小标题为“首次用文字记录的六百两黄金案”讲述了这个曲折精彩的故事。

我翻阅公安部出的刊物，看到一张马人俊1996年退休后重回1952年他当户籍警的那家派出所的照片，未等我发问马人俊便说开了。当时他很反感群众称他“警察先生”。他说，这是旧社会对警察的称呼，现在是新社会了，他希望群众叫他“小马同志”。他把自己的想法告诉了所长，那位从解放区来的所长直言不讳：“小马，你要把自己的心交给老百姓，就能换来老百姓的心，你要用行动告诉他们，新中国的警察是为人民办事的。”

当年马人俊管辖的户口段有410户人家5000多人，家里都没有自来水，用水需到公共给水站。他当众宣布，孕妇、独居老人家的水由他挑。谈家湾全是烂泥路，晴天进去都要穿套鞋，雨天套鞋也不管用，因为没有下水道，污水横流，成了苍蝇蚊子的孳生地。马人俊就从“铺路”下手，借来板车，利用休息天从一家工厂拉煤渣铺在烂泥路上，再挖明沟，把烂泥路变成了“干爽路”。群众称赞说，这个警察是好人，跟以前的警察不一样。当然还有诸如此类的“为人民办事”，当他听到群众称呼他“小马同志”时，欣喜无比。说起40多年后他又回到自己当年“起步”的地方，他感慨万千，什么“烂泥路、给水站、滚地龙”早已绝迹，全被高楼大厦、宽敞马路所替代。

我一边听着马人俊的讲述，一边寻找那叠“资料”中没有的话题。他的老伴坐在方凳上看着我们，当遇到“冷场”时，老伴就会“补充发言”，且都是马人俊“遗漏”的。我注意到墙角小桌上一个镜框中马人俊和妻子年轻时身着白色民警制服的照片，原来他妻子也是人民警察。

我找到了新的话题。马人俊说，1955年2月，他被共青团中央组织评选为“全国第一届青年社会主义建设积极分子”。同年8月的一天，他上午出席“上海市青年社会主义建设积极分子”大会，领奖时身边是18岁的姑娘叫张盼兮，是富民路派出所民警。下午继续开会讨论，他们又分在一个小组。20岁的马人俊觉得这是缘分，他们在交谈中，彼此知道了他俩有着同样苦难的童年，有着相同的事业，会后又互留地址……1957年，他们喜结良缘。

1955年9月，马人俊去北京出席全国治安保卫功模大会，时任公安部部长罗瑞卿向周恩来总理介绍马人俊的情况，并让他向周恩来总理敬酒。周恩来总理对他说，当一次两次英模不是最难，要一辈子当一个人民喜欢的好警察就不容易了。晚上，马人俊及代表们和中央领导一起在中南海怀仁堂观看评剧《春香传》，毛泽东主席坐在第5排，罗瑞卿部长特意将坐在25排的马人俊换到第6排，并向毛泽东主席介绍他，毛泽东主席转过身来与他握手。那年马人俊刚满20岁。

1959年底，上海海燕电影制片厂以马人俊为原型，拍摄了电影《今天我休息》。马人俊说，为表达“天天为人民服务”的意思，影片的主人公就取名为“马天民”。影片公映后可谓红遍全国，“马天民”成了家喻户晓的中国模范民警的代名词。

马人俊正说到兴头上，不经意地发出一声叹息。他话锋一转，说他在“文革”中被打成“假劳模、黑标兵、反革命分子”，被关进“牛棚”，批斗、游街后又被送进看守所。他爱人还在当警察，有人要她与马人俊划清界限，他爱人却写信要他自信坚强，要相信党，总有一天事情会真相大白。不久，马人俊爱人也被迫离开了民警岗位。粉碎“四人帮”后马人俊得到平反，他称自己虽然离开了公安队伍，在1996年退休，但“马天民”的精神不会退休，共产党员的责任和义务永远不会退休！

“马天民”是电影《今天我休息》中塑造的好民警艺术形象，马人俊就是生活中真正的“马天民”。他在退休后20多年中又有更多的故事，都被我写进了那篇《老马识途永向前》中。2021年3月初，上海媒体刊发“新时代的马天民”评选揭晓，我再次看到马人俊作为评委在台上为“马天民”发奖。由此证明，自从1959年电影《今天我休息》塑造的“天天为人民服务”的马天民，60多年后依然活跃在各条战线，马人俊功不可没。

采访邹玉琪将军前后

朱亚夫

曾几何时，社会上有人认为上海人“娘娘腔”、上海兵“欠血性”，没有“阳刚之气”。2013年，为纪念建军85周年，上海有关部门发起“人民军队中的上海兵”征文活动，我采写的《我所经历的三次全军大练兵》，以上海老兵、北京军区原副司令员邹玉琪中将“热血男儿奉献祖国”的生动事迹，给了这种论调有力回击。由此，这篇征文荣获“人民军队中的上海兵”征文活动一等奖。

我在20世纪60年代投笔从戎，在福建莆田28军82师当侦察计算兵。复员后，难忘军旅之情，曾任反映转业军人离退休生活杂志《军休天地》主编。2013年8月1日是中国人民解放军建军86周年纪念日，为纪念这一盛大节日，上海市地方志办公室、上海警备区政治部等单位联合举办“人民军队中的上海兵”征文活动，以展示上海兵献身国防、建功立业的军人风采。据有关资料，新中国成立后，从上海入伍的上海兵有60多万人，涌现了上万名英雄模范，诞生了63名将军。我作为曾经的上海兵，理当积极响应。因此，我前后写了《难忘参军那一天》等3篇文章应征。并应时任上海市地方志办公室主任刘建所约，采访了北京军区原副司令员邹玉琪中将。他告诉我：“邹将军是上海兵，是你从军的28军老首长，采访起来亲切些，有共同语言。”

从邹将军的简历中，知道他虽然祖籍常州，可出生于上海。在新中国成立的礼炮声中，参加了中国人民解放军，随即辞别父老乡亲，南下来到当时被人们称为“福建前线”的莆田地区。长期在艰难危险的福建前线坚守海防，搞战备训练，脚踏实地从基层一步步干起，历任副排长、副连长，陆军第28军司令部作战训练处参谋、处长、师参谋长、军参谋长。其间曾入中国人民解放军军事学院进修，1981年以全优的成绩毕业。1985年6月调任北京军区参谋长，后升任北京军区副司令员。1990年晋升为中将军衔。20世纪80年代曾多次参与组织我军大型现代化诸军兵种联合军事演习，立功受奖多次。邹将军的从军生涯，是新中国成立以来，我军加强革命化、现代化、正规化强军之路的一个缩影。

这次邹将军回沪探亲，刘建主任设便宴招待，我们的采访就是在边聊边吃中进行的。为获得尽可能多的素材，我早就准备了采访提纲，也忘了吃饭，也不顾饭桌上另有多名团级干部作陪，我接连提问，快速记录，从首长的军事生涯，一直谈到邹将军的家庭生活，得到了许多第一手的材料。

邹将军身为北京军区原副司令员，中将军衔，是我军高级将领，出行有秘书，却没有丝毫架子，为了卫国戍边，他甘愿夫妻做“牛郎织女”30年。他身板挺拔，话语铿锵有力，虽年近八旬，依然不失军人风采。我回来后，即抓紧整理笔记，又打了几次长途电话，补充采访了一些情况，并向邹将军索要了照片。后根据采访笔记，写就了两篇文章：5000字的《我所经历的三次全军性的大练兵》和1500字的反映其家庭生活的《牛郎织女三十年》。文章写好后，我曾邮寄北京军区，邹将军对文章进行了认真的修改，比如我原拟的标题是《我所经历的三次全军大比武》，将军改为《我经历的三次全军性的大练兵》，改后更准确了，视野高了许多。

两篇文章在当年建军节前后，以当事人口述、记者整理的形式，先后在《上海滩》杂志、《新民晚报》刊出。邹将军从北京给我发来短信说：“亚夫同志，谢谢您付出的辛勤劳动！我很不安，应该署名您这位大记者才是。”我看了后很感动，当然不是因为首长称我为“大记者”，而是他对我劳动的肯定。我一生采访过市委书记、学者、明星、劳模等，发表后对我说谢谢的不少，但称“不安”的，唯邹将军也！当即回他短信：“邹将军，您太客气了！您是我们上海兵的骄傲，我要好好向您学习！”

这是我的真心话。我记得很清楚，邹将军在3次全军性的大练兵中，组织千军万马排兵布阵，既展示了我国强军强兵的气壮山河之路，也尽显上海男儿的铁血之情。比如1981年“华北大比武”是中央军委决策的战备行动，邓小平等党和国家领导人都亲临观摩和检阅。当时华北大地，金戈铁马，炮火连天，刀光剑影，喊声震天。正当“战斗”进行到关键阶段时，从上海传来了他母亲病逝的噩耗。作为人子，母亲病重期间，全仗妻子照料，他没有侍奉在侧，现在去世了，理应千里奔丧回家；但是身为革命军人，现在又身处“导演部”指挥岗位，岂能火线下阵？那天晚上，皓月当空，清辉泻地，他默默地站在旷野中，遥望南方，不禁泪流满面，心中暗暗说：“自古道忠孝不能两全。母亲，请原谅我这不孝的儿子……”

1991年，解放军向党的第三代中央领导集体作一次军事训练成果汇报表演。那天，党和国家领导人登上位于燕山脚下主演兵场的参观台，视察汇报演习。参观台还有军队、地方党政领导约1万人。当时邹将军作为北京军区副司令员，担任军事训练成果大汇报的副总指挥。谁知由于劳累过度，他老伤复发，病倒了，在这关键时刻，怎能躺在病房？青山不倒，军魂犹在，他终于说服了医生，躺在越野车上，现场进行指挥，直到演习结束。为此，他因公致残。

这些事例，雄辩地说明上海兵决不是娇生惯养的少爷兵，而是能征善战的人民子弟兵，是共和国的坚强卫士！真像上海市地方志办公室刘建主任所说，这是共和国老兵对军旅生涯的深情追忆，是热血男儿奉献给祖国母亲和家乡父老的赤子情怀，是经历了军旅文化洗礼的上海兵为上海城市精神注入的一股阳刚之气。

以后，我执笔整理的《我所经历的三次全军性的大练兵》一文，在几百篇的来稿中，荣获征文一等奖。我还随主办单位的几位领导，一起走进电台著名主持人蔚兰的《蔚兰晨曲》，讲解征文的幕后故事。前不久，我举办“紫来斋书房文化展”，把留有邹将军亲笔字迹的修改稿、从北京军区发来的信函以及邹将军赠我的墨宝“中华崛起伟大复兴”等，一并展出，吸引了不少人驻足观看，新华社记者还拍了视频播出。

《朝花》副刊获中央领导批示

任持平

本人数十年的报坛生涯中，经历了众多的人与事，印象最深的莫过于 2000 年春天，中央领导给《解放日报》的副刊《朝花》作出批示这件事了。

2000 年 3 月，我们策划了《朝花》第 5000 期宣传方案，重点侧重于“回顾与展望，报纸副刊的传承与发扬光大”，得到报社多位老总的认可与支持。领导要求“不能作为一般的节庆应景工作，而应该抓住这一历史机遇，精心策划、精心编辑”。我们马上着手落实选题、联络作家（作者）、组织稿件、精心编排。在最短的时间里，于 2000 年 3 月 22 日和 25 日先后推出第 5000 期和第 5001 期两个版面。在第 5000 期上，柯灵亲笔书写，发来了意味深长的祝辞：“闻道天上仙桃，三千年一开花，五千年一结子。何如人间嘉木，朝朝带露开花，岁岁年年不谢。”华君武送来了祝贺漫画，袁鹰、李国文、周而复、徐中玉、施蛰存、刘心武等都写来了文采斐然、言之有物的祝贺文章。第 5001 期有《解放日报》3 位老总编，王维的《回顾》，陈念云、丁锡满的《五千高寿祝〈朝花〉》和《朝花》创刊时的文艺部负责人黎家健的文章。当时在报社内部和社会上，尤其是作家群中产生积极的反应和很大的影响。

没有料到的是，2000 年 3 月 31 日，中宣部阅评小组为此专门发了《新闻阅评》（第 199 期），题为：《朝花》副刊出到 5000 期坚持高品位，给予《朝花》很高的评价。4 天后，即 4 月 5 日，时任中央政治局委员、中宣部部长丁关根批示：“请上海市委宣传部总结《朝花》经验。”4 月 7 日，时任中央政治局委员、上海市委书记黄菊批阅给时任市委副书记龚学平。龚学平批示：“请宣传部认真总结经验，大力推广，形成好的办报方向。”时任市委宣传部副部长王仲伟也作了批示。在这么短的时间里，多位领导相继作了批示，这在《解放日报》历史上还是第一次。

之后，上海市委宣传部就此组织宣传系统，在汉口路300号解放日报大礼堂专门召开会议，上海主要新闻单位和市记协的相关领导和编辑都参加了。会议由即将调任中国作协党组书记、时任市委常委、市委宣传部部长金炳华代表市委作了讲话和指示。王仲伟代表市委宣传部向我们颁发了奖牌：“解放日报《朝花》副刊创办5000期，坚持党的文艺方针，坚持高品位，高质量，受到社会的广泛好评，特予以表彰。中共上海市委宣传部。”《朝花》副刊率先被评为报纸名栏目。

2010年11月，中国人民解放军原总政治部主任于永波给《解放日报》发来热情洋溢的信，来信中讲道：“读你们的报纸，我感受最深的是，作为中共上海市委机关报，《解放日报》的政治敏感性很强，注重全面、及时、准确报道全国和上海的政治、经济、社会、文化新闻和国际新闻，特别是当党和政府重大方针、政策出台，都及时进行深度报道，刊发有影响力的新闻分析和新闻评论，有的还经常被国际国内各大媒体转载。你们的专刊、副刊也很有特色，像《新论》《读者心声》《健康周刊》《住宅消费》《解放周末》等，服务性、知识性和趣味性都很强。尤其是你们的《朝花》副刊我最爱看，有些文章读后很受教益和启迪，不仅我反复阅读，还批给我身边工作人员认真学习。总之，读你们的报纸，既丰富了知识、开阔了视野，也为我的退休生活增添了很多乐趣，我谢谢你们！祝《解放日报》越办越好！”

要办好报纸副刊，必须要有崇高的使命感与责任感。副刊不副，要用办正刊的力量来办副刊。副刊要与市委机关报整体融为一体，要做到贴近生活、贴近群众、贴近实际。任何时候副刊都不能游离于党的中心任务之外，脱离生活、脱离群众、脱离实际地去媚俗，去搞风花雪月、无病呻吟、小情小趣的东西。

要办好报纸副刊，必须正确把握副刊的特性。副刊的特性包含两方面：一是其新闻性，二是其文学性。报纸副刊不同于杂志，报纸的新闻性要求对于副刊同样有约束力。从这个意义上来说，党报应该有的功能，副刊也应该具备。但与此同时，副刊还有着自己不可替代的独特功能，那就是它的文学性。情操的陶冶，情趣的涵养，健康的消遣，知识的助益，所有这些副刊题中应有之义，都不能靠空洞的说教，只能是春风拂面，夏雨滋物，靠润物细无声的审美愉悦特性来影响和引导读者。这种影响与引导，往往更深入持久，也更为有效。我们很多人，都有这样的人生经验：年轻时，常常因为爱读副刊，才爱上读报纸的。副刊上的一些好文章，甚至参与到我们的生命历程之中。

早年，在延安《解放日报》时期，毛泽东主席就直接对办副刊的舒群说："要找个懂文艺，又懂社会科学、自然科学，又熟悉编辑工作的办副刊。"又鼓励舒群："工作嘛，可以在实际工作中学，努力做到点面结合。你是搞文学的，编文艺栏，文学是点，文艺是面。你现在编综合副刊，文艺就是点，社会科学就是面了，由点到面地学。反过来也可以促进点的深化……由点到面，你就能够胜任这项工作。"毛泽东主席亲自拟定《解放日报》第4版征稿办法："办好党报，党内同志人人有责，责无旁贷。我想诸位专家、学者必然乐于为第四版负责……当仁不让、有求必应、全力以赴、取之不尽、用之不竭……"（陈家鹦、周立军：《中华魂》2005年第4期）这就是毛泽东主席对编辑人员的要求，也为我们今天办好副刊指出了明确的方向。

《朝花》办得好、办出成绩，主要是历任总编辑重视，都给予支持帮助和具体的指导，对副刊倾注了很多心血，从来没有把副刊作为一种可有可无的点缀。因为老总们和编辑共同认识到，副刊与正刊同样负有使命，只是表现形式的不同，政治方向是一致的。

副刊与新闻同步，新闻副刊与其他文学刊物不同，就是突出其新闻性。这是我们办好《朝花》的具体要求。这就要求我们编辑要有敏锐的判断力，那些缺乏思想深度的判断，必将会导致艺术表现上的平庸，然而编辑是否尽心尽职，必将反映出产品（出版物）的优劣。文化产品与文学形式表达一种人文精神、一种文化立场，无论作家或编辑必须兼有美学的评判尺度与道德的评价标准。"以优秀的作品鼓舞人”，这是我们对自身的要求，希冀《朝花》能将社会引向崇高，将人们引向更高的文明境界。

搞好报纸副刊，要有大的投入。首先在人才上，要鼓励和吸引一大批优秀人才到副刊当编辑。有什么样的编辑，就有什么样的副刊。同时要花大力气团结一大批知名作家学者为副刊撰稿，副刊是由高质量的作者和文章支撑的。如果没有鲁迅，《申报·自由谈》就不会这么出名；如果没有邓拓、吴晗、廖沫沙，《三家村夜话》也不会这么吸引人。进入新时期，为读者所喜闻乐见、成为阅读亮点的品牌副刊越来越多，它们像群星闪烁在天空，充实着我们的精神生活。正是由于这些有着崇高使命感和责任感的副刊的存在，我们的报纸在传递党的声音、新闻资讯、服务信息的同时，担负起了文化的建设和传承的重任。

《朝花》的编辑与作者（作家）是同道，更是朋友。在《朝花》的周围，有一批热心的作家（作者），他们中有著名作家，也有文学新人。几十年来，几乎国内所有著名作家、艺术家都在《朝花》上发表过文章，给予极大的支持，也是办好《朝花》副刊的力量和信心所在。

今天翻阅报纸，看到文章背后记者编辑的付出，一代新人在成长，不忘初心，继承与发扬《解放日报》的优良传统，把报纸办得更好，更符合时代的需求。

两篇从广播中获得线索的报道

江世亮

在新闻人越来越依赖网络获取各种新闻信息资源的当下，我回想起自己在2006年11月采写的通讯《信任是最强的凝聚剂——杨福家教授以亲身经历谈国家领导人对知识分子的信任》，刊登在《文汇报》2006年11月28日，与1997年10月采写的通讯《知识经济意味着什么——杨福家院士谈全球热门话题》，刊登在《文汇报》1997年10月3日。巧的是，这两篇见报稿的新闻来源都是广播，并且都与杨福家教授有关，见报后都受到一定的好评。

电台报道触发的采访冲动

我有听广播的习惯，虽然不是天天听，但时常会打开收音机听听新闻和评弹等曲目。2006年11月21日，中央人民广播电台报道了温家宝总理主持召开教育工作座谈会的消息。电台还配发了一段温家宝总理听取专家对教育工作意见的座谈会侧记。这段从座谈会现场采制的录音稿里有这样一段话：

"温家宝回忆起开会前曾征求过杨福家教授的意见，他说：'我当时给杨福家写了一封信，我说你什么时候到北京来的时候给我打个电话，我约你到办公室谈一谈。他很快就给我回了一封信，接到我的信他感到很惊奇。结果来了，我就把他约到中南海，我们两个谈心，谈了好长时间……'温家宝说：'杨福家教授后来回了一封信，他说作为知识分子不求什么，就求领导的一个信任。我呢，就跟大家讲，我信任大家。'"

这段录音稿文字不长，但国家领导人对教育工作的重视，对教育家的尊重和信任跃然纸上。这些也触发了笔者采访当事人杨福家教授的冲动。

采访到杨福家先生已是几天以后的事。杨福家告诉笔者，这次和温家宝总理的直接交往由温家宝总理给杨福家的一封信而引出。由来是 2006 年初在瑞士达沃斯召开的世界经济论坛，世界经济论坛会刊编委会邀请杨先生写一篇文章。这篇文章写作时（2005 年 12 月 6 日），正值温家宝总理在法国访问，他在法国讲了一段话，内容大意是，商业上的交易是为了现在，而文化、教育上的交流是为了将来；学生之间交流的意义远远超过购买 150 架空客飞机。杨先生在他的文章中引了这段话。后来世界经济论坛会刊收到这篇文章，看到这两句话以后就配了温家宝总理在演讲时的一幅彩照。杂志正式出版后，编辑部给杨先生寄了两本，其中一本，希望他转给温家宝总理。这样杨先生就给温家宝总理转寄了这份会刊，同时附了他新近出版的一本书《中国当代教育家文存·杨福家卷》。

这以后温家宝总理就给杨福家写了一封信。说那本书已看完，要向杨福家请教教育问题。希望杨福家到北京去的时候能够当面谈一谈。杨福家说他看到这封信就给温家宝总理回了一封信，说正好 6 月初要到北京开院士大会，这段时间他会在北京的。杨先生说，6 月 5 日上午开院士大会，由于在人民大会堂开会，手机不好带，中午回到宾馆一看，有 5 个未接电话。从这个号码杨先生晓得是国务院打来的，但是他没办法回这个电话。结果两点钟又来了一个电话，希望他能够到温家宝总理办公室去。

杨先生说，他到了温家宝总理办公室大概是下午 3 点左右。温家宝总理从办公室里面走出来。他说：“福家，你来了。星期天我刚从内蒙古回来，今天上午我参加你们院士会。今天下午的时间都是给你的。”杨先生说，温家宝总理开始说了他的一家都是搞教育的，使人深切体会到他对教育的极大热情。他很希望与我讨论些教育的问题，谈了很长时间。谈完了以后，我们在楼上，就是中南海的两层楼的房子，他说要送我下来，我说不要送，他说：“我也正好散散步。”等于就送我下来。

国家领导人尊重知识分子的佳话

后来，温家宝总理要找一些教育界人士座谈，他要杨福家推荐一些人。大约一周后杨福家给温家宝总理写了一封信，根据要求提供了一些人的名字。7 月 18 日，国务院召开第一次教育工作座谈会。会前，温家宝总理秘书电话一直打到英国，希望杨先生能参加。由于当时杨先生要主持授予李政道博士诺丁汉大学名誉博士学位的仪式，所以赶不及参加这次座谈会（杨福家后来参加了 11 月 20 日温家宝总理主持的第 4 次教育工作座谈会）。后来杨福家看到会议记录上有这样的记录：温家宝总理对中国科大校长朱清时说，我过去不认识你，是杨福家校长与我交谈的时候推荐你的，他后来给我的信中也是第一个推荐了你。温家宝总理还对韦钰讲，杨福家说你既懂大学又懂中小学。

看到这些文字记录，杨福家说他强烈感受到一个知识分子被国家领导人信任的舒心。在参加 11 月 20 日召开的高等教育质量座谈会后，杨福家进一步感到，党中央、国务院对办一流教育的决心，以及由此而准备采取的一系列具体而有力的措施。

面对中央领导的信任和重托，杨福家说他深深感受到责任重大。杨福家说他期望能把中央领导对广大知识分子的关爱和信任传达到更多的人，从而化作更多人的行动：对教育要有使命感、有热情、有决心！

温家宝总理称赞《文汇报》报道

记得那次采访杨先生是在复旦大学现代物理研究所他的办公室，杨先生给我看了温家宝总理用毛笔写的信和信封，并一一道出以上故事。很快我根据杨先生所谈的内容撰写了这篇《信任是最强的凝聚剂——杨福家教授以亲身经历谈国家领导人对知识分子的信任》的通讯，刊登于 11 月 28 日《文汇报》第 5 版“新闻点击”栏目。11 月 30 日上午 10 时 45 分许，中央人民广播电台台长杨波致电《文汇报》党委书记吴谷平，转达温家宝总理对《文汇报》11 月 28 日一篇报道的好评。温家宝总理 29 日打电话给杨波，说他 28 日夜里阅读《文汇报》时，在第 5 版“新闻点击”看到《信任是最强的凝聚剂——杨福家教授以亲身经历谈国家领导人对知识分子的信任》，称赞这篇报道写得好。报纸记者从中央台新闻节目获取信息后再进行深入采访，也说明在目前电视媒体强势作用下，广播仍然具有很大的信息传播作用。这篇通讯 2007 年获得第十六届上海新闻奖二等奖。

知识经济报道也与广播有缘

另外一篇以访谈形式刊登的通讯稿《知识经济意味着什么——杨福家院士谈全球热门话题》的采写线索也是得诸广播。1997 年 9 月 28 日的早晨，我从上海人民广播电台 7 点档早新闻节目中听到记者采发的市高教局召开大学校长座谈会的消息，报道挑的几位校长的发言观点中有复旦大学杨福家校长谈他年初在美国参加克林顿总统的一个早餐会上得到的信息，经济发展与合作组织（OECD）在其最新的报告中提到了知识经济的新概念，即相较于石油、钢铁等有形资源，利用知识、信息、智力等无形资源开发的知识产品所载有的知识财富，将大大超过传统资源技术创造的物质财富，人类社会正从劳力资源、自然资源经济时代向智力资源经济为特征的知识经济时代转变。杨校长建议国内高校和经济部门关注知识经济这一发展动向。

我当时听到后也是非常振奋。认为这个第一次听到的知识经济的概念和意义很值得向更多人做介绍。在汇报给部主任姚诗煌这个选题时，姚老师很支持。于是就联系杨校长采访。当时没有杨校长的直接联系方式，就通过复旦大学的总机转到校办，对方问清我的意思后说让我传真一个采访提纲，他们尽快汇报领导给我答复。很快得到回复，约我第二天上午 9 时去杨校长办公室面谈。这样就有了我和杨校长的第一次采访机会。9 月 29 日上午，杨校长和我谈了约 2 个小时，我主要靠笔记，录音作为备份。中午赶回报社就整理，第二天整理出 4000 多字的访谈稿，在（以传真形式）发给复旦院办转杨校长审稿的同时，就进入报社的审稿程序。记得姚诗煌主任看到稿子初稿后也很兴奋，报告给分管的茅廉涛副总编辑。经两位领导的精心修饰审定，赶在节前将此稿发排，安排在10月3日的《文汇报》科技文摘专版刊出。

报道受到徐匡迪市长推荐

10月3日，此篇访谈报道见报。在第二天的全市党员领导干部会上，时任上海市市长徐匡迪拿着这份报纸，说昨天《文汇报》上刊登一篇介绍知识经济的文章，这是一个非常值得关注的新动向，建议大家去看一下。此文后被转发无数，具体数量难以统计。这篇报道带来的一个直接效应就是知识经济一词成为热门话题，在此后几年时间里都经常被人提起，成为各家出版社、研讨讲座活动的热门选题、话题，成为从专家学者、党政领导到媒体、坊间争相谈论的话题。杨福家后来对我说起，知识经济这篇报道是与他有关的文章中被媒体转载最多的一篇。

平心而论，《文汇报》其实不是国内第一个介绍知识经济的媒体，人们之所以把知识经济概念的提出、走红，成为较长一段时间的热门话题与《文汇报》联系起来，得益于《文汇报》的影响力，还有很重要的就是这篇报道找到了杨福家院士这样的权威专家，能把知识经济概念诠释得更到位，更权威。

当然有点巧合的是这两篇报道的线索都得之于广播。如果说有点什么启发的话，或许就是一个媒体人无论何时何地都要葆有一份对新闻、对各种新闻线索的敏感，来源可以是各个方面、各种媒介的。在资讯更发达的当下，其实不愁没有新闻线索，关键还是要有一份对新闻事业的热爱。

第一个在上海踢足球的外国总统

许兴汉

我于 1996 年至 1998 年在上海东方广播电台担任过 3 年外事记者，这 3 年中我参加了许多外事活动的采访报道工作，从中亲眼见到或听到一些外国元首、领导人及友好人士，对我们伟大祖国这些年来发生的巨大变迁和快速发展发出的由衷赞叹和钦佩之情！而在这些充满友好气氛的外事活动中，常常会出现一些动人而有趣的故事。

1997 年 11 月 16 日，当时的波兰总统亚历山大·克瓦希涅夫斯基应邀来中国访问。访问期间，克瓦希涅夫斯基总统向我们外事部门提出了一个要求，就是希望在上海访问时，能亲眼见识一下刚刚建成的上海体育场，一睹这个能容纳 8 万人大型体育场馆的真容，同时还借此机会，去拜会一下此时正在场馆内进行秋季集训的上海申花足球队。

一个外国总统，为什么会对上海的一支城市足球队情有独钟呢？原来克瓦希涅夫斯基总统早年曾担任过波兰青年和体育部部长，和那时的波兰国家足球队总教练安杰依交情不错，而此时这位安杰依教练正履职于上海申花足球队，担任球队的外籍教练。克瓦希涅夫斯基总统这次来上海访问，顺便看望一下当年的老朋友，也是他此次访问上海的一个个人心愿。我们这帮外事记者一听有这样的逸闻，自然不愿放过这个颇有“新闻性”的采访机会，中午过后，大家便都早早地赶到了上海体育场。

克瓦希涅夫斯基总统的专机于上午 11 时 10 分从北京飞抵上海虹桥国际机场，下午两点 10 分，他已在时任中国化工部部长顾秀莲和上海市副市长赵启正的陪同下，来到了新建的上海体育场。时年44岁的克瓦希涅夫斯基总统出现在大家眼前时，一身深色的西服，系着浅色的领带，人不算是很高大，但却显得很精神。克瓦希涅夫斯基总统先是详细询问了体育场的建设过程，还主动快步走到主席台的包厢里坐了坐，看看座位舒服不舒服。他以担任过波兰体育部部长的行家口吻称赞说，这样一个大型的体育场馆，举行多项的国际体育赛事都没问题！参观结束后，克瓦希涅夫斯基总统就在中方人员的陪同下，直奔上海申花队的训练场地。

在训练场上，克瓦希涅夫斯基总统受到了上海申花队全体将士的列队热烈欢迎。“他乡遇故知”，教练安杰依更是按捺不住内心的高兴，忙不迭地向总统一一介绍他的“爱将”们。申花队球员把一件申花队的球衣和一个签有申花队全体队员名字的足球赠送给总统，克瓦希涅夫斯基总统也随即把一个刻有他的签名，专程从波兰带来的水晶玻璃足球回赠给队员们。随后，只见安杰依在总统耳边嘀咕了几句，克瓦希涅夫斯基总统顿时大笑起来，显然，还是老朋友了解他，此时此地，岂能不过一把“足球瘾”？

心动不如行动，只见克瓦希涅夫斯基总统快速脱下西装，拉开架势，就着场地和队员们踢起球来。几个回合中，看得出，总统的球技还是有点基本功的，接球传球，运球过人，都像模像样，颇具章法。最后，安杰依让总统以主罚点球的形式，对着球门起脚劲射，只见“乓！乓！乓！”三球过后，成绩不错，进了两球！引起了在场人员的一片掌声和欢呼声。

当晚，赵启正副市长代表徐匡迪市长在会见克瓦希涅夫斯基总统时，称赞了他的球技和对中国人民的友好感情。赵启正高兴地对总统说：“您可是第一个在上海踢足球的总统啊！”

难忘吹响浦东开发开放号角的日子

孙中连

20 世纪八九十年代，是上海改革发展风起云涌、激情燃烧的年代。那时我在《文汇报》经济部担任负责工业、交通和基建方面报道的副主任，亲身经历了许多重大事件，采访了不少新闻人物。其中印象最为深刻的是 1990 年春，时任国务院总理李鹏来上海考察工作并代表党中央、国务院宣布浦东开发开放决定的那几天的采访。

我是提前两天接到采访任务的。那天下午，接到时任《文汇报》副总编辑敬元勋的电话，让我马上去他办公室。敬总向我交代采访任务说，过两天，李鹏总理要和国务院 40 多位部委领导到上海来考察工作，参加几个重要活动，并正式宣布国家关于开发开放浦东的决定，上海市委宣传部指定《解放日报》和《文汇报》各派一位部主任采写报道，我们报社决定由你担当这次采访任务。

开发开放浦东是我们上海盼望已久的大事。早在汪道涵担任上海市长期间，我就参加过几次市有关部门组织的“上海发展战略研讨会”。那时，上海面临诸多发展难题：财政包袱沉重，产业转型举步维艰，市政欠账甚多，交通、住房等矛盾十分突出。许多专家都在研讨会上提出建议：学习南方经济特区的经验，把开发开放浦东作为上海发展的突破口。

1990 年初，邓小平到上海过春节，时任上海市委书记、市长朱镕基向邓小平汇报了上海酝酿已久的开发开放浦东战略构想，邓小平十分赞同。回到北京后邓小平对中央几位主要领导人说，我已经退下来了，但还有一件事要说一下，那就是上海的浦东开发开放，你们要多关心。上海是我们一张王牌，把上海搞起来是一条捷径。在邓小平推动下，中央决定把浦东开发开放上升为国家战略，并由李鹏总理4月中旬到上海参加3个重大活动期间正式对外宣布。这3个重大活动分别是：上海石化总厂30万吨乙烯建成投产庆典、宝钢二期工程投产运行和上海大众汽车厂投产5周年庆典。中央和上海市委把开发开放浦东的决定与3个庆典活动放在一起对外公布，其实寓意十分深远。这3个工程都是上海坚持改革开放，引进消化国外先进技术，取得斐然成绩的项目，在国内外颇有影响。它告诉人们，上海要办的事一定能办成办好，国家交给上海开发开放浦东也一定能成功。

李鹏总理到上海后的第一个公开活动，是4月16日参加30万吨乙烯投产庆典。那天上午，我很早就驱车赶到东海之滨的上海石化总厂。庆典大会开始的时间快到了，我和《解放日报》的樊天益走进会场。记者席安排在前排过道位子。坐定不久，李鹏总理和国家部委领导在全场热烈掌声中随朱镕基市长走上主席台。主席台上摆着的长长的四五排座位全部坐满。李鹏总理坐在第一排中间，两旁分别是康世恩、彭冲、邹家华、谷牧等领导。庆典会由时任上海市副市长黄菊主持，在市经委副主任龚兆源汇报工程建设情况以后，李鹏总理在热烈掌声中发表讲话。这是我第一次见到李鹏总理。他以前在电视上给我的印象总是神情严肃，不苟言笑，而眼前的李鹏却是面带微笑，热情洋溢。他首先代表党中央、国务院向30万吨乙烯工程建设者表示祝贺，接着他手指会场一侧“坚持自力更生、坚持改革开放，建设现代化一流企业”的横幅标语说：“上海工人阶级有志气，我们看了深受鼓舞，希望大家今后在30万吨乙烯运行中加强管理，安全生产，为国家提供更多更好的石油化工产品。”他亲切而富有激情的言语，使会场气氛顿时活跃起来，不时爆发阵阵掌声。会议结束后，李鹏来到30万吨乙烯总控制室，亲自为项目投产剪彩。

领导的车队离开会场后，我和樊天益留在休息室赶写当天新闻稿。第二天，《解放日报》和《文汇报》都在头版以通栏标题、醒目字体刊发了庆典活动消息，并刊发国务院的贺电以及李鹏在庆典会上的讲话全文。

第二天下午，我和樊天益又赶往宝山，采访宝钢二期工程投产庆典。这天会场安排在宝钢体育馆。与会嘉宾先分批参观二期工程的冷轧、热轧和连铸生产线，李鹏总理来到连铸车间，亲自为二期工程投产剪彩，并在冷轧车间主控室按下发出轧钢指令的电钮。他在庆典会讲话中，高度评价宝钢取得的成绩。他说，二期工程的建成投产，不仅将增加我国急需的、短缺的优质钢材，而且使我国钢铁工业生产技术跃上了一个新的先进水平。第二天两报的第 1 版，和前一天同样的版面规格，刊登了宝钢二期工程建成投产庆典的新闻；全文发表李鹏总理的讲话以及国务院的贺电。

期待中的一天终于到来。4 月 18 日，是李鹏总理来上海后参加的第三个庆典活动，并正式宣布中央关于开发开放浦东的决定。

那天上海天气特别晴朗，春日融融，微风拂面。上海大众汽车厂将会场布置在厂区广场上，会场四周摆满盆花、气球和彩旗，一派节日喜庆景象。庆典会仍由黄菊副市长主持，国务委员邹家华代表国务院，朱镕基代表上海市委、市政府分别讲话，向上海大众汽车厂建厂 5 周年表示热烈祝贺。接着，在大家期待的目光中，李鹏总理以宏亮的声音宣布："最近中共中央、国务院同意，要加快上海浦东地区的开发开放，在浦东实行技术开发区和某些经济特区的政策。这是我们为深化改革、扩大开放作出的又一重大部署。"

这是一个具有历史意义的时刻，尽管我们事先都知道李鹏总理要在会上宣布开发开放浦东的重大决定，但当大家在现场亲耳听到李鹏宣布时，仍感到无比兴奋和激动。

4 月 18 日，成了浦东开发开放的纪念日。

4 月 30 日，市政府召开新闻发布会，朱镕基市长、黄菊副市长向与会的 100 多位中外记者详细介绍浦东开发开放的战略构想，还就浦东开发开放的优惠政策、资金来源以及浦东开发开放与整个上海经济发展关系等问题，回答了中外记者的提问。

5 月 3 日，上海市人民政府浦东开发办公室和上海市浦东开发规划研究院在浦东大道 141 号一幢小楼挂牌成立，我和经济部记者陈惟参加了隆重的揭牌仪式，并写了《跨世纪工程的前沿指挥部》的新闻特写，刊登在第二天的《文汇报》上。

一时间，浦东开发开放成为中外媒体上的热词，500 多平方公里的浦东，成为令世界瞩目的热土，一项壮丽恢宏的跨世纪工程由此拉开帷幕。

结缘春申村

吴纪盛

写下这个标题，多年前那冲击心扉的一幕幕又重现眼前。

如果没有那次特殊的采访，我或许根本无缘结识新桥镇春申村，说实话，春申村地处偏僻，位于松江东北角，与闵行区接壤，离新桥集镇逾5千米，距松江城更远。但春申村名声早已在外，属于“老先进”。

事已过去近26年，那天早晨松江报社副总编辑老瞿找我的一幕却仍清晰如昨日。老瞿递支烟给我，乐呵呵道：“新桥春申村被市委组织部点中，作为市郊唯一的‘凝聚力工程’建设试点单位。由市委组织部、市农村工作党委、松江县委组成联合调查组，前去蹲点调查。县委组织部点名让你去，为《解放日报》写重头稿。你要有两手准备，一手去蹲点调查、摸材料、写稿子，另一手要编好《松江报》，两不误！”《松江报》创刊于1993年1月。当时人手紧，每人负责一个版面，采编一体化，我负责头版。

初到春申村

联合调查组颇具规模，除了市委组织部、市农林工作党委的同志外，松江县则汇聚了县委组织部的黄志雄、黄水平等，他们先我而去春申村。我要先为《松江报》组好稿，然后才能去。我脚未跨出报社，心已飞往春申。我认真研读了1994年4月17日《解放日报》头版头条刊登的长篇通讯《春风丽日暖华阳》，通讯写长宁区华阳街道开展“凝聚力工程”的事迹，并总结提炼出这一基层党建的新经验、新创造。记者从理论高度阐述了“凝聚力工程”的主要内容，提出核心是关心人、前提是了解人、目的是凝聚人。同时仔细琢磨正广和总公司、华政国际法系两个试点经验，充实腹笥，以利战斗。

1995年暮春中一天，我到达春申村。黄志雄高兴地迎上来，没说客套话，递给我一本小册子，那是他们串百家门、知百家情况先期调查的成果。小册子里有村概况介绍，还有20多个生动的故事。我匆匆浏览了概况：春申村占地1.9平方千米，拥有1700多亩耕田、324户家庭、1304口人。村里有共产党员34名，党支部书记、村主任何德明，副书记、副主任张美琴，支委蔡德林负责工业，支委王志贤长驻浦东，这是个极有战斗力的团队。

更让我喜出望外的是，一个个小故事有血有肉，活生生地展现了共产党员的高大形象。

古老的乡村，历来是用柴草煮饭烧水的。当何德明书记提出建设“液化气村”时，村民们面面相觑，深表意外。村里实行统一代购、代办，并对用户适当补贴。310户农家一下子用上了液化气。新鲜事引发了村民的“诗情”：“劈柴担秸真苦恼，宅前屋后乱糟糟；怎及小小一口灶，无烟无尘乐陶陶。”然而好事多磨，农家换气罐麻烦、费力。为了彻底解决便民利民的“最后一公里”，村里安排专车专人，免费为村民调换液化气罐，大难题迎刃而解。

建设“凝聚力工程”，确实要把思想政治工作做实、做细、做活，做到了百姓的心坎上。任何时代，任何社会，都有老弱病残者。春申村党支部一班人，抱着“不让共同富裕留下被遗忘的角落”的信念，把一份份特殊的爱心，献给一个个需要特殊关怀的父老乡亲。

村民俞昌福的小女儿俞婉芳是个智力残疾人，伴随她年龄一天天增长，老俞夫妇的心病日益加重。婉芳满16岁那年，村党支部派人给她送来村福利厂录用通知书，父母喜出望外。来人问：“今天是什么日子？”老俞竟答不上来。“看看你们的记性，今天是婉芳的生日呀！”老夫妻俩热泪潸然而下。整整16年来，他俩从未给女儿庆祝过生日，久而久之早把这茬给忘了。父母能忘了女儿的生日，村干部却记得真切，在这个特殊的日子里，安排婉芳进企业，自食其力，解决了全家最大的难题。

这样的例子还有二三十个，何愁调查报告写不成功？我对此持乐观的态度。

《解放日报》高度关注“凝聚力工程”的报道。一天，总编辑助理（不久升任副总编）黄京尧亲赴春申村，看了那本小册子，听了村干部汇报后，意味深长地道：“春申村党支部在建设‘凝聚力工程’中，用令人信服的事实，回答了当前农村基层党组织建设存在的带有共性的深层次问题。你们采访的小故事虽说都不错，但我总觉得还缺少点分量，很难起到提纲挈领的作用。只是希望大家再次放下身段，沉下去深入调查研究，不捞浮萍捕活鱼！”

那天学校放假，我们专程去找在镇中心小学工作的张德明。张德明患腰腿僵直病，妻子左手手指严重残缺，他家成了无劳力户。好在村里建起助耕队，他家2亩口粮田的农活全由村里包揽下来。1992年“三夏”大忙时节，张德明从学校回家，走近自家口粮田一看，心情骤然变坏，稻秧插得歪歪斜斜、稀稀落落，他想向村干部反映，思忖再三，决定忍了。当年，春申尚未建‘液化气村’，气罐很难搞到。“一天，我见何书记换气罐回来，无意间说了句：‘何书记，你路子宽，能不能帮我也搞个液化气！’说者无心，听者留意，当天晚上，何书记搬来了气罐、灶头，还掏出液化气卡塞给我。我一看，卡上写着卡主：张德明。”老张沉吟了一下，动情地说：“你们想想，遇上这么好的领导，我还好意思找茬吗？”让我万万没料到的是，翌日放学回家时，我走过自家这块口粮田时，眼前顿觉一亮：稻秧插得齐崭崭、碧碧绿，像用尺子量过的一般。原来，当天下午何书记带着村干部检查‘三夏’工作，发现这块田质量实在不行，他带头跳下田，拔去已插的秧苗；秧田不平整，他手牵水牛重新平过；秧苗已用完，他骑着自行车到邻村去拉。随后，何书记带着村干部冒着蒙蒙细雨，在田里干了起来。这一年，这块田亩产量全村第一。张德明无限感慨地说：“村领导真是浇花浇到根，帮人帮到底，我的私事竟成了党支部一班人的公务！”

1995年6月26日，由黄志雄和我起草的近8000字的《深情寄沃土》长篇调查报告刊登于《解放日报》头版头条，且配发了本报评论员文章，让春申村“凝聚力工程”的动人故事在市郊大地不胫而走。

好友何德明

我当记者23年，结识朋友不少，知根知底、切合脾性的并不多，何德明应算是一个。

何德明于1993年、1997年两次被评为上海市劳动模范。支部行不行，书记是核心。他心系群众，情寄沃土，带领村民共同致富。他既蕴藉着中华传统美德，譬如尊老爱幼、关怀弱势群体、古道热心、大慈大悲；又凸显着时代的风范，勇于创新。他生就魁梧高大身材，但调解纠纷、处理事情又心细如发。他看见村域建起了九纵二横城市道路，过往车辆日渐增多，便果断提议村里安装上红绿灯，规范村民出行，确保生命安全。

早在1998年，春申村为了鼓励电脑进农家，采取每台电脑贴补2000元的优惠政策，全村有100多户农家拥有了电脑。“莫道农家见识少，上网浏览天下事。”得知春申村要举行一场别开生面的“电脑ISDN上网演示会”，我再次慕名来到春申村采访。何书记握住我的手道：“目前，春申村已在因特网上建立了自己的网页，开设了春申简介、工业区概况、村务公开、春申论坛等。我们规定每台电脑免收100元的上网开户费，着手构建电脑网络村。届时，村民只要轻点鼠标，村务公开内容尽收眼底。”这条消息发表在2000年4月29日的《新民晚报》上。

在春申村发展的历史上有无数个“第一”：“自来水村”“液化气村”“电话村”“有线电视村”“网络村”，包括已建成的“别墅村”。也许有人会问：“为何春申村总是走在市郊前列？”以我对春申村的了解，认为关键在于有个好领导，群雁高飞看头雁嘛！春申村升格为党总支后，又与沙港村撤二合一，实力大增，但在何书记心中有条原则从未变过：抓好“凝聚力工程”建设，促进村民整体素质的提高。

何德明每次遇见我，总是乐呵呵地说："吴记者，你各处采访见识广，有何高招介绍介绍。"有一次与他见面，他若有所思，谈起一件事：在20世纪90年代后期，邻村有家靠开办小工厂富起来的农民，由于父子迷恋赌博，好景不长，辛辛苦苦挣来的家业被挥霍一空，连厂子也抵押出去了。消息传来的那天晚上，村党总支办公室灯火通明，会议开了5个多小时。大家联想到，春申村也有少数村民生活改善后，产生了小富即安的思想，满足于"老酒喝喝，麻将搓搓"，更有人甚至"造房看风水，生病求神仙"。

如何解决村民"口袋鼓起，脑袋干瘪"问题，不让思想"抛荒"？春申村又领风气之先，创办"文明村民学校"，举办各种读书班、学习班、培训班。到2000年上半年，参加学习、培训人数达2000多人次。村党总支每年都有一个教育主题：1998年是"爱岗敬业鼓实劲，齐心创建中心村"；1999年是"明确目标，拼搏向上，强村富民，创建中心村"；2000年是"致富思源，富而思进"，开展"过去致富靠什么，现在富了缺什么，今后发展抓什么"的大讨论。

再访春申村

我的第二次蹲点春申村，是在2000年7月与《解放日报》记者朱民权老师同行。解放日报社领导决定，对春申村搞个5年后回访，看看"凝聚力工程"在新世纪有何进展，取得怎样的效果。

这回蹲点共3天，分两次进行。先是朱老师和我一同去两天，稿子写好后，总编辑不太满意；朱老师感到再改很难，张伟光老师只得动员我去，尽量想办法再改改。

如果说，当初春申村党支部建设"凝聚力工程"偏重于为民排忧解难，那时村民中确实存在种种难处，需要党组织出面解决，所以故事有一大串。时过境迁，现在村民的生活水平普遍大大提高，已经很少有人找党总支解决难题。往深里想，我感到，从问题很多到问题稀少，这岂不是"凝聚力工程"发展的必然结果？于是，我在原稿的基础上作了修改，深化了主题，再经编辑精心加工，通讯《靠什么凝聚人？》刊登在2000年7月30日《解放日报》头版头条位置。我没想到，这篇大通讯被评为“红旗稿”。

“吴记者，我们要在莘庄影剧院召开村民户长大会，你来吗？”

“新鲜事，大新闻，我自然不能缺席。”

我通知了《新民晚报》记者秦武平，他说这个有意思。翌日，当我们赶到莘庄影剧院时，6辆大巴士载着800多名村民户长缓缓驶进来。与会的户长中有白发苍苍的老人，有刚嫁进村的新媳妇，人人胸前佩戴鲜红出席证，个个神采奕奕。“加快经济发展，建设现代化中心村；开展三项教育，人人做新型农民”的大红对联，点出了户长大会的主题。大会之前先看戏，区文化馆排演的小品针砭时弊，使户长们在一阵阵笑声中有所领悟。何书记趁热打铁，提出要广泛开展“做文明人、建文明村”的主题教育活动。会上，他还向新选出的十佳村民每人奖励一台大彩电。通讯《齐心演台“文明戏”》刊登于2000年9月6日《新民晚报》第2版头条。

春申村总是与时俱进，当村民进入小康社会后，他们不失时机地推进民主管理。村里有“小人大”（村民代表大会）、“小宪法”（村民自治章程），民主管理村务。春申村在浦东金桥出口加工区投资近2000万元建设8400平方米标准厂房的决策，就是村民代表经实地考察后通过的。

稍后，何德明升新桥镇党委副书记。2005年10月，区委宣传部让我主持松江报社工作，我与他来往减少。2006年，春申村撤村建居。但春申队村两级集体资产达3亿元，最终以货币形式量化到每个村民身上，这是实实在在的。

访首位百岁“人民艺术家”秦怡

吴建初

2019 年，在欢庆我们的新中国 70 周年华诞之际，党和国家授予秦怡全国“最美奋斗者”称号，并授予她“人民艺术家”国家荣誉称号。

9 月 29 日，中华人民共和国国家勋章和国家荣誉称号颁授仪式在北京人民大会堂隆重举行。这天，由于身体原因未能亲自到场的秦怡老师，手擎小红旗，端坐在病床旁的轮椅上，聚精会神观看了仪式全程的电视直播。

此情此景，使我不禁想起自己 20 多年来对秦怡老师的历次采访报道，想起我受上海老新闻工作者协会委托，为这位文艺界楷模进行口述实录的采写经历。

初心不渝

在病区的大厅里，秦怡老师愉快地接受了我的采访。她说：“我是在党的培养下成长的。党组织的教育，激励我不断前进。”老人坐在沙发上，娓娓道来。

秦怡老师，原名秦德和，生长在上海老城厢南市的一个封建大家庭，自小就受到教育，要报效祖国。秦怡的父亲是一位职员，休息日常带着幼小的她去看戏剧，有时还带她和姐姐到大光明等电影院观看电影。上海是中国工人阶级的摇篮，是中国共产党的诞生地，也是马克思主义和红色进步文化的早期传播前沿重镇。思想进步的大姐，常借来学校和图书馆的书籍给秦怡阅读，还告诉她一些革命的道理。田汉先生等创办的南国电影剧社，还有其他文艺家，他们创作演出的进步戏剧从小在秦怡心中扎下了根。

1927年，国民党在上海发动“四一二”反革命政变，疯狂迫害共产党人和进步群众。秦怡当时才五六岁，小小年纪就仇恨反动派。看到楼下有坏警察在伺机捕人，她就找来一些纸头捏成团，从亭子间旁的窗户扔向反动警察，使他们顾此失彼，她则机智地藏了起来。

14岁时，她在上海中华职业学校参加了红十字会。当时全校才5名女同学加入，她们苦练战地救护，还召集同学做军包、棉鞋、棉帽等。“八一三”事变发生后，秦怡她们和交通大学红十字会的大学生一道，奋起救护战斗在“四行仓库”等处的受伤中国士兵，为抗日救亡贡献上海学生的一分力量。

在民族生死危亡之际，她辞别家人，跟随交通大学红十字会加入抗战队伍，奔赴武汉。嗣后，历尽艰险到了重庆。在这里，秦怡结识了中共地下党同志，并进入中国电影制片厂剧团工作。1941年6月，她加入了由中共中央南方局组建的中华剧艺社，初心不渝，勤学苦练，在党组织的严格要求下，成为一名基本演员，走上了党指引的革命文艺道路。

使命勇担

秦怡老师认真严谨、精益求精的工作精神，令人感佩。她告诉我：“医生嘱我多休息。近两个月，我在病床上躺着的时候，就会把自己这90多年来的经历，像过电影一样回想。我不断回忆起，在党组织领导下从事工作的岁月，一年一年、一月一月地想过来。”

1938年，在重庆这个战争时期的大后方，她参加中国电影制片厂剧团的演出，但自己要投入抗战的心切，当时想的就是真刀真枪与日本侵略者拼，为遇难的老百姓报仇。1940年春节时，有制片厂的摄影师同事夫妇邀她去家里吃饭，同桌有一位谈吐爽朗的陌生男子，他和蔼亲切地问起秦怡在什么地方工作。当听到她回答在剧团里唱合唱，兼做跑龙套的演员，想去前线但没去成时，他朗朗大笑，然后认真地说：“你唱的是抗战歌曲，这怎么能说没意思？这可太有意思了，你们的歌声会激起千万人的热血沸腾，有数不清的人在这歌声的鼓舞下参加了浴血奋战，可你还觉得没意思?”他炯炯有神的大眼睛是那么真诚坦然，完全像位老师对一个不懂事的学生那样耐心，那样爱护。这次见面后，秦怡向同事打听，才知道这位关心青年、帮助青年人解决思想困惑的先生，就是我们党的南方局书记周恩来。

80年来，党组织和周恩来的谆谆教导，还有邓颖超的亲切关怀，一直激励着秦怡坚定不移勇担使命。周恩来在重庆的这一教诲，秦怡老师在接受我采访时，还专门工工整整地写在纸上给我，特地嘱咐在整理她的口述实录中“一定要写进去”。

作为南方局领导下的中华剧艺社演员，秦怡老师在重庆、成都等地，参与演出了《大地回春》《钦差大臣》《茶花女》等20多部话剧，鼓舞了广大群众抗日救亡的斗志。

1948年，上海正处于黎明前最黑暗的时候，在沪工作的秦怡与中共上海地下党组织一起，经过持续策动，促使国民党空军驻上海的一名飞行员弃暗投明，于1949年初，毅然驾驶着载有金银和军需物资的飞机起义，飞入了解放区。

壮志凌云

革命的胜利来之不易，而建设新中国任重道远。上海解放后，秦怡老师随即参加了筹建上海电影制片厂的工作。1949年12月，她在上影厂建厂后拍摄的第一部故事片《农家乐》中扮演了女主角拉英。遵循文艺为社会主义服务、以人民为中心的创作方向，秦怡老师主演了《铁道游击队》《青春之歌》《女篮五号》等30多部电影，成功塑造了许多广受观众喜爱的艺术形象。

秦怡老师高度重视党的建设工作。作为党代会代表，她率先垂范，并积极带动周围同志和青年党员，感受电影艺术，坚定理想信念，争做合格党员。她多次为广大党员和积极分子上党课，影响广泛而深远。2018年5月，秦怡老师作为入党介绍人之一，郑重地介绍上影集团资深演员牛犇加入党组织。

老骥伏枥，志在千里。1994年，青海省一位气象局干部在报刊上发表文章，谈到中外科学家为建设我国大西北通力合作奋不顾身的事迹，秦怡老师读后很感动，当时就有想写成电影剧本的创作冲动。但因条件所限，这一想法未能实现。然而，她没有放弃，不断收集积累相关的各类素材、资料，一直在筹划着。

20年后重追梦。2014年，为了体验自己构思的剧本中科学家的艰辛，93岁高龄的秦怡老师一次次登上青海高原。这里海拔3500多米，她以凌云的壮志，顽强克服高原反应，走访了不少科学家、技术人员和藏族群众。回到上海，她伏案疾书。在电影《青海湖畔》拍摄时，秦怡老师既是编剧，也担任艺术总监，还扮演了女主角梅欣怡工程师，这是一位为理想和事业作出无私奉献的60岁左右的气象工程师。由于年龄跨度大，又是在青海高原现场拍摄影片，秦怡老师工作得非常辛苦，但她又一次实践了“把心捧给广大观众”的诺言。电影《青海湖畔》2017年1月在全国电影院正式上映，获得好评。

秦怡老师亲历百年风云，见证了伟大的中国共产党百年奋斗和辉煌，也见证了我们党领导下文艺的繁荣。她正满怀激情地同我们一起，庆祝党的100周年华诞！

回忆采写“鲁棉一号”的点滴

沈　定

党的十一届三中全会吹响了改革开放的号角。40多年来，全国人民在党的领导下，前赴后继、披荆斩棘，在从温饱到小康的征程上，克服了一个又一个的困难，取得了一个又一个的胜利。其中一个重要原因，是邓小平多次强调“科学技术是第一生产力”“知识分子是工人阶级的一部分”等，极大地调动了广大科研人员的积极性，使科研战线捷报频传。据国家科委成果局提供的材料，1979年至1980年经国家科委发明评选委员会评审，授予发明奖的重要科研成果就有148项。这些发明都是前人所没有的，技术上是先进的。

1981年4月初，文汇报社得知国家科委即将颁布国家两项重大农业科技奖，即湖南的“杂交水稻”和山东的“鲁棉一号”后，决定派记者进行实地采访。派往湖南的是姚诗煌，我则奉命前往山东，目的地是山东省农科院棉花研究所。

在短缺经济的年代，吃饭靠定量，穿衣要布票。这两个项目就是冲着解决这“两难”而来。

4月14日，我来到省农科院，院长牟玉田听说上海文汇报社来人采访“鲁棉一号”，就和副院长秦杰一起接待了我，给我介绍了面上的情况，主要是“鲁棉一号”的来历、主要优点与目前在国内几个产棉大省，即山东、河南、河北的推广简况等。最简单的数字表明：我国一直沿种的是从美国引进的岱字15号棉，皮棉亩产一直徘徊在几十斤，而“鲁棉一号”经科研人员多年的研究、提纯复壮以及推广，目前达到了200斤左右。由于棉花研究所不在济南，而是在产棉区的临清县，当天我没有见到棉花所的科研人员。

第二天，大众日报社协调安排了一辆北京吉普把我送往聊城地区的临清县（现为临清市），车程要3个多小时，棉花所还不在县城，而是远离县城的郊区，周围是一大片棉田，后来知道这是研究所的实验农场。据了解，山东省共有棉花田1000多万亩，而聊城地区就占了200多万亩。一个省级的农科研究所，就设在大生产的第一线，真是科学实验与生产实践相结合的好范例。

当天下午，我就采访了“鲁棉一号”的领军者庞居勤，这位看上去完全像老农民的专家，1961年从山东农学院毕业，留校教了两年书后，1963年就到了棉花所与“鲁棉一号”结了缘。他告诉我，“鲁棉一号”不是一蹴而就的，而是经过了无数从研究到实验、实验到研究的反复过程。从1970年开始，他主持了用原子辐照技术培育的全过程。

庞居勤说，除了在这里的实验农场外，“鲁棉一号”还在很多地方有实验与推广基地，除了聊城地区的好几个县外，还在德州地区、惠民地区、兖州地区、菏泽地区，以及河北的沧州地区等好多地方有实验兼推广的大田，总共超过1000万亩。所里都派出了科研人员到当地指导，除了对“鲁棉一号”种子的纯度、发芽率、含杂率、病虫害指标等严格把关外，棉花所根据“鲁棉一号”营养生长与生殖生长均衡、霜前花率高、中下部结铃强、叶片耐病虫害、根系浅等特点，总结了一整套与以往岱字棉不同的播种、施肥、浇水、打顶等栽培技术，用以指导棉农熟悉与掌握生产管理。所以，我对一些长期出差在外的科研人员一时是无法采访到的。

我在棉花所采访了4天，除了看材料、开小型座谈会外，白天跟着科研人员在实验农场工作，他们除了像农民一样打理棉田外，不同的是都带着笔和本子，记录各种数据；我去过他们在研究所后面的家，看他们带着疲态回家后还要自己做晚饭，大灶燃料是秸秆，主食是馒头或窝窝头，腌菜或炒个鸡蛋就是菜。他们虽然有工资，但离城镇远，买东西相当不方便；科研人员有孩子的，都在附近的学校和同气相求的孩子一起上学，或步行，或骑自行车来回。当时，我就对这些搞农业科研的知识分子肃然起敬。他们的研究所完全不能与设在大城市其他领域的研究所相比，科研人员不仅自己付出，其中还有他们的配偶与孩子的付出。

记得诗人左河水写过一首歌咏棉花的诗：

不恋虚名列夏花，洁身碧野布云霞。
寒来舍子图宏志，飞雪冰冬暖万家。

我想，更应该歌咏的，是许许多多舍了小家而为培育棉花良种付出艰辛的农科人员。

当时年已花甲的副所长傅绵是省里的棉花生产顾问，一直坚持骑着自行车，我约他见面已在两天后。土肥室主任李文炳负责临清县的良种繁育、实验农场副场长吕兆祥负责莘县13万亩棉田的技术指导，我都是晚上在他们家里才见到人。

我还读到德州武城县城关公社写给所党委的感谢信："棉花所薛技师等四人天天下地示范，晴天一身汗，雨天一身泥。工作时间比公社干部还长。有的社员说：'我们的棉花就是他们的棉花，他们比我们还关心。'在他们的帮助下，全公社百分之八十的生产队有了实验基地，直接从事科学实验的人有五百人之多……"

4月18日下午我回到济南，当天晚上，我用电话把第一篇消息发回了报社，当时的新闻部负责人张煦棠亲自一字一句记下来。第二天在头版刊出。

4月24日，《人民日报》刊发消息《山东省棉花研究所培育新品种"鲁棉一号"给山东带来大增产》。消息称："鲁棉一号"经过黄河流域对比试验，证明是目前国内的一个最佳品种，立即得到迅速推广。从1975年的1亩，发展到1980年的1000万亩。广大棉农、科技人员和干部热烈赞扬"鲁棉一号"是棵"摇钱树"！

几天后，新华社发布了国家科委发明评选委员会审查批准26项发明和奖励等级。其中棉花新品种"鲁棉一号"获一等奖，获奖者是山东省棉花研究所庞居勤等。

《人民日报》当日配发社论《杂交水稻和"鲁棉一号"的成功说明了什么？》。

社论称，杂交水稻和“鲁棉一号”的成功，已经引起了国内有关部门的高度重视，也引起了国外的广泛注目。我们不仅从中看到了我国科学技术在这个领域所达到的水平，而且看到了我们依靠科学技术促进经济发展的巨大潜力。

同年6月6日，国家科委和国家农委联合召开授奖大会，授予籼型杂交水稻科研协作组特等发明奖，授予棉花良种“鲁棉一号”一等发明奖，国务院副总理方毅亲自向培育“鲁棉一号”的代表——山东省棉花研究所副所长庞居勤颁奖。当年“鲁棉一号”在全国推广种植1857万亩。第二年，即1982年，我国结束了进口棉花的历史，由棉花进口国一跃成为出口国。

6月9日，《文汇报》刊出了我撰写的长篇通讯《“鲁棉一号”的崛起——访山东省棉花研究所》。

如今，离我采访山东棉花研究所已经过去了整整40年，庞居勤早已退休，研究所从领导到一线的科研人员肯定也更换了。事实上，在“鲁棉一号”以后没几年，棉花所就选育成功了“鲁棉二号”“鲁棉三号”“鲁棉六号”3个高产优质新品……这些也许都不重要，重要的是我国一代又一代的科研人员，他们不畏艰难、前赴后继、攻克难关、为民造福的精神，为我们树立了新时代知识分子的形象，永远激励着我们。

想起了“青藏公路之父”慕生忠将军

沈吉庆

值此庆祝中国共产党成立 100 周年之际，我不由想起了有“青藏公路之父”称谓的慕生忠将军。

这位老共产党员，带领千余名战士和民工，在极端艰苦的条件下，用几乎原始的工具，克服了许多难以想象的困难，在人类历史上第一次开筑了青藏公路，在世界屋脊上谱写了一曲壮丽的凯歌。

数十年来，慕生忠的英雄事迹一直激荡着我，他的光辉形象始终萦回在脑际。

我是在采访青藏公路时知道这位老将军的。那是 1989 年夏，我去青海采访。当时我在《文汇报》国内记者部供职。一天晚上，《文汇报》在《青海日报》的特约记者赵凯到西宁一家宾馆来看我，给我讲了青藏公路上的一段故事。

这天晚上，我辗转反侧，想象着青藏公路的荒凉和护路工的艰辛，萌生了去探访这条公路的萌芽。

几天以后，我到达了青海西部的格尔木。当地的宣传部余部长热情地接待了我，鼓动我：“你到了格尔木，一定要走一下青藏公路，而且要去拜访一下‘青藏公路之父’慕生忠将军。”

我按照余部长的指点，在格尔木转了一圈，发现道路整洁，绿树成荫，菜摊上品种丰富，很难想象，以前这里没有一棵树，没有一间房，只有昆仑山流淌的雪水，漫漫倾袭的黄沙，而此刻的格尔木已是一座 20 万人的小城，进藏的重要枢纽，百分之八十的进藏物资从这里启运。这些都是当年慕生忠带领的开路先锋们奠定的基础。

我在格尔木河东岸的城区，见到一座普通小楼，青墙黑瓦，门窗上刻着红五星，这是当地颇有名气的“将军楼”，说是纪念慕生忠将军的。人们如此敬仰和感恩一位开路先锋，更坚定了我踏上青藏公路进而拜访这位开辟者的决心。

清晨，我坐上了青藏公路的班车，前往拉萨。

可车开出格尔木后，就有点后悔了，邻座的一位女孩见我穿着夏装，行李简单，大吃一惊，说是前方要过雪山，还会下雪呢，而且空气稀薄，能否承受，我有些埋怨自己没做好充分准备。

果然，车子爬上昆仑山口，呼吸的口不由张大，心跳也有些加快了。不久，天上飘起了雪花，真正的鹅毛大雪哦，在车窗外飞舞旋转。更难熬的是，身上冷得直打寒颤。此刻根本没了兴致欣赏窗外的雪景，只是盼望车开快些，早些离开这片飞雪区域。

不料，前方突然堵车，公路让雪水冲坏了。车上人都瞪大了眼睛，焦躁起来。车窗外那些脸色黝黑的养路工，站在雪花中，来来往往搬运石料，在紧张地施工。路边搭着几座低矮的帐篷，那就是他们食宿的地方。我不由联想起赵凯说起的艰难的养护工。

汽车开始在暮色中奔驰，原计划在长江源头沱沱河畔让大家投宿，不料因先前堵车，客店挤满，只好继续前行。夜色越来越浓，雪片越来越大，凌晨4时，汽车被迫停在唐古拉山北麓的雁石坪休整，在高寒缺氧的环境中整整待了3个小时。那是终生难忘的3小时呵，一直熬到东方鱼肚白，启明星高挂，汽车才重新启动，一直开行到唐古拉山口，司机才将车停在路边，不知是他身心需要调整一下，还是让乘客观赏风景，我看了下路标，清晰地刻写着5500米，“唐古拉，伸手把天拉”，我的呼吸不由急促起来。

这里我不想过多叙写当年行进在青藏公路上的坎坷和辛苦，只想说明，那时，我已深刻体验到当年慕生忠将军带领筑路大军是如何战胜冰天雪地、高山缺氧，物资匮乏、工具落后，穿越了人迹罕至的大江源头，爬上了万山之祖的昆仑山和唐古拉山，通过了终年封冻的万古荒原，将公路一公里一公里修到拉萨的。

不久，我终于在兰州找到了慕生忠将军。那是在皋兰山下一处叫焦家湾的干休所。当我站在一座红墙黑瓦的小楼前正欲敲门时，后面传来了声音："你找谁？"我回身答道："我找慕生忠将军。"他说："我就是。"我定睛一看，是位身材不高的老人，穿件藏青中山装，戴顶呢帽，脸上刻有沟壑般的皱纹，看上去身体硬朗，透溢出军人的英气。他就是我要追寻的慕生忠将军。

他将我让进屋内，我说明来意。他平静地说："都过去了，没必要再说了。"我再三恳求，并说明是从上海追踪到这里才找到他，最后在他夫人的帮腔下，他才答应随便聊聊。

他点上一支烟，踱到墙上一幅硕大的地图前，介绍起这是五道梁，那是不冻泉、开心岭……历数青藏公路上的地名，这都是他们当年起的，原先却是荒无人烟。后来，他应召到中南海向毛泽东主席汇报通路情况。

慕生忠说着说着，眼睛渐渐眯成一条线，沉浸在难忘的岁月里。对他来说，1954年5月11日是个难忘的日子，青藏公路开始正式动工。此前，他已多次去过西藏。第一次是1951年3月，他被任命建设兰新铁路副总指挥不久，又一纸调令下达，紧急负责运送物资进藏。那时，西藏刚解放不久，粮食短缺，人民政权和大量藏民生命受到严重威胁。慕生忠临危受命，带领浩浩荡荡的运粮队沿着当年文成公主进藏的路线出发了。在穿越茫茫沼泽地时，眼看着走在前面的人挣扎几下就被泥水吞没了，第一天就有10多个人被夺了生命，慕生忠硬是带头用"翻滚"的办法趟过了沼泽地。这一次走了整整9个月才到达拉萨。两年后，再次进藏运送物资，到达拉萨时，出发时的3万头骆驼仅剩下300头。路途的艰难，气候的恶劣，在严酷的事实面前，这位出生入死的老共产党员发誓，一定要开凿一条青藏公路，确保西藏的建设和安危。

他将报告送交彭德怀元帅，而后送呈周恩来总理，很快批复下来，可当这位时任西藏运输总队的政委拿到批复的报告时，却倒抽一口冷气，全部的人员和装备仅是10辆卡车，10个工兵，1200余人，外加十字镐和铁锹，最现代的仪器便是水平尺、罗盘仪。

慕生忠带领队伍出发了。刚走出格尔木不久，就遇上硬仗，十字镐刨在坚硬的沙碛石上火星四溅，累得满头大汗才凿出一个浅浅的痕迹，中午送上的饭是水煮面片，没有一片菜叶，晚上累倒在睡铺上，蚊子、跳蚤轮番进攻，很快倒下了近百人，染上了“败血症”。好在后面上来的民工带来大量萝卜，才缓解了危机，那是慕生忠带去的萝卜籽在格尔木长出的第一批萝卜。

随着公路向前推进，困难和险阻接踵而至。昆仑山下的大裂谷挡住了去路，冰冷的雪水奔涌而下，轰鸣山谷。眼看前方的队伍面临断粮，情况十分危急。工程师奉命架起简易木桥，登上了卡车，准备过桥，慕生忠上前一把拉下他：“你是唯一的工程师，下来。”工程师回答：“你是一军之帅啊。”话音刚落，慕生忠已爬进驾驶室，叫驾驶员马上发动，汽车在木桥上吱吱呀呀地碾了过去，站在一边的数十双眼睛一眨不眨，屏住了呼吸。

公路进展到长江源头沱沱河畔，遇上汹涌而下的洪水，测量队被阻挡去路。慕生忠找来一根绳子，一头叫大家拉住，一头扎在自己腰间，迈步走进了寒冷刺骨的雪水之中，当起了测量员，众人莫不动容。

在唐古拉山口，空气的含氧量只有平地的一半，慕生忠和大家一样，白天甩大锤，晚上睡帐篷，嘴唇干裂，脸色黑紫，还成天乐呵呵的。

这位出生在陕北吴堡县的军人，1930 年参加陕北红军，曾任红五团政委，1934 年加入中国共产党，在彭德怀领导的第一野战军任民运部部长，长期的枪林弹雨中身上留下 34 处伤疤，但从不居功自傲，在茫茫荒原上开筑通道，依然是身先士卒，勇往直前。人们在他的帐篷里发现过一把十字镐，上面用火烙铁烙着一行字：慕生忠之墓。很显然，这位身经百战的老战士是随时准备将自己的一生献给中国革命事业，无愧于中国共产党中优秀的一员。

1954 年 12 月 15 日，筑路大军开进拉萨，慕生忠成为有史以来第一个坐车进拉萨的人。在拉萨举行的庆典仪式上，慕生忠来不及换上军装，直接从工地穿着驮工一样的破棉袄走上主席台，在场人们的眼睛都湿润了。

然而，人的命运往往多舛。1959 年秋后，因为慕生忠是彭德怀的部下，这位被授予少将军衔的老战士在自己亲手修建的格尔木机场被带走“审查”，这一去就是20年。当他再回到自己家中，已是满头霜发。后来，他回到格尔木，走到哪里，都是欢迎的人群，人们争睹老英雄回来看望大家了。慕生忠看见昔日荒凉的地方已变成一座繁荣的城镇，他抚摸了还健在的“将军楼”，眺望远处银冠覆盖的昆仑山，百感交集，尽管已是73岁高龄，依然踏上梦牵魂绕的青藏公路，在海拔4752米的昆仑山口回忆起当年筑路情景和朝夕相处的同伴，怆然泪下。

1994年10月19日，慕生忠在兰州逝世，家人按照他的遗愿，将他骨灰洒在昆仑山上，沱沱河畔。这天，沿途司机听说后全部自发地把车停下鸣笛3分钟。2006年，青藏铁路通车，与青藏公路并驾齐驱，两条天路共同为西藏送去繁荣，人们又怀念起慕生忠将军。现在格尔木的“将军楼”已建为博物馆，还立起慕生忠的塑像，让他聆听火车通过的汽笛声。

把饭碗牢牢端在中国人手中

张秀华

粮安天下，种筑基石，种子已经作为农业的“芯片”，与中国人端牢自己的“饭碗”息息相关。2020年年末召开的中央经济工作会议强调了农业的“种子问题”，紧接着中央农村工作会议再次强调，制定实施打好种业翻身仗行动计划，建好国家种质资源库。

我从事农业科技线采访报道多年，曾不止一次地感受到农业专家们对种质资源的深深忧虑。“种质资源”就是我们吃的所有农产品最初源头。这些资源来自植物、畜禽、水生物以及微生物，是一个个物种的遗传信息载体。科学家们从这些资源“仓库”里寻找有价值的遗传特性，才能进行新品种育种。

到了20世纪90年代，上海农业专家们更为忧虑的是：经济高速发展，在高产高效目标驱动下，人们对农作物进行多代人工选择优化，从中只挑选最赚钱的少数品种种植，于是，科技进步在不知不觉中也进行了一场同样是亘古未有的生态大破坏。农作物种植的单一化经营，后果是灾难性的，会使作物对疾病的抵抗力和对气候条件的适应力大大减弱。我国1949年种植小麦品种达到1万个，而到当时只剩下几百种了；上海的三林崩瓜、龙华蟠桃、奉贤大红袍豆、闵行八叶塔菜等也都濒临灭绝。

我感受到了专家们的忧虑，作物育种的突破和精彩很大程度上依赖于优异种质资源的发掘和利用；世界上不少国家已成立了保护种子的研究中心，有的开始进入细胞分子水平，德国建立了植物基因库，美国保存种质资源40多万份，连资源贫乏的日本也已保存种子18多万份。

我也被农业专家们述说的种质现状震撼到了，更被他们对种质的执着感动到了。当时，没有现代化的种质保存设备，蔬菜专家杨瑞云坚持近20年收集蔬菜种子，整理出600多份材料。他是采用几近原始的方式将材料分批种植，观察性状，收获种子后干燥封存，来年再选择播种，观察鉴定记录下每份材料的植物学性状和生物学特性。他是个“光杆司令”，荷锄耕作，默默守护这些种子。他说一旦我退休，这些宝贵材料如何保存呢？这样的科技人员不是一位两位，他们着急地感叹：市郊耕作面积减少，老祖宗留下的野生野长的种子岌岌可危，祖祖辈辈留下的资源在我们手中流失，对不起子孙后代啊！

我被深深感动。1997年9月，我在《上海科技报》分上下两篇刊发了《把根留住，须建种质库》的报道。文章写出了农业专家们大声疾呼的心声：种质资源是农业发展的原动力，一旦失去，很难找回，希望各级领导高度重视，及早建立种质资源库，种源不能再流失了。

1999年7月16日，一场强暴雨引发河水倒灌，将上海市农科院1万多份育种材料淹没于汪洋之中，这些都是为培育新品封存留种的宝贵资源。在上海警备区、武警部队和各方全力抢救下，总算有惊无险。农业专家们心急如焚，说如果再用这样原始的手段保存种子，怎么可能把农业之“根”留下？

面对专家们焦虑和担忧，我无法平静，再次撰写了《把根留住，快建种质库》，标题从“须”到“快”一字之改，写出了对种质资源建库收集保存，已是迫在眉睫。

此次事件引起上海市政府领导的高度重视。当年11月25日，市政府召开专题会议，将这项工作列入2000年上海市重大工程中唯一的农业项目。上海市农科院专门建立配套班子，将用更科学的手段保存种质，以衍生更优秀的后代。

2000年12月26日，时任上海市副市长冯国勤在奠基石上培下第一锹土，投资4177万元的农业基因库破土动工。我连续4年追踪上海种质基因库建设，终于有了一个完美的结果，也因此有了我的第4篇跟踪报道《把根留住，有了响亮回应》。

与此同时，上海市农科院引进了国内水稻研究领域颇有建树的罗利军博士与他的团队，同步筹建上海市农业生物基因中心。2002 年 7 月，种质基因库建成。科学家们马不停蹄进行资源考察和征集，承担起国家“863”重大项目。到 2009 年已保存资源达到 93 科 360 种，数量超过 14 万份，其中包括重要的水稻功能基因资源等。在搜集保存同时，罗利军开始了更深层的思考与追逐：种质基因库是否就满足于收集保存与评价？踏破铁鞋寻寻觅觅，保存宝贵资源，最终是希望得到利用。一个大胆而极富挑战的设想呼之欲出：基因中心要为地方性种质基因库树立一个开创性的示范——利用种质资源培育新品种。

罗利军与他的团队主持过国家水稻资源攻关研究，曾育成我国第一个三系法亚种间杂交稻“协优 413”，获国家发明专利被列为农业部重大科技成果。然而，严峻的事实是：水稻是用水大户，我国是贫水大国。干旱，使占我国 70% 以上的中低产田水稻大幅减产，每年稻谷损失惨重。科学家的使命感让他们坚信：节水抗旱稻研究意义非凡，必须走通这条路。

于是，他们在充分挖掘整理国内种质同时，在全球范围内广泛收集节水抗旱基因资源，发现已克隆了 50 余个抗旱相关基因。2003 年，我国南方第一个旱稻品种“中旱 3 号”在他们手中育成，通过了国家审定，并在浙江山区、广西旱区等多地种植获高产，它让“穿着布鞋去种稻不再是天方夜谭”。这是种质基因的成功利用，我又撰写了《金黄稻浪翻滚在山坡》。这篇文章被洛克菲勒基金会全文译成英文作为资料，并对该项目资助了研发资金。

2003 年，世界首个籼型节水抗旱不育系“沪旱 1A”通过专家鉴定；2009 年，世界首例粳型节水抗旱不育系“沪旱 2A”通过专家鉴定；2010 年，基因中心筛选评价出的一批基因资源和选育的“沪旱 1A”“沪旱 2A”被国内育种单位广泛用作亲本进行新组合配制。节水抗旱稻“给点阳光，就灿烂”，它既可像水稻一样水种水管，也可像小麦一样旱种旱管，节水达 50% 以上。原创于上海的旱优、沪优系列旱稻品种已在浙江、广西、云南、贵州、江西成功种植，给山地带来丰收的新希望；中国旱稻还走出国门，在“一带一路”沿线国家如乌干达、肯尼亚、尼日利亚等非洲国家和印度、印度尼西亚、缅甸、巴基斯坦等亚洲国家相继开展试种示范，长势喜人，产量比当地品种普遍增长 20% 以上。

用年轮守护种质，用岁月培育种子。他们跋涉在乡间泥泞路，却在攀登着世界最高峰；他们顶着博士学者光环，却终身与耕夫农人为友；正是他们，突破了一个个育种的“卡脖子”技术，把创新育种带到世界前沿，把饭碗牢牢端在了中国人自己手中。目前，上海种质基因库收集保存整理种质资源已经达到 93 科 360 种，总数超过 22 万份。

航拍宝山

张幸珍

2021 年是中国共产党百年华诞的喜庆之年，作为一名老新闻工作者，我关注更多的是从央视到地方各级电视台屏幕上不断播出中国人民在中国共产党的领导下，全面建成小康社会的全方位新闻报道、电视专题片、纪录片、故事片等。

曾经有年轻记者问我："在您的记者生涯中，最难忘的采访是什么？"我脱口而出："航拍宝山。"

1990 年 8 月 9 日下午，是我人生第一次乘飞机，那年我 31 岁。我对乘飞机既感到新奇，又有点害怕。临出发前我写了一封信留在家里，怕万一发生意外回不来，可以对 3 岁的儿子有个交代。此举是为人母的多虑吗？不是！乘直升机，我不知道有多危险，但是心头总有一种隐隐的不安。

航拍宝山，在宝山的历史上是第一次。1990 年宝山刚建区两年，为了招商引资，区政府急需一部介绍宝山区情的专题片。宝山电视台第一次承担摄制这部电视专题片的任务。市广电局领导特别重视，专门成立了摄制组，我很荣幸和台里的袁世福、夏美钰、陈国荣、秦晋、邹建华、王伟荣 6 位同事去执行这项特殊任务，绕宝山上空进行航拍。此前经过一个多月的紧张拍摄，摄制组几乎走遍了宝山具有代表性的地方，完成了专题片的大部分素材拍摄，而作为重头戏的航拍正紧锣密鼓地准备着。

一部介绍区情的专题片，航拍好比是带着观众鸟瞰宝山的全景，这气势这场景是不可替代的大手笔。

航拍的手续非常复杂，作为一项政治任务，在有关方面积极努力配合下，终于如愿以偿。航拍的要求非常高，天气情况，能见度，气候变化等。在选定上机人员名单后，还要进行政审。摄像记者的业务素质和身体素质要求更高。

30多年前的气象预报远没有今天这么精准，几次待命，准备出发，却因江湾机场接到的气象资料表明能见度低，天气变化无常，只得再三推迟，直到8月9日这天才算是正式航拍，大伙心情激动无比。

那天出发前，技术保障人员将摄像器材仔仔细细反复检查，电池板反复充电，录像带换成新的，一切为了确保航拍任务顺利完成。

下午1时，我们乘上一辆从区政府借来的大象牌破旧的面包车，车里没有空调，室外40多度高温，热浪扑面而来，一路驱车前往江湾机场。我们中除了夏美钰高工乘过飞机外，其余6人都是头一次乘飞机，还是直升机，心情既激动又紧张。

进入机场首先进行安检，一切按照程序来，即便是组织出面，也得严格执行。一架军绿色的苏联老式螺旋桨伊尔直升机，停在水泥停机坪上，螺旋桨在飞速地旋转，旋起的气浪把我们的衣衫头发吹得散乱飘舞。我们7人先后沿着踏脚小心翼翼地爬进了机舱。

直升机驾驶员是一位中年人，他帅气地朝我们挥手致意，他的身边坐着一位年轻的副驾驶员，显得英武精干。机舱很小，两排长条椅，面对面只能容纳七八个人。由秦晋担任摄像，夏美钰高工、陈国荣工程师担任技术保障，我和袁世福老师是专题片的撰稿，邹建华、王伟荣两位老师任解说词的配音。领导让上飞机，是为了让我们亲身感受宝山大地的壮阔，进而对于完成专题片更加倾情投入。

从进入机场到飞机起飞，大约花了1个多小时，飞机正式起飞是下午2时45分。为了确保秦晋的摄像安全，他的身体用保险带稳稳地扎好，摄像机也用保险带捆扎好。那时用的摄像机和录像机是分体式，加起来有40多斤重。航拍意味着要将摄像机机身部分置于机舱外，也就是要将舱门全部打开，以确保全视角拍摄，秦晋稳稳地操控摄像机，录像机和电视监视器则由两位工程师把控。螺旋桨飞机发动机发出的轰鸣声可谓震耳欲聋，据飞行员讲声音高达140分贝左右，我们在没有任何保护装置的情况下坐在机舱里，可想而知耐受着怎样的超强噪声。

直升机很快升腾在宝山上空盘桓绕行，飞机最低时高度离地面仅约300米，我通过机舱往下看，大地如洗，透出水晶蓝色的纯净。这样好的气象条件，能更加清晰地拍摄宝山的全貌。直升机在宝山上空整整绕行了2个半小时，原汁原味，全景式地拍摄了宝山425平方公里土地上的景观画面。

当年宝山中心城区高层建筑寥寥，最热闹的要数友谊路、牡丹江路这一段，宝钢商场附近仅有几栋高层建筑构成了宝山最繁华的标志。如今宝山中心城区最繁华的宝杨路、牡丹江路，当年还是绿色一片，田野风光。最醒目的要数宝钢总厂高大的厂房大烟囱，是一道雄伟的景观，其余的街道、工厂、学校和民居都是极其朴素的画面。

当直升机在吴淞口灯塔附近江面上盘桓时，正巧赶上了“三夹水”。只见天际线偏东方向，水呈蓝绿色，那是东海水；偏西北方向，水呈黄绿色，那是长江水；再绕着从南边而来又浩荡北去的水则呈黄褐色，那是黄浦江水。第一次观看到如此鲜明特色的“三夹水”，令我兴奋不已。作为一个土生土长的宝山人，从前我只是听说“三夹水”，今天算是亲眼目睹了大自然神力赋予三种颜色的水，在江面上形成肉眼能辨出的曲曲弯弯的界线，相互推挤变幻，蔚为奇观。

直升机在吴淞口慢慢地飞行着，那吴淞口的航标灯塔默默地伫立在江水中，任凭潮涨潮落，风吹雨打，似一位永远不知疲倦的战士，守卫航道的安全，向我们诉说着宝山的由来。

直升机从长兴岛绕到横沙岛盘桓拍摄，只见绿野阡陌纵横，风光迷人无限。所拍摄的素材是当年宝山的全貌，如今再翻看，尤其珍贵！

第二天我们来到编辑室，共同观看航拍素材，鸟瞰宝山大地的河流、绿野、工厂和街道，内心奔涌着一股股热浪，激情的文字流淌出一首宝山之恋的颂歌。35分钟的《宝山》电视专题片顺利播出，我首次体验到乘直升机的辛苦。正是因为当年的航拍难，条件艰苦，才深深感受到新闻工作者的使命感和责任感。

30多年过去了，宝山人民用勤劳、勇敢和智慧，打造了美丽新家园。如今

《航拍上海　宝山篇》，呈现给观众的是一幅无与伦比、精彩纷呈的长江口“秀美宝山”新画卷：清晨，无人机迎着朝阳从吴淞口灯塔起航，掠过上海吴淞口国际邮轮港、吴淞炮台湾国家湿地公园、上海淞沪抗战纪念馆、智慧湾科创园、中成智谷创意园、闻道园、顾村公园等地标，我感同身受的是短短 3 分钟的电视短片，浓缩了宝山大地上发生的翻天覆地的变化。

新旧对比，这样的体验是极其珍贵的，那是一片土地一片情的沧桑巨变啊，是中国共产党带领中国人民奏响共同奔向小康社会的进行曲！

《美国姑娘喜做中国农家媳》的采写与传播

张国宝

读到“见证荣光——上海老新闻工作者协会庆祝建党百年”征文启事，我居然颇不胆怯地将那篇“小不点”社会新闻拙作，与数年前撰写的系列篇中《一次“逆风”的采写》一文，组合后端出。

美国姑娘喜做中国农家媳

这是我采写的刊登于1990年7月11日《解放日报》上的一条新闻：

“美国姑娘来做新娘啦！”6月24日上午，上海市奉贤县塘外乡政府大院内一片欢腾景象。一位金发、碧眼、高鼻子的美国姑娘从一辆送亲的大客车上走下来，亲热地拉起团结村农家子弟新郎唐海松的手，来到公婆面前，用上海话响亮地叫道：“阿爸！阿妈！”欢笑声与爆竹声顿时响成一片。

乡里的干部介绍说，新郎唐海松数年前考上复旦大学。小伙子聪明又好学，美籍女教师安妮·阿勃十分喜爱他。正巧安妮的小妹妹克里斯汀也在复旦大学任教，安妮特意介绍他俩相识。以后，小唐毕业分配在锦江旅游公司工作，碰到外语上的难题总是向克里斯汀请教，两个异国青年在交往中倾慕相爱，遂结秦晋之好。

当时，小唐家人担心是否能与这位美国姑娘相处。前年底，克里斯汀第一次来家，水土不服闹了场病，可这位“洋小姐”不哼一声苦，这使他们感到意外。去年一个周末，她再次与小唐来家，正值夏收大忙，第二天清晨，她竟也拿起镰刀与小唐一家去承包田收割油菜……婆婆逢人便说：“还真是与我们中国姑娘一个样呢！”

婚礼按照中国江南地方传统在乡礼堂举行，身高1.8米多的克里斯汀在比她矮了整整一个多头的婆婆引导下，一手斜提连衫裙边褶往一张张宴桌前认叫婆家的亲戚。长辈们乐不可支地往新娘手中塞上一个个红纸包。酒宴摆上了，克里斯汀兴奋地与新郎一起给客人们敬喜酒请喜烟、分发喜糖，每到一处便爆发出欢呼声。特地从美国赶来参加婚礼的她的母亲、姐姐、姐夫和80岁的老奶奶等11位娘家人，还用英语唱起了美国婚礼颂歌。克里斯汀高兴地对客人们说，她还为自己取了个中国名字叫“宋梦瑾”。

傍晚时分，来自美国缅因州麦克西镇一个工人家庭，毕业于美国布朗大学的这位新娘，在众人道别声中，喜孜孜地给客人分发“代礼”——一条由婆婆特制的中国土布围裙，娘家人也一一收到有浓郁乡土气息的礼物。克里斯汀兴奋地对人说：“我爱海松，我爱中国，我的根已经扎在这块东方的土地上了！”

时间定格在1990年6月。

一位来自美国的大学教师，与一个中国农家出身的大学毕业生相爱，继而在新郎的乡村老家举行婚礼，这在当时闻所未闻。此番景况下，那个晚上，在奉贤县广播电台工作的我，读到台里播送稿上通讯员董朝芳电话发来报道该场婚礼的“一句话新闻”，顿时一阵兴奋，后又颇费思量：这符合眼下的宣传口径吗……但在改革开放新形势下，两个异国青年结百年之好，又说明了什么呢？最终竟想到毛泽东主席的诗句：“大地微微暖气吹……”毋庸置疑，任凭风云如何变幻，中美两国人民的友谊和情缘是永恒的。我决定对这条新闻再作补充采访。

稍遗憾的是，当我第二天赶去采访时，新郎和新娘已回市区了。好在自己曾经是国际海员，欧美国家的姑娘见得多。补充采访新郎的父母，自然是格外仔细，新娘的身高、外貌与衣饰，她在婚礼上的神情和一个个举动，还有他们的恋爱过程等等，竭尽全力“挖掘”细节。

情节、细节、背景材料都有了，写消息已经不适合了，我决定写个新闻特写，主题表现中美两国的人间情缘，主线为美国新娘融入中国江南婚礼文化。人物的自身和举动与事件的进程都充满着新奇：情景中新娘出现，众人喝彩；婚礼上新娘别具风姿的叫亲，还有新娘家人在婚礼上唱美国婚礼颂歌，等等。

“特写”写好，奉贤县广播台播出了。县媒体记者有一个优势，即新闻稿还可发市级媒体与全国性媒体。第一目标《解放日报》，该报社会新闻栏目正开设有奖征文。该报是上海市委机关报。于是，我把“特写”裁成5段，背景材料也及早一股脑儿交代。《解放日报》发表后，我又投给《中国青年报》。根据这家报纸的特点，我又对稿件进行了修改，把“特写”裁成6段，背景材料则靠后一段出现。一个星期后《中国青年报》也发表了，刊登在第2版头条位置下左边，竖条长方形加花边框。出人意外的是，8月15日的《农民日报》转载了《解放日报》上的一文，标题作了改动。而在此前，《文摘周报》也作了转载。听同事万泉说，他听县机关大院人讲，《人民日报》海外版亦有转载。

我的这篇“逆风”采写的拙作还获得了上海市广播电视学会当年度二等奖。

以英语参与国际传播实践的点滴回忆

张咏华

上海老新闻工作者协会的“见证荣光——上海老新闻工作者协会庆祝建党百年”征文活动，唤起了我对20世纪80年代以自身所学的英语，参与我国国际新闻传播实践的记忆。尽管我的职业生涯以从事新闻传播领域的教学与科研为主，直接参与新闻业务工作的时间甚短，但是这种参与永远留在了我的脑海中。而在脑海中最为深刻的记忆，是我曾有幸为硕士学习阶段的实习单位英文《中国日报》（*China Daily*）编译过文章，讲述我国著名传统民间艺术“泥人张”彩塑的故事，还采写发表过叙述我国优秀民间口技表演大师孙泰先生的人物特写稿。

事情要从20世纪80年代说起。1982年4月初，我作为一名上海外国语大学（时名上海外国语学院）的硕士研究生，到创刊初期的英文《中国日报》进行为期数月的实习。我硕士学习阶段的研究方向是新闻英语。实习期间，《中国日报》安排我负责“文物”版面，从事该版面的组稿及采编写稿，并每天上午参加编前会议。通过实习，我初步掌握了我国英文报刊新闻工作的基本流程，并得以将课堂上和书本上所学的新闻英语知识和技巧付诸实践。更令我兴奋的是，有机会让自己编译和采写的文章见诸这份英文报纸。讲述著名民间艺术“泥人张”彩塑艺术及作品的故事之文章，就是经我编译（作者另有其人）的文章之一，刊载在1982年5月18日的《中国日报》上。这篇题为 *Zhang's clay legacy lives on*（《泥人张的泥塑艺术遗产至今有传承》）的文章，讲述了“泥人张”彩塑艺术从创始到发展并成中国民间艺术遗产代代传承的故事，突出了这一过程的脉络：从该著名民间艺术创始人张明山以其精湛的艺术功力和作品的栩栩如生获得“泥人张”称号，到后面几代传人在勤奋传承其艺术传统的同时以自身的创新探索弘扬和发展这一民间彩塑艺术。文中引述的第四代传人代表的话语，尤其能反映这种传承加创新的态度和探索实践：一方面传承“泥人张”传统技术及艺术风格，另一方面做些改变和发展，在题材上添入反映时代特征的主题并在工艺上融入多样化的技艺，从而使“泥人张”彩塑艺术更加精彩。

采写口技表演艺术家孙泰的人物特写稿的工作于 1984 年展开。1982 年的实习经历让我与《中国日报》建立了长久的联系，加上我于 1983 年完成硕士学业开始在上外留校执教于学校新创办的国际新闻专业后，该专业具有培养能以外语从事国际传播实践的人才之定位，我曾一度在时间、精力等条件许可和机遇出现时继续采写英文报刊文章。这是有幸为《中国日报》采写这篇特写稿的由来。1984 年正值孙泰先生舞台生涯 60 周年。这年 6 月，上海市文联、上海市文化局、中国杂技艺术家协会上海分会联合举办了祝贺孙泰舞台生涯 60 周年的会议等纪念活动。在此语境下,《中国日报》委派我采写孙泰先生的人物特写稿。接受了这一任务，我随后迅速做准备工作，查阅有关信息获得对孙泰舞台生涯的简单了解，进而开始着手联系落实采访日程安排并初步勾勒了采访重点——在 60 年的舞台生涯中的闪光点：包括他的成功体会、成功的因素以及其口技表演的主要艺术特征。经过采访获得鲜活资料后，我在整理采访资料的基础上写出了描写这位口技大师艺术成就的特写稿，发表在 1984 年 7 月 10 的《中国日报》上。文章导语采用了对比衬托的手法，先说在许多人看来，动作类杂技项目诸如绳子上翻筋斗，因惊险刺激而吸引力胜于声音，紧接着点出孙泰的口技表演对于受众来说，吸引力之强丝毫不亚于惊险类动作式杂技项目，从而烘托出孙泰口技艺术表演的非凡成就。在接下去的核心段中，这篇特写说明了当时担任中国杂技艺术协会上海分会主席的这位资深口技专家能模仿世上各类声音，包括从人们熟悉的宠物猫喵喵叫声到空中飞机开过的轰鸣声，范围广泛。特写稿在描述孙泰口技艺术生涯的闪光点中突出了两点：一是祝贺他舞台演出生涯 60 周年庆祝会上中国杂技界名人云集，上海市人大常委会领导和联合举办庆祝会的单位领导都向他表示祝贺，使这位曾在旧社会饱经杂技演员受鄙视及生活贫困之苦的口技艺术家深受感动，赞叹社会主义新中国对艺人的重视和关怀。二是孙泰的名字蜚声海内外，其演出足迹遍及中国各地以及澳大利亚、新加坡、波兰、芬兰和朝鲜等国家。

这篇特写稿较多着墨于叙述孙泰先生的成功体会以及反映他为何成功的因素，主要可简单概括为：捕捉聆听声音；关注嘴形；追求传神；创作中赋予作品生动的故事情节。后两点与其细腻传神的艺术特质紧密相连。孙泰先生对传神的追求，不仅反映在力求生动精准地模仿声音，而且表现在注重把对场景的把控传达给受众，在模仿设定为处于不同地点的两个或更多对象发出的声音时，通过变更音量和音高并用手势示意让受众身临其境地感受到这些声音来自不同的地方。他在接受采访时当场模仿了两只歌鸫鸟音高不同的鸣叫声，给人以被带入一片森林的场景感，仿佛两只歌鸫鸟正栖息在两棵树上交流聊天。此外，孙泰先生创作演出的节目，具有以丰富的想象力给节目配以趣味盎然的故事情节的艺术特征。其代表作品之一“捉蝉”正生动体现了这一艺术特点。他的创作把一系列情节串联起来，表现了蝉在被一男孩抓入手中时装死蒙蔽男孩，然后在男孩被蒙骗而松手时突然飞走。节目中对男孩脸部表情和蝉叫声的摹拟交织在一起，使受众仿佛见证了男孩随情节的发展而欢乐、焦虑、失望与懊恼的情形。

孙泰先生在口技领域创作丰富，他不仅善于逼真模仿世上各类声音，而且具有不用口腔用踏脚声模拟火车声这样的奇艺。

申博成功后　八年拍摄情

陆　杰

如果将我记录上海的全部照片，比作一个跨越40年的时空影像库，那么，对“上海世博会”这一主题长达8年的拍摄，必是影像宝库中我最珍爱的宝藏之一。世博10年后回首当年的荣耀时刻，依然心潮澎湃……

“我们成功了！”2002年12月3日，我正在若干年后成为上海世博会会址的白莲泾地区，拍摄申博结果揭晓的历史瞬间，没曾想，这次普通的采访任务却改变了我之后8年工作和生活的重心。虽然镜头无法记录那些震耳欲聋的欢呼声、鞭炮声和锣鼓声，但是回望这些照片，那一晚的沸腾欢呼似乎立马重现在我面前。每个人脸上的兴奋、喜悦、激动、期待，都在提示着：我摄影生涯中的重大时刻就此开始。

申博成功后，世博会选址的区域规划紧接着出炉，黄浦江两岸（南浦大桥—卢浦大桥）的城市老工业区将建设为世博场馆区，可谓是给了黄浦江两岸辉煌再生的契机。穿越黄浦江的世博园两岸，有码头、仓库、港口，还有白莲泾周边的居民区，以及各种为上海经济发展做出过巨大贡献的工厂企业。看着地图上这条南北向转为东西向的浦江轴线，我心头一热，仿佛看到了上海过去和未来的时空对话，对我这样一个几十年来一直关注上海、记录上海的摄影师来说，用照相机予以记录，似乎已经成了一种使命。

2003年1月，经过规划之后，我的上海世博会拍摄工作全面启动，第一个拍摄对象便是老镇白莲泾。这里也是上海世博会最早开始进行园区改造的地区。而且对于上海人来说，像这样保留得较为完整的带有古朴风貌的老镇已经很少了，而我能做的便是将它们一一记录在相机中。

从拆迁动员、收拾搬家到新房安置，我跟随着白莲泾居民们一起见证了这个历经百年沧桑的地方发生的变化。“螺蛳壳”灶间，“羊肠”过道，陡峭的楼梯……我穿行在狭窄的老屋房间，用镜头捕捉着一切，与一户户居民成为好朋友的时候，也要和他们一起告别白莲泾。犹记得搬家的当天，一辆辆黄色的卡车排队进入小镇，车头上的大红花和“城市，让生活更美好”的标语让这次搬迁显得如此特殊。居民们带着对白莲泾的留恋和不舍，带着对新生活的憧憬和向往，相互告别。

随着上海世博会筹办的进展，位于黄浦江边的上钢三厂、江南造船厂等老企业的出镜率也越来越高了。彼时，我的拍摄进程也随之加快。上钢三厂曾经给工人们带来的无限荣耀和成就感，或许是外人无法体会的。有了巨大的钢铁厂作为背景，工人们在我的黑白胶片中显得非常渺小，所以我经常把镜头靠近他们的脸庞，试图记录他们的神态和眼光。而废弃的钢炉，锈迹斑斑的烟囱，粗细不均凌空延伸整个厂区的一根根巨型输气、输油管道，这些巨大的金属构件组成了独特的厂区风景。每次去工厂，都能看到办公大楼顶上的上海世博会倒计时牌。当日子一天天减少，我就觉得时间越来越紧迫，因为需要用胶片记录的细节太多太多。当我坐着小火车在厂区里穿行，在高大厂房里游走记录着这里的最后时光时，常常会萌生出一种想法：当你习惯了一样东西，你往往看不到它的特别与美好，直到消失不见的那一刻，有些价值才会体现出来。

与上钢三厂粗砺深沉感不同，江南造船厂在世博建设中的变迁更加明快和热火朝天。申博成功那天，江南造船厂里的职工们像欢庆新船下水一样敲起了全套锣鼓。我想，他们那时候可能还未曾想象世博会将给他们带来怎样的巨变，但是国强民富始终是一代又一代“江南人”的梦想，上海世博会正是一个圆梦的机会。为了赶在世博动迁前完成两艘巴拿马型邮轮的制造，8000多名“江南人”正在船台上加油工作，似乎只有忙碌能让他们来不及有更多的惆怅。从世博申办成功那一天开始，这座百年老厂就面对“迁厂腾地”的巨大挑战。虽然那种百年扎根于此的眷恋之情，让“江南人”怎么也无法割舍，但世博动迁给这座百年老厂带来的，却是新的空间、新的发展，也是新的生命延续……

因上海世博会需要改建的重大工程还有周家渡轮渡码头，这座作为上钢三厂和江南造船厂之间唯一的渡口历史悠久，还是两家厂许多员工上班的必经之路。拍摄上钢三厂和江南造船厂期间，我经常乘坐轮渡来往于黄浦江两岸，和轮渡上的工作人员也熟络起来。卖票员、检票员、老船工……我镜头中的他们很多瞬间都是落寞的表情，毕竟他们的青春全都奉献给了这座城市曾经拥挤热闹、有着辉煌过往的水上要道。当周家渡轮渡站关闭的告示张贴出来的时候，与这座轮渡码头告别的日子也来到了。

2010 年 5 月 1 日，荣耀时刻如期来到，长达 8 年的世博拍摄也终于迎来了圆满收官的阶段。6 个多月的展期中，我走遍了世博园区的每个角落、每个场馆，无论白天黑夜、晴日雨天，在我眼里，世博园区的 24 小时都是值得被记录的。

上海世博会圆满闭幕后，我认为我的记录任务仍未结束。“后世博时代”给上海带来的绝不仅仅是绝大部分场馆拆除后的“残骸”，也不是世博园区的空寂，保留开发的不仅仅是“一轴四馆”，越来越多的公共设施、城市绿地和商业开发在世博园区如火如荼，一处处上海新地标也将陆续诞生。世博会“为人类面临的最大挑战找寻解决方案”的属性，在上海世博会上得到实践，“城市，让生活更美好！”上海世博会的这一主题贯穿至今。“后世博”时代，非凡的建筑工程项目见证了花园、绿地、景点和极具创意的公共艺术项目的诞生，不仅整个世博园区，整个上海在世博会后也迎来了新的发展。

上海世博会结束已 10 年，很庆幸我可以用这些照片来回首“点燃激情迎世博”的城市变迁，讲述“万国风采耀浦江”的精彩故事，展望“后世博时代”的华丽转身。翻看我的“世博日记”，不仅是我对上海这座城市的期许和热爱，更是这座有着不懈精神追求的“人民城市”给予我们的力量和关怀。

我为陈云故里招商引资助力造势

陆秋云

青浦县小蒸乡（现合并为练塘镇）是陈云同志的故乡，这里有陈云同志的故居和领导小蒸乡农民暴动指挥所旧址。因地处偏僻、交通不便，小蒸乡的经济长期落后于其他地区，20 世纪 50 年代末 60 年代初，陈云同志曾三次到小蒸乡开展农村工作调查，为中央制定农村政策提供依据。

1992 年春，邓小平同志南方谈话发表，随后，上海郊区许多乡镇大办开发区，迅速掀起了招商引资发展经济的热潮。乡里的领导们也是心急如焚，大家摩拳擦掌，跃跃欲试。但小蒸乡地处偏僻、知名度不高，要想招商引资谈何容易？

我当时任小蒸乡广播站站长兼编辑，乡领导让我兼任乡党委、乡政府秘书，利用我从事新闻工作的优势，参与负责招商引资的宣传工作。说实话，这副担子着实不轻、压力不小。

经过几天的冥思苦想、共同商量，决定从一条电话热线、一本宣传画册、一组新闻报道、一幅招商广告着手宣传造势，为招商引资打开局面。

首先在乡政府办公室设立投资咨询热线电话，为前来投资的各方客户提供咨询服务、政策介绍。然后精心制作一本宣传画册，我负责策划、拍摄照片、编辑文字、组稿排版。这本图文并茂的宣传画册，宣传小蒸乡的红色历史、交通优势、投资环境、优惠政策等。我还想出了一句非常接地气的广告语“投资小蒸实惠不小，注册小蒸优惠不少”，吸引众多客商前来投资开发。

接下来最重要的是组织新闻宣传。时任乡党委副书记鲁千林以前也是从事宣传工作的，他拉住我，经常一起商讨、策划对外宣传。我曾在《解放日报》农村部工作过一段时间，受贾安坤老前辈、宋超老师的指导，也认识市级新闻媒体的一些朋友。于是，我们联系《解放日报》《文汇报》《新民晚报》《新闻报》、上海广播电台、上海电视台等沪上主要新闻媒体，邀请各路记者朋友在小蒸乡、虹桥宾馆举行了两场新闻发布会。记得第一次新闻发布会上，我将事先写好的统发稿提供给各媒体记者，第二天，上海四报两台一起刊发消息，报道小蒸乡招商引资的环境和政策优势、并开通市郊第一家投资咨询热线的消息。一时间，小蒸乡知名度大增，投资咨询热线电话铃声接连不断。到10月份，我们趁热打铁，又在虹桥宾馆举行第二场新闻发布会，介绍小蒸乡近半年来的招商引资成果，吸引海内外的客商前来投资落户。当年就招商洽谈成功了上海蒸林车圈厂、上海墨特山地车厂、上海福达农用车厂等一批项目。以后，又先后引进上海扬子自动扶梯厂、上海服装进出口公司小蒸联营服装厂和中韩合资企业上海现代电梯制造有限公司等一批重点骨干企业。1993年5月，我与乡开发区筹备组的孙亚明带了几十万元支票，制作了广告，冒雨到《解放日报》《新民晚报》《新闻报》等媒体刊登，继续加强宣传力度，扩大影响，为开发区招商引资助力造势。1994年，成立了上海富甲经济开发公司，当年即有60家企业落户，创产值9800万元。富甲经济开发公司经过几年努力，前来注册的公司越来越多，成为乡里的税收大户。

通过宣传造势，许多企业和项目纷纷落户小蒸乡，让小蒸乡的经济插上了腾飞的翅膀。工业总产值从1991年的8200万元发展到1994年的28071万元，财政收入也从1991年不到400万元，到1994年达到1393万元，1995年更是达到3600万元。

我为陈云故里招商引资助力造势，促进经济发展，尽了一点绵薄之力，作出了一些贡献，这是新闻工作者的职责所在。通过自己的努力和奉献，亲眼目睹、见证了陈云故里一家家企业平地崛起、一个个投资项目相继落地，心中感到无比的欣慰和自豪。

浦江两岸尽朝晖

陈茂生

从2002年至2021年的20年里，我有幸参与黄浦江两岸地区开发的报道，亲身感受45公里滨江岸线贯通“还江于民”带来的变化。见证在党领导下，曾经吊车林立、寸草难觅的厂区码头，华丽转身为风景绮丽，绿树成荫的景区；更为幸逢这一历史阶段而自豪。

2002年元旦过后第10天，上海市政府公布了《黄浦江两岸地区规划优化方案》。当时我在香港《大公报》上海办事处当记者，1月11日参加了当日市政府新闻发布会。1月12日，《大公报》A5版头条以“沪将拥有国际一流母亲河”为题，刊发会议报道，导语重点标明“上海市规划局局长夏丽丽宣布：在黄浦江两岸20多公里长地段上，投入1000亿元人民币的世纪一号工程将在近日展开。这是继浦东开发以来的又一项世纪性工程。经过几十年持续的开发和建设后，使上海将拥有和法国塞纳河和英国泰晤士河相媲美的母亲河。”

尽管浦江两岸美景还只是纸面上的蓝图，消息刊登后依然受到香港市民、企业家的热烈反响，尤其是熟悉上海、曾在上海生活的海外华人高度关注，还有不少企业希望能参与这项世纪工程。

经过多方联系，负责编制这一方案的上海市规划设计研究院苏功洲高级规划师接受了我的采访。1月23日，《大公报》A16版刊登了对这一规划的进一步解读和介绍。据苏功洲高级规划师的介绍：这一优化方案是在2001年5月国务院批准上海市新一轮的总体发展规划。而黄浦江两岸地区的开发规划早在1998年就已经开始编制，最初规划设计的范围是从南浦大桥到卢浦大桥之间10公里的江岸线。

2000年初向市领导做专题汇报时，市委、市政府领导明确指出：黄浦江两岸地区是“一块大衣料，不要拆零了做”。然后才有从卢浦大桥到复兴岛，22.6平方公里的大手笔“世纪制作”。并分成五洲大道—翔殷路—杨浦大桥段的北段，以教育、居住和休闲娱乐为主；杨浦大桥—南浦大桥段的终端，以商务办公、商业、文化、居住为主；南浦大桥—卢浦大桥段的南段，以博览、文化休闲、居住为主。

当时小陆家嘴地区建设已初具雏形。2001年10月参加APEC会议报道工作间隙，我沿着漂亮的浦东滨江大道散步，但走不多远就被工厂围墙阻断。我从小就生活和熟悉的黄浦江西岸虹口段，遍布工厂、码头和机关；每天听着往来船只的汽笛声马达声，除了到公平路码头接送亲属外，很少能亲临江边，观赏美丽江景还是个奢望。

在采访中，苏功洲高级规划师介绍了历史文化遗址保护、设置50—100米绿化带让市民享受滨江空间，规划制定还考察了英国伦敦码头区、美国旧金山等滨水区改造。“新世纪黄浦江开发是一次大跨越，在自然、人文、社会和环境上协调发展”。

2005年我搬到浦东新区杨思地区生活，离卢浦大桥不太远。随着中国2010年上海世博会筹办工作推进，目睹周家渡、白莲泾地区翻天覆地的变化。也曾到“三林世博家园”采访动迁居民，分享告别简屋住上新楼的喜悦，参观宽敞的社区会所，在钢琴房聆听昔日纺织女工、售货员经过学习后弹奏的江南小调。浦江两岸开发不仅是物理空间的腾挪，更实现了几代人精神文化的飞跃。

在虹口老家，以往提篮桥街区灰暗、陈旧的码头成为造型独特的国际客运中心，码头作业区改建成休闲步道和骑行车道。2020年11月21日，《新民晚报》刊登我撰写的《从三江六码头到五洲四大洋》，最后一段写道：“三江六码头到五洲四大洋再到北外滩滨江，多少年过去，码头在变，城市在变，更重要的是人在变，不仅摆脱物资匮乏变得从容自信，而且有了改变环境的眼界，奔跑向前的勇气。”而对提篮桥地区历史沿革、发展变化的采访文稿，已收录进即将出版的《提篮下海》一书。

而江水荡漾、建筑灵秀、绿化婆娑的和谐景象来之不易。规划的2260公顷土地涉及上海5个区，其中49%为企业用地，仅搬迁上海港62个码头就需要安置近20万码头工人；还有冶金、纺织、化工等企业职工，以及众多的居民动迁安置。工作量巨大，难度很高。

在上海市委、市政府的领导下，20年前规划的黄浦江两岸“世纪之作”成为现实，并朝北、向南不断扩展。2013年市委、市政府明确黄浦江两岸地区作为上海市六大重点功能区之一，两岸开发工作重心聚焦公共空间建设。2014年，《黄浦江两岸地区公共空间建设三年行动计划（2015—2017年）》问世，要将黄浦江两岸地区打造成世界级的滨水公共开放空间。2016年，进一步明确要把黄浦江两岸建成全市人民共享的公共空间，到2017年底，从杨浦大桥到徐浦大桥45公里岸线基本实现贯通开放。

如今，杨浦滨江、北外滩区域、浦东后滩区域变身为绿树成荫、江风拂面的休闲观光景区。我曾经从东方明珠沿着红色的滨江步道一路走到中华艺术宫，既一路欣赏江天一色风光，又锻炼了身体。

当浦东后滩世博会园区正如火如荼建设时，从后滩到徐浦大桥的浦东滨江前滩地块建设已在悄然启动。那时我在《I时代报》工作。每天晚上乘车经过卢浦大桥浦东引桥，看到东方体育中心逐渐建成亮灯，前滩地区唯一高楼上钢三厂办公大楼悄然倒下；友城公园、休闲公园和体育公园连成一片，更多高楼拔地而起。杨思滨江步道人行桥建成后，沿江可以从前滩走到后滩甚至走到更远的高桥，这里有高端商业广场、医院和学校；也有价格亲民的早餐供应点、咖啡茶室，国际标准又适合大众的体育健身设施。

从2002年报道《黄浦江两岸地区规划优化方案》，到在前滩步道跑步健身；20年时间见证、感受上海市委市政府一步步落实“还江于民”的承诺，自己更是个受益者，也有满满的获得感、幸福感。在纪念建党百年的时刻，更有信心憧憬未来的20年、30年浦江两岸还会有更旖旎的风光。

两岸同胞共同的梦

陈祖民

30多年前，我撰写了《上海台湾情缘悠悠》一文，记录了那些年上海与台湾交往的同胞之情，刊登在《今日中国》期刊。如今回眸那些经历，重温党的和平统一大政方针，特别是习近平总书记指出的“中国梦是两岸同胞共同的梦，需要大家一起来圆梦”等一系列重要论述，更加深刻地感悟到：党的对台方针政策一脉相承，历久弥坚！

上海和台湾关系源远流长。20世纪40年代，由于众所周知的原因，近10万人从上海移居台湾，他们从此与大陆家眷包括沪上20多万亲人骨肉分离、妻离子散。1979年，全国人大常委会发表《告台湾同胞书》，中国共产党站在全民族繁荣复兴的高度，从两岸同胞根本利益出发，提出了和平统一祖国的大政方针，在海峡两岸引起强烈反响，迫使台湾当局有限度地开放探亲。1987年11月7日，“台胞探亲第一人”在上海虹桥国际机场落地，开启了沪台两地人员往来的同胞交往。《上海台湾情缘悠悠》就是从“台胞探亲潮”写起：

1949年初，上海大场机场，接到随军起飞命令的飞机检修员郝先生，同专程赶来送行的赵小姐依依惜别。谁知这一别就是40年。岁月沧桑，漫漫无际，望穿秋水，音讯全无。但他们梦萦双双，无法忘怀。终于郝先生得到了赵小姐的信息，1991年初这对60开外的恋人走进了婚姻登记所，圆了40年的鸳鸯之梦。

一个春寒料峭的傍晚，随旅游团抵达上海的70多岁台胞华先生，几经周折后终于寻到了40年前的家门。一进家门，兄弟俩抱成一团，哥哥捧着老母亲的遗像声泪俱下地呼唤着：“妈妈，我来晚了，没尽到儿子的孝心啊！”弟弟流着泪水告诉哥哥："40 年里母亲日夜思念你，直到临终！"……

1993 年，103 岁著名摄影家郎静山从台北回上海探亲，我有幸陪他在上海故地重游，亲身体悟到"同根同源、同文同宗，心之相系、情之相融，血脉相连"的真谛所在。

作为百岁老人，郎静山对母校南洋中学是终生难忘的。10 月 14 日，一到上海下榻的宾馆刚坐下，他就急着考虑第二天的安排，提出先要到南洋中学去。郎静山 1905 年负笈上海，后进入南洋中学读预科。由于他国画成绩优秀，国画老师李靖兰很喜欢他。而李靖兰酷爱摄影，常常在课余时对门下七八个子弟进行摄影教学，郎静山就是其中一个。事过 90 年，郎静山来到南洋中学，感慨系之喃喃地说道："从前的事还有点记得，当年就是在这里跟李先生玩起照相来的，星期天跟李先生出外照相后，晚上还自己放照片……"1926—1937 年，郎静山在上海《时报》当记者，被誉为中国新闻史上最早的摄影记者之一。

对于郎静山来说，上海是他同摄影结下世纪之缘最重要的地方，不仅在此步入了摄影生涯，还在上海发起成立过"中华摄影学社"，对发展和交流中国的摄影事业起到过一定作用。1930 年，郎静山被聘为上海松江女子中学的首位摄影教师，开创了中国摄影教育之先河。1939 年，郎静山创作的"集锦摄影"作品，被国际同行誉为是"最现代的""最中国化的"……当沪台两地新闻媒体同时报道着一个长衣布履的百岁老人跨越台湾海峡，寻觅着半个多世纪前留在上海滩上的足迹时，人们就不难发现上海与台湾的缘分是如此深厚！

面对一波又一波的台胞探亲潮，上海伸出同胞的真挚之手：市政府台办成立接待处、各级区县政府相继成立台湾事务办公室，为来沪台胞提供各种服务和便利，并依法维护台胞合法权益。沪上各大新闻媒体先后开设"寻亲专栏""故乡的云"等栏目，及时传播寻亲信息；市红十字会每年受理台胞寻亲案数以万计；上海渔民接待站专为来沪避风的台湾渔民提供热情服务。此外，交通、卫生、邮电、经贸等部门，也纷纷出台服务台胞的便利措施……1990 年 3 月，上海第一块工业用地——漕河泾新兴技术开发区 B7—B10 地块，签约兴建"台商工业城"。两年后，上海昆剧团一行62人应邀赴台，成为大陆第一个赴台交流演出的文艺团体。1997年中秋节当晚，上海东方电视台、中央电视台和台湾电视公司、台湾《中国时报》社联合制作的《千里共婵娟——中秋夜·两岸情》'97中秋特别节目，通过卫星双向传送，在上海外滩和台北歌剧院音乐厅广场同时举办……

沪台两地的频繁交往是两岸同胞密切往来的缩影。数百万同胞兄弟的你来我往铸就了两岸经济文化交流的磅礴之势，生动地诠释了习近平总书记“两岸同胞一家亲，根植于我们共同的血脉和精神，扎根于我们共同的历史和文化。这是与生俱来，浑然天成的，是不可磨灭的”重要论述。

随着浦东开发开放和上海经济社会的不断发展，来上海投资、经商、旅游、就业、求学的台胞与日俱增。统计资料显示：2000年当年入境上海的台胞超过70万人次，在沪常住台胞人数近30万，上海批准设立的台资项目累计达3700个……上海俨然成为海峡两岸人员往来、文化交流、经济合作的重镇。从“汪辜”上海会晤到“连宋”访问上海；从时任上海市市长韩正访问台湾，到台湾各政要访问上海；从沪台各类包机到两地每年轮办“沪台双城论坛”等等，上海参与和主办了一系列具有重要影响，产生重大历史和现实意义的两岸交流活动。2002年，上海获得2010年世界博览会的承办权后，祖国大陆即期待、并创造条件推进海峡彼岸的台湾同胞能共享世博盛会。台湾应邀参加了2010年上海世博会，数百万台湾同胞来上海共襄盛举，这是两岸建立互信，搁置争议，求同存异，共创双赢的成果。我有幸参与《上海世博会志》的编撰，记录了这段难忘的历史。

解决台湾问题、实现祖国完全统一，是中国共产党秉持初心，不懈努力的神圣使命。从邓小平“和平统一、一国两制”方针到江泽民发展两岸关系、推进祖国和平统一进程的八项主张，从胡锦涛两岸关系和平发展重要思想，到习近平对台工作新理念、新思路、新战略，中国共产党始终坚守和担当着不断推进祖国统一大业的神圣使命。

进入21世纪，习近平总书记指出：“国家统一是中华民族走向伟大复兴的历史必然”，“我们追求的国家统一不仅是形式上的统一，更重要的是两岸同胞的心灵契合”。2021年对台工作会议进一步强调，要以习近平新时代中国特色社会主义思想为指导，认真贯彻落实党中央对台工作决策部署，坚持一个中国原则和“九二共识”，坚决遏制“台独”分裂活动和外部势力干涉，积极促进两岸关系和平发展、融合发展，推进祖国统一进程……

遵循海峡两岸人民意愿，最终实现国家统一，人民幸福，民族复兴，繁荣富强的目标，中国共产党秉持百年初心，使命必达！

我为“江上彩虹”拍美照

周铭鲁

2003 年 6 月 28 日上午，是万众瞩目的“江上彩虹”卢浦大桥建成通车的喜庆之日。作为新民晚报社摄影记者，我有幸参加采访，为它拍下了一张具有历史意义的照片。

那天上午，我提前 1 小时到达了采访点——卢浦大桥西侧的典礼仪式区。现场张灯结彩、锣鼓喧天。参加庆典的数百工人、市民，以及系上了红彩球的轿车车队，已集结到位……我无暇分享热闹，一心惦着采访的事：角度、构图，怎么才能拍出张满意的新闻照。

我不想在庆典区记者席拍摄，感觉效果一般，于是环顾四周仔细寻觅。视线落在大桥西南侧，一群高层住宅楼上，心想，如果能上得顶层，从侧面俯拍，效果一定不错。

看看就在眼前，上去却不容易。不是吗？先要找匝道下桥去，再从地面折返到住宅小区。虽然有采访车，费时也是必需的。还有不确定因素，小区的保安和物业是否应允配合，予以方便呢？如若上不了楼顶，只能原路返回，白白浪费时间。无论什么结果，都不能耽误拍摄的时间点，作为工作多年的记者，这点是非常清楚的。

两难之下，还是决定博一博。经计算时间后，驱车下了桥。老天保佑，我顺利登上了高层住宅的平顶。刚舒了口气，心又揪了起来。只见平台边有约 1.5 米高的围墙，视线被挡，看不见卢浦大桥的全貌。试着将照相机尽量往外伸，但围墙很厚，相机怎么也够不到墙的外侧，桥的下半部还是拍不到。

唯一的办法只有登上围墙拍摄。那可是危险动作啊！设想只身站在数十层楼高的高楼围墙上，身边没有任何可以依靠的地方，好比站在悬崖峭壁的边缘，而且围墙的上平面呈 30 度倾斜（外高内低）脚下斜斜的，就更不好掌握重心了。

凭着自己不恐高和多年采访市政建设积累下的攀高经验，几乎没有犹豫，就设法站上了围墙。哇！瞬间，美丽的彩虹桥如画般地展现在我的眼前，完美得令人陶醉。晨雾尚未散尽，薄纱般柔柔地落在穹桥上；天际微微地泛蓝，似俯身含笑祝福。彩虹形大桥，刚柔并济，由近及远，飞跨浦江，气势恢宏；宽宽一江水，拍浪而过，频频献上欢歌！

卢浦大桥在诸多跨越浦江的桥梁中并非体量最大的。但她不同于斜拉桥的彩虹桥结构，是独有的。具有 500 米主跨的超大彩虹桥，又是同类型中首位的。卢浦大桥的设计施工没有先例可循，大吨位钢构件的高空提升、现场焊接，三维受力体系转换等数十项技术难关，向工程技术人员提出艰巨挑战。另外，卢浦大桥位于闹市中心，工程建设过程中更不容丝毫闪失，曾出现多少个揪心的日日夜夜！卢浦大桥顺利建成了！这真是一段佳话。

我一直关注着大桥西侧的那“一抹红”(红地毯，红灯笼，红绣球，红锣鼓车)，正是通车庆典的所在。庆典仪式开始了，当宣布“通车!”刹那间万千彩色气球腾空而起，多若繁星又集结成群，不断变化着图形，如祥云似飞天，轻盈灵动，曼妙多姿，我忙不迭“咔嚓咔嚓咔嚓”。

自从 2000 年 10 月 18 日，卢浦大桥打下第一根桩起，我曾用相机记录下她建设的每一个重要时刻。

卢浦大桥通车典礼照片，刊登在当日《新民晚报》头版显要位置。次日，又登载于《人民日报》华东版。

这张照片被新民晚报评为“好新闻照片”，我很欣慰。

短视频微电影：于细微处见精神

周雯华

转眼，2021年已是中国共产党建党100周年，掐指一算，哇，自己的党龄已有45年！从1983年招聘进上海电视台至今已38年。记得报到那天，市广电局组织处领导与我亲切热情握手："欢迎你！小周！"从那时起，我一头扎进位于繁华都市的上海电视台大院，默默工作到退休。2018年，即35年后的上海电视台优秀共产党员表彰会上，集团领导也亲切热情与我握手说："祝贺您！周老师！"我问领导："退休那么多年了，为什么评我优秀？"领导说："你培养传媒业影视新人有贡献、指导学生的作品屡获大奖、你屡获优秀指导教师称号呀！"于是我想到了：那是短视频、微电影的魅力！

5年前的中国互联网研究中心数据显示：我国网民中有70%以上、大约4.5亿人都是网络视频用户，其中包括对微电影的关注。微电影能在短短的几年中迅速流行、引人注目，在于其有充分的潜在价值，那是它作为艺术的表现形式，具有时代性和纪实性的双重审美价值。

2010年我在上视纪实频道结束职业生涯后，买了苹果视频剪辑机，在家里捣鼓起了好多年积累的视频素材。于是不久，我获得中国纪录片委员会颁发的最高学术奖——中国纪录片十佳长纪录片奖。作为职场退休的一员，站在央视直播领奖台上捧着奖杯，我觉得这是我光荣退休后获得的最好礼物。

之后，我被邀请进入高校教学领域，朝着业界专家与高校学者"两栖"人才方向努力进取学习着……在飞机上、地铁上、出租车里，电脑前、多媒体教室、校外教学点、咖啡室、前后期制作现场，一心一意把自己的新媒体影视教学打造扎实、把作品拍出来、把奖项争回来、把年轻人带出来……那一年，我在成都参加四川电视节，快结束时，接到一个特殊邀请，来自重庆大学，电话那头是10年前我在同济大学文法学院带教《戏剧影视文学》课和《导演学》课的学生小蒲，他原本在同济大学专攻哲学，上了我的课、跟我在电视台实习、制作播出纪实短片，从此一发不可收，在同济大学读博后直接改专业去了重庆大学新闻传播学院当老师。他在电话里说："周老师，我自己讲课感觉怎么也讲不到您这种驾驭学科的状态，我后来悟出了：当学界和业界人才联手之时、当学业和专业兼容之际，才会有金砖。这次请您来为我的教学补补课。"于是第二天重庆大学多媒体阶梯教室里满座，同学们一见我进教室，全体起立，齐刷刷地一句震天响："太老师好！"我很激动，这是平生从未有的尊称！我立马给了学生小蒲一个拥抱，学生又给了我们师生久久的掌声，因为他已经是受重庆大学学生们爱戴的蒲教授了！那晚，重庆大学微博传出："重大来了太老师！上海电视台的……"这是短视频微电影教学带来的人文情怀，金钱买不来！

2016年，我走上了第24届中国金鸡百花电影节首届微电影"最佳导演奖"的红地毯，是因为一部微电影《一个护士的故事》，影片讲述一位连年获市劳模称号的护士长的故事。生活中的主人公无数次接受过新闻媒体的采访和专题片报道，她不再愿意高调接受一遍又一遍的重复说教式报道，但当她走近自己故事中角色的时候，却是那样的投入！她感觉自己就在上班。影片试播时，她看了自己的镜头后平静地说："嗯，这就是我。"而她的院长、书记、同事们都惊讶地说："从来都没见过她当演员，怎么在影片中、在镜头里，她表演得那样自然逼真！"导演通过让非专业演员成为专业角色而成就影片，这就是该片获"最佳导演奖"的原因吧。这是用微电影真实记录新时代故事的价值所在。

同年，该片在冠以好莱坞世界电影大国里的美国亚洲丝绸银幕电影节展映，电影节执行主席哈里斯先生以英语幽默地向各国电影人介绍我："大家好！我推荐一位来自中国上海的漂亮导演和她带来的漂亮影片，该片能有怎样的启迪？请欣赏。"开始观摩了，我吓得溜到后座不敢面对这个场面，因为觉得影片实在拿不出手太尴尬。没想到，播完后观众集体起立为我鼓掌，那时候我心里还在想：这是出于礼节吧。散场后，好几位影人告诉我："你的影片让我们感受亲切温馨。""你影片的题材启发我们可以开拓许多类似生活中的小故事。"我有了点自信：影片表达良好的医患关系是全球主题，微电影这类题材也是值得海外朋友学习制作的，还有不少海外影人的好评，说明微电影体现了它的时代性和国际性，从小故事小人物的细微之处展现大时代精神。

2018年，我以中国知名高校影视专业教授的名义，接受了亚洲文化联盟电视专访，专门探讨了什么是微电影、微电影的价值等等话题。回国后，我在想，既然全球都在关注微电影，我们何不带一些微电影作品走出国门去做一些正能量传播呢？于是，我选择了国内十几所知名高校相关专业大学生制作的、全部由我十几年在各高校亲自指导的获奖微电影作品，精剪到100分钟，在2019年5月的亚洲文化节开幕式期间展映，并举办了亚洲文化节微电影研究讲座，解读展映影片的题材策划、影片结构和拍摄技巧，介绍微电影的全球传播价值等。百分钟中国高校学子微电影展播与讲座交流项目，首开亚洲各大文化艺术节之先河，表达中国大学生运用微电影影像艺术和技术关注人文社会、讲述精彩故事、传递正能量，既丰富了亚洲文化节内涵深度，又展示了中国当代大学生们的影像表述才艺和匠心精神，也在一定程度上传播了中国故事。微电影展映中，文产管理专业的《皮影新传》播放现场，一位华人教师触景生情潸然泪下，握着我的手说：影片真棒！拍出了我当年的拼搏与追求，让我产生了共鸣！从微影看出国内大学生有深刻的思想。上戏导演系的《修鞋匠》，以短短9分钟时长，表现了上海一位60年在自家弄堂口修鞋摊的快乐老人，他的生活服务情状，可谓于细微处见精神！主创学生在内华达州做创作交流、接受电视采访，她也高兴地感觉过了一把导演瘾。组委会对我们团队的评价是：交流参展的中国文化艺术内容丰富、底蕴深厚、形式多样（还有书画摄影、民间手工艺），尤其喜欢中国年轻人制作的微电影。团队成员大都获得组委会颁发的亚洲文化艺术交流促进奖。

2018年，我接到美国佛罗里达州立大学电影学院导演系学生来函，邀请我和她母亲一起去美国参加毕业典礼（本科在上海读，是我带教的新媒体专业编导班学生），我欣然受邀前往。在佛罗里达大学礼堂隆重的毕业典礼仪式上，学生优秀作品展映开始，我欣赏到了她的毕业大作《莉莉 Lili》，讲述了她自己留学期间的心路历程，也使现场不少学生家长动容。该片做了略微修改后，在北京获得国际大学生微电影盛典剧情类一等奖：又是一部体现小人物小故事，展现不同国度、不同文化背景碰撞融合的、多元文化大时代背景的好片！

在指导上海戏剧学院的大学生微电影《戏迷妈妈》时，以“我”的视角讲述戏迷与中国传统越剧的不解之缘，并以“女儿”的视角，致敬所有怀揣艺术梦想、不懈追求的草根艺术家。年过半百的夏妈妈一生梦想成为越剧表演艺术家，但因为种种原因，终日只能沉浸在忙碌的追梦过程：搭戏班、揣角色、备服饰、抓排练、送戏下乡、登台演出……一切尽是乐在其中。戏迷是越剧曲种的土壤，越剧艺术因代代戏迷的追崇而流芳百世。该片因小制作小成本而荣获国际青年影像节二等奖。

多年来，本人在教学领域引领学生利用微电影为党、为百姓生活起到了积极的宣传作用，频频受邀开讲座。譬如，联合国教科文组织“媒介与女性”关注“她”力量论坛，我应邀在论坛上通过国内的和我们文广集团的以往一大批优秀女导演、女主角等女性故事题材优秀微影创作，做论坛发言解读，给了与会嘉宾和国际女性来宾代表耳目一新的视角和感觉。

记得 2016 年，我应邀赴美拍摄《飞虎情缘》纪录片续集时，受中国国家图书馆委托联手采集短片资料，来到华盛顿的世界著名华人华侨领袖、社会活动家、美国国际合作委员会主席陈香梅女士府上，见到 90 高龄的老人家，虽在服饰打理上非常之漂亮得体，老人家虽气质超好，但精神欠佳，由于之前的记者频频采访她关于丈夫陈纳德将军的故事，这些话题对她来说已重复大半辈子，足见其有种难以应对的疲劳感，我看在眼里有点心疼：老人家毕竟年纪大了，这种应付采访对她来说实在是有点残忍，如果我也这样采访估计她会睡着，我急中生智换了一个更属于她自己的话题（女性话题），果然她听了睁大眼睛笑了，说：“这个问得好……”然而，我是第一次见她、也是最后一次，第二年，老人家去世了。

微电影短视频是一种现代多媒体传播方式，在新媒体传播模式中属于较时尚的宣传模式，其美学价值在于它的时代性与纪实性，当然也不失其娱乐属性。我认为：短视频微电影的盛行与传统媒体没多大矛盾，无论传统媒体怎样遭受挑战、无论微电影如何时兴，一切技术艺术都是为内容服务的，我们所处的仍然是内容为王的时代，只有传统媒体和新媒体深度融合、互建平台，才能双赢。

寻找冠军金杯

郑辛遨

1985年8月,《解放日报》“放眼世界”专栏与上海电视台《国际瞭望》节目联合举办“上海杯”国际知识竞赛，开创了报纸与电视多媒体联手的先河。我有幸参与了整个活动的策划、组织工作，并设计了竞赛会标，书写了大红横幅，落实了冠军金杯，采写了新闻报道。

上海是一个开放型的城市，随着对外开放的不断扩大，国际交往愈来愈多。各行各业的职工，尤其是青年，都迫切感到学习国际知识的重要性。为此,《解放日报》与上海电视台联合举办“上海杯”国际知识竞赛，以促进国际知识的普及。

竞赛分团体和个人两个组别，团体以本市各局为单位，分别组成一支三人的代表队参加；个人自由参加。对象以青年为主，也欢迎中老年同志参加。竞赛优胜者将发给优胜证书，团体优胜者将发给冠军金杯。

《解放日报》在“放眼世界”专栏上连续刊载有关国际知识竞赛辅导资料，供准备参加竞赛者参考。

首先在《解放日报》“放眼世界”专栏刊登100道国际知识试题，参加者将答案寄至解放日报社，由组委会邀请国际问题专家批阅；然后通知入围者到静安区文化馆参加初赛、复赛；最后组织前16名进行决赛，由“60秒智力竞赛”主持人陈天明担任主持，现场录制视频，在《国际瞭望》节目播放。

有一件事值得一提，由于当时市场上购买不到奖杯，时任上海广播事业局局长兼上海电视台台长龚学平提议，买不到就做一个。于是由《解放日报》和上海电视台联合出面，向中国人民银行上海分行黄金管理处申请购买黄金，请上海油雕室赵志荣教授设计、雕塑一尊冠军金杯。具体操作均由我联系落实。

首届“上海杯”国际知识竞赛历时3个月经过预赛、初赛、复赛和决赛4个阶段的激烈角逐，共评出一等奖团体、个人各4名；二等奖团体2名、个人6名；三等奖个人20名。

上海市市政工程管理局代表队王晓华、刘大立、陈汝南一路过关斩将，捧走了团体冠军金杯。驻沪海军司令部干部顾建学摘取了个人桂冠。

时任《解放日报》总编辑陈念云主持颁奖大会。时任上海广播事业局局长兼上海电视台台长龚学平宣布获奖名单。当晚，上海电视台新闻频道播放了颁奖大会新闻报道。评委会主任、上海国际关系学会名誉会长赵行志在颁奖大会上作的总结讲话中，勉励参加竞赛的选手要带动更多的同志，特别是青年人，来学习国际知识，关心世界大事；并希望在经常开展这类活动时，力求内容丰富，形式多样，做到“苟日新，日日新，又日新”。时任评委会副主任、上海市外事办公室主任赵云俊也在会上发言，希望青年人学习国际知识、钻研国际问题。

在颁奖大会上发言的获奖代表有退休干部，也有小学生，他们纷纷表示要通过学习国际知识，做到站得高看得远，要能站在马列主义立场的高度放眼世界。

这次竞赛的优胜者，每人授予一张优胜证书，奖品除有关工具书之外，还获赠阅1986年度《解放日报》《上海电视》和由上海国际问题研究所主编的《国际问题资料》以及上海外国语学院主编的《阿拉伯世界》等报刊。部分优胜者还将推荐加入上海市国际关系学会，并发展为《解放日报》“放眼世界”专栏和上海电视台《国际瞭望》专栏的特约通讯员。

首届“上海杯”国际知识竞赛，当时在社会上引起热烈反响。1986年，《解放日报》和上海电视台再度携手联合举办了第二届“上海杯”国际知识竞赛。

遗憾的是，由于当时没有留下联系方式，无法再联系上这些获奖选手。时隔36年，2021年2月14日，我在朋友圈里发了一条微信，寻找勇夺团体冠军的3位勇士。

不到一天，在多位热心朋友的帮助下，顺利地找到了当年夺得团体冠军的三位勇士。15 日上午，我怀着无比激动的心情，与刘大立通了电话。刘先生告诉我，那尊冠军金杯，当时收藏于市政工程局陈列室。可惜的是刘先生与其他两人先后离开了市政工程局排水管理处，分别调至市政协、出版社和港务局工作。冠军金杯也因 2007 年市政工程局拆并而不知去向。

相隔 36 年之后，2021 年 3 月 6 日，我邀请了七位选手、三位组织者，相聚在上海大厦霞飞厅，激情忆当年……那尊令人难忘的冠军金杯，如今究竟在哪里？我们希望热心的朋友继续帮助寻找。

加强纪律性、革命无不胜

侯更生

1949年的春天，辽阔的苏北平原，处处充满着生机活力和生活的喜悦，新华社1949年发表新年献词《将革命进行到底》。4月，南京政府拒绝接受国内和平协定八项条款，毛泽东主席、朱德总司令发出了向全国进军号令，“打过长江去，解放全中国”，广大军民积极行动起来，做好渡江前的一切准备。我当时是在南通专区江海报社任助编，有时也外出采访，社领导找我谈话，抽调我随军南下，参加新闻工作队，在新华社松江支社社长李尊一同志带领下，到上海市郊区松江地区接管国民党统治区的报社，创办党和人民自己的喉舌《松江通讯》。回忆当年渡江南下，行军途中的情景至今历历在目。

两首诗词铭记在心

1949年4月21日，在西起九江东至江阴的500多公里长的江面上，百万雄师在枪炮怒吼、弹雨纷飞中强渡长江，一举摧毁了国民党反动派苦心经营的长江防线。我们新闻工作队是随军在4月22日晚过长江的，过江后形势发展飞快，敌人在陆地上已一败涂地无抵抗之力，靠飞机白天轰炸扫射，妄想干扰我军前进步伐。我们只能边行军、边学习、边作接管计划。我们主要是学习接管城市的方针和各项政策，学习入城守则纪律。在学习中，有两首诗词印象特别深刻，易学易懂易记。一是毛泽东主席的“军队向前进，生产长一寸，加强纪律性，革命无不胜”；二是陈毅司令员的“眼不花，嘴不馋，手不痒，脚不乱”。每一个战士都能记得牢，背得熟，理解深，执行好。我们从江阴过江后，直插无锡，驻扎在山清水秀的太湖畔，驻地满是敌人仓皇逃窜时遗弃的各种财物，除少量军用物资外，还有奶粉、饼干、罐头食品，与其形成鲜明对照的是我们随身带的是麦片和锅巴。那时后勤供应因战时交通受阻，跟不上队伍供给的事时有发生，肚子常饿得咕咕叫，虽然好吃的糖果、饼干食品就在眼前手下，能玩、好玩的山水风景就在脚下，但一想到这两首诗词，没有一个战士去拿一块饼干、一粒糖果，双脚没有跨出太湖驻地一步，大家甘愿在食品堆前忍受饥饿。

夜进苏州城，露宿街两旁

江南的春天是多雨天气，连续不断的细雨淅淅沥沥下个不停。那天到达苏州城已是晚上10时，经过几个小时的雨中长途行军，战士们的背包、衣裤早已湿透，阵阵春风吹打，腹中空空如也，饥寒交迫之感袭上心头。猛然间，我们在雨雾中隐隐约约看到了高大雄伟的苏州城墙。“上有天堂，下有苏杭”，我们仿佛置身天堂之中，兴奋激动之情顿起，忘却了寒冷饥饿。今夜好好休息，明天好好看看苏州。就在我们兴高采烈畅谈明天时，传来上级指示，各连队就地在苏州街头居民屋檐下休息，不准半夜喧闹敲门，更不得进民房惊动百姓，晚餐就吃自带的干粮锅巴。雨还在不停地下，地上到处水汪汪的，背包无法放下，于是我们就站在百姓的屋檐下任凭风吹雨打，口中啃着干粮锅巴，汗水雨水从脸两侧往下流，分不清嘴里咽下的是雨水、汗水还是开水。第二天清晨，居民开门出来，看到我们一个个浑身湿漉漉的，他们激动地连声说，从来没有看到过这样的好军队，他们拉着我们进屋坐，有的端来开水，我们都一一婉言谢绝。这是我们给苏州市民的一份见面礼。

天上乌鸦多，还是敌人飞机多

在苏州休整几天后，我们沿着原苏嘉铁路的老路基，向南直奔嘉兴，再顺着沪杭铁路向目的地松江挺进。当队伍经过平望、临近盛泽镇时，天空中出现了6架敌机，在我们头顶上呼啸盘旋，机枪不断地向我们扫射并投掷炸弹，战马被惊得四处狂奔，有几匹当场中弹倒下。我们的李队长立即指挥队伍隐蔽，并在敌机盘旋的间隙，李队长站在路旁高墩上大声说："同志们，我出一个题目考考大家，你们说，天上乌鸦多，还是敌人的飞机多？"我们齐声回答："当然是乌鸦多！""那么我再问问大家，你们中间有谁身上被乌鸦的屎拉到过？""哈哈……"李队长幽默的问话把我们逗乐了，战士们你看看我，我看看你，当然谁都没碰到过啦。这时，李队长用藐视的口气说："敌人的飞机就这么几架，没什么可怕的。"指挥员的短短几句话，把大家的劲头鼓得足足的，"向前、向前、向前，我们的队伍向太阳……"在一片欢乐的歌声中，我们的队伍继续前进。

1949年5月14日，我们按时到达目的地松江城，《松江通讯》按时出版发行。

一个事关民生的小栏目

俞大明

我在上海电视台工作了30年，担任过多个电视栏目的编导，制作了上百集电视节目，退休后回忆自己的电视生涯，留在脑海里印象最深的，不仅是精彩纷呈的文艺晚会，曾经采访过的国际大牌明星，还有那些花费了大量心血又事关民生的小栏目。打开回忆的闸门，往事记忆犹新……

1998年，上海电视台社教节目中心推出日播栏目《今日都市》，其中有个《都市热线》板块，报道社会热点和反映民生民情，镜头瞄准社会热门话题，话筒留给普通市民百姓。

栏目组收到洛川路某小区的居民投诉：居住小区原有三扇进出大门，分别通往不同方向的道路。不久前，西大门的出口被封闭，新开张的"好再来"面馆堵门占道，小区居民西向进出要绕远道而行，日常生活受到干扰。我和摄像师来到小区实地采访，把众多居民的投诉录了下来，又来到堵路的面馆核实情况。店堂内没张贴营业执照，店主手持菜刀口吐狂言：我是刚释放的劳改犯，谁来找都不怕，哪个不让我做生意就和他拼命。我的心里直打鼓：为了自身安全知难而退，还是为了群众利益仗义执言？群众利益无小事，是非面前经考验，临阵逃避不是记者的作风，共产党员应该知难而上，我以事说理，以理服人，告知了相关的政府法规政策，随即到相关部门投诉沟通。通过多番周折，无证面馆终于责令停业，堵住的通行要道又重新打通。《广电信息》刊登了居民群众给上海电视台领导的表扬信，赞扬记者无私无畏办实事。几十年过去了，我仍珍藏着上百位居民签名的表扬信和朱咏雷台长的批语：急居民所急，为人民群众办实事，体现了党的优良传统和记者的工作作风，应予表扬和发扬光大。

电视台是党的喉舌，民生栏目是沟通政府和百姓的桥梁。上情下达，让群众理解政府的法规政策；下情上递，督促有关方面落实执政为民。铁肩担道义，用实际行动为人民服务。

商品社会鱼龙混杂，识别假货和避免消费陷阱需要斗智斗勇。房屋装修的奥秘不少，不法商家花言巧语请君入瓮，善良居民容易受蒙蔽上当。南丹路某公寓的观众来信投诉某知名房屋装饰有限公司：装修合同预订前巧立名目，付款开工后偷工减料，追索责任时涨价加钱。我选择了业主投诉的典型案例进行实地采访，用确凿的事实阐明基本公理，举一反三提醒其他业主提高防范意识，避免吃亏上当。有关公司闻讯后找熟人联系我私下解决，我谢绝宴请和红包，要求有关施工队抓紧整改。慑于媒体曝光后会影响公司生意，公司很快解决了久拖不决的后遗症，解决了消费者的后顾之忧。对于不良商家明显的欺诈和违法行为，《都市热线》在节目中予以曝光，并联系工商局等部门，通过执法部门帮助业主挽回了经济损失。

上海是国际大都市，城市人口在不断导入，由于历史的欠账，老百姓的住房困难凸显。工薪阶层暂时买不起昂贵的新房，能否用房屋置换、梯级消费的手段来改善住房条件呢？我走访了多个房地产市场，了解第一手的房产行情和老百姓的实际需求，感到电视栏目为老百姓牵线搭桥大有可为。节目组在《每周广播电视》征求免费评估房源，观众来信踊跃，我分门别类进行整理，根据房屋的历史权属、结构类型、地段差异、发展趋向和价格走势等要素撰写了通俗易懂的文稿，邀请资深的房产专家到不同的房源现场评估房屋的时价，结合典型的案例介绍二手房买卖的窍门和旧房置换的经验，创新的举措受到观众的广泛欢迎。8 集《房屋评估热线》电视专辑播出后，《今日都市》的收视率连续创出新高，最高超过了 30%，荣获当年上海电视台优秀节目奖。

党栽培我成长为工人记者

俞家骅

年逾九旬的我，降生于中国共产党成立第 9 年（1929 年）。从旧社会走过来的我们这代人，亲眼目睹旧中国落后挨打，旧政权腐朽无能，帝国主义横行霸道。“八一三”日机轰炸上海，我家楼房被夷为平地，家人到处逃难，我逃到宁波家乡。耄耋之年的老祖父，被日伪强行拉夫去筑路，酷暑烈日下被累死晒死。我家家破人亡，童年的我，从小就埋下了对帝国主义与卖国贼的深仇大恨。

地下党对我的启蒙教育

穷家子弟读不起书，我只上过六年半学。17 岁就到上海华丰钢铁厂当车工学徒，捏着车床摇手柄干活。幸运的是，我受到了厂里和夜校中共地下党的革命启蒙教育，懂得了旧中国贫弱的穷根，在于帝国主义、封建主义、官僚资本主义，必须推翻这“三座大山”；懂得了只有共产党、只有社会主义才能救中国。上海解放前夕的 1949 年初，我加入了地下党的外围组织，参与护厂运动，以保护工商业发达的上海，不被狗急跳墙的国民党反动派破坏。

上海解放了，接管华丰厂的解放军南下干部，送我到华东团校学习，我成了上海第一批新民主主义青年团员，并担任厂里第一任团支部书记。后来厂里党组织又派我到徐汇区，参加民改工作队。我入党了，脱产了，不再捏摇手柄了，先后担任车间党支部书记、厂党总支宣传委员。我爱好写作，在厂里办起了黑板报。后来又成了各家媒体的通讯员，学着写新闻稿，报道从翻砂工人中提拔起来的工人厂长杨绍昌。不久，我调任上钢六厂党总支宣传委员。这家生产设备简陋的钢厂，因能将土铁炼成好钢而评上全国红旗单位，被誉为“草窝里飞出金凤凰”。我接连不断写了许多“金凤凰”故事，从而结识了新闻界人士：《解放日报》张伏年、王绪生，《劳动报》何子葭，《新闻日报》徐之华，《文汇报》张熙棠，《冶金报》马家禄，上海人民广播电台陈南萍、葛锦帆等新闻界老前辈，他们成了我的良师益友。

钢铁工人当上新闻记者

1960年元旦一过，我走上新闻工作岗位，捏车床摇手柄的手，正式握起写新闻稿的笔，从钢铁厂工人，成为专业新闻记者。我先是在上海钢铁公司（上海冶金局前身）创办的《上海冶金报》当记者、编辑，后来调任冶金工业部办的《冶金报》(现为《中国冶金报》) 上海记者站站长、华东记者站站长。记者都来自钢铁企业，原本是炼钢工、轧钢工、锻钢工、车工。那个年代，钢厂的党委书记、厂长、管理人员，大多是解放军南下的工农干部。《冶金报》在全国各地逾百名记者，没有一个大学生，没有一个科班出身。即使新华社、《解放日报》《劳动报》《工人日报》、上海人民广播电台等，也都有工人记者，有的是从上钢一、二、三、五、十厂和上海冶金机修总厂一线工人或工人干部中选拔去的，其中就有郭昌熹、冯亦珍等。上钢二厂还出了一个工人作家胡万春。

工人记者文化底子薄，墨水喝得不多，能胜任新闻工作吗？回答是“能”！先天不足，后天可补。我们《冶金报》是“哺育工人记者的摇篮”，采取了一系列举措。一是由分管记者工作的副总编辑，分批办新闻业务培训班。还在本报全国记者会议上，请新华社著名记者李峰授课，讲授如何采写经济新闻。他的名作《一厘钱精神》，是当时经济新闻的范本。二是定期编印《记者通讯》，及时将各个时期党的经济政策、冶金部党组的行业工作部署，《冶金报》的报道重点，向各地记者通报，指导大家有的放矢采访。三是经常组织交流研讨活动，让记者自己给自己上课，曾研讨过如何采写现场短新闻等。四是组织记者异地采访，以开阔视野，学习交流。我曾与包钢记者一起到武钢，采访冶金工业重大工程“一米七轧机”。还和鞍钢记者站站长有过一次云南之旅，我们去了个旧市，云南的“云锡”是中国最大的锡生产基地，令长期在上海大都市“坐井观天”的我大开眼界。五是报社开辟专栏引导记者采写观察思考性深度报道，以提高业务水平和稿件质量。那是改革开放之初，我和本站记者一行三人，前往市场经济开放前沿，采访了柳市民营轧钢厂、路桥私营废钢市场等，发回了一组“温州模式”的报道。六是组织基层记者到高层次的全国冶金工作会议上采写宏观报道。我曾有过三次机会，其中一次冶金部在攀钢开质量工作会议，我与当地记者一起组成报道组。事后，我另外写了篇《采访了没写，没采访写了》，刊登在《冶金报通讯》上，阐述的观点是：新闻稿不能有闻必录，资料积累极其重要。七是每年组织好新闻评比，记者也当评委，评审别人的稿件，也是提高自己业务水平的契机。评出来的好新闻，鼓舞了获评者，也为广大记者树立了标杆。

工人记者茁壮成长

培养工人记者方式多样，不止这些，大家也努力实践，“在游泳中学游泳”，不辜负党的期盼。于是，工人记者们逐渐成长，担当了历史赋予自己的使命。不仅能胜任新闻工作，还写出了许多好新闻，有的作品还被中央媒体转播转载，引起了有关领导的重视。20 世纪 80 年代后期，我们华东记者站采写了多篇舆论监督稿件。例如《武义萤石矿无序群采、严重威胁国有矿山》。《冶金报》公开报道或编发“内参”后，中央人民广播电台、《人民日报》等当即转播转发，浙江省委领导在“内参”上作了批示。宝钢记者站站长阮海儿采写的《宝钢“小人物”推动了国家金融政策调整》，获得中国新闻奖 1990 年度文字消息类一等奖。本人采写的《上海最大金市的最大买主是农民》，反映改革开放农民富裕起来，被评为 1994 年中国产业经济好新闻一等奖，并列入当年全国产业经济十大新闻之一。

20 世纪 80 年代中期,《冶金报》评审新闻专业技术职称，在本报全国 100 多名记者中，我幸运地被第一个评上主任记者职称。1990 年评出的 396 名全国优秀新闻工作者中，我有幸名列其中。

1991 年我离休后，继续在新闻战线发挥余热，历时 22 年。我曾任全国冶金记者协会秘书长，后被国家黄金总局办的《中国黄金报》聘为特约记者。黄金市场化后，深圳迅速成为全国最大的黄金珠宝首饰生产基地，我连续 8 年被报社派往以深圳为主的珠三角各地，采写大量的金饰品行业新闻。2001 年夏天，我在 38 天中向报社发回报道 72 篇。《中国黄金报》总编辑李树龙称我为“高产记者”。

“南浦大桥合龙记”现场直播采访回顾

袁　晖

当我听说我和同事温凌燕合作采播的《南浦大桥主桥实现合龙》现场直播获得了全国第二届现场短新闻二等奖后，脑际闪出的第一个念头就是：立即将喜讯告诉小温。

温凌燕，这位28岁的女记者此时正躺在上海华山医院危急重病房的病榻上。几天前，她刚切除了脑部的肿瘤，我真诚地希望这个消息能给她带去一丝安慰，让她增添一分和病魔斗争的勇气。

我清清楚楚地记得，在那次现场直播之前，1991年6月8日清晨5时，我在南浦大桥桥塔下和小温见面时，她告诉我的第一句话是：“这几天我的头总是痛。”实际上，那时小温脑部的肿瘤已经开始发难了。这位年轻的女记者，在那些紧张的日日夜夜里，以顽强的毅力忍受着病痛的折磨，和我一起，圆满地完成了直播任务。

1991年6月下旬，南浦大桥这座当时名列世界第二、国内最大的斜拉桥即将实现主桥合龙，这无论是对大桥的成败，还是对开发浦东、振兴上海而言，都是历史的瞬间。如何把这历史性的时刻真实而完整地记录下来，传播给听众，在相当长的一段时间内，我一直冥思苦想着。正在这时，上海电台领导提醒我，能否在电台《早新闻》节目中用现场直播的形式来表现这一重大事件。领导大胆的构想和我的“奢望”不谋而合。不过，构想好是好，要具体实施却不是一件易事。

首先，上海广播电台还从来没有在《早新闻》节目这一黄金时间里，进行过现场直播。现场直播是广播中最难驾驭的形式，它对广播记者的口头报道能力、应付突发性情况的能力以及解决技术问题上的难度，都是严峻的挑战。要在收听率最高的节目中进行现场直播，更是件冒风险的事。

其次，现场直播南浦大桥主桥合龙这一重大新闻事件的难度还在于：主桥钢梁合龙的时间是无法按照采访者的意愿，特地安排在《早新闻》节目中进行的。按照南浦大桥总设计师、设计大师林元培的要求，主桥钢梁东端和西端两头之间最后的吊装合龙，有极其苛刻的环境要求，环境温度不能高，也不能低，必须在摄氏 22 度至 23 度之间进行，以保证钢梁热胀冷缩的需要。至于 6 月上旬哪一天合龙，合龙时刻是在凌晨、白天还是傍晚、深夜，完全由气温决定，只要气温达到技术参数的要求，就立即实施合龙。这就大大增加了我们现场直播的难度。

主桥合龙前的一周时间里，我和温凌燕天天泡在大桥工地上，在 50 米高的桥面上，在 100 多米高的主桥塔上，一边观察大桥建设者的操作过程，一边向技术人员请教有关合龙的技术问题。情况明了，心中有了底。最后确定，现场直播时间定在早晨 7 时至 7 时 15 分之间的《早新闻》节目时间里。事先，我们准备了两套直播方案，如果合龙刚开始，就从“合龙现在开始”的角度直播；如果合龙正在进行或接近尾声，就直播合龙进行过程，同时回述开始的情景。

为了保证现场直播圆满成功，我们事先做了多方面的准备。比如，要在短短的几分钟时间里，讲清楚主桥合龙的高难度技术，事先我们采访了大桥总指挥、总设计师和普通建设者等多人，把有关的专用术语背得滚瓜烂熟。为了把大桥的意义和作用以生动而又通俗的口语送进千家万户，我们翻阅大量的书刊和资料，精心撰写了讲解词。

上海广播电台的领导和技术人员也很紧张，为了确保直播时输送线路的畅通，电台技术人员特地准备了微波和无线电两套传送线路，以防一条线路出故障后，另一条马上顶替。电台编辑部门在直播前事先准备了一盘已经录制好的新闻备用胶带，以防两套线路都中断时，及时播出其他新闻内容，确保《早新闻》节目不发生停播现象。因为回想起两天前的直播经历，不禁让我们出了一身又一身冷汗。6 月 7 日，当第一次大桥主桥和引桥合龙时，清晨 6 时左右，我和温凌燕坐转播车来到南浦大桥下，当转播车正准备从引桥开到主桥上时，没想到，引桥通道的一个工棚顶突然塌落下来，卡住了转播车上的天线，大家一下子傻眼了，怎么办？更令人哭笑不得的是，由于上海广播电台早上6时的节目已经对7时以后的现场直播作了预告，想退也退不得了。幸亏两位技术人员急中生智，爬上转播车，用头和手顶起下塌的棚顶，使转播车缓缓地通过了这个带棚顶的通道。谁知一波未平，一波又起。为配合转播车顺利上桥，大桥施工队伍前一天将几十处钢筋外露的路缝全部用木板铺好。可我们上桥时，发现铺好的木板被取走了。我们只好临时在工地上找来3块大木块，转播车开到路缝处，就下车铺板让车顺利通过。谢天谢地，总算在6时40分赶到了主桥和引桥合龙的现场。技术人员只用了10分钟时间，就架设好两套线路，在直播前10分钟才和电台编辑部取得联系。坐镇电台的领导事后告诉我们，当时编辑室里大家急得像热锅上的蚂蚁，不知现场发生了什么情况，如果再晚几分钟，就准备取消这次直播了，好险啊！到7时03分，我和温凌燕定下心来开始直播。当我们说出“今天的直播就到此结束，听众朋友，再见”这句话后，两人仍然在原地一动不动，直到在现场督战的上海广播电台台长走到我们面前表示祝贺时，我们悬着的心才总算放了下来。

如果说，主桥和引桥合龙的第一次直播是练兵和演习的话，那么，大桥合龙的现场直播更为重要。大桥指挥部根据气象预报，决定从6月8日上午开始进行主桥钢梁合龙，整个合龙过程需要一天的时间，到6月9日上午才能结束。我们当即决定按第二套直播方案进行。

6月9日早晨，南浦大桥主桥钢梁合龙的第二次现场直播如期进行。当时主梁已经安装好，正在安装横梁。我和温凌燕以及转播技术人员在直播前一小时赶到了大桥工地。这回，却又轮到“老天爷”发难了。清晨5时天还没下雨，但到了6时前后，突然下起了倾盆大雨。由于气象台没有作出9日下雨的预报，所以我们谁也没带雨具。这下可糟糕了，人淋湿了倒无妨，可转播设备不能淋湿啊！主桥上除了一台吊机，没有一个避雨的地方。我和施工队的一名电工，冒着越下越大的暴雨，在泥泞的工地里深一脚、浅一脚地到处找施工雨篷，后来，总算在一个仓库外面翻到了两张旧雨篷。我们使出吃奶的力气，把两块旧雨篷拉了出来，临时在桥面吊装机下搭起了两个雨篷架。这时，我们站在 50 米高的主桥桥面中央，大雨夹着阵风刮来，身上一阵阵哆嗦，想到再过几分钟就要进行直播，一切都不在乎了，我们全神贯注地进入了角色。

和第一次直播一样，第二次直播也成功了。最后，我想借用一句话来结束这篇采访回顾：台上一分钟，台下十年功。

春江水暖

顾泉雄

“竹外桃花三两枝，春江水暖鸭先知。”这是宋代大诗人苏东坡《春江晚景》诗中前两句。党的十一届三中全会以后，农村实行家庭联产承包责任制，农民生活富起来了。他们购买了电视机、洗衣机，增添了摩托车、电冰箱。如果拍摄一部“祖国新貌”纪录片完全可以。我尝试用写意的手法，通过鸭群在春天的阳光和暖和的江水中扑翅嬉戏，反衬过去曾患血吸虫病、体重才36斤的嘉善东进大队农民娄玉妹那骨瘦如柴的照片，与她如今挑起200多斤重的担子那轻松而又微笑的劳动场景相对比，拍摄了一部“春江水暖”的微电影纪录片，荣获文化部优秀影片奖。

其实我也是血吸虫病患者，是毛泽东主席发出了“一定要把血吸虫病治好”的号召，挽救了我的生命。1958年，党提出“教育为无产阶级政治服务，教育与劳动生产相结合”的教育方针，把我从工厂中送进北京电影学院摄影系学习，大学的四年正是国家最困难的时期，所以退休后我走了一条浪迹天涯拍电影纪录片的感恩路。

如果不报效党、国家和人民对我的培育之恩，那我就是一个没有良心的人，一个对不起祖国和人民的人。

从2002年起的10年间，我和老伴去了祖国的30个省、自治区、直辖市的70多个县市。在荒凉的戈壁滩、在内蒙古大草原、在贫困甲天下的宁夏西海固、在延边朝鲜族自治区、在少数民族众多的云贵高原等，都留下了我们的足迹。

我是新闻电影工作者，所以我向人民感恩，就拍摄我的纪录电影。“三个代表”中，有一个是代表先进文化的前进方向。什么是先进文化？我认为凡是激发爱祖国、爱人民，激励人民敬业奉献精神；提高人民的知识水平；开拓人的创造能力；培养人的高尚道德情趣的影视文化，都是先进文化。我拍摄的影片都是具有先进文化的内涵，影片的主人翁有热爱本职工作、做出成绩的《我们的露露》《驯狗女郎》；有无私奉献，倡导师德精神的《绿叶赞》；有《天鹅之恋》中高尚心灵美的芭蕾舞演员；有坚持送戏下乡的京剧表演艺术家；有把神圣的母爱奉献给20位残疾孤儿的好妈妈；有发扬小扁担精神，全心全意为人民服务的杨怀远；有爱护生物，保护水环境的《孩子与小鸟》和《水中影》；在新中国成立50周年的时候，我任总导演和撰稿，与上海科影和上影退休职工一起拍摄了《夜上海》，获得了中国电影华表奖，它揭示了一个主题：“没有共产党，就没有新中国，没有改革开放，就没有繁荣的上海。”

2006年2月21日，《解放日报》以“用镜头回报社会”为题作了报道：“残雪初化、严寒依旧，然而解放日报报业集团六楼韬奋厅里却是一片热气腾腾的景象，来自各行各业做出成绩的代表人物谈笑风生，汇聚在‘顾泉雄影视纪录片先进人物联谊会’上……”我向他们汇报了全国各地放映影视纪录片受到广大民众欢迎的情况。中华全国新闻工作者协会副主席、上海新闻工作者协会主席贾树枚，中国电影制片人协会理事长、上海市电影家协会副主席朱永德，以及上海市老新闻工作者协会副会长居欣如、敬元勋等出席了联谊会并做了热情洋溢的发言。

用影片感恩社会，这是我应该做的。因为党是我的救命恩人，人民用劳动和血汗培养了我。党和国家给了我很多荣誉，媒体也做了很多大量的报道，党和人民的关怀、鼓舞和激励，给了我更大的信心和责任心，为了“纪念抗日战争暨世界反法西斯战争胜利70周年”，我奔赴五大洲，拍摄“和平世界，美丽家园”120幅摄影作品，2015年12月3日在上海图书馆举行《美好世界》摄影展，宣传了习近平总书记和平发展外交思想。在习近平“绿山青水就是金山银山”的号召下，10多年来我拍摄了100幅《水孕意象》摄影作品在国内展出，因为只有清澈的水源，才能拍出美的画面，配合了国家水治理工程建设。

习近平新时代中国特色社会主义思想，似一股股暖和的春风，吹遍祖国大地，我和全国人民一样，有使不完的劲，此刻我又想起了苏东坡那两句诗：“竹外桃花三两枝，春江水暖鸭先知。”

我与农村有线广播的缘分

钱　坤

当今的年轻人，对农村有线广播或许已知之不多了。因为，今天内容丰富、传播便捷的无线广播、有线电视节目，加上已经普及的互联网、智能手机，已经成为了农村人获取信息、丰富业余文化生活的主渠道，已落伍了的农村有线广播被汹涌而来的科技发展潮流所淘汰，在人们的视野中完全消失，也是在情理之中。但是，对我们所有曾是农村广播的工作者来说，却是对其有着一份魂牵梦萦的难舍情怀。而这份难舍情怀，对我来说，不仅仅因为是我的工作生涯几乎全部投入在农村有线广播的事业上，更是因为农村广播应验了经常说的那句话，这就是：农村有线广播是宣传党的思想路线的重要工具，是丰富广大农民业余文化生活的重要窗口。

曾经在农村中诞生、发展了近半个世纪的有线广播，在广大农村听众中产生的影响力以及发挥的作用，都不能因其自然消失而磨灭。

从写广播稿成为广播人

我是在1976年5月正式进入金泽镇广播站工作的。而事实上，我早就与农村有线广播有了不解之缘。在知识青年上山下乡的潮流中，我也成为一名回乡知识青年，也随之成为了一名农村有线广播的忠实听众，并成为了一名广播通讯员。记得回乡参加劳动不久，队长就专门找到我，对我说："广播喇叭里不时听到表扬这个生产队、那个生产队的，其实我们队里的社员也不错呀，你读了那么多书，也要为我们生产队写写表扬稿呀。”开始我认为，这小喇叭里得了表扬什么的，能有多稀奇？但既然队长要求了，我也试着写篇吧。那个年代正开展农业学大寨，队里的男男女女，平时劳动也挺卖力的，尤其是我们生产队男劳动力少，于是队里的青壮年女劳力，往往顶男劳力挑重担，于是我写了一篇《我伲队里的妇女顶起了大半爿天》的广播稿，送到了镇广播站。结果，这稿子很快在广播喇叭里播出了，这下可好了，队里的妇女们高兴得要命，生产积极性更高涨了，我也是第一次感受到有线广播在农村不同凡响的宣传效应。

我到广播站上班时，有线广播已基本装到每家每户，入户率超过 90%。但是当时的收听设备还是较差的，基本上都是最原始的舌簧喇叭，无论是音量还是音质都是相当差的。但是，这小喇叭装进农家的灶间、客堂间、甚至房间，早、中、晚三次雷打不动的播音，天天相伴着农民。正是这小喇叭，使村民们了解了外面的世界，丰富了精神生活。可以这么说，在那个经济拮据、精神世界贫乏的年代里，有线广播成了广大农村听众最好的朋友。我也成了真正的广播人。

担任广播站站长

到了 20 世纪 70 年代末，特别是党的十一届三中全会后，广大农民乘着改革开放的东风，手里的钞票越来越多了，农民的生活水平得到了较大的提高，具体体现在农民们开始翻新住房，改善居住条件。一开始是旧改新，随后是拆了平房，修建楼房，开始只有少数富有的农民建起了楼房，随后是家家户户开始建造楼房。在这个大兴土木的热潮中，农村有线广播可就遭了殃，因为旧房遇拆，广播线路遇到了麻烦，广播线一断，就坏了一片，听不到广播声，大家意见大得不得了。我们镇广播站就这么几个外线员，平常维修维修还应付得了，碰到这突如其来的建房高潮，就是长了三头六臂，也是无济于事。那时候，我除了负责广播节目的采编播外，还挑起了广播站站长这担子，也就是说除了负责宣传工作之外，还要负责广播外线和传输技术等全面工作。广播讯号由于线路中断传不出去，心里很是委屈，自己辛辛苦苦写了稿子，又认认真真录好音后，像模像样广播了出去，可许多喇叭因为成了哑巴，大家听不到，这不成竹篮打水一场空？更重要的是有线广播的用户意见大，因为当时大家还离不开广播啊。广大农民除了生产上离不开有线广播，在了解信息和丰富业余文化生活方面也离不开广播。

我们广播站也凭着集体经济的发展，广播的设施和设备也在不断完善和提高。比方讲入户喇叭，也是由原来的舌簧喇叭先改成了动圈式喇叭，最后换成双喇叭音响。扩音设备由原来的电子管提高为半导体，杆路都统一架设成 7 米圆形水泥杆，广播线也由原来的铁丝换成塑料铁芯线等，提高了传输质量，因而使用户的收听效果有了质的提高。我们想了许多办法，除了调动外线员积极性，克服各种困难，确保线路畅通外，还发动和依靠原来各生产队的小电工，在村民翻建房屋前，先翻迁好屋内屋外的广播线路，尽量使线路不断、少断，断后及时接通。另外，还做好宣传工作，教育建房户为大家着想，拆房前先通知外线员上门，规划好线路的架设。事实上，许多建房户也是从热爱有线广播出发，十分爱护广播线路及设备，竭尽自己所能，在翻建房屋期间，保护好广播线路，确保周围邻居都能听到广播。

为农村精神文明建设发挥了重要作用

现在许多媒体都要求记者走基层，深入第一线去了解群众的需求和疾苦，去反映群众的愿望和诉求。我们乡镇广播站的节目，讲的就是本乡本土方言，说的就是大家身边的人和事。现在许多电视节目或无线广播，为了吸引观众和听众，都十分注重观众与听众的互动。而我们在编排有线广播的节目时，几乎天天都有听众互动，我平时到村里或厂里，也不专程去采访，可是许多热心的听众就会主动和我讲起让我感兴趣的新闻题材。当然，我在采访中也了解了许多生活中有趣的新闻题材后，及时编写成稿件，在广播里播出这些生动新鲜又熟悉的人和事。听众当然十分喜欢听，我们也尽量用喜闻乐见的广播宣传、影响、教育了广大农村听众，起到了潜移默化的作用。

那个年代由于受经济等诸多原因的影响，农村中婆媳之间、兄弟之间争吵甚至相互之间大打出手时有所闻。为此，大队都专门有人负责调解工作。要是碰到几起纠纷，调解干部还真要忙得不可开交。那年我做了有心人，了解到金联大队第六生产队的队长，他们家兄弟五人，全是大孝子，而且弟兄五人相互间互帮互助，连五妯娌之间也是相敬相亲，家里老夫妻俩夸不够五个儿媳妇。为此，我写了一篇题为《兄弟情义深》的通讯，并在喇叭里声情并茂地宣传了他们的事迹。稿件播出后，反响很大。第二天徐李大队就有人来讲："我们村上费家有俩弟兄，待老娘可孝了，兄弟妯娌也义气得不得了，我们也要宣传呀。"对于这样的信息我真是求之不得，事后马上上门采访，并及时撰写通讯《费妈妈的笑声》。这两篇通讯，还在青浦县广播站的节目里播出，获得了好评。

要讲这广播小喇叭在农村精神文明建设中所发挥的作用，例子是举不胜举的。广大农村听众也正是在这些发生在自己身边的先进人物和先进事迹的影响下，升华了自己的精神境界，用当今时尚的话来讲，有线广播弘扬了社会的正能量。

农村有线广播从 20 世纪 50 年代起，一步一个脚印，深深地融合在我们农村翻天覆地的发展历程中。随着有线电视的电缆、光纤攀附着有线广播的杆线进入千家万户后，有线广播也应该到了完成历史使命的时候了。但是农村有线广播近 50 年的发展，毕竟在我们上海郊区农村发展史中，留下了难忘的一页！

说说我们“抗震营”的“老战士”

倪永明

1976年突发的唐山大地震，至2021年已45周年了。45年前，我是海军某炮校专职新闻干事，随部队一起奔赴唐山做战地宣传报道。在为期三个月的抗震救灾中，我亲眼目睹了被地震破坏的唐山市满目疮痍的悲惨景象，同时也见证了在党的召唤下，广大军民不畏艰难、不顾生死，全力抗震救灾的英雄精神。如今翻开当时的采访日记，有感而发，写了这篇短文。

1976年7月28日凌晨3时49分57秒，唐山、丰南地区发生了7.8级强烈地震，使这座百万人口的城市顷刻间被夷为平地，24万多人死亡，16万人受伤，直接经济损失在1000亿元以上。

地震对军人来说就是命令。当时参加唐山抗震救灾的部队指战员有十几万人，我们海军某炮校的干部战士在震后当天临时组建了一个“抗震营”，投入抗震救灾。我们这个营的突出特点就是老战士多，占全营人数的五分之二。这些老战士当中，有参加过二万五千里长征的老红军，有参加过解放战争三大战役的老首长，有从事教书育人几十年的老教授，还有其他机关干部。他们和我们一道，在三个月的抗震救灾中，始终保持斗志昂扬、艰苦奋斗、不怕牺牲的革命精神，我们的关系可融洽啦。

先说说我们的老红军——聂洪国政委，他参加革命40多个年头，是名正军级的老首长。地震发生后，作为学院领导，他抢着报名和我们一道参加抗震救灾。大伙说他年纪大了，身体又不好，劝他留下，可他就是不肯，马褡子一背，就和大伙一块儿出发了。说起他那个马褡子，还真有点来历哩。那马褡子又破又旧，长 1 米多，宽约 50 厘米，两头是两只大口袋，洗得由黄变白，可他当宝贝似的。行军，用它装行李，睡觉，用它当垫子，当时和我们挤在一起，住帐篷，睡地铺。他年纪大啦，光垫个马褡子咋行？挨他睡的战士要给他换床被子铺上，可他怎么也不要，跟我们开玩笑说，他那马褡子“金不换”。原来这马褡子在他身边已经有 35 个年头了，跟着他打日寇，打老蒋，后来又去抗美援朝。他说：“带着它，用着它，能够不忘战争年代的生活，不忘艰苦奋斗的传统，激发自己继续革命的斗志。”

刚来到唐山的那几天，条件很差，吃的是高粱米就老咸菜，有时连凉水也喝不上。聂洪国同志不要一点特殊照顾，他戴顶草帽，身穿工作服，成天和战士们一起并肩战斗。抢救阶级兄弟，抢救国家财产，哪里有危险他就出现在哪里。战争年代他左手负过伤，干活很吃力，我们对他说：“首长，你指挥指挥就行，不必亲自干了。”他说：“不，光动嘴不动手，只能瞎指挥，还可能变成官僚主义者。”碰到危险，我们对他说：“首长，请离我们远一点。”他说：“离你们远了，就是离人民远了，发展下去，那不更危险？”他还亲自领着我们给灾区群众送粮送菜，发放救灾物资，帮助灾区群众搭窝棚、盖房子。他对我们说：“这件工作很重要，一定要认真做好，把毛主席、党中央的关怀送到灾区群众的心坎里。”一次，他领着我们送饼干，到了一个五保户家，老两口都七十来岁了，住着简易窝棚。老大爷问聂洪国：“大兄弟，你干啥来？”他答：“毛主席派我们看你们来！”老大爷、老太太一听这话，眼泪唰唰的，直说：“毛主席好！共产党好！”

再说说其他干部，不管是处长、主任，还是管理员、协理员，也都跟我们一个样。他们工作服一穿，都以普通党员、普通战士、普通劳动者的身份出现，大伙说他们是“三普通”。这些“三普通”，危险抢着上，脏活、重活争着干，替有病的同志站岗，帮炊事班做饭，帮战士洗衣服，还端洗脸水，打洗脚水。三连四班有个老高，名字叫高克业，解放战争时落下三级残废，动过大手术不久，组织上不让他来，他说：“人民受了灾，我这心里疼啊！我是一名老党员了，党需要的时刻，应该冲在前！”他来到唐山后拼着命干，钻进倒塌的房屋抢救遇险遇难人民群众，扒开碎砖乱瓦堆清理国家财产，他顶着烈日，汗流浃背，一干就是一整天。大伙都说：“我们的老高真有使不完的劲头，是我们的榜样！”老高晚上睡觉不太好，有时他干脆就不睡，一人连站三班岗。天一亮，他又照样和小伙子比着干。大伙劝他：“老高，你得注意点身体，可别累垮了。”老高说：“多参加劳动，累不垮，总呆在办公室，会坐垮。”当年平津战役，他和部队就是从唐山插到天津去的，他对唐山人民有着深厚的感情，现在来唐山抗震救灾，使他和人民群众的感情更加密切了。

老干部这样，年轻的干部也是这样。三连五班的“战士”王国田，1965 年入伍，是个青年副处长。给老乡搭房子时，他挑水和泥，爬墙，上房，样样赶在前边。还有二连四班的“战士”副营长盛积文，有一天晚上，他生病发高烧，别人穿背心还嫌热，他套了 4 件衣服，压着棉被，还冷得直哆嗦。半夜，下起瓢泼大雨，他掀开被子，披件雨衣就往外跑，原来他惦记着居民点上的群众哩。他顶着风雨，挨家挨户询问检查，看漏不漏雨，还一连三次跑回驻地找来塑料布、油毛毡、绳子和钉子，又一家家地爬上爬下帮助把漏雨的地方堵好。脚上让钉子扎了个洞，鲜血直流，他也顾不上包扎，雨水加汗水打了个里外湿透，病情更加重了。张大爷老两口听说老盛累病了，赶忙从倒了的房子里挖出来一点红糖，烧了糖开水送给他喝，说：“同志，你大老远上这儿来，白天黑夜为咱操心，连凉水也没喝咱一口，你为咱累病了，这碗糖开水一定要喝了。”老盛说：“大爷、大娘，我大老远上这儿，是听毛主席的话，来向唐山人民学习的。旧社会，我家也是贫苦人家，没有毛主席就没有我们今天。我们一起抗震救灾，做一点工作是应该的。”

如今，这些“老战士”，有的已入土为安，活着的大多数已是 90 以上高龄的老人。今天说说他们在唐山抗震救灾中的故事，就是为了继承他们的传统，发扬他们的精神，不忘初心，努力工作，为中华民族的伟大复兴而奋斗！

我赶上了报业技术革命的潮流

徐松华

《解放日报》原总编辑秦绍德在《思想解放的魅力——我所经历的〈解放日报〉改革》一文中写道："改革开放的岁月，报纸的编排印刷也经历了重大的技术革命。"这场技术革命先是"告别铅与火"，最早完成；后是"告别纸与笔"，即报纸采编实现数字化和流程网络化，现也完成。这是一场报业技术革命的潮流，我有幸赶上了这一波潮流。

1997 年初，报社领导将我从科技教卫部调到刚成立的电脑中心，主持中心的工作。这个部门将具体负责信息技术工程的实施和管理。从编辑部改行到技术部门，对我这个非计算机专业出身的编辑来说，无疑是一场挑战。

这项工作其实早在 1995 年就开始酝酿，报纸曾起草过一个网络工程方案，我们喜欢称它"9508 工程"; 1996 年又开始项目和电脑中心的筹建。1996 年，我在电脑上写过"工作日志"，记叙了工程进行的部分内容：

1996 年 7 月 18 日，编前会上正式下发通知，要求各部门记者限时学会用电脑写稿。

7 月 30 日晚上，报社党委会讨论本报网络工程，一致通过电脑中心（筹）的汇报，同意我们提出的硬件与软件同步建设的"1 + 1"工程方案。项目正式立项。

10 月 4 日，电脑中心（筹）召开工程会议，基建办、物业公司、电脑中心（筹）等部门汇报了各自的工作。会议决定制定工程总进度表，建立技术档案，对技术人员作了分工。

1996年10月第一期工程启动，根据我们提出的“分步实施，逐步到位”的建设思路，从结构化布线，网络设备安装和测试，5楼、15楼、16楼和14楼楼面改造，编辑部人员搬迁，以及采编软件安装和在夜编部试运行五条战线展开。

由于报社领导正确决策和指挥，党办、总编办、基建办、物业公司、电脑中心和编辑部各部等密切配合、协同作战，整项工作进展十分顺利，到1997年春节前夕，随着编辑部人员全部进入新楼层办公，第一期任务宣告圆满完成。

1997年元旦过后，报社党委召开第一次会议讨论决定，争取第一季度开通局域网，接入采编系统。军令如山，又一场决战打响。3月19日，报社召开中层干部会议作动员，要求全社“抓好四个环节，保证一次切换成功”。

革新没有停步，第二期工程开始。我们抓紧对采编软件的修改，并做好15楼、16楼编辑部各部和资料室联网工作，《解放日报》的计算机网络到4月已基本建成，采编软件投入运行，与新华社稿件卫星传输系统、电脑车间组版系统实现链接，采编人员写稿、传稿、改稿，以及车间组版基本做到“无纸化”；广告管理软件和资料检索系统与采编系统实现对接，这表明《解放日报》向报业信息化迈出重要一步。

报纸采编系统的建成，在1997年香港回归以及党的十五大重大宣传报道中发挥了重要作用，大大提高了工作效率。更重要的是这项工程锻炼和培养了我们报社自有的IT队伍。这一年正好《申江服务导报》创办，这家报纸的网络工程，从方案拟定、办公平面布局设计、网络布线，到设备选型、采购和安装已经完全由电脑中心技术人员自己来承担了。

回想这场采编技术革命的进程，并不是一路平坦的。我们至少跨过了三道“坎”：

一是“大平面办公”。网络建设需要将原来办公层面已经分割成小办公室的格局彻底打通，成为几个部门集中在大平面的敞开式空间办公，开始有不少同志不能适应，时任总编辑秦绍德敏锐地觉察到这个思想动向，他十分鲜明地指出，采用大平面办公势必会引起新旧思想和观念的碰撞，这是思想观念和工作模式的一场变革。他要求我写一份宣传材料，讲解这个问题。根据他的要求，我撰写了《我们为什么大平面办公》一文，秦绍德专门请报社印刷厂印制成白皮书，人手一本，这本小册子起到了较好的解除疑虑的作用。评论部领导对我说，这份材料蛮有说服力的，在大平面办公，大家有更多机会交流，获取信息也多了。

二是“电脑中文输入”。当时的《解放日报》40岁上下的老同志较多，虽然报社规定55岁以上的同志可以继续手写稿件，但大多数同志第一次使用电脑。报社编委会决定，1至3月份为培训期，在党办、总编办和组织人事处的支持下，对编辑部同志进行全员培训，各部门人员全部通过考核，才下发电脑；要求电脑车间限时停止接受手写稿子和不再打印纸质小样，电脑中文输入问题基本解决。

三是“新旧软件转换”。1997年《解放日报》开始使用的采编软件还是国内第一个开发的带数据库结构的产品，处于测试阶段，不稳定在所难免。但那年11月发现清华紫光集团也有采编软件，打算作产品比较，就与对方合作开发，产品可以长期免费使用，紫光集团在报社建立了南方软件开发基地。我们与对方软件开发人员共同努力，解决了不同厂家软件接口的技术问题，并且完成了新软件的切换，保证了《解放日报》的正常出版。

1998年年底起，为适应《新闻报》加盟《解放日报》以及《解放日报》报业集团的筹建，我们对整个新闻业务系统进行了第一次技术升级改造。2000年10月，《解放日报》报业集团成立，集团增加了多家系列报刊，电脑用户数从初期的200个猛增到800多个，我们又进行系统的第二次升级改造。集团党委十分重视这次网络升级改造工程，集团工作计划提出了“加大投入，提高采编队伍装备水平”的要求，至2002年9月，以“百兆以太网升级到千兆以太网”为目标的网络升级扩容工程全面完成。由于有1996年工程建设经验，这两次技术改造都非常顺利。

2003年经市委宣传部推荐,《解放日报》报业集团新闻业务信息系统被上海市信息化办公室评为“2000—2002年上海市信息化优秀应用项目”。报社信息化建设的成果也引起同行和市内外领导的关注。仅1997年至1998年间，先后有37批领导和同行来参观。“报业巨子”默多克也来观看新闻采编系统演示。

我在报社和集团电脑中心工作了将近8年，工作辛苦但倍感荣耀，也不忘党组织给我机会，对我教育和培养。

我家两代党报人

徐晓蔚

我干上新闻这一行，缘于出生在一个新闻世家。20 世纪 50 年代，是我的童年时光，那时爸爸徐中尼是新华社上海分社记者，妈妈叶健是展望周刊社记者，我从小就看惯了他们白天奔走忙碌、晚上伏案疾书的身影。

印象最深的，是 1956 年下半年的一天，父母带我们三个孩子去美琪大剧院看电影，影片是什么名字早已忘记了，而在前面加映的那个彩色纪录片《万象更新》，却让我至今记得牢牢的。因为爸爸的形象出现在纪录片里，他乘着一部黑色的轿车驶进了一座小花园，停在一幢漂亮的洋房前，一位身材高大、容光焕发的中年人迎了出来。这时的画外音是："在上海公私合营的高潮中，新华社记者徐中尼采访了中国最大的资本家荣毅仁……"我和姐姐惊讶得几乎要叫出声来，被爸爸用眼神和手势制止住了。看完电影回来，我感觉到记者这份工作，真是既重要又风光，我长大要能当记者该多好！

父亲在新四军办《江潮报》

父亲原名徐宗义，是奉贤南桥人，早年在松江省立高中毕业后，考入当时由著名新闻教育家顾执中主办的上海民治新闻专科学校。时值全民抗战之际，他和罗列等同学受到共产党的教育和影响，参加过抗日救亡活动。1940 年春毕业后，他和几个同学先后去苏北抗日根据地投奔新四军。父亲投身革命后，觉得原来的名字有封建意味，就按上海话的谐音把"宗义"改成了"中尼"。

1941年春，爸爸到达苏北如皋。驻扎在如皋的中共苏中三地委正要创办地委机关报——《江潮报》，学新闻的徐中尼，立刻成为《江潮报》的记者、编辑，并很快提拔为总编辑。地委对编辑记者的培养，更注重在实践中考验，徐中尼作为《江潮报》最早的编辑和记者，受益最多。当时的地委书记韦一平认为，党的记者要亲身参加斗争，才能了解实际情况，写出真实的报道。韦书记下县检查工作，指名带徐中尼一起下去；还派徐中尼到边沿区去参加对重点户的减租斗争，回来向他汇报情况，在他指导下写稿。

1942年底精兵简政，实行一元化领导，由新四军一师一旅旅长兼政委叶飞同志任地委书记。为了加强对党报的领导，叶飞还兼任《江潮报》社长。在敌后抗日游击战争最艰苦的时期——1942年底到1943年初，人员曾从30人精简到只有11人，转战穿插在敌人碉堡封锁线之中，坚持出报，扩大发行，并从四日刊改为三日刊，成为党领导全区人民坚持斗争的旗帜。在华中地区，曾被称誉为“北有《拂晓报》、南有《江潮报》”。后来，三地委的《江潮报》和四地委的《江海报》合并为《江海导报》，爸爸继续担任总编辑。

新中国成立后，爸爸在新华社华东分社、上海分社负责财经和工业报道，采写了一批有分量的文章，其代表作是《访上海资本家荣毅仁》。这篇访问记及后来为《新闻业务》杂志写的采访经验，被人民大学、复旦大学及其他大学新闻系选为教材，并编入新华出版社出版的《通讯名作100篇》和《中外名记者经验谈》等书籍。1957年，爸爸因为出色的工作表现，被评为上海市先进工作者。

可惜的是，爸爸在1959年受到党内“左”的错误思潮冲击，被迫离开心爱的新闻岗位，下放到黑龙江基层长达20年之久。直到党的十一届三中全会召开后，于1979年平反，回到新华社。

我在文汇报社上大学

1980年8月，我随父亲落实政策回到上海，进入《文汇报》。第一站选择到校对科。爸爸说：“你知道吧，许多名记者名编辑都是从校对起步的。”报社党委副书记刘庆泗问我：“校对科是长夜班，你能不能做？”我说：“能！”当时没想到，夜班一做就是20年！

在校对科，殷冬保是我师傅，带教我较快熟悉业务。那时都是手写稿，厂部排字房排出小样后，送来让我们校对。原稿是怎么写的，编辑、部主任是怎么改的，分管副总编是怎么批示的，一道道改样清清楚楚，从中可以看到报纸编辑出版的全过程。那时正是拨乱反正时期，《文汇报》处于鼎盛阶段，发行170多万份。受到全国关注的《文汇报》社论、评论员文章，马达总编辑、全一毛编委都要作精心的、反复的修改，甚至推倒重来；有的评论员文章，原稿和多道改样加起来有厚厚一叠。我一边仔细校对，一边用心体会、琢磨。

两年后，我被调去做夜班编辑。那时的要闻部（即夜班编辑部）阵容强大，部主任是蒋定本，一位资深报人，经验非常丰富，他对我的指导帮助很大；还有吕子明、刘文峰、干城、夏震霏……都是高手，跟在他们后面做见习编辑，学到了许多东西。我1983年入党，介绍人是老党员潘祖彝和赵东成。由于十年“文革”，出现人才断档，许多青年记者编辑只有初高中学历，报社领导为解决这一问题，就与黄浦区业余大学挂钩，为这些人开中文专修班，补上大学文凭。我也是其中一个学员。

我一直认为，《文汇报》才是我真正的大学，让我受益终身。照理说，在一家大报社，小记小编是很难接触到总编辑的，更别谈耳提面命、亲聆教诲了。但夜班编辑部不然。马达，这位著名的总编辑，有一句口头禅：“报纸是编出来的。”夜班编辑是一张报纸的“集大成者”，总编辑的办报思路多半靠夜班体现。马达对夜班抓得很紧，他忙完白天的工作，都会到要闻部来转转看看，很晚才回家，我们经常能听到他的真知灼见。而且，他几乎每周都要给夜班编辑部开会，尤其在报纸改版扩版之前，或是重大新闻发生之时，他都有新鲜思路、特色方案在会上讲出来，让我们心领神会，消化吸收，然后体现到文稿中、版面上。

那时，要闻部业务钻研的氛围很浓。我亲眼见到蒋定本拿着稿子踱着方步，做出了《一道公文背着39颗图章旅行》这个全国获奖标题；亲眼看到张伏年副总编把一篇预告三峡大坝即将合龙的新闻标题，挥笔改成《今冬明春腰斩长江》，何等的气魄；我亲眼看到刘文峰、夏震霏反复修改一个标题，化用宋人林升的诗句“暖风熏得游人醉，直把杭州作汴州”，将一篇新闻稿标题做成《春风吹得来客醉，直把店家当自家》……

就是在这样的环境里，我也成长为一个独当一面的新闻编辑，一个合格的编报人。

《大江南北》是父子俩的共同阵地

2010年底，我退休了，但没有退到家里清闲一天，而是被《大江南北》杂志提前“预定”、立即聘用了。这本刊物是经上海市委批准，由上海市新四军历史研究会于1985年创办的，我父亲1983年离休后不久，就由市委宣传部老领导江岚、《解放日报》老领导王维等同志推荐，参与筹办《大江南北》，并担任首任主编。

《大江南北》是一本面向基层群众的党史军史普及刊物，最初的负责人和主要编辑人员都是新四军老战士。他们定下的办刊宗旨是“弘扬爱国主义精神，继承革命优良传统”，编辑方针是“历史与现实结合，学术性与文学性兼备”，刊物在苏浙沪赣皖等地区广受欢迎。我的父亲身体状况很差，但凭着宣传新四军、弘扬革命精神的那股热情，坚持工作了10年，最后两三年都是坐着轮椅去编辑部的。他卸任前，请来当年在《江潮报》的战友、曾在《文汇报》任副总编辑的陈扬同志担任杂志社社长。

我父亲于2003年3月去世，走完了他坎坷的一生。那时他不可能知道，7年之后我也进入杂志社，而且接了他的班——在《大江南北》工作6年后，我成为第四任主编。我有这份情结，也有几分余热，还有《文汇报》“老娘家”作后盾，打算再做个两年，在《大江南北》这块阵地上，尽我绵薄之力，讲好新四军的故事、新中国的故事、共产党的故事……

忆系列报道“新中国外交亲历记”

徐海清

1949 年 10 月 1 日，中华人民共和国诞生，结束了旧中国 100 多年来的屈辱外交。曾经在长期武装斗争中浴血奋战的中国共产党人，一方面需要不断提升应对外来侵略的国防力量；另一方面，中国共产党从执政之前与国外政治体有限的交往，转而作为执政党通过由其领导的政府，开创了中国外交的新纪元。

为迎接中华人民共和国成立 60 周年，《文汇报》与上海国际问题研究院合作，共同策划，于 2009 年 7 月至 9 月，推出了“新中国外交亲历记”大型系列报道专栏（以下简称“亲历记”），刊登对不同时期参与过外交外事活动的官员、新闻记者等各方面人士的采访录。

本系列报道从 2009 年 4 月开始报道目标定位和可行性研究。如果把新中国 60 年外交史比作一条波澜壮阔的河流，“亲历记”是这条长河里一朵朵大大小小的浪花，必须首先确保全部报道严格遵循我党制定的“独立自主的和平外交”政策，展现当事人忠于祖国忠于党、维护世界和平、勇于善于博弈的风采；“亲历记”不是书写一部外交通史，只能遴选 60 年间一部分有代表性的重大外交事件、外交活动，由当事人在与记者的互动中细说故事、畅谈感受。可以是比较完整的叙事，更多的是以小见大、似鸿爪春泥，作侧面映衬，还可以请当事人结合自己的工作实际，发表对正确处理外交关系的见解。无论是讲故事还是谈感想，都在不同程度上体现了对历史经验的总结，力求在旧闻中挖掘出新意。

达到这一目标的前提，是对新中国外交脉络和典型案例的准确把握；关键是访谈资源的发掘，即要找到合适的人谈有价值兼有可读性的经历，在此基础上提炼主题，彰显主旨。

为了达到这一目标，我们商请《文汇报》“战略合作伙伴”——上海国际问题研究院作为项目“合伙人”。《文汇报》和国研院党委领导都十分重视这一项目。双方多次进行集体或个别的商讨，就采编方针、选题和内容结构，作了认真细致的谋划。《文汇报》国际部与国研院相关部门负责人统筹资源、联络采访对象、拟定访谈架构与重点。然后，大家通过各自积累的人脉，从不同渠道寻求采访对象。我们曾经打算“走捷径”，通过某个团体一次性物色到一批采访对象，但因故没能成功。最后确定的40多位采访对象，是一个一个落实的，有的一拍即合，有的几经联络才搞定，有的属计划外收获。报社领导从各方面予以指导和支持，确保人力、财力到位。采访队伍由国际部、驻北京办事处和要闻部编辑记者组成；报社批准该项目可以按规定谋求赞助。“如果赞助落实有困难，所有费用由报社承担，你尽管放心！”时任总编辑徐炯的话，至今让我记忆犹新。

北京无疑是这一系列报道采访的主战场。我与国际部资深编辑、记者唐见端赴京与圈内人士、北办同仁沟通，落实采访对象，设定话题，向北办三位年轻记者交代相关背景和采访要点。

经过两个月的筹划、联络，6月间开始进入采访阶段，在整个采访计划仍在实施过程之际，后期编辑制作同步进行，进入7月中旬，“亲历记”亮相的时机终于成熟。13日推出开篇：《一阵大笑为美方人员送行——老外交官杨冠群回忆板门店谈判》。

20世纪51年秋，在外交部工作的杨冠群接到调令：赴朝鲜参与板门店谈判。58年之后，年近80的杨冠群向记者讲述了那段经历中的一些小故事。其中一则说的是双方“斗气势”。1952年11月，美方以所谓“自愿遣返”阻挠战俘问题顺利解决，我方估计美方可能在谈判中玩弄have the last word（最后我说了算），即“说完就走人”的伎俩。于是想出了一个中国特色的应对小招数。果不其然，谈判那天双方代表刚坐定，美方首席代表哈里逊中将就问对“自愿遣返”的方案有何新的想法，当我方首席代表据理表示不能接受时，面带杀气的哈里逊当即宣称“无限期休会”，不等我方反应便率众向帐篷外走。此时，我方人员端坐不动，报之以一阵大笑，以轻蔑的姿态为美方人员送行，表示不接受所谓“自愿遣返”方案。

国研院专家点评《一阵大笑为美方人员送行》：智慧确实可以“四两拨千斤”。一语中的。

抗美援朝战争是新中国成立不久第一场与外敌的军事抗争，中国人民志愿军打出了国威。曾几何时，在解放战争中与支持国民党政府打内战的美国进行过外交较量的中国共产党人，在朝鲜与美方再次狭路相逢。敌人在战场上得不到的东西，也休想在谈判桌上轻易得到。支撑我方谈判人员智慧、责任感的，是他们对国家、对人民的无限热爱和共产党人不畏强暴、敢于斗争的精神。

20世纪50年代，中国坚定不移地同国际上反共、反华势力作斗争，同时又善于审时度势，团结可以团结的一切力量，维护世界和平。《周总理：我们“不是来吵架的”——原新华社副总编辑彭迪回忆第一次亚非会议》对此有充分的反映。第一次亚非会议于1955年4月18日在印尼的山城万隆召开，开幕式的气氛还比较好，但随即就有少数国家的代表背离会议的主要精神，认为“和平共处”是共产党的语言，不应采用，会场上争论激烈。第二天中午，率团与会的中华人民共和国总理兼外交部部长周恩来，临时决定把原定的发言作为书面稿印发给与会者，自己则利用短暂的午间休会起草了一个补充发言。下午，周恩来总理登上讲台平静地说：“中国代表团是来求团结的，不是来吵架的。”嘈杂的会场顿时鸦雀无声。“我们共产党人从不讳言我们相信共产主义和认为社会主义制度是好的。但在这个会议上用不着宣传个人的思想意识和各国的政治制度……中国代表团是来求同而不是来立异的……”

周恩来总理的发言扭转了会议的方向，赢得了与会代表的普遍欢迎和赞赏，会场上爆发经久不息的掌声。“求同存异”终于被与会各国代表接受，为会议的成功奠定了基础。

国研院专家在点评中诠释道：万隆会议“促成与会国通过了各国‘和平相处、

友好合作’的十项原则，形成了日后著称于世的‘万隆精神’。万隆十项原则实际上是中国倡导的和平共处五项原则的引申和发展，不仅促进了亚非民族解放运动，而且被国际社会接受，成为处理国家关系的重要准则。”诚哉斯言！

在新中国成立后相当长的一段时期，我们的外交活动有时是比较“土”的。但我们的外交官在各个时期都善于在实践中学习，进行开创性的外交活动。专家点评《他们走进“宴会大厅”时都怔住了——苏荣回忆圆满接待新中国成立后首次访华的外国舰队》时说：这次军事外交活动创造了我军外交史上几个第一，第一次举办这样的盛宴，第一次成功地将国际惯例与我军条例对接，诞生了海军第一支仪仗队。

应中国政府邀请，1956年6月20—26日，苏联太平洋舰队司令切库洛夫海军中将率领苏联访华舰队访问了上海，这是新中国成立后外国军舰首次来华访问。海军通常被称为“外交军种”，但时任海军东海舰队办公室主任，作为我海军代表参与接待办公室主要工作的苏荣坦言：“当我接下这个任务时，实际上没一点把握。”他多方求助，最后如拼图一般，根据了解到的各种点点滴滴的信息，和他的同事一起，终于拿出了新中国海军首次接待外国访华舰队的实施计划。

苏联访华舰队官兵共有1600余人，接待最难办的一件事，就是宴请场所。宴会必须欢聚一堂，但没有现成的大宴会厅。苏荣他们将吴淞码头附近的一个简易平房旧仓库加以改建，总算解决了放一百多桌这个难题。当苏联访华舰队官兵走进这个“宴会大厅”时，他们都怔住了。切库洛夫海军中将得知这大型“宴会厅”的来由时，称赞中国同行的智慧。

1971年，中国在联合国的合法席位得到恢复。延安时期即参加中共外交工作的凌青，1980年至1985年任中国常驻联合国代表、特命全权大使。1981年，已连任两届的奥地利人瓦尔德海姆仍想继续担任联合国秘书长。同时参选的，还有坦桑尼亚常驻联合国代表萨利姆。经反复权衡，凌青认为，中国的老朋友萨利姆此次代表的不仅是他个人，更受到非洲统一组织支持。如果瓦尔德海姆继续当选，中国虽对他并无成见，但联合国秘书长一职长期由一人占据，为西方发达国家垄断，不妥当；中国是常任理事国中唯一发展中国家，这次应改变以往投票惯例，确保萨利姆当选。报告传送回国内后，邓小平作出“一否到底”的指示。

10 月 27 日开始，安理会经过多轮投票，由于美国对萨利姆、中国对瓦尔德海姆始终投了反对票，两人均未能“过关”。瓦尔德海姆和萨利姆先后宣布退出竞选。此后几天内，新的秘书长候选人纷纷登台亮相，清一色来自发展中国家。12 月 11 日，安理会举行第 17 轮投票，最终秘鲁外交家德奎利亚尔得以当选。

凌青说：“由于我们在联合国的这一行动，创造了一个不成文的先例。从此，联合国秘书长人选开始在各大洲间轮流担任。”(《凌青回忆联合国一项“游戏规则”的诞生》)

诚如专家所言：中国在联合国安理会常任理事国的席位，代表的不仅是中国，还代表着广大发展中国家，这种正义性和正确定位是必须坚持的；中国在融入国际社会的学习过程中，同时应该贡献出中国智慧。

《“互不了解要出问题的”——吴建民谈用外国人“听得懂”的方式说话》是这一系列报道的最后一篇。2009 年初“全退”的原驻法国大使吴建民，在世界交流的舞台上积极从事民间外交，以个人身份发表看法。吴建民强调，要用交流对象“听得懂”的方式说话，以利于相互了解。同日发表了时任全国政协外事委员会主任、中国人民大学新闻学院院长赵启正的文章《中国进入了公共外交时代》。赵启正指出：“中国公共外交的基本任务是向世界说明中国，帮助国外公众理解真实的中国。”“讲好中国故事”，赵、吴二位对此有高度共识；民间外交是公共外交的组成部分。赵启正的文章与吴建民的采访记堪称相得益彰，珠联璧合，使本系列报道的“大结局”更显圆满。

人民网、新浪网等不少网站即时转发了“亲历记”的全部作品。中共上海市委宣传部编发的《新闻评点》，以《〈文汇报〉“新中国外交亲历记”从旧闻挖掘新意》为题，表扬了这一系列报道。确实，“亲历记”在不同层面、从不同角度展示了新中国 60 年外交的历史画卷的局部，总体上体现了中国政府奉行独立自主的和平外交政策，那些典型案例，足以给后人以启示和鞭策。

在系列报道谢幕的时候，我深深感受到同事们辛勤的付出和卓有成效的产出：资深编辑记者老当益壮，年轻记者表现不俗——其中几位驻京记者是“跨界”初次涉外啊！我记得，一天晚上，打开邮箱看到北京来稿，读后为其内含的创造性元素感染，兴奋不已，随即与总编辑通电话：年轻人了不起，《文汇报》有希望！

“新中国外交亲历记”是《文汇报》与上海国际问题研究院为期最长、规模最大的一次合作。研究人员的点评，提纲挈领，画龙点睛，进一步阐发了系列报道的现实意义；对帮助读者理解新中国60年间不同时期的外交方针与实践起到了得窥堂奥的作用。

笔者对40多篇“亲历记”曾反复斟酌、推敲，可谓熟矣，如今读来依然感到非常精彩。但限于篇幅，只能忍痛割爱，如《“美式恐怖”我也能顶住——李道豫回忆中美关系在曲折中前进》《袁国厚忆接待第一个访华的黑非洲歌舞团》《“文革”期间国宴上奏响了贝多芬》《张庭延见证中韩建交经过》《英国女王激动得流出了眼泪——马振岗忆在中国驻英大使馆举办的江主席答谢宴》《五国元首会议何以在上海开——张德广回忆上合组织诞生前的一段往事》，等等。本文所摘编与提及的不足本系列全部作品的二成，谨祈在读者眼中能产生窥一斑而见全豹的效果。

相约名人堂

——与院士一起看世博

殷佩红

2010年上海成功举办世博会，举世瞩目！虽已过去10年余，回望当初，我有幸成为“相约名人堂——与院士一起看世博”活动的嘉宾主持之一，置身世博场馆，近距离和院士科学家一起，聊世博，聊科技，聊人文，聊生活……真切感受到“城市，让生活更美好”，不是一句挂在嘴边的空话，而是实实在在的一场行动。

该活动通过媒体报道，引起很大反响。《上海科技报》开辟专版连续进行报道，获得上海市科技新闻一等奖。我作为该活动的参与者，见证了那一份荣光。

由中共上海市委宣传部、上海市科委、市科学技术协会等部门主办的“相约名人堂——与院士一起看世博”活动，2010年5月1日至10月31日，围绕上海世博会主题“城市，让生活更美好”，邀请50位院士，通过院士演讲，院士与嘉宾对话，院士与观众互动相结合，每周举办两场。按海纳百川的城市：共享·共生·共融；智慧灵动的城市：数字·网络·智能；自然友好的城市：低碳·生态·能源；宜居易行的城市：人居·建筑·交通；健康和谐的城市：医疗·卫生·安全；绚丽多彩的城市：科技·人文·社会六个板块的内容来演绎，共同畅想科技构筑未来美好生活的理念。

主办方对特邀的嘉宾主持的选择，也有一定的要求，主要是来自科技界、文化界与新闻界，他们有科学探索精神，熟悉并关注科学领域，擅长将科学内容用人文方式表达，是一批适应现代科技传播需求的“科学文人”，新闻传播领域中具有8年以上一线采编经验的、有高级职称的资深新闻人。

我接到嘉宾主持的邀请，感到高兴、紧张又责任重大，心里七上八下。组织者告诉我，第一场试运行在半淞园路街道举行，邀请郑时龄院士演讲，嘉宾主持是上海电视台资深编导倪既新老师，节目做得很成功。第二场正式进入世博园区内进行，由我与上海著名天文学家、中科院院士叶叔华对话。当得知我访谈的院士是天文学家叶叔华院士，我紧张的心即刻放了下来，因为我和叶院士是“忘年交”。

最早与叶叔华院士接触是1995年的“三八妇女节”期间，她被评为“中国十大女杰”之一，不久前又获得南京紫金山天文台授予的“叶叔华星”，我由此作为“追星族”采访她。在采访、审稿等一系列的交往中，得到了爱好文学的叶叔华的指点和肯定。专访稿件长篇通讯《苍穹，写着她的名字》在《上海科技报》头版发表，并相继被一些期刊转载。

后来我又有过几次采访，深深感受到叶叔华平易近人，和蔼可亲。她家住在吴兴路，我家住在衡山路的宛平路，两家仅隔一条马路，我有时就直接去她家采访，还曾带上自家包的馄饨过去，她也把蛋糕西点送给我女儿吃，这样一来二去，我们就成了“忘年交”。

我接到任务马上联系叶叔华院士。秘书周瑞仙告诉我80多岁的叶叔华是个大忙人，她出差了，我只好耐心等待。等到叶先生一回来，我们即刻投入访谈对话内容的衔接，逐条逐条定稿。叶先生是非常严谨细致的人，连上台穿什么衣服，什么颜色都考虑到。我告诉她我自己准备穿粉色连衣裙套装。访谈那天，叶先生身着黑红相间的两件套上衣，下面配以白色长裤，既庄重又明快，两人穿着色系非常协调，更没有出现“撞衫”的尴尬。

秘书周瑞仙告诉我一个信息，叶先生唯一的儿子在美国定居，她和丈夫、交通大学教授程极泰相依为命，能否借此机会也让程教授一起去世博会看看。我把这个想法跟主办方一说，马上得到支持！

5月12日那天一早，派来接送的车子到了楼下，我和叶叔华、程极泰以及周瑞仙，兴高采烈地出发了。到了世博园，主办方特地让程老坐着轮椅，从绿色通道进入世博园区……

进入会场，台下已经坐满了观众，有记者、学生、社区干部、群众等等，可谓座无虚席。

叶叔华院士专场的主题：以“绚丽多彩的城市：科技·人文·社会”板块为契合点，向在座的观众介绍中国最新天文科技。从精确的时间在各种尖端科研领域应用，天文学新科技对人类生活的影响，到“世界时”对人类各项活动的重要性。在她主持下，通过大量的天体测量工作，用6年时间确立起来的我国“北京时间”，在现代科技进步与社会发展高度一体化过程中，发挥了重要作用，成为大家须臾不可离开的一部分。

叶叔华还讲解开设天文地球动力学的过程。建立了中国天文的完整图像，对预测厄尔尼诺灾害等，具有重要作用。随着科学的发展，人类在月球、火星上探索开发能否成为现实，我国“嫦娥一号探月工程”跨出了新的一步。

叶叔华通过大视频演讲，动画播放，文图并茂，仿佛把大家带入广阔无垠的宇宙太空之中……大家意犹未尽，有许多问题要向叶院士请教。进入互动环节，在我的主持下，大家纷纷举手提问，场面火爆。叶叔华一一进行回答和解释，为大家作了一次生动形象的天文科普教育讲座。

下午，大家跟随叶叔华院士，来到荷兰馆参观世界领先的天文望远镜，进一步了解天文学科技给人类生活带来的影响，世界在天文学科研方面的重大成果，以及天文科技对祖国建设、国防事业的重要性。

叶叔华院士表示：我觉得大家最高兴的是什么呢，就是中国的天文科学已经走向世界，希望我们借着上海世博会的东风，进一步带动我国天文科学在国际上的发展。

在世界级合唱比赛中摘金夺银

郭琪琪

2006年，世界级的合唱比赛——第四届世界合唱比赛第一次在中国举行，举办地在南方城市厦门。

世界合唱比赛每两年一届，在世界不同的洲举办。它秉承奥林匹克精神，以和平、友谊、合作、发展的理念，将世界各国人民联系在一起，激励人们通过合唱互动来体现团结。艺术水平虽有高低，但更重视团队的合作精神。歌者从全世界各地汇聚到一起，通过参与歌唱人类理想的美好生活，以此消除人们的隔阂，化解矛盾，通过合唱艺术的交往，为他人树立音乐无国界的通用语言，并成为全世界各民族间文化发展的桥梁。

厦门第四届世界合唱比赛，是我们上海少儿广播合唱团第一次参加的世界合唱比赛。我当时是合唱团的团长，接受此任务时，深感责任重大，在“家门口”能否唱好自己民族和文化的歌，我感到既光荣又艰巨。

当时参加第四届世界合唱比赛的上海少儿广播合唱团参赛人员有54名，他们是从全团约500名团员中反复比较后挑选出来的，年龄从8岁到16岁不等，来自上海各个不同的中小学校，且都是学校的艺术尖子。参赛组团后有东方广播电台领导亲自挂帅，指导老师有6人，指挥1名，钢琴伴奏老师1名。

我们参赛的组别是民谣组，唱我们自己本国的民谣。我们精选出四首民谣歌曲。第一首是由二胡独奏改编的合唱《赛马》，第二首是改编自新疆民谣的合唱歌曲《青春舞曲》，第三首是反映上海民俗生活的《叫卖小调》，第四首是由当时的指挥齐放创作的又唱又舞的《唱到月亮笑了》。这四首歌曲特色显著，既有民族风味，又显示地方风俗，节奏欢快，昂扬热烈。不过，当它们一旦成为合唱歌曲，并且是由童声来唱，则需要许多的改变。为此，我们邀请了音乐作曲家徐坚强为我们重新改编《叫卖小调》，还特地从团员中选出了一位已考二胡十级的团员担任合唱“赛马”的伴奏，为曲目增添了一抹亮色。邀请了资深的舞蹈老师为大家训练合唱时的舞姿，使舞姿自然和谐与合唱融为一体。

为了唱好这四首民谣合唱曲，我们反复练习，精益求精，不断创新。因为是第一次参加世界性的合唱比赛，站上世界的合唱舞台，强手如林，能否取得好成绩，心中没有底。但我们想，既然有这样一个展示才华的机会，就一定要做出最大的努力，要有雄心。当时的合唱指挥是年轻的齐放老师，她身上有一股冲劲，有热情，专业上有追求，她自己创编歌曲，也配合舞蹈老师设计舞蹈动作。为了使发声方法更科学规范，我们邀请了合唱界泰斗马革顺老师来我团指导。记得那一天其夫人也一起陪同前来。马老和团员们就像老朋友一样问候，排练中不断爆出开心的欢笑。短短两小时排练后，合唱团一出口的声音立刻把我们老师感动了，非常的和谐，太好听了。中国童声合唱的李金声导师，也是我们少儿广播合唱团的前任指挥，他欣然接受我们的邀请随团到厦门，在比赛的前几天亲自给合唱团员们指导授课。这些大专家们没有一点架子，而是“点石成金”，宏观及微观上给团员耐心指导。经他们一点拨细指点，一些问题迎刃而解，关键点上得到豁然开朗的提升。

为了准备这次比赛，我们的各项培训工作抓精做细，持续时间长达一年。练与赛，我们都强调正确的心理辅导。平常训练的时候，有严格专业的要求。大到唱法、风格的确定、内心的强大和理想追求，小到站立的姿势、一个唱音的改正、一个小动作的执行。练为赛，不完全是为了摘金夺银，而是要达到合唱艺术的美好境界。同时，对摘金夺银的追求，内心也要有。我们要为荣誉而战，为上海的合唱艺术在国际上能早日占有一席之地而战。当然，我们又清楚地知道，本团是初次参加如此大赛，在专业和能力上，明显会与世界一流的合唱水平有一定差距。但我们不气馁，要唱出我们的最好，要充分体现出我们的特色：热情，欢快，严谨，自然，活泼，凸显中国江南地域的艺术人文。

比赛前的心理辅导也很重要，一些团员心理过于放松，一些团员心理过于紧张，这些都会对比赛的发挥带来一定影响，要分别做好细致的工作。强调团队精神，互相关心，融洽团队气氛，让每一个参赛队员都身心愉快，也会对合唱效果产生积极影响。我们赛前在紧张的排练中抽出一点时间，带大家出去小旅游一次，放松心情。记得赛前的两个白天与晚上，厦门正是台风来临之际，尤其夜晚风大雨大，但排练的歌声，依然在风雨中欢快地响起。

那一次的比赛演唱前，当时广播电台的领导在我们参加比赛的前几个小时飞到了厦门，给我们很大鼓舞。演唱时，我们的团队唱出了特有的风格和水平，我们大大小小的团员，没有一个怯场，唱舞结合，引起全场热烈的掌声和欢呼声。在我们这一专项组里，紧跟金奖冠军之后，我们拿到了银奖里的第一。

获得银奖里的第一！第一次参加重大的世界比赛，我们便光荣地达到了这一目标。记得在现场给我们颁奖的，是中国第一位女指挥家郑小瑛，我从她手里接过银奖奖杯时很感自豪。得奖的那天晚上，团里从上到下，所有人都夜不能寐非常激动。一些小团员甚至抱头痛哭。其实，对为什么会抱头痛哭，一些团员当时有不同的回答。有说这个奖真的来之不易，因为那天合唱的许多国内外团队，都体现了很高的演唱水平，都能够拿奖，出乎意料地高兴，所以痛哭。也有的说，如果我们表现再好一点点，就有可能拿到冠军金奖，所以觉得有点可惜，也引起痛哭。也有的团员说，一年的艰辛排练训练，终于得到该得到的奖杯，付出有了美好的回报，真是先苦后甜，感慨万千，因此而痛哭。

这次成绩的获得，既给我们以合唱领域的专业信心，又为后来上海少儿广播合唱团的更高发展奠定了坚实的基础。之后好几年，我们合唱团在合唱领域走出上海，走向全国，走向世界，在国内外获得一次次顶尖水平的荣誉，包括参加在国外举办的世界合唱比赛中获得金奖。

《将军，决战在新战场》一文发表的背后

浦锡根

2002年9月1日，在北京召开的全国党刊工作会上，我编辑的作品《将军，决战在新战场》(发表于《上海支部生活》2001年第2期)，在优秀稿件评选中被评为编辑一等奖。至今20年过去了，此文的获奖作品及证书一直珍藏在我的身边，因为在我的一生中，我为它感到无上荣光。如今，在喜迎中国共产党成立100周年的日子里，那些美好而难忘的时光，不禁又使我思绪万千……

提起共和国的将军们，我不禁肃然起敬。当年，他们南征北战，出生入死，功勋显赫，彪炳史册。在新中国成立50余年后，将军们已进入暮年，然而，他们仍高举战旗，冲锋陷阵在一个全新的战场上。《将军，决战在新战场》一文讲述了上海警备区第一干休所5位老将军章尘、刘绍毅、孙林瑞、柴书林、董常云在这场全新决战中如何继承和发扬党的优良传统的故事。

一

我是《上海支部生活》一名记者，多年来一直负责部队新闻报道工作。2001年初春，我受上海警备区第一干休所邀请去参加嘉定区马陆镇的一个党组织活动。马陆镇是1949年解放军进军上海的重要集结地和主战场。到2001年，马陆镇已是换了人间，镇上的私营企业展望集团生产发展很快，已拥有了2亿元资产。这次是展望集团党支部成立后的第一次组织生活，他们请来了上海警备区10位老英雄。这些老英雄都是当年参加过解放上海战役的杰出指挥员，战功卓著，这次

来马陆镇是他们重回当年战场。电影《渡江侦察记》的原型、曾经率领“先遣渡江侦察大队”出色完成渡江战役侦察任务的大名鼎鼎老英雄——章尘将军就在其中。

鲜艳的党旗悬挂在会议室内。围绕私营企业展望集团在生产有了很大发展后，如何发挥党支部作用，展望集团请将军们指点。只见老将军章尘接过话题，在回顾当年红军经过三湾改编，明确了党支部建在连上之后，他充满感情地说：“历史的经验必须注意，因为它是经过历史检验的真理。在新的历史时期，在社会已经发生重大变革的今天，私营企业的党支部如何发挥战斗堡垒作用、私营企业如何自觉地接受党的领导，这对我们来说都是一个新的课题，需要我们去探索、去实践。但有一点是不可动摇的，那就是只有坚持党的领导，私营企业才能兴旺发达。”章尘将军发言后，立即引起了与会者的热议。展望集团新任党支部书记发言道：“我们要牢记历史经验，自觉继承和发扬党的光荣传统和优良作风。眼下，我们要加强和改进党支部工作，使企业更上一个台阶。”展望集团的老总深有感触地说：“我虽然是私营企业业主，不是中共党员，但我们的国家是党领导的国家，共产党是我们国家的领路人、也是我们企业的引路人，我从心里服从党的领导，全力支持新的党支部开展工作。”

“只有坚持党的领导，私营企业才能兴旺发达。”章将军的发言也引起了我的共鸣。于是，根据上述内容，我请上海警备区一位通讯员撰写了《将军，决战在新战场》中的第一个章节“将军们在展望”，反映章尘将军在新的奋斗历程中坚持理想和党性的故事。

二

“将军们在展望”一则故事写成后，引起了我的关注，我执意要继续进行采访。接着，我一次又一次地来到上海警备区第一干休所采访，终于，我又了解到将军们的一些动人事迹。其中有“司令员的家事”，反映刘绍毅将军执政为民，廉洁自律，牢记党的全心全意为人民服务的根本宗旨，决不为自己子女找工作要房子开后门的故事；有“特殊的遗产”，反映柴书林将军艰苦奋斗，无私奉献，把自己一生积蓄的钱款捐献给家乡小学的故事；有“一个老八路”，反映孙林瑞将军心系人民，关爱身边公务员，始终把人民的困难和诉求放在心中最高位置的故事；有“难忘的党小组会”，反映董常云将军不忘初心，坚定信念，瘫卧在病床上还认真过好组织生活的故事。

之后，我把5位将军们的先进事迹“将军在展望”“司令员的家事”“特殊的遗产”“一个老八路”“难忘的党小组会”，用“将军，决战在新战场”这根红线把它串起来，精心采编了这篇文章。

纵观上述文章的内容，我一眼看得出，这5位将军们身上的先进事迹和崇高精神，是他们在新的形势下传承和弘扬党的优良传统和作风，是应该要着力宣传和传播的正能量。此文在《上海支部生活》2001年第2期发表后，在社会上引起了强烈反响。很多读者纷纷来电来信，给予很高的评价，并邀请将军们去上党课。

三

此文从选题到稿子的编成，我花了很大的精力。当时，我自己也知道这篇稿子的分量比较重，新闻价值比较高，但文章署名的都是上海警备区的5位通讯员。在审稿时，上海警备区的领导都曾向我提出，应该把我的名字写上去，可我再三说这没有什么必要，这有利于调动通讯员写稿的积极性。

后来，此稿在全国党刊评选中被评为一等奖。当我把获奖证书及奖金送到几位通讯员手中时，他们都高兴极了，都说：“证书我们就拿了，奖金该归你”。我说：“这笔奖金我也不能拿，它应该要根据文章的署名落实到各位。”

此后，这几位部队通讯员写稿的积极性就更高了。在后来的日子里，他们更主动和我沟通信息，用心写出多篇稿件，为共同办好《上海支部生活》作出了新的贡献。于我而言，我虽不是军人，但因在报道部队工作中作出了突出贡献，我个人不仅多次受到表彰，更惊喜的是被上海警备区党委破例授予中国人民解放军预备役中校军衔。对此，我感到无上荣光，这给了我鼓励和鞭策，催我奋进。

弹指一挥间，拥有 55 年党龄的我，在建党百年之际，联想起《将军，决战在新战场》一文发表的背后，更崇敬这些将军们对党的无限忠诚和热爱，他们用鲜血和生命所付出的一切，将永远铭记在我的心里。

1997年诺贝尔奖颁奖亲历记

曹正文

举世瞩目的1997年诺贝尔奖颁奖仪式于12月10日在瑞典首都斯德哥尔摩皇家音乐厅隆重举行，世界各国的嘉宾与近300名新闻记者赶赴现场。笔者由王元化先生推荐，《新民晚报》指派，应瑞典外交部邀请，亲历了这一仪式。据瑞典外交司司长诺曼先生向笔者透露："本届诺贝尔奖颁奖仪式允许50名记者进入大厅，中国有2名记者受到邀请，您是其中的一位。"

采访朱棣文

我于12月2日飞赴斯德哥尔摩，下榻于老城的莱森旅馆。这是一幢中世纪的古典建筑，气派典雅而相当考究，但它对面是一幢更为豪华的大旅馆，那是专门接待世界各国国宾的大宾馆，此时正迎来1997年10位诺贝尔奖获奖者。

12月7日下午3时，获奖者在瑞典皇家科学院举行了一次小范围的记者招待会。我于2时30分提早赶到，场内已有十几架摄像机安排就绪。3时整，在热烈的掌声中，获奖者进入现场。他们依次是经济学奖获得者罗伯特·默顿、迈伦·斯科尔斯，化学奖获得者保罗·博耶、约翰·沃克、延斯·克里斯汀·斯科，物理学奖获得者克鲁德·科恩-塔努吉、威廉·菲利普斯和美籍华人朱棣文。瑞典皇家学院院士、诺贝尔奖评委常务副秘书长巴蒂尔·安德松首先作了介绍，便由各获奖者发言，法国科学家克鲁德·科恩-塔努吉说："这次获奖对我来说，是我多日梦想的实现，能在美丽的城市与大家见面，更激励我忠诚于科学事业。"美国科学家约翰·沃克笑着说："我获奖之后，仿佛成了圣人，许多人问我今后如何生活，我不知如何来回答。"美籍华人朱棣文很平静地说："尽管我的导师早就告诉过我，但今天热烈的场面仍然让我感受到世界人民对科学的热爱是多么强烈，一年一度的诺贝尔奖的颁发，对世界科学发展有着极其重大的意义。"

发言后，记者不断提出尖锐的问题，有一位记者问："你们高深的研究成果对人类的生活到底有什么实际意义？"获奖者依次作了回答。朱棣文说："人生下来，就如一只钟不停地工作着，于是我们有了时间概念。我研究的激光冷却气体原子实验，就是把原子状态固定下来，好比把钟停下来，让我们重新认识原子对人类生活的作用。"他的发言形象而生动，赢得掌声一片。40分钟后，记者招待会结束，安排单独采访。几家电视台都争着要求第一个采访朱棣文，但瑞典皇家科学院海伦小姐却安排我第一个单独采访朱棣文，这证明《新民晚报》在世界上的影响与声望。

朱棣文生于1948年，江苏太仓人，身高1.76米，外表温文尔雅，在二楼办公室里，我们作了十分钟的交谈。我首先介绍了《新民晚报》的情况，他不时微笑着点头，当我说《新民晚报》日发行量已达185万份，他表示很惊讶。我问道："您每天在实验室工作十几个小时，连出国途中也在飞机上拿出纸计算，你一天睡多少个小时？"朱棣文回答："7小时。"我又问道："你从小爱好绘画，你父亲朱汝瑾先生想把你培养成一个画家或建筑学家，而您却选择了今天这条道路，您现在还保持什么业余爱好吗？"朱棣文摇摇头："我有许多业余爱好，但现在几乎没有时间。"我问："你如何获悉得奖消息？"朱棣文笑道："我的一个研究生告诉了我，我以为他在开玩笑。"我问了最后一个问题："请您为《新民晚报》的广大读者说几句话。"朱棣文思考了一下，说："中国人当然为一个中国人获得诺贝尔奖而感到骄傲。但科学是属于国际性的事业，从事科学研究是为了造福整个人类，也是我毕生追求的事业。"他又说："祝你们的报纸办得更好！"采访结束时，他在我的笔记本上列出他近年出版的著作目录，并用中文写上自己的名字："朱棣文"。他与我合影后，送我走出办公室。

听达里奥·福演讲

下午5时，我在斯德哥尔摩大学中文教师陈先生陪同下，赶到瑞典皇家文学院，这里将举办诺贝尔文学奖获得者达里奥·福的演讲报告会。

在瑞典皇家文学院大厅前，瑞典皇家学院院士、诺贝尔奖评委、著名汉学家马悦然教授热情地向来宾致意，他对我从中国赶来参加诺贝尔颁奖仪式表示欢迎，并说："希望能看到中国作家早日进入这一领域。"并和笔者约定翌日去他家进行采访。

瑞典皇家文学院金碧辉煌，豪华典雅。一个容纳500人的会场，已挤进了800多人。在热烈的掌声中，身高1.82米、身穿燕尾服的达里奥·福红光满面地步入会场，顿时闪光灯亮个不停。

达里奥·福是一位集编剧、导演、演员于一身的作家，他的《一个无政府主义者的突然死亡》为他带来了世界性的荣誉。有趣的是，他今天的演讲稿没有文字，由24幅图组成，他的画技十分娴熟，画中的人物故事生动而幽默。他的开场白也妙趣横生："我想在场不懂意大利语和瑞典语的客人们，可以读我的画，请诸位充分发挥自己丰富的想象力吧！"他又补充说："这些画是有版权协议的，你们要出版，先请与我联系。"他讲演的内容是：世界上人人都说讲真话好，但真正讲真话，有些人就是不爱听。他讲了一个故事，有一座山，山上住了不少人，山下也住了不少人，有一天山下的人发现山在塌陷，便告诉山上的人，但山上的人不相信，以为山下的人在嫉妒山上的人，后来，山果然塌陷了，山下的人逃生了，山上的人掉进了水中。他的结论是："真实是伟大的，但许多人不相信真实，他们习惯生活在虚幻的世界之中。"

达里奥·福的演讲十分生动，时快时慢，时缓时急，不时用夸张的手势，充分表现了他的喜剧演员的风格。他在演讲中不时被热情的掌声所打断，抑扬顿挫的声调震撼了每个观众的心灵，仿佛让人们在欣赏一幕戏剧。

45分钟的演讲结束后，爆发了5分钟有节奏的掌声，在大家的要求下，达里奥·福又表演了一段戏剧小品，他模仿各种人的声调，并穿插了马叫声、车轮声、器乐声，那场景有点像中国说书艺人的表演。他的幽默与多才多艺征服了在场的800多名观众。

演讲结束后，人们纷纷拥上去请他为演讲稿签名留念。我挤进人群，用英语对他说："我是中国《新民晚报》的记者。"达里奥·福回过头说："我去过中国，这是个美丽的国家。"他在演讲稿上签上了自己的名字。我随着欢乐的人们走出大厅，在走廊上遇到瑞典的不少高级官员，国会议长彼尔·吉塔道尔正走在我身旁，我向她致意，这位女议长对我访问瑞典表示欢迎，并和我合影留念。

激动人心的时刻

一年一度的颁奖仪式于12月10日下午5时在瑞典皇家音乐厅举行。斯德哥尔摩大学汉学系主任罗多弼教授预先曾驾车为我指明了地点，因为请柬紧张，他就不能陪我前往了。他把两张外文印制的请柬给我的翻译沈幼琴女士。他问我："你一个人去音乐厅行吗？"我一口回答："没问题。"

从我的旅馆去皇家音乐厅只需要20分钟，我那天下午提早1个多小时出门，沿着我熟悉的路走了20分钟，却没有发现那幢蓝色的建筑物，看看手上的表，我有点冒汗了，一旦迟到，就无法入场。我想在大街上找个中国人问路，但找了十分钟，居然没有一个中国人，好不容易找到一个亚洲人，一问才知对方是日本人，她说的话我不懂，我说的话她也不懂，这时我真正后悔了，为什么不让人送我去音乐厅，请柬又不在手中，现在问题可大了！

怎么办？幸亏我还记得音乐厅这句英语，便向四周的一个瑞典人问讯，他向左一指，我急匆匆跑了5分钟，才发现那是瑞典皇家歌剧院。看看表上的时间，不到半小时就要开幕了，我心情十分着急，不断向路人问讯，一位瑞典人很认真地听了我的发音，我怕他搞不清楚，又引吭高歌一曲，他终于明白了，陪我走过三条马路，朝前一指，我终于见到了那幢蓝色的建筑物，连声说："OK，非常感谢！”当我小跑步赶到皇家音乐厅，离开场时间只有5分钟了。我这才发现自己的衬衣全湿了。

音乐厅门口戒备森严，当我步入大厅，一种庄严、肃穆、隆重、热烈的气氛感染了我。打扮得衣冠楚楚的观众正在会场大厅内留影，谁都想在这一生中难忘的时刻里拍摄一张自己的照片，以作永远的纪念。

5时整，奏响了庄严的《国王之歌》，瑞典国王、王后和他们两个孩子进入会场，然后在莫扎特的轻快乐声中，10名获奖者在诺贝尔评委会主席本特·萨缪尔松的介绍下，进入人们的视野之中。依次是物理学奖获得者朱棣文、克鲁德·科恩–塔努吉、威廉·菲利普斯，化学奖获得者保罗·博耶、约翰·沃克、延斯·斯科，经济学奖获得者罗伯特·默顿、迈伦·斯科尔斯，文学奖获得者达里奥·福与医学奖获得者斯坦利·普鲁西纳，由评委分别介绍他们的研究成果与获奖项目，中间穿插了贝多芬的乐曲。国王向每一位获奖作者授予金质证书与100万美元的奖金。

颁奖仪式最后在瑞典国歌中结束，热情的观众拥上舞台，争先恐后采访获奖者并与他们合影，又一次把全场气氛推向热烈的高潮……

听马悦然谈中国文学

颁奖仪式后的翌日，我应邀拜访马悦然院士。下午3时，敲开门，站在我眼前是一位身高1.82米的73岁老人，他身材高大而腰板挺直，红光满面而头发灰白。一件白衬衫，系一条黑色的领带，一身蓝灰色西装，十足绅士气派。马悦然微笑地请我在客厅内坐下，便去倒咖啡，我环视四周，这个客厅与两个大书房相连，仿佛是一个小型图书馆，有意思的是，这位瑞典老人的书橱内有许多中国古籍，如《论语》《孟子》《诗经》《左传》《尚书》《史记》《庄子》《荀子》等，还有《三国演义》《水浒传》《西游记》《红楼梦》四大中国古典小说，以及唐诗宋词的各种版本。

我先代王元化先生向马悦然院士致以问候，马悦然家的墙上正挂着一幅王元化先生的书法作品。他向我问起王元化的近况，又谈起了他40多年来与中国作家的交往，如老舍、沈从文、柯灵、曹辛之、叶君健、艾青、冯至。他谈到当代较为年轻的作家。马悦然对张贤亮与莫言很有好感。他说，他俩的作品正日益引起欧洲人的阅读兴趣。

我们又谈到了中国作家与诺贝尔文学奖的问题，马悦然院士站起来，引我走到他的书架前，取出《水浒传》《西游记》给我，我发现这两个外文版，是马悦然翻译的，他翻译的还有几本中国作品的英文版，如陶渊明的《桃花源记》、董仲舒的《春秋繁露》以及现当代文学《边城》《绿化树》《城南旧事》。他说："我翻译过老舍的小说，可惜他不幸去世了，如果他能活到（20世纪）80年代，一定是诺贝尔文学奖最优秀、最有力的竞争者。"说罢，他递过一本由他翻译的老舍小说《普通病房》。

他还谈到中国文学有悠久而深厚的历史。他说："中国是一个伟大的文明古国，不说其他文学作品，单就唐诗宋词与《红楼梦》的价值，就足以让中国文学进入世界文学之林。"他又补充说，中国今天优秀的文学作品也不少，但还需要有好的翻译家。马悦然说，他正在做这方面的工作。马悦然指着一排书说："我正组织人编写《中国文学手册：1900—1949》与主编《中国文学及其社会背景》等书籍，让更多的欧洲人了解中国的文化及其作品的价值。

我在马悦然院士的书房中交谈了半个多小时，这位瑞典文学界的重量级人物，每天除了坚持写作与翻译，还坚持散步一个小时。送我出门时，他挥挥手说："我要去散步了，祝你在瑞典的采访一切顺利。"

为宝钢建设功臣立传

蒋瑞松

1989年，上海市科协评选出了首届“上海十大科技精英”，这一盛举，在社会上产生了广泛影响。市科技记协受市科协委托，即着手筹备采写这10位“科技精英”，并编写成书出版。是年10月初，在市科技记协理事会上讨论采编工作事宜，我被分配采写宝钢的曾乐。对我来说，虽然在教学之余，也采写过几篇新闻报道，但正式采访一位科技界名人，还是首次。但是，我还是愉快地接受了这一任务。我想借此切实体验一下采写科技人物经历，对充实自己的教学内容亦有帮助。

从这一年的10月开始，我先从现有的资料入手，从市科协宣传处取来关于曾乐申报先进的材料，并查阅报刊上已发表的曾乐报道。由此，我对曾乐参加宝钢建设的历史背景、工作经历和科研成果有了基本的了解。在考虑下一步如何采访时，我想怎样才能在先前报道的基础上有所“出新”而不走“老路”？这就需要在采访中挖掘新材料，选取新的写作角度。我先是进行外围采访，再与曾乐本人面晤。12月初，我在《宝钢报》老王的带领下，先访问了曾乐的同事杨工、徒弟小丁等人。之后，参观了曾乐曾经工作生活的场所，有高耸的炼钢炉、精密焊接实验室、长江边的栈桥、蜗居的斗室等处。从受访者口中，这些地方无一不发生过令人动容的故事。

1987年8月13日上午，因受强台风影响，宝钢码头的栈桥被一艘外轮撞断，沉入江底。从水路运转的铁矿石、焦炭等物料突然中断，若不及时修复，宝钢面临停产的严重危险。此时的曾乐因肝病复发，正在家中休养。他闻讯后，当天上午即奔往码头查看事故现场，仔细考量钢梁受损的程度。在讨论修复方案时，有两种意见：一是重建新的栈桥；二是修复原来的栈桥。但是，大家吃不准，沉入江底的钢梁能否修复使用？正在两难之际，曾乐挺身而出，主张施行修复方案，可大大节约时间，节省下可观的人力物力。为了慎重起见，会上采用两个方案并举。当浮吊将沉入江底第一架钢梁吊出来时，其损坏的程度与曾乐判断完全一致，是韧性变形，内在质量良好。于是，曾乐提出了按照国际技术标准来修复。面对怀疑，曾乐说道，出了问题我负责。经过 70 多个日日夜夜的连续抢修，栈桥上的皮带机又隆隆地运转起来。可是，曾乐因抢修劳累过度，肝病加重，又一次住进医院。

在采访中，一间斗室引起我的注意，被告知曾乐曾在此蜗居过一年。我进去探视了一下，这是一楼梯间，仅有 4 平方米，用于堆放杂物，阴冷潮湿。人们不禁疑问：身为宝钢建设工程副总指挥、副总工程师，住房为何如此差？曾乐原来的办公室约有 12 平方米，办公住宿两用。那为何要搬到楼梯间去住呢？说来话长，1980 年，正当宝钢建设轰轰烈烈进行之际，曾乐前瞻性地想到，宝钢的生产与管理系统是由进口的电脑控制的，一旦电脑的线路板出了故障，若不及时修复，工厂的生产管理就要“停摆”。电脑线路板的维修要应用精密焊接技术，在国外已有成熟的技术，在我国尚是空白。这让曾乐十分担忧。他怀着对祖国建设事业的高度责任感，积极探索，开拓这一新的领域，攀登新高峰。而要开展这项研究既要经费又要时间，他不愿去向厂领导提要求，而是默默地私下干起来。白天，他下工地指导检查生产。到了晚上才能静心钻研他的精密焊接技术。时间长了，办公室有限的空间被文献资料、做实验的工具、焊剂、焊药瓶瓶罐罐都占用了，无容身之地。于是，他只好借楼梯间暂住。“十年磨一剑”，曾乐终于克服了一道道难关，掌握了精密焊接技术，并创建精密焊接实验室，为宝钢安全生产提供了保障，并出版专著《焊接工程学》，成为国内焊接学科的领军人物。他负责的宝钢建设钢结构项目，荣获国家科委颁布的特等奖，并被评为全国劳动模范。

外围采访告一段落，我预约面晤曾乐，赶到了他在宝钢友谊路的住处。此时，曾乐刚从医院回家休养，显得有些憔悴。采访从他借调到宝钢参加建设谈起，我问曾乐，为何取名乐字？因为我从资料中得知，他原名叫曾昭岳。想不到，这一提问引起了他一句深情告白：“因为我生来乐观的！”纵观曾乐的一生可以得到印证。曾乐的住室陈设简朴，唯有书桌旁的一台收录机引人注目。我问他：“您喜欢音乐？”曾乐说，这架收录机是他出国访问时节约生活费买下的，每当工作到深夜，感到疲劳时，便会播放一曲喜爱的《贝多芬第三交响曲（英雄颂）》，以放松心情。

采访归来，我将搜集的素材加以梳理。曾乐“科技精英”的形象在我脑海中逐步清晰、丰富起来，找到了贯串曾乐一生的主线，即是他不畏艰难、积极向上的乐观的人生态度，也搜集到一些表现人物性格特征的细节。由此，这篇报道的主题确立为：宝钢建设成功是经济建设与科技相结合的硕果，具有引领、示范意义。曾乐为此作出了重要贡献，是我国知识分子优秀代表。心中有底，下笔就比较顺利。我挑灯夜战，历时半月，终于在1990年5月10日完稿。文章题名为《将身心焊在事业上的人》，全文万余字。

是年11月间，上海掀起学习宣传曾乐先进事迹的热潮。时任《上海工业经济报》新闻部主任寿光武联系我，拟在该报发表我撰写的曾乐报道，征得我的同意，于11月10日在第二版上用整版篇幅刊登。汇集“十大科技精英”的报告文学通讯集《大上海的骄子》，也于是年11月由上海科普出版社出版。

有幸的是，这篇报道记载曾乐事迹的内容被《宝钢志》收录，曾乐作为宝钢建设功臣被载入史册，见证了改革开放先行者的荣光。作者的劳动也得到了社会肯定。为此，我感到十分欣慰。

沿着海滩走

谢根华

奉贤，南临杭州湾，拥有31.6公里的海岸线，万顷海涂一望无际。改革开放的春风，吹醒了这片沉睡多年的土地。原来莽莽芦苇塘，变成了上海知名的“菜篮子”工程基地。其中，“东方对虾”名扬海内外，成为令人瞩目的创汇农业。1986年11月19日，时任中共中央总书记胡耀邦视察奉贤，给了奉贤极大鼓励，燃起了奉贤人更大的创造热情，利用海涂，开发海涂成为农民脱贫致富、发展当地经济的重要产业。

1988年，中国改革开放10周年。上海市农村工作党委决定，开展农村改革开放成果展活动。其中一项内容是市郊各县展示特色产业，写成万字篇幅的长篇通讯，汇编后由上海人民出版社出版。经奉贤县委常委会研究决定，奉贤重点推海滩，县长沈效良把题目定为：海滩巨变。

当时，我在奉贤县委宣传部工作，身兼“三员”（县委宣传员、县委报道组成员、“三报两刊”——《解放日报》《文汇报》《新民晚报》《上海支部生活》《现代农村》通讯员），主要负责对外宣传，任务理所当然地落到了我的头上。县委常委、宣传部部长陈雪章还定了时间：一个星期拿出初稿来。

磨刀不误砍柴工。我用了一天的时间，查阅了海涂变迁的历史。新中国成立后，尤其是改革开放后政府集中力量围垦发展生产给海涂带来的巨大变化，还有各大媒体的相关报道。翌日一早，我在沿海有关乡镇宣传干部的陪同下，沿着海滩采访。整整3天，采访了2个典型村、3个市级菜篮子工程基地的养殖场和种植场、知名乡镇企业、各个领域的典型人物等等，记了满满一大本素材。第4天，在上海最早看到日出的奉新乡招待所写了一整天，完成了1.2万多字的长篇通讯《沿着海滩走》。星期五一早，乡里直接派车把我送到宣传部。陈雪章部长一见我，安慰了两句，接过稿子，马上戴上老花镜看起来。随着他脸部表情逐步放松，我悬着的心慢慢放了下来，大约半小时看完后，他拿起笔，在第一页右上角写了一行字：请效良阅，让我马上送到县长办公室去。

我来到县长办公室，沈县长平易近人地说：到底是宣传部的秀才，这么快就完成了。接着他让我喝茶，自己拿过稿子看了起来。说老实话，这时我的心没有刚才那么紧张了。陈雪章部长是"文革"前的本科大学生，刚从市农村工作党委宣传处副处长任上调来，文字、理论水平是大家认可的，他那里过关了，应该不会有大改动了。终于，沈县长放下稿子，笑着对我说："沿着海滩走"，比"海滩巨变"更生动、更有说服力，就用这个题目，文章总体不错，基本上把奉贤海滩发展的进程写出来了。随后，他让我先休息两天，再把稿子给有关部门看看，具体事件、日期，尤其是数据再敲敲实。

为了增强宣传效果，宣传部专门请了文化馆的摄影师尤乐平，创作室美编陆连熊，文字编辑严良华、宋新根，广播电台编辑高克严，宣传部理论组赵宏元，大家齐心协力共同打造奉贤形象，表面上这篇文章是我撰写的，实际上，它是集体创作的结果。

金秋10月，《现代农村》用5个版面图文并茂地刊登了《沿着海滩走》。经评选，荣获上海市农村改革开放成果二等奖；《在对虾王国里》荣获《解放日报》"我为'菜篮子'作贡献"征文二等奖，上海人民广播电台农村台征文二等奖；《新生的土地》荣获《上海郊区报》征文三等奖。与此同时，《对虾王国诞生记》入选上海人民出版社出版的《创业者》一书。《解放日报》《劳动报》《上海郊区报》《现代农村》、上海人民广播电台先后刊登播出了《魂系"菜篮"》《酿造微笑的人——奉贤海滨良种场见闻》《昔日盐碱地，今朝聚宝盆——记奉贤县海涂副食品基地》《杭州湾畔鸡鸭鸣》等新闻作品，引起了较大的社会反响。

作为一名新闻工作者，我见证了党的英明领导，见证了改革开放的伟大成果，见证了农民脱贫致富，感到无上荣光。

“军中焦裕禄”杨崇元宣传命名前后

窦　芒

建党百年前夕，我终于实现了多年的愿望，来到“县委书记的榜样”焦裕禄工作过的河南兰考。在“焦裕禄纪念园”，我在焦裕禄纪念碑和铜像前肃立致哀，在纪念馆里聆听讲解员激情感人的讲解，在广场宣传栏细细品味习近平总书记三次来兰考视察，高度肯定焦裕禄精神的情景：习近平总书记参观了焦裕禄纪念馆后动情地说：“我们这一代人是深受焦裕禄事迹教育成长的。焦裕禄同志是县委书记的榜样，也是全党的榜样。他的精神同井冈山精神、延安精神、雷锋精神等革命传统和伟大精神一样，过去是、现在是、将来仍然是我们党的宝贵精神财富，我们要永远向他学习。”

当年宣传杨崇元，梦里几回到兰考。此情此景，我禁不住又一次热泪盈眶，心潮起伏。30 多年前在原南京军区第十二集团军政治部任新闻干事时，采写和宣传“军中焦裕禄”杨崇元的日日夜夜又浮现在眼前……

驱车 300 里　含泪写英模

1989 年 1 月 1 日，人们正沉浸在辞旧迎新的欢乐之中，可是三十四师炮兵团政委杨崇元却因糖尿病并发症医治无效，不幸去世，时年 42 岁。杨崇元热爱部队，忠于职守，当战士时是好战士，当干部时是好干部，多次被评为学雷锋积极分子和优秀共产党员。特别是任炮团政委的二年多里，忍受病痛，顽强拼搏，为改变部队面貌呕心沥血。炮团官兵都说他是累死的，纷纷为他请功。一个病逝者，官兵为何这么夸赞他。这里头肯定有新闻，说不定是条“大鱼”。时任原南京军区十二集团军新闻干事的我，凭着特有的敏感和职责，向军首长汇报后，定下了去采访宣传杨崇元生前事迹的决心。

时值隆冬，风雪交加。我乘坐长途汽车从徐州赶到苏北灌南县炮团驻地，与师团新闻干事一起，冒着摄氏零下10多度的严寒，调查采访，掌握了杨崇元生前大量勤奋学习、忘我工作的素材，尤其是“杨崇元与焦裕禄同龄”“杨崇元是80年代穿军装的焦裕禄”等对我确定报道的主题启发很大。

“焦裕禄”，多么熟悉又亲切的名字。记得还是1966年，12岁的我第一次从中央人民广播电台聆听《县委书记的榜样——焦裕禄》长篇通讯时，几次被感动得流泪，从那时起，焦裕禄的形象就一直铭记在心里。那时，焦裕禄虽然已经离世20多年，国家和军队历经10年“文革”动乱后，走上改革开放、建设发展之路，领导干部的作风，尤其是基层干部的作风问题，群众中也有不少非议和抨击。我和许多人一样，从内心崇尚焦裕禄品格，呼唤着焦裕禄精神，期盼着在改革开放的新时代出现更多焦裕禄式的好干部。

随着采访、思考的深入，我们的思路也不断得到升华。杨崇元不仅和焦裕禄同龄，更重要的是有许多与焦裕禄相同的宝贵精神：对党的事业忠心耿耿，满怀信心；对党的工作高度负责，求真务实；对困难不屈不挠，勇于进取；对自己，则是清正廉洁，公而忘私，鞠躬尽瘁，死而后已……

“军中焦裕禄”，多么贴切又富于时代特征的主题。于是，我们按捺不住内心的感怀，激情奔涌，笔随意动，饱含深情和泪水，在冰天雪地的团招待所里，一气呵成，写出一万余字的通讯。尔后，又收集整理出一批杨崇元的故事、日记和书信。

媒体齐宣传　名扬军内外

时值年关，春节临近，人们都从四面八方回家过年团聚。可我却怀揣着杨崇元的资料、稿件，马不停蹄地赶到位于北京阜外大街34号的解放军报社。“这一焦裕禄式领导干部典型非常及时，十分需要……”报社政工部领导和基层组编辑听了汇报后，被深深地感动了。

半个月后的2月9日，大年初四，《解放军报》在一版头条转版发表了长篇通讯《他追求的是奋斗与奉献——记忘我工作、鞠躬尽瘁的团政委杨崇元》。300多字的《编者按》中这样写道：“从焦裕禄到杨崇元，我们可以看到：尽管我们面临的形势与任务同60年代不同，人们的观念也发生了许多变化，但党的优良传统和作风必须继承和发扬。在改革开放年代，同样需要我们大力提倡艰苦奋斗、清正廉洁、无私奉献的革命精神。”

南京军区《人民前线》报对杨崇元的典型事迹十分重视。报社打破常规做法，制订了“突出宣传，系列报道”的计划。首先，以两个整版的篇幅并配发评论，以《军中焦裕禄》为题刊发长篇通讯。紧接着，以《杨崇元的精神熠熠发光》为题，刊发了部队的反响。接着，又刊发三篇“军中焦裕禄”杨崇元事迹连续报道。一个多月中，《人民前线》共刊发杨崇元相关报道60多篇。

与此同时，中央人民广播电台、《光明日报》《新华日报》《扬子晚报》等10多家中央和地方媒体也集中宣传报道了杨崇元的事迹，在军内外引起强烈反响。

在杨崇元的家乡江苏省六合县，从县委领导到乡镇、厂矿、学校，纷纷开展学习杨崇元的活动。在杨崇元生前所在的团、师、集团军，“学习杨崇元，忘我作奉献”活动人人参与。数百件来信来稿寄到《人民前线》报，表达部队官兵对杨崇元的追思和崇敬。

总部来调研　军委授称号

4月下旬，来南京军区视察的总政治部领导同志来到徐州。在听取集团军领导工作汇报后，高度评价了某师炮团原政委、“军中焦裕禄”杨崇元。总政领导说：“杨崇元同志的事迹十分感人，我们听了很激动，感受很深。这个同志长期带病坚持工作，把自己毕生精力献给部队建设，是我们政治工作者的楷模、各级干部的榜样，要宣传好，学习好。”

总政治部领导的评价和肯定，进一步鼓舞了各级领导和机关宣扬、学习杨崇元的热情。总部、军区机关专门组织工作组，调研、整理杨崇元的事迹材料。集团军党委、南京军区党委相继作出向杨崇元学习的决定。军区党委认为：杨崇元同志是我们伟大时代哺育出来的先进典型。他不愧为对党忠诚的好党员，不愧为献身国防的好干部，不愧为学习雷锋的好榜样……

1990 年 3 月初，中央军委发布命令，追授杨崇元“模范团政委”荣誉称号。中央军委的命令指出：杨崇元同志是一名优秀共产党员、模范政工干部。全军同志都要学习他志在国防，无私奉献的革命精神，勤奋工作，顽强拼搏的坚强意志，坚持原则、清正廉洁的优良作风……

同年 3 月 17 日，紫金山下的南京军区大礼堂，鲜花烘托着军徽，掌声应和着军歌，中央军委授予杨崇元“模范团政委”荣誉称号命名大会隆重举行。1400 多名军区机关、驻宁部队的官兵和杨崇元生前所在部队及家乡的代表，怀着崇敬的心情参加大会。时任军区司令员向守志宣读了中央军委授予杨崇元“模范团政委”荣誉称号的命令。时任军区副司令员王成斌宣读了军区党委关于向杨崇元同志学习的决定。与杨崇元一起工作的某炮团原团长吴克祥动情地介绍了杨崇元的事迹。杨崇元的妻子李名英在讲话中，衷心感谢伟大的党、伟大的军队对杨崇元的培养哺育，表示要珍惜老杨的荣誉，学习老杨的精神，努力工作，教育培养好孩子，让老杨在九泉之下安息。会上，时任军区政委傅奎清、十二集团军军长郭锡章及江苏省委副书记邓鸿勋也先后讲话。次日，《人民前线》报发表题为《志在国防，无私奉献——论向“模范团政委”杨崇元学习》的社论。

新闻是历史的记录，典型是永远的丰碑。岁月流逝，时代巨变，但“军中焦裕禄”杨崇元和“县委书记的榜样”焦裕禄一样，代表了一种生命的热度、一种时代的高度、一种品格的纯度，将穿越时空，永不磨灭，照亮共产党人的精神家园。

大山深处有书院

管志华

在迎接中国共产党建党百年的日子里，我有幸重访福建闽西，这得益于老党员、老记者、老总编郭志坤的相邀。记得 1997 年，在郭志坤组织下，我随上海新闻记者采访团访问闽西，参观了龙岩、永定、古田、上杭、长汀、连城等地的革命遗迹，观瞻了世界文化遗产福建土楼，撰写了长篇通讯发表在《人民日报·华东新闻》上。

福建号称“东南山国”，丘陵山地约占全省面积 80% 以上，闽西多山区，是早期的中央苏区、革命根据地。1929 年三四月间爆发了蒋介石同桂系军阀之间的战争，毛泽东自 1929 年 3 月中旬开始，抓住军阀混战的有利时机，同朱德等率领红四军东征闽西，把井冈山武装斗争的火种播种到福建，开辟了闽西革命根据地，成为红旗不倒的坚强堡垒，主要创始人有张鼎丞、邓子恢、谭震林等。

对这段革命史，更多的是从我的良师益友郭志坤口中听到。郭志坤是永定人，是术有所攻的历史学家，编纂过不少名家大著。郭志坤有个“田地人”的笔名：当年他在永定一中上学，老村长知道他初三作文比赛获得第一名，便给他出了一道题：《“田地”考》。原来他家乡时而叫“田地”，时而称“仙溪”，郭志坤便对乡名的由来进行了一番考证：550 年前的先民认为这片土地适于耕种水稻庄稼，将这块丰裕优美的地方称为“田地”。1929 年 5 月，朱毛红军第二次入闽，带领广大民众开展打土豪、分田地活动，建立了田地乡苏维埃政权。正当人们忙于分田分地时，田地人提出疑问：“把田地分光了，那我们还叫‘田地’吗？”大家商议后认为“田地”名称确实要改一改。改乡名众说纷纭，更多的田地人认为，先民择地依山傍水，山清水秀，好似人间仙境，更名为“仙溪”最合适，于是“田地”也就改为“仙溪”。1953 年 12 月，时任中共中央农村工作部部长邓子恢在新中国成立后第一次回家乡，除走村串乡、访贫问苦外，还探望了革命烈士的亲属和土地革命时期的骨干户，问到“田地”的情况，好多人都不知道。乡长告诉说，“田地”改为“仙溪”了。时任中共福建省委书记、省人民政府主席的张鼎丞在旁说，不改了，田地“树谷”之本、“粮食”之地，这“田地”是好地名。邓子恢补充了一句：“民为邦本，本固于田，田地好啊！没有田地哪有我们！”一语双关，于是又将“仙溪”改为“田地”。

1961 年，郭志坤在永定一中读完高中，以龙岩地区“文科状元”考入复旦大学历史系，专攻古代史，1966 年分配至《文汇报》理论部任记者、编辑，之后任文汇出版社总编辑、上海人民出版社总编辑，他长期在新闻、出版界辛勤耕耘，成就卓著。臻至老境，他越来越认识到，民众创造历史，要为民众所用，学史要回到民众那儿去，特别要将中国古代史普及到民众，这个信念使他至今坚持。一晃 60 多年过去了，当年的小郭变成老郭，近古稀之年的他做出一个决断：让自己 60 多年所收藏的 5 万余册图书捐出，在家乡永定田地村建一所书院，取名为“申元书院”。2020 年 10 月，他打电话告诉我此消息，让我感慨不已，再次重访。

在开院仪式上，我结识了一些新朋友，如福建原驻沪办主任陈振环、副主任陈广蛟，以及著名画家李江航等，听到老郭为建立申元书院历时 12 年不懈努力的感人故事。申元书院收藏 5 万余册图书，文字拓片 1166 件、照片资料 11800 帧及青铜器、古玉器等珍品，具有相当的学术价值，引人关注。特别是郭志坤的独子郭申元为科研英年早逝后，众多有识之士担心这批藏书的传承，不时前去求购，有人当即表示愿以 600 万美元收购 5 万余册图书。郭志坤思来想去，从中华文化遗产传承考虑，觉得这批一辈子精选的图书舍不得被流散，更不能让自己费尽心血的结晶离开中华大地而漂洋散去，他决定要无偿捐回老家。陈广蛟回忆道，

2007年初福建驻沪办和上海福建商会决定联合组织编纂《上海福建人》，在做可行性调研时登门向老郭求教，老郭自告奋勇担任本书的统筹策划和编审工作，使《上海福建人》得以在2008年12月8日福建省政府驻沪办成立50周年、上海福建商会成立20周年庆典大会上首发。在编写、出版这本书的过程中，福建驻沪办领导成员对郭申元事迹和老郭为人深感敬佩。在庆典大会之后老郭向陈广蛟沟通自己捐书想法的时候，他非常感动，及时向陈振环主任作了汇报。福建驻沪办认为要竭尽全力给予推进和协助。从2008年始，5万余册图书先后分9次运回，从图书整理、打包运输、寻址、兴建、场馆布置和编排、资金筹备等等，老郭亲力亲为，真是历尽千辛万苦。

2021年春节后，我联系申元书院理事长郭明忠，得知书院开院半年后，在闽西职业技术学院志愿者的帮助下，已完成图书22类的分类，以文学、艺术、历史居多；牛年伊始，书院将推广“两个主旨”“一个目标”，传承优秀传统文化，发扬爱国主义精神。综观我国唐朝办书院的传统，多为私人治学的书斋与官府整理典籍的场所，由私密至公众，成为书斋与书院的分野。宋初有“天下四大书院”，即著名的白鹿洞书院、岳麓书院、应天府书院、茅山书院，“天下书院”皆与山有关，其山水形胜而形成特有的人文景观，以教育、教学为书院主要功能。其讲学有三个层次：学术原创性讲学、学理传播性讲学、学术普及性讲学，词多平实，浅显易懂，所重不在理论阐发，而是课之实践，将先贤的理念、观点具体化作一般民众可以理解的行为准则和生活风俗。对此，陈振环认为，经济涵养文化，文化推升经济，申元书院在相对落后、封闭的乡村宣告成立，本身就是一个非同寻常的文化事件。它的建立，意味着在互联网经济时代，能以一种崭新的方式得以在远离城市的山坳生存发展，并为社会的文化经济建设与振兴乡村发挥应有作用。

此心安处是吾乡。重访闽西让我想到：历史是最好的教科书，党史是最好的营养剂。习近平总书记强调：“红色基因就是要传承。中华民族从站起来、富起来到强起来，经历了多少坎坷，创造了多少奇迹，要让后代牢记，我们要不忘初心，永远不可迷失了方向和道路。”当闽西人民富裕起来，那么他们的精神追求是什么、文化传承在哪里，值得扪心一问。我由此深切感受：申元书院就像一股力量，它让乡风民俗浸润醇厚，让红色基因弘扬光大。尽管申元书院未来关山重重，但正支撑起新一代，在这个意义上，重访闽西不虚此行。

立功竞赛，上海的“名片”

潘阿虎

上海的重点工程实事立功竞赛活动已历时35年，成为上海的一张靓丽“名片”。立功竞赛活动为广大建设者搭建了建功立业的大舞台，为推动上海经济和社会发展发挥了巨大作用。作为这一活动的组织者记录者参与者之一，我感到十分光荣和自豪。

1986年6月12日，上海召开“重点工程立功竞赛誓师大会”，标志着由市建设党委、市建委、市交通党委、市交通办、市总工会、团市委、《解放日报》《文汇报》《劳动报》、上海电视台、上海人民广播电台等13家单位发起的市重点工程实事立功竞赛活动拉开了序幕。来自上海重点工程和实事项目的400名建设者代表出席了会议。时任市委常委、市建设党委书记孙贵璋，市建委主任李春涛和发起单位的领导出席了会议。建设者表示，要确保市政府确定的与人民生活密切相关的15件实事年内完成。

上海的10万建设大军，在浦江两岸的1000多个重点工程建设工地开展了热火朝天的立功竞赛活动，形成了你追我赶，奋力拼搏，为重点工程建功立业的良好氛围。这场立功竞赛活动，打破了行业的界限，打破了系统的界限，由13家单位发起，凡是与重点工程，实事项目有关的单位，都被列入参赛单位，这在上海的立功竞赛活动历史上是从未有的。其影响之大，参赛面之广，历时时间之久，也是前所未有的。特别是工、青、妇组织的作用，新闻媒体的作用，得到了充分发挥，形成了一股强大的力量，在海内外产生了广泛的影响。

为感谢广大建设者为重点工程和实事项目作出的贡献，1987年1月12日晚，由市重点工程立功竞赛领导小组主办，上海人民广播电台、上海电视台、空军政治学院协办的“上海市慰问十五件实事建设者晚会”在蓝天宾馆隆重举行。当时的上海市主要领导都出席晚会。电台、电视台进行了实况转播。广大建设者受到了极大的鼓舞。

1987年1月24日上午，上海又为15件实事的工程庆功，市领导出席大会，建设者们胸佩大红花接受领导颁发的奖状和奖章。其场面之隆重、热闹在上海的立功竞赛表彰会上是空前的。

慰问会、表彰会，紧锣密鼓通过媒体的报道让上海人民记住了建设功臣，立功竞赛活动的影响力进一步提升。

上海一批著名演员袁雪芬、梁波罗、茅善玉等、深入南浦大桥、上海新客站、黄浦江上游引水工程等工地慰问建设者，给建设者以极大的鼓舞。

《解放日报》《文汇报》《新民晚报》《劳动报》，上海电视台、上海人民广播电台等媒体的记者还在1987年4月27日自带干粮在黄浦江上游引水工程工地参加义务劳动。工地上突击队的旗帜飘扬，大家挥汗挖土，场面热烈感人。

上海各大主流媒体开足马力，采用十八般武艺，竞相报道重点工程、实事立功竞赛活动，高潮迭起，有力地推动和促进了上海的重点工程和实事项目建设，充分体现了媒体的力量。

1986年底《文汇报》开辟了“十五件实事”栏目，每天在一版报道一件实事，配一张照片，共发了15篇报道，我采写了7篇，产生了广泛的影响。上海人民广播电台设立了“十五件实事特别节目”。《劳动报》开展了“工地采风征文比赛”。这些报道形式多样，生动及时，受到建设者和读者的欢迎。

为重点工程实事立功竞赛报道作出贡献的记者、播音员、主持人等还受到了市立功竞赛领导小组的表彰，这是对新闻工作者成绩的肯定和鼓励。这在上海也是开了先河的。

为记录下广大建设者为重点工程和实事项目建设作出的贡献，记录下上海重大工程建设的历史轨迹，1986年上海的一批作家和记者创作了一批报告文学作品，由上海文艺出版社结集出版；《为了上海的明天》是上海出版的第一本重点工程和实事项目建设的报告文学集，由时任上海市市长江泽民题写书名。“为了上海的明天”，成为广大建设者为之奋斗的响亮口号。

35 年弹指一挥间，立功竞赛历久弥新，新闻工作者始终没有缺席。我作为中国建设报上海记者站的一名记者，和上海的记者一起写了大量报道，记下了这一具有创新意义、具有广泛影响、具有强大推动力的活动。我们为上海的城市建设，为上海的重大工程留下了宝贵的史料，我感到庆幸和骄傲。

重点工程实事立功竞赛永远在路上。立功竞赛一定会常赛常新，上海一定会变得越来越美。

一次跨世纪的精神穿越

潘益大

有时候，一次采访经历会让人铭记一生；也有时候，一次新闻策划会成就一次跨世纪的精神穿越。

机缘巧合发生在2000年岁末时节的一个平常日子，我与一位在教育领域工作的老朋友偶然相遇。闲聊中，他说到有亲戚从国外回来探亲，发现上海城市面貌巨变，可是有一些人的言行举止却不相适应。正值辞旧迎新之际，他提出，报上是否可以反映一下上海人应以什么姿态进入新世纪的问题。

经此一说，我忽然意识到，此刻自己正面对一次极佳的选题运作机会。经过一番斟酌考量，我要那位朋友把所说内容写成读者来信寄到报社，并确定以“面向新世纪的上海人精神”为主题在报上开展讨论。2000年11月4日，《文汇报》在一版头条位置，以超大字号通栏标题《上海人应该有怎样的精神风貌》刊发读者来信，并通过引题“一封读者来信引出一个很有意义的话题”，先声夺人。

如此摆开阵势的大讨论，自然还需要一个格外用心的编者按，代表编辑部来表达诚意、阐明宗旨、引导话题。在这篇长达近700字的编者按中，我回顾了本报“九十年代上海人形象”的讨论，进而提出“从当初的‘上海人形象’到如今的‘上海人精神’，随着时间的推移、观念的转变，显然为我们提供了一个从不同侧面进行深入思考的话题。”这些话题包括思想观念、道德风貌、科学精神、人格心理、行为模式、生活方式等等。

除了醒目的编者按，版面还打破常规，配以清晨外滩市民长跑迎接新一天的大幅图照。就这样，当天的《文汇报》以一向赢得好口碑的鲜明编排风格，为读者送上了一份主旨鲜明、图文并茂的组合式大餐。凡击中时代脉动的新闻命题，都会收获受众应有的反馈。由一个去国多年的上海人回沪探亲，投书报社的良多感慨，在一个恰当的时机，恰到好处地打开了浦江两岸家乡人的心扉。

当从丰满的版面语言中感受到编辑部真切的呼唤，关于上海人精神风貌的讨论，随即在各行各业读者中激起强烈的反响。短短数日间，成百上千的来信来稿送到了评论部小小的办公室。

显然，在一个事关上海人精神成长的话题上，上海人有话要说。及时反映这些满腔热情自发参与讨论的诸多见解想法，加强报纸与社会各方人士的快速互动，才能不失时机助力讨论升温。为此，我们不惜篇幅先后四次整理刊登数十篇来信来稿摘编，总数约 1.7 万字之多。对每一篇摘编的文字稿，我们都一一加了标题，以期活跃版面，又兼具引导性。如《上海给了我希望和信心》，这是深圳大学原校长魏佑海的来稿；《一位九旬老人的心声》，是永嘉路读者徐世长的来信；《期望上海人拥有优秀的职业礼仪感》，则是日本爱知县冈崎市民江静的来稿等等。

这样做的效果是显而易见的。在每次摘编见报后，总有更多来稿呼应跟进，帮助我们更好地把握讨论的进程和走向。与此同时，我们又随机发放四百份关于本次讨论的问卷调查，通过“改革意识”“竞争精神”“现代观念”“行为举止”“生活方式”等细分的 13 个项目，重新定位世纪之交的上海人精神风貌，多视角引导讨论深入。

我们特意选择在 11 月 12 日文新报业集团读者日活动当天，在文新大厦大堂设摊发放问卷。下午 2 时，数百名最先进场的读者一拥而入，半小时不到，所有问卷被悉数取走，没有拿到问卷的读者，还要求我们加印若干。一位《新民晚报》的同仁现场采访了几位读者，他想弄清楚人们为何对一份问卷调查如此兴趣浓厚，结论是：上海人面向新世纪确实有话要说。

一场涉及全市各行各业的大讨论，既要体现市井里巷男女老少的热烈参与，也要广开言路，借助专业人士发声提升话题质量，引发深层次思考。基于此，我们双管齐下，有计划地在不同阶段，穿插组织了三次较高水准的专题探讨。

一是专家座谈会，其中包括全国政协常委、知名社会学家邓伟志教授，以及上海社科院、复旦大学、交通大学、华东师大、上海师大等多位著名教授学者。

二是在沪企业家、驻沪单位领导座谈会，其中包括六家央企和外地企业及四家上海本土企业领导和老总。

三是外籍人士座谈会，其中包括美国、日本、德国、英国等在沪工作、生活多年的外国企业家和教师。

每次座谈会结束，立即把与会者的发言快速整理成上万字的专题纪要，并把其中的主要观点、独到见解用黑体字凸显出来，再通过编者按点明讨论重点，藉此引起读者关注。

在版面处理上，连续采取一版标题与编者按编排醒目突出，余文转后的方式，从而对放大讨论的传播效应起到了较好的发散作用。为一场群众性讨论，接连刊发三次规模超常的长篇座谈纪要，这在《文汇报》历史上并不多见。

与此同时，我们自己也直接撰文参与讨论，除了关于讨论的进展报道，还在报上刊发了题为《上海人超越自我——90 年代上海人精神世界变迁探寻》和《提升市民素质　铸造城市之魂——写在“面向新世纪的上海人精神”讨论之际》的长篇文章，系统回顾了上海人如何“实现精神世界的现代重塑”，梳理了两次讨论一脉相承又图新求变的特点，并对讨论进行了理论上的阐述和思考。

综合起来看，这场历时两个月的全市大讨论，社会各界人士在认可度和参与度上，均超出我们的预想，也受到了上海市委、市政府，甚至一些外省市的关注。时任上海市委书记黄菊在不同场合多次肯定了这场大讨论。

在《文汇报》讨论开展不久，市精神文明建设委员会办公室还下发了《关于深入开展“面向新世纪的上海人精神”讨论的通知》，要求全市干部群众积极参与这场讨论，并与我们一起参与了系列座谈会活动。

2000 年 12 月 30 日，在讨论的总结会上，时任市委副书记、市文明委常务副主任龚学平发表了题为《走进新世纪　树立新精神　创造新业绩》的长篇讲话，强调指出：“这次《文汇报》做了很好的工作。”“‘面向新世纪的上海人精神’大讨论，焕发了上海人的精神，催生了上海人的自省意识。”

全体与会者还向广大市民发出倡议：“在新世纪，上海人应该努力养成与国际大都市发展相适应的思想观念、道德素养、人格心理、行为模式。”这一初步共识，正好回应了讨论之初提出的问题。

难忘在《文汇电影时报》的日子

罗　君

办一张在全国有影响的电影报纸，是著名电影理论评论家钟惦棐的提议，《文汇月刊》主编梅朵极力支持，钟惦棐的挚友、《红旗》杂志主编熊复愿意出资、出人。由于与《文汇报》有着不解的渊源，钟惦棐希望由他担任会长的中国电影评论学会与《文汇报》联合创办，得到《文汇报》总编辑马达的热情支持。

钟惦棐和梅朵力荐我主持筹备《中国电影时报》的创刊工作（后改为《文汇电影时报》），马达、史中兴两位在报社党委会上力排众议，让我主持报纸工作。梅朵老师带着我一次次到钟惦棐家，聆听他对办报的建议和版面具体设想。1985年9月1日，《中国电影时报》出版了试刊号，10月1日正式出版；1987年10月3日，改名为《文汇电影时报》。

在《文汇报》副总编辑兼《文汇电影时报》主编史中兴的领导下，《文汇电影时报》包括采编、发行员在内共9人，大家兢兢业业，将报纸办得风生水起，影响逐渐扩大。有一次，薄一波副总理因为没有收到《文汇电影时报》，还专门让秘书打电话给北办，索要该期报纸。

热情支持第五代导演

《文汇电影时报》以敏锐、独家、公正的视角，发表了一篇篇具有影响，反响强烈的独家新闻、评论、人物专访、国内电影动态。

那时第五代导演刚刚崛起，他们的作品《一个与八个》《黄土地》《孩子王》《红高粱》《血色清晨》等问世后，受到了各种责难、批评，但《文汇电影时报》旗帜鲜明地支持年轻导演的探索和追求。日后这些影片都在国际、国内获得大奖。

陈凯歌执导的电影《霸王别姬》是一部不可多得的上乘之作。公映后却受到了严厉批评，帽子有四顶之多，影片被禁映。鉴于此，我们再次约请多位有影响的电影理论评论工作者观片座谈，许多评论家都肯定了该片的艺术价值，认为政治倾向没有问题。我当时在犹豫，要不要发之前组织特约记者罗雪莹与陈凯歌的对话录，最终冒着一丝风险全文发表，却也怀着忐忑不安的心情等待结果。

出乎意料的是，时任中宣部部长丁关根看到《文汇电影时报》此文后，亲切召见了陈凯歌。他对陈凯歌说，他仔细阅读了《银幕上的寻梦人》这篇文章，并从抽屉里拿出报纸。报纸上有他用红笔在文章里划出来的一道道划线。丁部长说这篇文章让他对艺术家的创作初衷、意图、艺术上的追求有了更多理解和认识。谈话持续了数小时，晚上丁部长特意留陈凯歌一起共进晚餐。

电影《霸王别姬》不仅被解禁，也确立了其在电影史上的地位。

“三项大奖”为中国电影推波助澜

在报社全体同仁的共同努力下，《文汇电影时报》不仅办得颇有影响，数年间，先后创办三项在全国影界具有影响的社会活动。

改革开放后，广大电影工作者铆足了劲，拍摄了近千部影片，优秀作品层出不穷，涌现出大批新秀。老艺术家更是老树发新芽，迎来了又一个艺术的春天。《文汇电影时报》于 1986 年底至 1987 年 3 月在全国首次主办了“新时期电影评奖活动”。26 万观众、读者积极投票，评出十佳优秀影片、十佳导演、十佳男女演员及最佳处女作奖。颁奖活动盛况空前。此举对鼓励电影工作者奋发向上，更上一层楼起到推波助澜的作用。

《文汇电影时报》为艺术家个人举办主题活动“影视精英奖”，在中国电影史上也是首创。1989 年 4 月 25 日在大光明电影院，“孙道临电影艺术 40 年研讨活动”

隆重开幕。上海市党政领导和京沪等地的电影界、文化界千余人出席开幕式。江泽民同志为孙道临亲笔题词：“孜孜不倦，光彩照人。”孙道临的家乡浙江嘉善闻讯专程派人来上海，邀请此活动到他家乡举办。

想起“金翼奖”，至今令我激动不已。《文汇电影时报》首次为全国50万幕后英雄的电影放映大军创办了“金翼奖”双十佳活动：评选城市十佳影院经理、农村十佳放映员。全国各地电影制片厂、各省市电影发行公司热烈响应、大力支持、积极参与。更加上《文汇报》领导的鼓励支持，中国电影公司热心帮助并提供活动经费，社会各界纷纷伸出援助之手，使整个活动办得有声有色，热闹非凡。

颁奖典礼安排在1990年9月1日晚。那时上海波特曼大酒店则刚落成，由著名电影导演谢晋牵线，波特曼总裁将新剧场的第一次演出，无偿提供给“金翼奖”。就在筹备工作一切就绪时，一场罕见的十三级台风登陆申城。8月30日上海机场关闭，在北京的数十位嘉宾、获奖代表、电影厂厂长、以及北片各省市电影发行公司总经理，在机场整整等了20多小时。直到9月1日下午，上海机场勉强开通，但瓢泼大雨仍下个不停。北片部分代表乘飞机到南京改坐火车前来。南片的代表基本坐火车来了。我们兵分两路，浑身淋得透湿去机场、火车站迎接赴会代表。

让我们心里好温暖、好激动的是，代表们没有一个打退堂鼓，包括颁奖结束后的文艺演出所邀请的著名演员陈道明、斯琴高娃、李媛媛、严翔、舒适等都准时赶到演出。

在盛况空前的“金翼奖”颁奖典礼上，赵克卿这位来自青海高原牧区的普通农村放映员，无疑是一位最耀眼的放映“明星”。1957年，他从原籍河南响应党的号召来到青海高原香日德乡担任放映员，在戈壁、沙漠、草原纵横穿梭。交通工具是牦牛、骆驼，拖着沉重的放映机奔波各乡巡回放映。因为有了他，不少牧民头一次看上了电影。

青海省电影发行公司花了九牛二虎之力，才找到奔波在牧区旮旯的赵克卿。他从海拔四千米的雪域高原骑了四天的牦牛，穿越沙漠戈壁，继续坐了两天汽车，再搭上西宁至上海两天两夜的火车，行程整整八天才赶到上海。赵克卿作为农村“十佳放映员”代表上台，未及开口便已热泪盈眶。感人的事迹、质朴的语言，引来全场雷鸣般的掌声。谢晋在颁奖大会上动情地说：“为幕后英雄、电影放映大军举办如此空前隆重的颁奖庆典，中国是首次，世界电影史上也是首次。”

“金翼奖”活动结束后的第二个月，《文汇电影时报》的发行量增加了5000份。

附录：“见证荣光——上海老新闻工作者协会庆祝建党百年”征文获奖名单

奖　项	作　　　品	作　者
特等奖（2个）	唯改革者新，唯改革者强，唯改革者胜——回顾上海电视改革发展40年历程	龚学平
	啊，皇甫平：一场改革争论由您而起	周瑞金
荣誉奖（17个）	乐为游子传乡音	丁法章
	采访萨翁：为了十分钟的记者见面会	马　申
	敬仰·采访·感悟	朱大建
	上海东方电视台创业创新历史回顾	刘文国
	回眸战地重访　传承红色基因	孙洪康
	空中新桥穿海峡	李森华
	香港回归日，我在报社上夜班	吴谷平
	三林塘周家宅的家	张　韧
	一位个体劳动者入党记	张持坚
	我做了件让小平同志欣慰的事	张蔚飞
	在东方台成立的日子里	陈圣来
	党报“七一”的头版故事	陈振平
	在上海见证中美关系“破冰之举”	陈乾年
	北京奥运火炬永不熄灭	郑若麟
	见证辉煌	贾树枚
	“群众在哪里，群众工作就要做到哪里”	董　强
	倾情十年	滕俊杰

（续表）

奖　项	作　　品	作　者
特稿奖（5个）	与新上海一起诞生的市委机关报	洪梅芬
	诞生于民族危亡之际的爱国报纸——《文汇报》报史简述	茅廉涛
	飞燕报春——《新民晚报》复刊始末	严建平
	上海人民广播第一声	李尚智
	为了上海电视台开播那一刻	许　诺口述 葛乾巽整理
一等奖（10个）	见证上海港的蝶变和梦想	冯亦珍
	草原上寻访"国家的孩子"	吕学东
	七次难忘的农历新年	吴　琳
	东方明珠耸立在浦东陆家嘴	吴基民
	浮舟沧海　立高昆仑	邱怀友
	诚既勇兮又以武，终刚强兮不可凌	郑　蔚
	从《好运，北京》到《祝福你，北京》	胡敏华
	为"党的诞生地的发掘保护"建言献策	俞亮鑫
	回忆上海媒体的两次多媒体大型联合采访	顾　龙
	我与北京人艺的两次合作	唐斯复
二等奖（15个）	西藏首例活体供肾手术始末	朱全弟
	捕捉百姓从心底涌出的喜悦和笑颜	邬志豪　李培红 劳有林
	忠实记录时代	刘景锜
	不辱使命	李文祺
	国库券上市记	应延安
	寒冬里感受领袖的温暖	张黎明
	歌声与微笑——上海电视节的回望	陈晓萌
	立于312国道上的见证	郑正恕
	"敬礼，护卫国旗的战士"报道的前前后后	俞松年
	连续追踪报道平民英雄陈燕飞	俞新宝

（续表）

奖　项	作　　　品	作　者
二等奖（15 个）	“龙陵”，我心中的丰碑	恽甫铭
	“一切以人民为中心”是新闻工作者的历史使命	袁家福
	追寻邓稼先们的足迹	曹家骧
	上海电视台升起了一面巨幅党旗	葛乾巽
	宣传“抓斗大王”包起帆的台前幕后	董文俊
优秀奖（30 个）	追寻党报的历史足迹	丁凤麟
	珍藏 28 年的圆珠笔	王　霞
	广播剧《凝聚》背后的故事	王小云
	漫画是条船	天　呈
	把红色基因一代代传下去	尹学尧
	“慈善大叔”赶上了好时代	司徒伟智
	为了记载“见证荣光者”的荣光	吕怡然
	为农村改革鼓与呼	朱瑞华
	一本有着顽强生命力的党刊	任卫国
	新闻监督引发的一次变革	阮莉珠
	见证东方巨人家庭	李庭昆
	一次飞越太平洋的新闻采访	何锦新
	乒乓摇篮“无宝贝”　小球雄风何时再	宋丽珍
	西渡口的奉浦大桥“情”	张巧巧
	初心·使命	张国平
	冰清玉洁的上海白玉兰奖	张晓然
	2001 年 APEC 幕后的“广电人”	张景萍
	上海广电技术人的使命和责任	林伟明
	感恩时代　感恩漫画	郑辛遥
	我为《人民日报》起草社论	胡志刚
	那一天，中共一大会址响起了笛声歌声	洪崇恩

（续表）

奖　项	作　　品	作　者
优秀奖（30个）	感动上海的“文汇人物”	姚诗煌
	财经报道：我新闻生涯中最宝贵的财富	贺宛男
	改革开放带来的文艺繁荣	聂梦茜
	三块矿石一座银都	倪　平
	变革年代的胆识	章成钧
	生逢其时“王小毛”	葛明铭
	我难忘的入党10周年纪念日	董之一
	“见证荣光”二三事	蔡来艺
	登高“中华第一楼”眺望城市新版图	潘新华

奖　项	单　　位
优秀组织奖（4个）	长宁区联络处
	黄浦区联络处
	徐汇区联络处
	普陀区联络处

上海老新闻工作者协会

2021年4月15日

后　记

2021年，是中国共产党建立100周年的荣光之年。早在2020年9月10日，刚刚换届上任的上海老新闻工作者协会第六届常务理事会召开的第一次会议，就提出了充分用好老记协资源，筹备庆祝建党百年活动的议题。会长朱大建指出，这将是新的一年市老记协最重要的工作，我们要高度重视，早策划、早启动。

2020年11月17日，朱大建召集以“荣光百年，英雄城市”为主题的市老记协庆祝建党百年活动策划工作会。与会成员潘志兴、苏宝艳、俞亮鑫、洪梅芬、任卫国、陈杲、葛乾巽、张景萍、郑正恕、潘新华、秦来来等。会上，就庆祝活动的主题、内容、形式、时间、地点、范围等，大家广开思路、畅所欲言、献计献策。先后经过3次策划工作会，至2021年1月5日，在一场热烈的“头脑风暴”后，统一了思想。大家一致认为，在历经百年的历史长河中，中国共产党带领中华民族不懈奋斗，创下了中国人民追求人民幸福、民族复兴、国家繁荣的不朽伟业。不论是伟业征程，还是时代变迁，广大的新闻工作者从来都是时代潮流的弄潮儿，从来不会缺席参与、见证与记录。会议确定了两项主题活动，第一项就是1月15日至3月15日期间，开展“见证荣光——上海老新闻工作者协会庆祝建党百年”征文活动，动员广大会员踊跃来稿，以个人新闻生涯中一段难忘的经历为视角，回顾和颂扬在中国共产党领导下，中华民族、上海城市、人民生活改天换地的历史征程和时代变迁。会上还提出，征文作品将进行评选和汇编正式出版。会上还指定，由洪梅芬起草征文启事和具体工作方案。

由于时间紧，赶节点出版，用于征文的时间满打满算仅2个月。目标和方案确定后，各项工作迅速推进。为了确保征文质量与数量，市老记协进行了广泛而有效的动员。协会会刊《新闻老战士》和各区联络处、各团队微信群发布征文消息；会长朱大建、秘书长苏宝艳召开各区联络处负责人会议进行动员。征文活动采取自发来稿与约稿相结合的方式，工作团队对重要稿件进行了策划与组织，确定了反映《解放日报》《文汇报》《新民晚报》以及上海人民广播电台、上海电视台创刊、复刊、开播、成立等 5 篇文章为特稿；对有重大历史影响的重要报道、重要作者进行组稿。

2021 年 1 月 19 日，市老记协举行六届二次常务理事会，会上具体研究了协会庆祝建党百年系列活动筹备工作。会后，市老记协领导班子积极支持征文活动。会长朱大建率先行动，向《新民晚报》在历史上留下过重要影响新闻作品的退休老记者老编辑一一约稿，还邀请上海主流媒体退休老领导推荐作者作品。协会监事长、《解放日报》原副总编辑董强推荐了 38 位《解放日报》退休老记者老编辑名单，分别由常务理事洪梅芬、副秘书长陈杲协助落实。协会顾问、《文汇报》原副总编辑茅廉涛推荐 20 多位《文汇报》退休老记者老编辑名单，由副会长潘志兴协助落实。协会顾问、上海电视台原台长盛重庆不辞辛劳，精心策划选题，落实作者，在协会副秘书长葛乾巽的协助下，为征文活动提供了 13 篇文章。上海人民广播电台原台长李尚智推荐并约请 10 位广播电台的作者，在秦来来协助下，一一予以落实。

上海市委宣传部原副部长贾树枚，市老记协原会长、《解放日报》原副总编辑孙洪康，《新民晚报》原副总编辑严建平，带头写稿之外，给予本次征文活动很大的支持和指导。

征文活动得到了广大会员的积极响应，春节刚过，负责征文来稿收集登录工作的协会副秘书长何锦新将不断刷新的来稿数在工作微信群及时通报。常务理事任卫国、新民老报人潘新华还对一些征文来稿予以初审。截至 3 月 15 日，共收到来稿 179 篇。经过由副会长吕网大、常务理事洪梅芬、副秘书长何锦新组成的初评小组按得票多少评选，115 篇作品列入评委会评选；130 篇作品列入编书出版。

4 月 15 日，由贾树枚、孙洪康、朱大建、茅廉涛、盛重庆、李尚智、严建平组成的征文评委会，在主任贾树枚的主持下进行了征文评选。在正式评选前，评委们先开了一个评前会，一致认为，此次征文作品数量多质量普遍较高，作者中副局级以上领导干部较多，为更好地体现评选的公平、公正、合规、合理、合情，决定对原评选规则进行修改，副局级以上作者的作品以及5篇重头特稿，均不列入此次征文一等奖、二等奖、优秀奖评奖范围，分别设置“特别奖”“荣誉奖”“特稿奖”予以鼓励。此外，对原定评选奖项及数额也作了调整，扩大了名额。经过评委会认真、规范、严谨的评选，按得票票数，评出一等奖作品10篇、二等奖作品15篇、优秀奖作品30篇。

为了赶出版时间，4月中旬至4月底，由朱大建、吕网大、何锦新、洪梅芬组成的编辑小组，进入了紧张的书稿编辑工作。5月上旬，朱大建对全书稿件予以审核。在此，我们十分感谢上海人民出版社文化读物编辑中心编辑为本书的及时出版所作的努力。

这是一本承载很多，又无法承载太多的书。说它承载很多，是因为它记录、展现的是在各个时期，尤其是改革开放40多年来，上海新闻工作者在党的领导下，为人民幸福，为中华民族的伟大复兴，为改革开放、上海城市发展记录下辉煌成就。他们在记录时代的同时，也镌刻下了自己奋力拼搏、不辱使命的光荣岁月。今天，当我们读到这些文字时，都能感受到文字背后的那份厚重。说它无法承载太多，是因为此书所有的篇章加起来，也无法完全反映出在追赶大时代前进步伐中新闻记者群体所经历的艰苦卓绝与精彩纷呈，不可能完全反映出中国及上海城市改革开放、飞速发展的全貌全景。希望此书能给予读者以窥一斑而见全豹之美感，我们将为此感到荣幸与满足。

最后，我们还要感谢市老记协办公室潘芝美、冯惠菊、马惠琴、张惠升同志为本书编辑出版所做的繁杂事务和给予的各种支持。

本书编委会

2021年5月

图书在版编目(CIP)数据

见证荣光:上海老新闻工作者协会庆祝建党百年征文选/朱大建主编;上海老新闻工作者协会编. —上海:上海人民出版社,2021
ISBN 978-7-208-17209-8

Ⅰ.①见… Ⅱ.①朱… ②上… Ⅲ.①新闻工作-中国-文集 Ⅳ.①G219.2-53

中国版本图书馆 CIP 数据核字(2021)第 133308 号

责任编辑 曹怡波 丁 辰
封面设计 谢定莹
封面题签 赵丽宏

见证荣光
——上海老新闻工作者协会庆祝建党百年征文选
朱大建 主编
上海老新闻工作者协会 编

出　　版 上海人民出版社
(200001 上海福建中路 193 号)
发　　行 上海人民出版社发行中心
印　　刷 江阴市机关印刷服务有限公司
开　　本 720×1000 1/16
印　　张 37.25
插　　页 5
字　　数 525,000
版　　次 2021 年 9 月第 1 版
印　　次 2021 年 9 月第 1 次印刷
ISBN 978-7-208-17209-8/G・2077
定　　价 188.00 元